Rules and Regulations on SSE STAR Market
and the Pilot IPO Registration System

设立科创板并试点注册制
制度汇编

《设立科创板并试点注册制制度汇编》编写组◎编

中国金融出版社

责任编辑：亓　霞
责任校对：张志文
责任印制：张也男

图书在版编目(CIP)数据

设立科创板并试点注册制制度汇编 /《设立科创板并试点注册制制度汇编》编写组编. —北京: 中国金融出版社，2019.10

ISBN 978-7-5220-0180-7

Ⅰ.①设… Ⅱ.①设… Ⅲ.①证券法 — 汇编 — 中国　Ⅳ.① D922.287.9

中国版本图书馆CIP数据核字 (2019) 第150264号

设立科创板并试点注册制制度汇编

Sheli Kechuangban bing Shidian Zhucezhi Zhidu Huibian

出版
发行　　中国金融出版社

社址　北京市丰台区益泽路2号

市场开发部　(010) 63266347，63805472，63439533 (传真)

网 上 书 店　http://www.chinafph.com

　　　　　　　(010) 63286832，63365686 (传真)

读者服务部　(010) 66070833，62568380

邮编　100071

经销　新华书店

印刷　北京市松源印刷有限公司

尺寸　169毫米×239毫米

印张　40.5

字数　677千

版次　2019年10月第1版

印次　2019年10月第1次印刷

定价　90.00元

ISBN　978-7-5220-0180-7

如出现印装错误本社负责调换　联系电话 (010) 63263947

本书编写组

组　　长：易会满

副组长：李　超　方星海　黄红元　焦津洪

成　　员：（按姓氏笔画排序）

王宗成　李继尊　沙　雁　张　野

赵　敏　姚　前　贾文勤　殷荣彦

蒋　锋　程合红　游广斌　蔡建春

戴文华

编写说明

2018年11月5日,习近平总书记在首届中国国际进口博览会开幕式上宣布,在上海证券交易所设立科创板并试点注册制。2019年1月30日,经党中央、国务院同意,中国证监会发布《关于在上海证券交易所设立科创板并试点注册制的实施意见》。此后,科创板各主要制度规则陆续发布,逐步形成由法规、规范性文件、业务规则、指引等构成的制度体系。

为帮助广大投资者和证券从业人员更好地了解设立科创板并试点注册制的具体政策,我们将主要制度规则汇编出版,形成本书。

本书编写组
2019年9月

目　录

I　全国人大常委会注册制授权文件

II　证监会实施意见、规章、规范性文件

Ⅲ 上交所业务规则

IV 中国结算规则

V 中国注册会计师协会规则

VI 中国证券业协会自律规则

附录一 人民法院司法政策文件

附录二　创新企业境内发行股票或存托凭证试点主要制度规则

I

全国人大常委会注册制授权文件

全国人民代表大会常务委员会关于授权国务院在实施股票发行注册制改革中调整适用《中华人民共和国证券法》有关规定的决定

（2015 年 12 月 27 日第十二届全国人民代表大会常务委员会第十八次会议通过）

为了实施股票发行注册制改革，进一步发挥资本市场服务实体经济的基础功能，第十二届全国人民代表大会常务委员会第十八次会议决定：授权国务院对拟在上海证券交易所、深圳证券交易所上市交易的股票的公开发行，调整适用《中华人民共和国证券法》关于股票公开发行核准制度的有关规定，实行注册制度，具体实施方案由国务院作出规定，报全国人民代表大会常务委员会备案。

本决定的实施期限为二年。国务院要加强对股票发行注册制改革工作的组织领导，并就本决定实施情况向全国人民代表大会常务委员会作出中期报告。国务院证券监督管理机构要会同有关部门加强事中事后监管，防范和化解风险，切实保护投资者合法权益。

本决定自2016年3月1日起施行。

全国人民代表大会常务委员会关于
延长授权国务院在实施股票发行注册制改革中
调整适用《中华人民共和国证券法》
有关规定期限的决定

（2018 年 2 月 24 日第十二届全国人民代表大会常务委员会
第三十三次会议通过）

为了稳步推进实施股票发行注册制改革，进一步发挥资本市场服务实体经济的基础功能，第十二届全国人民代表大会常务委员会第三十三次会议决定：2015年12月27日第十二届全国人民代表大会常务委员会第十八次会议授权国务院在实施股票发行注册制改革中调整适用《中华人民共和国证券法》有关规定的决定施行期限届满后，期限延长二年至2020年2月29日。国务院应当及时总结实践经验，于延长期满前，提出修改法律相关规定的意见。

国务院要进一步加强对股票发行注册制改革工作的组织领导，并将股票发行注册制改革具体实施方案报全国人民代表大会常务委员会备案。国务院证券监督管理机构要继续创造条件，积极推进股票发行注册制改革，并会同有关部门加强事前事中事后全过程监管，防范和化解风险，切实保护投资者合法权益。

本决定自2018年2月25日起施行。

II

证监会实施意见、规章、规范性文件

关于在上海证券交易所设立科创板
并试点注册制的实施意见

中国证监会公告〔2019〕2号

经党中央、国务院同意，现公布《关于在上海证券交易所设立科创板并试点注册制的实施意见》，自公布之日起施行。

中国证监会

2019年1月28日

附件：关于在上海证券交易所设立科创板并试点注册制的实施意见

关于在上海证券交易所设立科创板
并试点注册制的实施意见

为进一步落实创新驱动发展战略，增强资本市场对提高我国关键核心技术创新能力的服务水平，促进高新技术产业和战略性新兴产业发展，支持上海国际金融中心和科技创新中心建设，完善资本市场基础制度，推动高质量发展，根据党中央、国务院决策部署和全国人民代表大会常务委员会《关于授权国务院在实施股票发行注册制改革中调整适用〈中华人民共和国证券法〉有关规定的决定》《关于延长授权国务院在实施股票发行注册制改革中调整适用〈中华人民共和国证券法〉有关规定期限的决定》，现就在上海证券交易所（以下简称上交所）设立科创板并试点注册制，提出以下意见。

一、总体要求

（一）指导思想。深入贯彻习近平新时代中国特色社会主义思想和党的十九大精神，认真落实习近平总书记关于资本市场的一系列重要指示批示精神，按照党中央、国务院决策部署，坚持稳中求进工作总基调，贯彻新发展理念，深化供给侧结构性改革，着眼于加快形成融资功能完备、基础制度扎实、市场监管有效、投资者合法权益得到有效保护的多层次资本市场体系，从设立上交所科创板入手，稳步试点注册制，统筹推进发行、上市、信息披露、交易、退市等基础制度改革，发挥资本市场对提升科技创新能力和实体经济竞争力的支持功能，更好服务高质量发展。

（二）基本原则。一是坚持市场导向，强化市场约束。尊重市场规律，明确和稳定市场预期，建立以市场机制为主导的新股发行制度安排。二是坚持法治导向，依法治市。健全资本市场法律体系，强化依法全面从严监管，保护投资者合法权益，进一步明确市场参与各方权利义务，逐步形成市场参与各方依法履职尽责及维护自身合法权益的市场环境。三是强化信息披露监管，归位尽责。建立和完善以信息披露为中心的股票发行上市制度，强化发行人对信息披露的诚信义务和法律责任，充分发挥中介机构核查把关作用，引导投资者提高风险识别能力和理性投资意识。四是坚持统筹协调，守住底线。发挥好相关政府部门和有关方面的协同配合作用，形成共促市场稳定健康发展的合力，及时防范和化解市场风险。

二、设立上交所科创板

（三）准确把握科创板定位。在上交所新设科创板，坚持面向世界科技前沿、面向经济主战场、面向国家重大需求，主要服务于符合国家战略、突破关键核心技术、市场认可度高的科技创新企业。重点支持新一代信息技术、高端装备、新材料、新能源、节能环保以及生物医药等高新技术产业和战略性新兴产业，推动互联网、大数据、云计算、人工智能和制造业深度融合，引领中高端消费，推动质量变革、效率变革、动力变革。具体行业范围由上交所发布并适时更新。

（四）制定更具包容性的科创板上市条件。更加注重企业科技创新能力，允许符合科创板定位、尚未盈利或存在累计未弥补亏损的企业在科创板上市。综合考虑预计市值、收入、净利润、研发投入、现金流等因素，设置多元包容的上市条件。具体由上交所制定并公布。

（五）允许特殊股权结构企业和红筹企业上市。依照公司法第一百三十一条规定，允许科技创新企业发行具有特别表决权的类别股份，每一特别表决权股份拥有的表决权数量大于每一普通股份拥有的表决权数量，其他股东权利与普通股份相同。特别表决权股份一经转让，应当恢复至与普通股份同等的表决权。公司发行特别表决权股份的，应当在公司章程中规定特别表决权股份的持有人资格、特别表决权股份拥有的表决权数量与普通股份拥有的表决权数量的比例安排、持有人所持特别表决权股份能够参与表决的股东大会事项范围、特别表决权股份锁定安排及转让限制等事项。

存在特别表决权股份的境内科技创新企业申请发行股票并在科创板上市的，公司章程规定的上述事项应当符合上交所有关要求，同时在招股说明书等公开发行文件中，充分披露并特别提示有关差异化表决安排的主要内容、相关风险及对公司治理的影响，以及依法落实保护投资者合法权益的各项措施。

符合《国务院办公厅转发证监会关于开展创新企业境内发行股票或存托凭证试点若干意见的通知》（国办发〔2018〕21号）规定的红筹企业，可以申请发行股票或存托凭证并在科创板上市。红筹企业发行存托凭证的，按国家有关税收政策执行。

（六）确定投资者适当性要求。个人投资者投资科创板股票，证券账户及资金账户持有资产规模应当达到规定标准，且具备相关股票投资经验和相应的风险承受能力。具体标准由上交所制定，并可根据科创板运行情况作适当调整。强化证券公司投资者适当性管理义务和责任追究。

三、稳步实施注册制试点改革

（七）合理制定股票发行条件。精简优化现行公开发行股票条件。申请公开发行股票的公司，除符合科创板定位外，还应当符合下列基本发行条件：一是具备健全且运行良好的组织机构，具有完整的业务体系和直接面向市场独立经营的能力，不存在对持续经营有重大不利影响的情形；二是会计基础工作规范，内部控制制度健全且有效执行，最近三年财务会计报告被出具标准无保留意见审计报告；三是发行人及其控股股东、实际控制人最近三年不存在贪污、贿赂、侵占财产、挪用财产或者破坏社会主义市场经济秩序的刑事犯罪，不存在严重损害社会公共利益的重大违法行为；四是证监会规定的其他条件。逐步将现行发行条件中可以由投资者判断的事项转化为更加严格，更加全面、深入、精准的信息披露要求制度体系。证监会制定《科创板首次公开发行股票注册管理办法（试行）》等规则，对科创板试点注册制的发行条件、注册程序和具体信息披露要求等作出规定。

企业公开发行股票并在科创板上市交易，必须符合发行条件与上市条件，报上交所审核并经证监会注册。

（八）上交所负责科创板发行上市审核。上交所受理企业公开发行股票并上市的申请，审核并判断企业是否符合发行条件、上市条件和信息披露要求。审核工作主要通过提出问题、回答问题方式展开，督促发行人完善信息披露内容。上交所制定审核标准、审核程序等规则，报证监会批准。

上交所成立由相关领域科技专家、知名企业家、资深投资专家等组成的科技创新咨询委员会，为发行上市审核提供专业咨询和政策建议。必要时可对申请发行上市的企业进行询问。

（九）证监会负责科创板股票发行注册。上交所审核通过后，将审核意见及发行人注册申请文件报送证监会履行注册程序。注册工作不适用发行审核委员会审核程序，按证监会制定的程序进行，依照规定的发行条件和信息披露要求，在20个工作日内作出是否同意注册的决定。

科创板上市公司非公开发行新股实行注册制，具体程序与公开发行相同。证监会完善再融资制度，提高科创板再融资便利性。

（十）证监会对上交所审核工作进行监督。督促上交所建立内部防火墙制度，发行上市审核部门与其他部门隔离运行，防范利益冲突。持续追踪发行人的信息披露文件、上交所的审核意见，定期或不定期对上交所审核工作进行抽查和检查，落实对上交所审核工作的监督问责机制。督促上交所提高审核工作透明度，审核过程和审核意见向社会公开，减少自由裁量空间。上交所参与审核的人员，不得与发行人有利害关系，不得直接或间接与发行人有利益往来，不得持有发行人的股票，不得私下与发行人进行接触，切实防范以权谋私、利益输送等违法违纪行为。

（十一）强化事前事中事后全过程监管。在发行上市审核、注册和新股发行过程中，发现发行人存在重大违法违规嫌疑的，证监会可以要求上交所处理，也可以宣布发行注册暂缓生效，或者暂停新股发行，直至撤销发行注册。

四、完善基础制度

（十二）构建科创板股票市场化发行承销机制。科创板市场新股发行价格、规模、节奏主要通过市场化方式决定，强化市场约束。对新股发行定价不设限制，建立以机构投资者为参与主体的询价、定价、配售等机制，充分发挥机构投资者专业能力。试行保荐人相关子公司"跟投"制度。支持科创板上市公司引入战略投资者，科技创新企业高管、员工可以参与战略配售，发挥好超额配售选择权制度作用，促进股价稳定。加强对定价承销的事中事后监管，建立上市后交易价格监控机制，约束非理性定价。制定合理的科创板上市公司股份锁定期和减持制度安排。

（十三）强化信息披露监管。切实树立以信息披露为中心的监管理念，全面建立严格的信息披露体系并严格执行。明确发行人是信息披露第一责任人，充分披露投资者作出价值判断和投资决策所必需的信息，确保信息披露真实、准确、完整、及时、公平。明确发行人的控股股东、实际控制人不得要求或协助发行人隐瞒重要信息。

上交所建立以上市规则为中心的持续监管规则体系，在持续信息披露、并购重组、股权激励、退市等方面制定符合科创板上市公司特点的具体实施规则，报证监会批准。

科创板上市公司要根据自身特点，强化对业绩波动、行业风险、公司治理等相关事项的针对性信息披露。明确要求发行人披露科研水平、科研人员、科研资金投入等相关信息，督促引导发行人将募集资金重点投向科技创新领域。

（十四）完善交易制度。科创板采取独立交易模块和独立行情显示，交易日历、证券账户、申报成交等安排与上交所主板一致。基于科创板上市公司特点和投资者适当性要求，建立更加市场化的交易机制，研究制定股票日涨跌幅等标准。适当提高每笔最低交易股票数量。稳妥有序将科创板股票纳入融资融券标的，促进融资融券业务均衡发展。在竞价交易基础上，条件成熟时引入做市商机制。科创板运行一段时间后，由上交所对交易制度进行综合评估，必要时加以完善。

（十五）建立高效的并购重组机制。科创板上市公司并购重组统一由上交所审核，涉及发行股票的，实行注册制。证监会依法批准上交所制定的科创板上市公司并购重组审核标准及规则体系。达到一定规模的上市公司，可以依法分拆其业务独立、符合条件的子公司在科创板上市。

（十六）严格实施退市制度。严格交易类强制退市指标，对交易量、股价、股东人数等不符合条件的企业依法终止上市。优化财务类强制退市指标，科创板股票不适用证券法第五十六条第三项关于连续亏损终止上市的规定；对连续被出具否定或无法表示意见审计报告的上市公司实施终止上市。严格实施重大违法强制退市制度，对构成欺诈发行、重大信息披露违法或其他重大违法行为的上市公司依法坚决终止上市。科创板股票不适用证券法第五十五条关于暂停上市的规定，应当退市的直接终止上市。

五、完善配套改革措施

（十七）加强科创板上市公司持续监管。上交所要依法发挥一线监管职能，强化监管问询，加大现场检查力度，提高上市公司信息披露质量。适当延长核心技术团队股份锁定期，促进上市公司稳定经营。适当延长未盈利上市公司控股股东、实际控制人、董事、监事、高级管理人员的股份锁定期。加强上市公司信息披露与二级市场监管联动，切实防范和打击内幕交易与操纵市场行为。

（十八）强化中介机构责任。保荐人作为主要中介机构，必须诚实守信、勤勉尽责，充分了解发行人经营情况和风险，并对发行人的申请文件和信息披露资料进行全面核查验证。建立保荐人资格与新股发行信息披露质量挂钩机制。适当延长保荐人持续督导期。证券服务机构及其从业人员应当对本专业相关的业务事项履行特别注意义务，对其他业务事项履行普通注意义务。对发行人、上市公司虚假记载、误导性陈述或重大遗漏负有责任的保荐人、会计师事务所、律师事务所、资产评估机构，加大处罚力度。

（十九）保护投资者合法权益。严厉打击欺诈发行、虚假陈述等违法行为。对以欺骗手段骗取发行注册等违法行为，依照证券法第一百八十九条等规定依法从重处罚。对欺诈发行上市的，可以责令上市公司及其控股股东、实际控制人按规定购回已上市的股份。探索建立发行人和投资者之间的纠纷化解和赔偿救济机制。将发行人和相关中介机构及责任人的信用记录纳入国家统一信用信息平台，加强监管信息共享，完善失信联合惩戒机制。

（二十）推动完善有关法律法规。加强行政执法与司法的衔接，符合刑事追诉标准、涉嫌犯罪的案件，依法及时移送司法机关追究刑事责任。推动完善相关法律制度和司法解释，建立健全证券支持诉讼示范判决机制。根据试点情况，探索完善与注册制相适应的证券民事诉讼法律制度。

证监会根据本意见制定《科创板首次公开发行股票注册管理办法（试行）》等监管规则，明确股票发行条件、注册程序、信息披露、中介机构职责、监督管理和法律责任等事项，并完善相关配套制度规则。上交所应制定科创板发行、上市、信息披露、交易、退市等业务规则，建立健全公开透明高效的审核机制。证监会及上交所根据科创板运行和注册制试点情况，及时总结经验，适时调整完善相关具体制度安排。

科创板首次公开发行股票注册管理办法（试行）

（中国证监会令第 153 号　2019 年 3 月 1 日）

第一章　总则

第一条　为规范在上海证券交易所科创板试点注册制首次公开发行股票相关活动，保护投资者合法权益和社会公共利益，根据《中华人民共和国证券法》《中华人民共和国公司法》《全国人民代表大会常务委员会关于授权国务院在实施股票发行注册制改革中调整适用〈中华人民共和国证券法〉有关规定的决定》《全国人民代表大会常务委员会关于延长授权国务院在实施股票发行注册制改革中调整适用〈中华人民共和国证券法〉有关规定期限的决定》《关于在上海证券交易所设立科创板并试点注册制的实施意见》及相关法律法规，制定本办法。

第二条　在中华人民共和国境内首次公开发行股票并在上海证券交易所科创板（以下简称科创板）上市，适用本办法。

第三条　发行人申请首次公开发行股票并在科创板上市，应当符合科创板定位，面向世界科技前沿、面向经济主战场、面向国家重大需求。优先支持符合国家战略，拥有关键核心技术，科技创新能力突出，主要依靠核心技术开展生产经营，具有稳定的商业模式，市场认可度高，社会形象良好，具有较强成长性的企业。

第四条　首次公开发行股票并在科创板上市，应当符合发行条件、上市条件以及相关信息披露要求，依法经上海证券交易所（以下简称交易所）发行上市审核并报经中国证券监督管理委员会（以下简称中国证监会）履行发行注册程序。

第五条　发行人作为信息披露第一责任人，应当诚实守信，依法充分披露投资者作出价值判断和投资决策所必需的信息，所披露信息必须真实、准确、完整，不得有虚假记载、误导性陈述或者重大遗漏。

发行人应当为保荐人、证券服务机构及时提供真实、准确、完整的财务会计资料和其他资料，全面配合相关机构开展尽职调查和其他相关工作。

发行人的控股股东、实际控制人应当全面配合相关机构开展尽职调查和其他相关工作，不得要求或者协助发行人隐瞒应当披露的信息。

第六条　保荐人应当诚实守信，勤勉尽责，按照依法制定的业务规则和行业自律规范的要求，充分了解发行人经营情况和风险，对注册申请文件和信息披露资料进行全面核查验证，对发行人是否符合发行条件、上市条件独立作出专业判断，审慎作出推荐决定，并对招股说明书及其所出具的相关文件的真实性、准确性、完整性负责。

第七条　证券服务机构应当严格按照依法制定的业务规则和行业自律规范，审慎履行职责，作出专业判断与认定，并对招股说明书中与其专业职责有关的内容及其所出具的文件的真实性、准确性、完整性负责。

证券服务机构及其相关执业人员应当对与本专业相关的业务事项履行特别注意义务，对其他业务事项履行普通注意义务，并承担相应法律责任。

第八条　同意发行人首次公开发行股票注册，不表明中国证监会和交易所对该股票的投资价值或者投资者的收益作出实质性判断或者保证，也不表明中国证监会和交易所对注册申请文件的真实性、准确性、完整性作出保证。

第九条　股票依法发行后，因发行人经营与收益的变化引致的投资风险，由投资者自行负责。

第二章　发行条件

第十条　发行人是依法设立且持续经营3年以上的股份有限公司，具备健全且运行良好的组织机构，相关机构和人员能够依法履行职责。

有限责任公司按原账面净资产值折股整体变更为股份有限公司的，持续经营时间可以从有限责任公司成立之日起计算。

第十一条　发行人会计基础工作规范，财务报表的编制和披露符合企业会计准则和相关信息披露规则的规定，在所有重大方面公允地反映了发行人的财务状况、经营成果和现金流量，并由注册会计师出具标准无保留意见的审计报告。

发行人内部控制制度健全且被有效执行，能够合理保证公司运行效率、合法合规和财务报告的可靠性，并由注册会计师出具无保留结论的内部控制鉴证报告。

第十二条 发行人业务完整，具有直接面向市场独立持续经营的能力：

（一）资产完整，业务及人员、财务、机构独立，与控股股东、实际控制人及其控制的其他企业间不存在对发行人构成重大不利影响的同业竞争，不存在严重影响独立性或者显失公平的关联交易。

（二）发行人主营业务、控制权、管理团队和核心技术人员稳定，最近2年内主营业务和董事、高级管理人员及核心技术人员均没有发生重大不利变化；控股股东和受控股股东、实际控制人支配的股东所持发行人的股份权属清晰，最近2年实际控制人没有发生变更，不存在导致控制权可能变更的重大权属纠纷。

（三）发行人不存在主要资产、核心技术、商标等的重大权属纠纷，重大偿债风险，重大担保、诉讼、仲裁等或有事项，经营环境已经或者将要发生重大变化等对持续经营有重大不利影响的事项。

第十三条 发行人生产经营符合法律、行政法规的规定，符合国家产业政策。

最近3年内，发行人及其控股股东、实际控制人不存在贪污、贿赂、侵占财产、挪用财产或者破坏社会主义市场经济秩序的刑事犯罪，不存在欺诈发行、重大信息披露违法或者其他涉及国家安全、公共安全、生态安全、生产安全、公众健康安全等领域的重大违法行为。

董事、监事和高级管理人员不存在最近3年内受到中国证监会行政处罚，或者因涉嫌犯罪被司法机关立案侦查或者涉嫌违法违规被中国证监会立案调查，尚未有明确结论意见等情形。

第三章 注册程序

第十四条 发行人董事会应当依法就本次股票发行的具体方案、本次募集资金使用的可行性及其他必须明确的事项作出决议，并提请股东大会批准。

第十五条 发行人股东大会就本次发行股票作出的决议，至少应当包括下列事项：

（一）本次公开发行股票的种类和数量；

（二）发行对象；

（三）定价方式；

（四）募集资金用途；

（五）发行前滚存利润的分配方案；

（六）决议的有效期；

（七）对董事会办理本次发行具体事宜的授权；

（八）其他必须明确的事项。

第十六条　发行人申请首次公开发行股票并在科创板上市，应当按照中国证监会有关规定制作注册申请文件，由保荐人保荐并向交易所申报。

交易所收到注册申请文件后，5个工作日内作出是否受理的决定。

第十七条　自注册申请文件受理之日起，发行人及其控股股东、实际控制人、董事、监事、高级管理人员，以及与本次股票公开发行并上市相关的保荐人、证券服务机构及相关责任人员，即承担相应法律责任。

第十八条　注册申请文件受理后，未经中国证监会或者交易所同意，不得改动。

发生重大事项的，发行人、保荐人、证券服务机构应当及时向交易所报告，并按要求更新注册申请文件和信息披露资料。

第十九条　交易所设立独立的审核部门，负责审核发行人公开发行并上市申请；设立科技创新咨询委员会，负责为科创板建设和发行上市审核提供专业咨询和政策建议；设立科创板股票上市委员会，负责对审核部门出具的审核报告和发行人的申请文件提出审议意见。

交易所主要通过向发行人提出审核问询、发行人回答问题方式开展审核工作，基于科创板定位，判断发行人是否符合发行条件、上市条件和信息披露要求。

第二十条　交易所按照规定的条件和程序，作出同意或者不同意发行人股票公开发行并上市的审核意见。同意发行人股票公开发行并上市的，将审核意见、发行人注册申请文件及相关审核资料报送中国证监会履行发行注册程序。不同意发行人股票公开发行并上市的，作出终止发行上市审核决定。

第二十一条　交易所应当自受理注册申请文件之日起3个月内形成审核意见。发行人根据要求补充、修改注册申请文件，以及交易所按照规定对发行人实施现场检查，或者要求保荐人、证券服务机构对有关事项进行专项核查的时间不计算在内。

第二十二条　交易所应当提高审核工作透明度，接受社会监督，公开下列事项：

（一）发行上市审核标准和程序等发行上市审核业务规则，以及相关监管问答；

（二）在审企业名单、企业基本情况及审核工作进度；

（三）发行上市审核问询及回复情况，但涉及国家秘密或者发行人商业秘密的除外；

（四）上市委员会会议的时间、参会委员名单、审议的发行人名单、审议结果及现场问询问题；

（五）对股票公开发行并上市相关主体采取的自律监管措施或者纪律处分；

（六）交易所规定的其他事项。

第二十三条　中国证监会收到交易所报送的审核意见、发行人注册申请文件及相关审核资料后，履行发行注册程序。发行注册主要关注交易所发行上市审核内容有无遗漏，审核程序是否符合规定，以及发行人在发行条件和信息披露要求的重大方面是否符合相关规定。中国证监会认为存在需要进一步说明或者落实事项的，可以要求交易所进一步问询。

中国证监会认为交易所对影响发行条件的重大事项未予关注或者交易所的审核意见依据明显不充分的，可以退回交易所补充审核。交易所补充审核后，同意发行人股票公开发行并上市的，重新向中国证监会报送审核意见及相关资料，本办法第二十四条规定的注册期限重新计算。

第二十四条　中国证监会在20个工作日内对发行人的注册申请作出同意注册或者不予注册的决定。发行人根据要求补充、修改注册申请文件，中国证监会要求交易所进一步问询，以及中国证监会要求保荐人、证券服务机构等对有关事项进行核查的时间不计算在内。

第二十五条　中国证监会同意注册的决定自作出之日起1年内有效，发行人应当在注册决定有效期内发行股票，发行时点由发行人自主选择。

第二十六条　中国证监会作出注册决定后、发行人股票上市交易前，发行人应当及时更新信息披露文件内容，财务报表过期的，发行人应当补充财务会计报告等文件；保荐人及证券服务机构应当持续履行尽职调查职责；发生重大事项的，发行人、保荐人应当及时向交易所报告。

交易所应当对上述事项及时处理，发现发行人存在重大事项影响发行条件、上市条件的，应当出具明确意见并及时向中国证监会报告。

第二十七条 中国证监会作出注册决定后、发行人股票上市交易前，发现可能影响本次发行的重大事项的，中国证监会可以要求发行人暂缓或者暂停发行、上市；相关重大事项导致发行人不符合发行条件的，可以撤销注册。

中国证监会撤销注册后，股票尚未发行的，发行人应当停止发行；股票已经发行尚未上市的，发行人应当按照发行价并加算银行同期存款利息返还股票持有人。

第二十八条 交易所因不同意发行人股票公开发行并上市，作出终止发行上市审核决定，或者中国证监会作出不予注册决定的，自决定作出之日起6个月后，发行人可以再次提出公开发行股票并上市申请。

第二十九条 中国证监会应当按规定公开股票发行注册行政许可事项相关的监管信息。

第三十条 存在下列情形之一的，发行人、保荐人应当及时书面报告交易所或者中国证监会，交易所或者中国证监会应当中止相应发行上市审核程序或者发行注册程序：

（一）相关主体涉嫌违反本办法第十三条第二款规定，被立案调查或者被司法机关侦查，尚未结案；

（二）发行人的保荐人，以及律师事务所、会计师事务所等证券服务机构因首次公开发行股票、上市公司证券发行、并购重组业务涉嫌违法违规，或者其他业务涉嫌违法违规且对市场有重大影响被中国证监会立案调查，或者被司法机关侦查，尚未结案；

（三）发行人的签字保荐代表人，以及签字律师、签字会计师等证券服务机构签字人员因首次公开发行股票、上市公司证券发行、并购重组业务涉嫌违法违规，或者其他业务涉嫌违法违规且对市场有重大影响被中国证监会立案调查，或者被司法机关侦查，尚未结案；

（四）发行人的保荐人，以及律师事务所、会计师事务所等证券服务机构被中国证监会依法采取限制业务活动、责令停业整顿、指定其他机构托管、接管等监管措施，或者被交易所实施一定期限内不接受其出具的相关文件的纪律处分，尚未解除；

（五）发行人的签字保荐代表人、签字律师、签字会计师等中介机构签字人员被中国证监会依法采取限制证券从业资格等监管措施或者证券市场禁入的措施，或者被交易所实施一定期限内不接受其出具的相关文件的纪律处分，尚未解除；

（六）发行人及保荐人主动要求中止发行上市审核程序或者发行注册程序，理由正当且经交易所或者中国证监会批准；

（七）发行人注册申请文件中记载的财务资料已过有效期，需要补充提交；

（八）中国证监会规定的其他情形。

前款所列情形消失后，发行人可以提交恢复申请；因前款第（二）、（三）项规定情形中止的，保荐人以及律师事务所、会计师事务所等证券服务机构按照有关规定履行复核程序后，发行人也可以提交恢复申请。交易所或者中国证监会按照有关规定恢复发行上市审核程序或者发行注册程序。

第三十一条　存在下列情形之一的，交易所或者中国证监会应当终止相应发行上市审核程序或者发行注册程序，并向发行人说明理由：

（一）发行人撤回注册申请文件或者保荐人撤销保荐；

（二）发行人未在要求的期限内对注册申请文件作出解释说明或者补充、修改；

（三）注册申请文件存在虚假记载、误导性陈述或者重大遗漏；

（四）发行人阻碍或者拒绝中国证监会、交易所依法对发行人实施检查、核查；

（五）发行人及其关联方以不正当手段严重干扰发行上市审核或者发行注册工作；

（六）发行人法人资格终止；

（七）注册申请文件内容存在重大缺陷，严重影响投资者理解和发行上市审核或者发行注册工作；

（八）发行人注册申请文件中记载的财务资料已过有效期且逾期3个月未更新；

（九）发行人中止发行上市审核程序超过交易所规定的时限或者中止发行注册程序超过3个月仍未恢复；

（十）交易所不同意发行人公开发行股票并上市；

（十一）中国证监会规定的其他情形。

第三十二条　中国证监会和交易所可以对发行人进行现场检查，可以要求保荐人、证券服务机构对有关事项进行专项核查并出具意见。

中国证监会和交易所应当建立健全信息披露质量现场检查制度,以及对保荐业务、发行承销业务的常态化检查制度,具体制度另行规定。

第三十三条 中国证监会与交易所建立全流程电子化审核注册系统,实现电子化受理、审核,以及发行注册各环节实时信息共享,并满足依法向社会公开相关信息的需要。

第四章 信息披露

第三十四条 发行人申请首次公开发行股票并在科创板上市,应当按照中国证监会制定的信息披露规则,编制并披露招股说明书,保证相关信息真实、准确、完整。信息披露内容应当简明易懂,语言应当浅白平实,以便投资者阅读、理解。

中国证监会制定的信息披露规则是信息披露的最低要求。不论上述规则是否有明确规定,凡是对投资者作出价值判断和投资决策有重大影响的信息,发行人均应当予以披露。

第三十五条 中国证监会依法制定招股说明书内容与格式准则、编报规则,对注册申请文件和信息披露资料的内容、格式、编制要求、披露形式等作出规定。

交易所可以依据中国证监会部门规章和规范性文件,制定信息披露细则或者指引,在中国证监会确定的信息披露内容范围内,对信息披露提出细化和补充要求,报中国证监会批准后实施。

第三十六条 发行人及其董事、监事、高级管理人员应当在招股说明书上签字、盖章,保证招股说明书的内容真实、准确、完整,不存在虚假记载、误导性陈述或者重大遗漏,并声明承担相应法律责任。

发行人控股股东、实际控制人应当在招股说明书上签字、盖章,确认招股说明书的内容真实、准确、完整,不存在虚假记载、误导性陈述或者重大遗漏,并声明承担相应法律责任。

第三十七条 保荐人及其保荐代表人应当在招股说明书上签字、盖章,确认招股说明书的内容真实、准确、完整,不存在虚假记载、误导性陈述或者重大遗漏,并声明承担相应法律责任。

第三十八条 为证券发行出具专项文件的律师、注册会计师、资产评估人员、资信评级人员及其所在机构，应当在招股说明书上签字、盖章，确认对发行人信息披露文件引用其出具的专业意见无异议，信息披露文件不因引用其出具的专业意见而出现虚假记载、误导性陈述或者重大遗漏，并声明承担相应的法律责任。

第三十九条　发行人应当根据自身特点，有针对性地披露行业特点、业务模式、公司治理、发展战略、经营政策、会计政策，充分披露科研水平、科研人员、科研资金投入等相关信息，并充分揭示可能对公司核心竞争力、经营稳定性以及未来发展产生重大不利影响的风险因素。

发行人尚未盈利的，应当充分披露尚未盈利的成因，以及对公司现金流、业务拓展、人才吸引、团队稳定性、研发投入、战略性投入、生产经营可持续性等方面的影响。

第四十条　发行人应当披露其募集资金使用管理制度，以及募集资金重点投向科技创新领域的具体安排。

第四十一条　存在特别表决权股份的境内科技创新企业申请首次公开发行股票并在科创板上市的，发行人应当在招股说明书等公开发行文件中，披露并特别提示差异化表决安排的主要内容、相关风险和对公司治理的影响，以及依法落实保护投资者合法权益的各项措施。

保荐人和发行人律师应当就公司章程规定的特别表决权股份的持有人资格、特别表决权股份拥有的表决权数量与普通股份拥有的表决权数量的比例安排、持有人所持特别表决权股份能够参与表决的股东大会事项范围、特别表决权股份锁定安排及转让限制等事项是否符合有关规定发表专业意见。

第四十二条　发行人应当在招股说明书中披露公开发行股份前已发行股份的锁定期安排，特别是核心技术人员股份的锁定期安排以及尚未盈利情况下发行人控股股东、实际控制人、董事、监事、高级管理人员股份的锁定期安排。

保荐人和发行人律师应当就前款事项是否符合有关规定发表专业意见。

第四十三条　招股说明书的有效期为6个月，自公开发行前最后一次签署之日起计算。

招股说明书引用经审计的财务报表在其最近一期截止日后6个月内有效，特殊情况下发行人可申请适当延长，但至多不超过1个月。财务报表应当以年度末、半年度末或者季度末为截止日。

第四十四条　交易所受理注册申请文件后，发行人应当按交易所规定，将招股说明书、发行保荐书、上市保荐书、审计报告和法律意见书等文件在交易所网站预先披露。

第四十五条　预先披露的招股说明书及其他注册申请文件不能含有价格信息，发行人不得据此发行股票。

发行人应当在预先披露的招股说明书显要位置作如下声明："本公司的发行申请尚需经上海证券交易所和中国证监会履行相应程序。本招股说明书不具有据以发行股票的法律效力，仅供预先披露之用。投资者应当以正式公告的招股说明书作为投资决定的依据。"

第四十六条　交易所审核同意后，将发行人注册申请文件报送中国证监会时，招股说明书、发行保荐书、上市保荐书、审计报告和法律意见书等文件应在交易所网站和中国证监会网站公开。

第四十七条　发行人股票发行前应当在交易所网站和中国证监会指定网站全文刊登招股说明书，同时在中国证监会指定报刊刊登提示性公告，告知投资者网上刊登的地址及获取文件的途径。

发行人可以将招股说明书以及有关附件刊登于其他报刊和网站，但披露内容应当完全一致，且不得早于在交易所网站、中国证监会指定报刊和网站的披露时间。

第四十八条　保荐人出具的发行保荐书、证券服务机构出具的文件及其他与发行有关的重要文件应当作为招股说明书的附件，在交易所网站和中国证监会指定的网站披露，以备投资者查阅。

第五章　发行与承销的特别规定

第四十九条　首次公开发行股票并在科创板上市的发行与承销行为，适用《证券发行与承销管理办法》，本办法另有规定的除外。

第五十条　首次公开发行股票，应当向经中国证券业协会注册的证券公司、基金管理公司、信托公司、财务公司、保险公司、合格境外机构投资者和私募基金管理人等专业机构投资者（以下统称网下投资者）询价确定股票发行价格。

发行人和主承销商可以根据自律规则，设置网下投资者的具体条件，并在发行公告中预先披露。

第五十一条　网下投资者可以按照管理的不同配售对象账户分别申报价

格，每个报价应当包含配售对象信息、每股价格和该价格对应的拟申购股数。

首次公开发行股票价格（或者发行价格区间）确定后，提供有效报价的网下投资者方可参与新股申购。

第五十二条　交易所应当根据《证券发行与承销管理办法》和本办法制定科创板股票发行承销业务规则。

投资者报价要求、最高报价剔除比例、网下初始配售比例、网下优先配售比例、网下网上回拨机制、网下分类配售安排、战略配售、超额配售选择权等事项适用交易所相关规定。

《证券发行与承销管理办法》规定的战略投资者在承诺的持有期限内，可以按规定向证券金融公司借出获得配售的股票。借出期限届满后，证券金融公司应当将借入的股票返还给战略投资者。

第五十三条　保荐人的相关子公司或者保荐人所属证券公司的相关子公司参与发行人股票配售的具体规则由交易所另行规定。

第五十四条　获中国证监会同意注册后，发行人与主承销商应当及时向交易所报备发行与承销方案。交易所5个工作日内无异议的，发行人与主承销商可依法刊登招股意向书，启动发行工作。

第五十五条　交易所对证券发行承销过程实施监管。发行承销涉嫌违法违规或者存在异常情形的，中国证监会可以要求交易所对相关事项进行调查处理，或者直接责令发行人和承销商暂停或者中止发行。

第六章　发行上市保荐的特别规定

第五十六条　首次公开发行股票并在科创板上市保荐业务，适用《证券发行上市保荐业务管理办法》，本办法另有规定的除外。

第五十七条　保荐人应当根据科创板企业特点和注册制要求对科创板保荐工作内部控制作出合理安排，有效控制风险，切实提高执业质量。

第五十八条　保荐人应当按照中国证监会和交易所的规定制作、报送和披露发行保荐书、上市保荐书、回复意见及其他发行上市相关文件，遵守交易所和中国证监会的发行上市审核及发行注册程序，配合交易所和中国证监会的发行上市审核及发行注册工作，并承担相应工作。

第五十九条　首次公开发行股票并在科创板上市的，持续督导的期间为证券上市当年剩余时间及其后3个完整会计年度。

交易所可以对保荐人持续督导内容、履责要求、发行人通知报告事项等作出规定。

第七章 监督管理和法律责任

第六十条 中国证监会负责建立健全以信息披露为中心的注册制规则体系，制定股票发行注册并上市的规章规则，依法批准交易所制定的上市条件、审核标准、审核程序、上市委员会制度、信息披露、保荐、发行承销等方面的制度规则，指导交易所制定与发行上市审核相关的其他业务规则。

第六十一条 中国证监会建立对交易所发行上市审核工作和发行承销过程监管的监督机制，持续关注交易所审核情况和发行承销过程监管情况；发现交易所自律监管措施或者纪律处分失当的，可以责令交易所改正。

第六十二条 中国证监会对交易所发行上市审核和发行承销过程监管等相关工作进行年度例行检查。在检查过程中，可以调阅审核工作文件，列席相关审核会议。

中国证监会定期或者不定期按一定比例对交易所发行上市审核和发行承销过程监管等相关工作进行抽查。

中国证监会在检查和抽查过程中发现问题的，交易所应当整改。

第六十三条 中国证监会建立对发行上市监管全流程的权力运行监督制约机制，对发行上市审核程序和发行注册程序相关内控制度运行情况进行督导督察，对廉政纪律执行情况和相关人员的履职尽责情况进行监督监察。

第六十四条 交易所应当建立内部防火墙制度，发行上市审核部门、发行承销监管部门与其他部门隔离运行。参与发行上市审核的人员，不得与发行人及其控股股东、实际控制人、相关保荐人、证券服务机构有利害关系，不得直接或者间接与发行人、保荐人、证券服务机构有利益往来，不得持有发行人股票，不得私下与发行人接触。

第六十五条 交易所应当建立定期报告制度，及时总结发行上市审核和发行承销监管的工作情况，并报告中国证监会。

第六十六条 交易所发行上市审核工作违反本办法规定，有下列情形之一的，由中国证监会责令改正；情节严重的，追究直接责任人员相关责任：

（一）未按审核标准开展发行上市审核工作；

（二）未按审核程序开展发行上市审核工作；

（三）不配合中国证监会对发行上市审核工作和发行承销监管工作的检查、抽查，或者不按中国证监会的整改要求进行整改。

第六十七条　发行人不符合发行上市条件，以欺骗手段骗取发行注册的，中国证监会将自确认之日起采取5年内不接受发行人公开发行证券相关文件的监管措施。对相关责任人员，视情节轻重，采取认定为不适当人选的监管措施，或者采取证券市场禁入的措施。

第六十八条　对发行人存在本办法第六十七条规定的行为并已经发行上市的，可以依照有关规定责令上市公司及其控股股东、实际控制人在一定期间从投资者手中购回本次公开发行的股票。

第六十九条　发行人存在本办法第三十一条第（三）项、第（四）项、第（五）项规定的情形，重大事项未报告、未披露，或者发行人及其董事、监事、高级管理人员、控股股东、实际控制人的签字、盖章系伪造或者变造的，中国证监会将自确认之日起采取3年至5年内不接受发行人公开发行证券相关文件的监管措施。

第七十条　发行人的控股股东、实际控制人违反本办法规定，致使发行人所报送的注册申请文件和披露的信息存在虚假记载、误导性陈述或者重大遗漏，或者纵容、指使、协助发行人进行财务造假、利润操纵或者有意隐瞒其他重要信息等骗取发行注册行为的，中国证监会可以视情节轻重，对相关单位和责任人员自确认之日起采取1年到5年内不接受相关单位及其控制的下属单位公开发行证券相关文件，对责任人员采取认定为不适当人选等监管措施，或者采取证券市场禁入的措施。

发行人的董事、监事和高级管理人员违反本办法规定，致使发行人所报送的注册申请文件和披露的信息存在虚假记载、误导性陈述或者重大遗漏的，中国证监会可以视情节轻重，对责任人员采取认定为不适当人选等监管措施，或者采取证券市场禁入的措施。

第七十一条　保荐人未勤勉尽责，致使发行人信息披露资料存在虚假记载、误导性陈述或者重大遗漏的，中国证监会将视情节轻重，自确认之日起采取暂停保荐人业务资格1年到3年，责令保荐人更换相关负责人的监管措施；情节严重的，撤销保荐人业务资格，对相关责任人员采取证券市场禁入的措施。

保荐代表人未勤勉尽责，致使发行人信息披露资料存在虚假记载、误导性陈述或者重大遗漏的，按规定撤销保荐代表人资格。

　　证券服务机构未勤勉尽责，致使发行人信息披露资料中与其职责有关的内容及其所出具的文件存在虚假记载、误导性陈述或者重大遗漏的，中国证监会可以视情节轻重，自确认之日起采取3个月至3年不接受相关单位及其责任人员出具的发行证券专项文件的监管措施；情节严重的，对证券服务机构相关责任人员采取证券市场禁入的措施。

　　第七十二条　保荐人存在下列情形的，中国证监会可以视情节轻重，自确认之日起采取暂停保荐人业务资格3个月至3年的监管措施；情节特别严重的，撤销其业务资格：

　　（一）伪造或者变造签字、盖章；

　　（二）重大事项未报告、未披露；

　　（三）以不正当手段干扰审核注册工作；

　　（四）不履行其他法定职责。

　　保荐代表人存在前款规定情形的，视情节轻重，按规定暂停保荐代表人资格3个月至3年；情节严重的，按规定撤销保荐代表人资格。

　　证券服务机构及其相关人员存在第一款规定情形的，中国证监会可以视情节轻重，自确认之日起，采取3个月至3年不接受相关单位及其责任人员出具的发行证券专项文件的监管措施。

　　第七十三条　发行人公开发行证券上市当年即亏损的，中国证监会自确认之日起暂停保荐人的保荐人资格3个月，撤销相关人员的保荐代表人资格，尚未盈利的企业或者已在证券发行募集文件中充分分析并揭示相关风险的除外。

　　第七十四条　保荐人、证券服务机构存在以下情形的，中国证监会可以视情节轻重，采取责令改正、监管谈话、出具警示函、1年内不接受相关单位及其责任人员出具的与注册申请有关的文件等监管措施；情节严重的，可以同时采取3个月到1年内不接受相关单位及其责任人员出具的发行证券专项文件的监管措施：

　　（一）制作或者出具的文件不齐备或者不符合要求；

　　（二）擅自改动注册申请文件、信息披露资料或者其他已提交文件；

　　（三）注册申请文件或者信息披露资料存在相互矛盾或者同一事实表述不一致且有实质性差异；

　　（四）文件披露的内容表述不清，逻辑混乱，严重影响投资者理解；

　　（五）未及时报告或者未及时披露重大事项。

发行人存在前款规定情形的，中国证监会可视情节轻重，采取责令改正、监管谈话、出具警示函、6个月至1年内不接受发行人公开发行证券相关文件的监管措施。

第七十五条 发行人披露盈利预测的，利润实现数如未达到盈利预测的80%，除因不可抗力外，其法定代表人、财务负责人应当在股东大会及中国证监会指定报刊上公开作出解释并道歉；中国证监会可以对法定代表人处以警告。

利润实现数未达到盈利预测的50%的，除因不可抗力外，中国证监会在3年内不受理该公司的公开发行证券申请。

注册会计师为上述盈利预测出具审核报告的过程中未勤勉尽责的，中国证监会将视情节轻重，对相关机构和责任人员采取监管谈话等监管措施，记入诚信档案并公布；情节严重的，给予警告等行政处罚。

第七十六条 发行人及其控股股东和实际控制人、董事、监事、高级管理人员，保荐人、承销商、证券服务机构及其相关执业人员，在股票公开发行并上市相关的活动中存在其他违反本办法规定行为的，中国证监会可以视情节轻重，采取责令改正、监管谈话、出具警示函、责令公开说明、责令参加培训、责令定期报告、认定为不适当人选、暂不受理与行政许可有关的文件等监管措施，或者采取证券市场禁入的措施。

第七十七条 发行人及其控股股东、实际控制人、保荐人、证券服务机构及其相关人员违反《中华人民共和国证券法》依法应予以行政处罚的，中国证监会将依法予以处罚；对欺诈发行、虚假陈述负有责任的发行人、保荐人、会计师事务所、律师事务所、资产评估机构及其责任人员依法从重处罚。涉嫌犯罪的，依法移送司法机关，追究其刑事责任。

第七十八条 交易所负责对发行人及其控股股东、实际控制人、保荐人、承销商、证券服务机构等进行自律监管。

中国证券业协会负责制定保荐业务、发行承销自律监管规则，对保荐人、承销商、保荐代表人、网下投资者进行自律监管。

交易所和中国证券业协会应当对发行上市过程中违反自律监管规则的行为采取自律监管措施或者给予纪律处分。

第七十九条 中国证监会会同有关部门，加强对发行人等相关市场主体的监管信息共享，完善失信联合惩戒机制。

第八章 附则

第八十条 符合《国务院办公厅转发证监会关于开展创新企业境内发行股票或存托凭证试点若干意见的通知》（国办发〔2018〕21号，以下简称《若干意见》）等规定的红筹企业，申请首次公开发行股票并在科创板上市，还应当符合本办法相关规定，但公司形式可适用其注册地法律规定；申请发行存托凭证并在科创板上市的，适用本办法关于发行上市审核注册程序的规定。

前款规定的红筹企业在科创板发行上市，适用《若干意见》"营业收入快速增长，拥有自主研发、国际领先技术，同行业竞争中处于相对优势地位"的具体标准，由交易所制定具体规则，并报中国证监会批准。

第八十一条 本办法自公布之日起施行。

科创板上市公司持续监管办法（试行）

（中国证监会令第 154 号　2019 年 3 月 1 日）

第一章　总则

第一条　为了规范科创企业股票、存托凭证在上海证券交易所（以下简称交易所）科创板上市后相关各方的行为，支持引导科技创新企业更好地发展，保护投资者合法权益，根据《中华人民共和国证券法》（以下简称《证券法》）、《中华人民共和国公司法》、《国务院办公厅转发证监会关于开展创新企业境内发行股票或存托凭证试点若干意见的通知》、《关于在上海证券交易所设立科创板并试点注册制的实施意见》（以下简称《实施意见》）以及相关法律法规，制定本办法。

第二条　中国证券监督管理委员会（以下简称中国证监会）根据《证券法》等法律法规、《实施意见》、本办法和中国证监会其他相关规定，对科创板上市公司（以下简称科创公司）及相关主体进行监督管理。中国证监会其他相关规定与本办法规定不一致的，适用本办法。

第三条　交易所根据《实施意见》、《证券交易所管理办法》、本办法等有关规定，建立以上市规则为中心的科创板持续监管规则体系，在持续信息披露、股份减持、并购重组、股权激励、退市等方面制定符合科创公司特点的具体实施规则。科创公司应当遵守交易所持续监管实施规则。

交易所应当履行一线监管职责，加强信息披露与二级市场交易监管联动，加大现场检查力度，强化监管问询，切实防范和打击内幕交易与操纵市场行为，督促科创公司提高信息披露质量。

第二章　公司治理

第四条　科创公司应当保持健全、有效、透明的治理体系和监督机制，保证股东大会、董事会、监事会规范运作，督促董事、监事和高级管理人员履行忠实、勤勉义务，保障全体股东合法权利，积极履行社会责任，保护利益相关者的基本权益。

第五条 科创公司控股股东、实际控制人应当诚实守信，依法行使权利，严格履行承诺，维持公司独立性，维护公司和全体股东的共同利益。

第六条 科创公司应当积极回报股东，根据自身条件和发展阶段，制定并执行现金分红、股份回购等股东回报政策。交易所可以制定股东回报相关规则。

第七条 存在特别表决权股份的科创公司，应当在公司章程中规定特别表决权股份的持有人资格、特别表决权股份拥有的表决权数量与普通股份拥有的表决权数量的比例安排、持有人所持特别表决权股份能够参与表决的股东大会事项范围、特别表决权股份锁定安排及转让限制、特别表决权股份与普通股份的转换情形等事项。公司章程有关上述事项的规定，应当符合交易所的有关规定。

科创公司应当在定期报告中持续披露特别表决权安排的情况；特别表决权安排发生重大变化的，应当及时披露。

交易所应对存在特别表决权股份科创公司的上市条件、表决权差异的设置、存续、调整、信息披露和投资者保护事项制定有关规定。

第三章 信息披露

第八条 科创公司和相关信息披露义务人应当及时、公平地披露所有可能对证券交易价格或者投资决策有较大影响的事项，保证所披露信息的真实、准确、完整，不存在虚假记载、误导性陈述或者重大遗漏。

第九条 控股股东和实际控制人应当积极配合科创公司履行信息披露义务，不得要求或者协助科创公司隐瞒应当披露的信息。

第十条 科创公司筹划的重大事项存在较大不确定性，立即披露可能会损害公司利益或者误导投资者，且有关内幕信息知情人已书面承诺保密的，公司可以暂不披露，但最迟应在该重大事项形成最终决议、签署最终协议、交易确定能够达成时对外披露。已经泄密或确实难以保密的，科创公司应当立即披露该信息。

第十一条 科创公司应当结合所属行业特点，充分披露行业经营信息，尤其是科研水平、科研人员、科研投入等能够反映行业竞争力的信息以及核心技术人员任职及持股情况，便于投资者合理决策。

第十二条　科创公司应当充分披露可能对公司核心竞争力、经营活动和未来发展产生重大不利影响的风险因素。

科创公司尚未盈利的，应当充分披露尚未盈利的成因，以及对公司现金流、业务拓展、人才吸引、团队稳定性、研发投入、战略性投入、生产经营可持续性等方面的影响。

第十三条　科创公司和相关信息披露义务人认为相关信息有助于投资者决策，但不属于依法应当披露信息的，可以自愿披露。

科创公司自愿披露的信息应当真实、准确、完整，科创公司不得利用该等信息不当影响公司股票价格，并应当按照同一标准披露后续类似事件。

第十四条　科创公司和信息披露义务人确有需要的，可以在非交易时段对外发布重大信息，但应当在下一交易时段开始前披露相关公告，不得以新闻发布或者答记者问等形式代替信息披露。

第十五条　科创公司和相关信息披露义务人适用中国证监会、交易所相关信息披露规定，可能导致其难以反映经营活动的实际情况、难以符合行业监管要求或者公司注册地有关规定的，可以依照有关规定暂缓适用或免于适用，但是应当充分说明原因和替代方案，并聘请律师事务所出具法律意见。中国证监会、交易所认为依法不应调整适用的，科创公司和相关信息披露义务人应当执行相关规定。

第四章　股份减持

第十六条　股份锁定期届满后，科创公司控股股东、实际控制人、董事、监事、高级管理人员、核心技术人员及其他股东减持首次公开发行前已发行的股份（以下简称首发前股份）以及通过非公开发行方式取得的股份的，应当遵守交易所有关减持方式、程序、价格、比例以及后续转让等事项的规定。

第十七条　上市时未盈利的科创公司，其控股股东、实际控制人、董事、监事、高级管理人员、核心技术人员所持首发前股份的股份锁定期应适当延长，具体期限由交易所规定。

第十八条　科创公司核心技术人员所持首发前股份的股份锁定期应适当延长，具体期限由交易所规定。

第五章 重大资产重组

第十九条 科创公司并购重组，由交易所统一审核；涉及发行股票的，由交易所审核通过后报经中国证监会履行注册程序。审核标准等事项由交易所规定。

第二十条 科创公司重大资产重组或者发行股份购买资产，标的资产应当符合科创板定位，并与公司主营业务具有协同效应。

第六章 股权激励

第二十一条 科创公司以本公司股票为标的实施股权激励的，应当设置合理的公司业绩和个人绩效等考核指标，有利于公司持续发展。

第二十二条 单独或合计持有科创公司5%以上股份的股东或实际控制人及其配偶、父母、子女，作为董事、高级管理人员、核心技术人员或者核心业务人员的，可以成为激励对象。

科创公司应当充分说明前款规定人员成为激励对象的必要性、合理性。

第二十三条 科创公司授予激励对象的限制性股票，包括符合股权激励计划授予条件的激励对象在满足相应条件后分次获得并登记的本公司股票。

限制性股票的授予和登记等事项，应当遵守交易所和证券登记结算机构的有关规定。

第二十四条 科创公司授予激励对象限制性股票的价格，低于市场参考价50%的，应符合交易所有关规定，并应说明定价依据及定价方式。

出现前款规定情形的，科创公司应当聘请独立财务顾问，对股权激励计划的可行性、相关定价依据和定价方法的合理性、是否有利于公司持续发展、是否损害股东利益等发表意见。

第二十五条 科创公司全部在有效期内的股权激励计划所涉及的标的股票总数，累计不得超过公司总股本的20%。

第七章 终止上市

第二十六条 科创公司触及终止上市标准的，股票直接终止上市，不再适用暂停上市、恢复上市、重新上市程序。

第二十七条 科创公司构成欺诈发行、重大信息披露违法或者其他涉及国家安全、公共安全、生态安全、生产安全和公众健康安全等领域的重大违法行为的，股票应当终止上市。

第二十八条 科创公司股票交易量、股价、市值、股东人数等交易指标触及终止上市标准的，股票应当终止上市，具体标准由交易所规定。

第二十九条 科创公司丧失持续经营能力，财务指标触及终止上市标准的，股票应当终止上市。

科创板不适用单一的连续亏损终止上市指标，交易所应当设置能够反映公司持续经营能力的组合终止上市指标。

第三十条 科创公司信息披露或者规范运作方面存在重大缺陷，严重损害投资者合法权益、严重扰乱证券市场秩序的，其股票应当终止上市。交易所可依据《证券法》在上市规则中作出具体规定。

第八章 其他事项

第三十一条 达到一定规模的上市公司，可以依据法律法规、中国证监会和交易所有关规定，分拆业务独立、符合条件的子公司在科创板上市。

第三十二条 科创公司应当建立完善募集资金管理使用制度，按照交易所规定持续披露募集资金使用情况和募集资金重点投向科技创新领域的具体安排。

第三十三条 科创公司控股股东、实际控制人质押公司股份的，应当合理使用融入资金，维持科创公司控制权和生产经营稳定，不得侵害科创公司利益或者向科创公司转移风险，并依据中国证监会、交易所的规定履行信息披露义务。

第三十四条 科创公司及其股东、实际控制人、董事、监事、高级管理人员、其他信息披露义务人、内幕信息知情人等相关主体违反本办法的，中国证监会根据《证券法》等法律法规和中国证监会其他有关规定，依法追究其法律责任。

第三十五条 中国证监会会同有关部门，加强对科创公司等相关市场主体的诚信信息共享，完善失信联合惩戒机制。

第九章 附则

第三十六条 本办法自公布之日起施行。

公开发行证券的公司信息披露内容与格式准则第41号
——科创板公司招股说明书

（中国证监会公告〔2019〕6号　2019年3月1日）

目　录

第一章 总则

第一条 为规范在上海证券交易所科创板（以下简称科创板）试点注册制首次公开发行股票的信息披露行为，保护投资者合法权益，根据《公司法》《证券法》《关于在上海证券交易所设立科创板并试点注册制的实施意见》和《科创板首次公开发行股票注册管理办法（试行）》（证监会令第153号）的规定，制定本准则。

第二条 申请在中华人民共和国境内首次公开发行股票并在科创板上市的公司（以下简称发行人或公司）应按本准则编制招股说明书，作为申请首次公开发行股票并在科创板上市的必备法律文件，并按本准则的规定进行披露。

第三条 本准则的规定是对招股说明书信息披露的最低要求。不论本准则是否有明确规定，凡对投资者作出价值判断和投资决策有重大影响的信息，均应披露。

第四条 发行人作为信息披露第一责任人，应以投资者投资需求为导向编制招股说明书，为投资者作出价值判断和投资决策提供充分且必要的信息，保证相关信息的内容真实、准确、完整。

第五条 发行人在招股说明书中披露的财务会计资料应有充分的依据，所引用的发行人的财务报表、盈利预测报告（如有）应由具有证券期货相关业务资格的会计师事务所审计或审核。

第六条 发行人在招股说明书中披露盈利预测及其他涉及发行人未来经营和财务状况信息，应谨慎、合理。

第七条 发行人应在招股说明书显要位置提示科创板投资风险，作如下声明：

"本次股票发行后拟在科创板市场上市，该市场具有较高的投资风险。科创板公司具有研发投入大、经营风险高、业绩不稳定、退市风险高等特点，投资者面临较大的市场风险。投资者应充分了解科创板市场的投资风险及本公司所披露的风险因素，审慎作出投资决定。"

第八条 本准则某些具体要求对发行人确实不适用的，发行人可根据实际情况，在不影响披露内容完整性的前提下作适当调整，但应在提交申请时作书面说明。

第九条　发行人有充分依据证明本准则要求披露的某些信息涉及国家秘密、商业秘密及其他因披露可能导致其违反国家有关保密法律法规规定或严重损害公司利益的，发行人可申请豁免按本准则披露。

第十条　招股说明书应便于投资者阅读，浅白易懂、简明扼要、逻辑清晰，尽量使用图表、图片或其他较为直观的披露方式，具有可读性和可理解性：

（一）应客观、全面，使用事实描述性语言，突出事件实质，不得选择性披露，不得使用市场推广的宣传用语；

（二）应使用直接、简洁、确定的语句，尽量避免使用艰深晦涩、生僻难懂的专业术语或公文用语；

（三）披露的内容应清晰、明确，并结合发行人情况进行具体准确的解释说明；

（四）对不同章节或段落出现的同一语词、表述、事项的披露应具有一致性，在不影响信息披露的完整性和不致引起阅读不便的前提下，可以相互引征。

第十一条　招股说明书引用相关意见、数据或有外文译本的，应符合下列要求：

（一）应准确引用与本次发行有关的中介机构的专业意见或报告；

（二）引用第三方数据或结论，应注明资料来源，确保有权威、客观、独立的依据并符合时效性要求；

（三）引用的数字应采用阿拉伯数字，货币金额除特别说明外，应指人民币金额，并以元、千元、万元或百万元为单位；

（四）可根据有关规定或其他需求，编制招股说明书外文译本，但应保证中、外文文本的一致性，并在外文文本上注明："本招股说明书分别以中、英（或日、法等）文编制，在对中外文本的理解上发生歧义时，以中文文本为准。"

第十二条　信息披露事项涉及重要性水平判断的，发行人应结合自身业务特点，披露重要性水平的确定标准和依据。

第十三条　发行人下属企业的资产、收入或利润规模对发行人有重大影响的，应参照本准则的规定披露该下属企业的相关信息。

第十四条　发行人在报送申请文件后，发生应予披露事项的，应按规定及时履行信息披露义务。

第十五条 申请文件受理后，发行人应按规定履行预先披露程序。

第十六条 发行人股票发行前应在上海证券交易所（以下简称交易所）网站和中国证券监督管理委员会（以下简称中国证监会）指定网站全文刊登招股说明书，同时在中国证监会指定报刊刊登提示性公告，告知投资者网上刊登的地址及获取文件的途径。

发行人可以将招股说明书以及有关附件刊登于其他报刊和网站，但披露内容应完全一致，且不得早于在交易所网站、中国证监会指定报刊和网站的披露时间。

第二章 招股说明书

第一节 封面、书脊、扉页、目录、释义

第十七条 招股说明书文本封面应标有"×××公司首次公开发行股票并在科创板上市招股说明书"字样，并载明发行人、保荐人、主承销商的名称和住所。同时，明确提示科创板投资风险，依照本准则第七条作出恰当的声明。

第十八条 招股说明书纸质文本书脊应标有"×××公司首次公开发行股票并在科创板上市招股说明书"字样。

第十九条 发行人应在招股说明书扉页的显要位置载明：

"中国证监会、交易所对本次发行所作的任何决定或意见，均不表明其对注册申请文件及所披露信息的真实性、准确性、完整性作出保证，也不表明其对发行人的盈利能力、投资价值或者对投资者的收益作出实质性判断或保证。任何与之相反的声明均属虚假不实陈述。"

"根据《证券法》的规定，股票依法发行后，发行人经营与收益的变化，由发行人自行负责；投资者自主判断发行人的投资价值，自主作出投资决策，自行承担股票依法发行后因发行人经营与收益变化或者股票价格变动引致的投资风险。"

第二十条 发行人应在招股说明书扉页作如下声明：

"发行人及全体董事、监事、高级管理人员承诺招股说明书及其他信息披

露资料不存在虚假记载、误导性陈述或重大遗漏，并对其真实性、准确性、完整性承担个别和连带的法律责任。"

"发行人控股股东、实际控制人承诺本招股说明书不存在虚假记载、误导性陈述或重大遗漏，并对其真实性、准确性、完整性承担个别和连带的法律责任。"

"公司负责人和主管会计工作的负责人、会计机构负责人保证招股说明书中财务会计资料真实、完整。"

"发行人及全体董事、监事、高级管理人员、发行人的控股股东、实际控制人以及保荐人、承销的证券公司承诺因发行人招股说明书及其他信息披露资料有虚假记载、误导性陈述或者重大遗漏，致使投资者在证券发行和交易中遭受损失的，将依法赔偿投资者损失。"

"保荐人及证券服务机构承诺因其为发行人本次公开发行制作、出具的文件有虚假记载、误导性陈述或者重大遗漏，给投资者造成损失的，将依法赔偿投资者损失。"

第二十一条　招股说明书扉页应列表载明下列内容：

（一）发行股票类型；

（二）发行股数，股东公开发售股数（如有）；

（三）每股面值；

（四）每股发行价格；

（五）预计发行日期；

（六）拟上市的交易所和板块；

（七）发行后总股本，发行境外上市外资股的公司还应披露在境内上市流通的股份数量和在境外上市流通的股份数量；

（八）保荐人、主承销商；

（九）招股说明书签署日期。

发行人股东公开发售股份的，还应载明发行人拟发行新股和股东拟公开发售股份的数量，并提示股东公开发售股份所得资金不归发行人所有。

第二十二条　发行人应根据本准则及相关规定，针对实际情况在招股说明书首页作"重大事项提示"，以简要语言提醒投资者需特别关注的重要事项，并提醒投资者认真阅读招股说明书正文内容。

第二十三条　招股说明书的目录应标明各章、节的标题及相应的页码，内容编排也应符合通行的惯例。

第二十四条　发行人应对可能造成投资者理解障碍及有特定含义的术语作出释义。招股说明书的释义应在目录次页列示。

第二节　概览

第二十五条　发行人应对招股说明书作精确、扼要的概览，确保概览内容具体清晰、易于理解，不得披露除招股说明书其他章节披露内容以外的发行人其他信息。

第二十六条　发行人应在招股说明书概览的显要位置声明："本概览仅对招股说明书全文作扼要提示。投资者作出投资决策前，应认真阅读招股说明书全文。"

第二十七条　招股说明书概览的内容至少包括下列各部分：

（一）列表披露发行人及本次发行的中介机构基本情况，参考格式如下：

（一）发行人基本情况			
发行人名称		成立日期	
注册资本		法定代表人	
注册地址		主要生产经营地址	
控股股东		实际控制人	
行业分类		在其他交易场所（申请）挂牌或上市的情况	
（二）本次发行的有关中介机构			
保荐人		主承销商	
发行人律师		其他承销机构	
审计机构		评估机构（如有）	

（二）列表披露本次发行概况，参考格式如下：

（一）本次发行的基本情况			
股票种类			
每股面值			
发行股数		占发行后总股本比例	
其中：发行新股数量		占发行后总股本比例	
股东公开发售股份数量		占发行后总股本比例	
发行后总股本			
每股发行价格			
发行市盈率			
发行前每股净资产		发行前每股收益	
发行后每股净资产		发行后每股收益	
发行市净率			
发行方式			
发行对象			
承销方式			
拟公开发售股份股东名称			
发行费用的分摊原则			
募集资金总额			
募集资金净额			
募集资金投资项目			
发行费用概算			
（二）本次发行上市的重要日期			
刊登发行公告日期			
开始询价推介日期			
刊登定价公告日期			
申购日期和缴款日期			
股票上市日期			

（三）列表披露发行人报告期的主要财务数据和财务指标，参考格式如下：

项目				
资产总额（万元）				
归属于母公司所有者权益（万元）				
资产负债率（母公司）（%）				
营业收入（万元）				
净利润（万元）				
归属于母公司所有者的净利润（万元）				
扣除非经常性损益后归属于母公司所有者的净利润（万元）				
基本每股收益（元）				
稀释每股收益（元）				
加权平均净资产收益率（%）				
经营活动产生的现金流量净额（万元）				
现金分红（万元）				
研发投入占营业收入的比例（%）				

（四）结合主要经营和财务数据概述发行人的主营业务经营情况，包括主要业务或产品、主要经营模式、竞争地位以及其他有助于投资者了解发行人业务特点的重要信息；

（五）简要披露发行人技术先进性、模式创新性、研发技术产业化情况以及未来发展战略；

（六）披露发行人选择的具体上市标准；

（七）简要披露发行人公司治理特殊安排等重要事项；

（八）简要披露募集资金用途。

第三节　本次发行概况

第二十八条　发行人应披露本次发行的基本情况，主要包括：

（一）股票种类；

（二）每股面值；

（三）发行股数、股东公开发售股数（如有），占发行后总股本的比例；

（四）每股发行价格；

（五）发行人高管、员工拟参与战略配售情况（如有）；

（六）保荐人相关子公司拟参与战略配售情况（如有）；

（七）标明计算基础和口径的市盈率（如适用）；

（八）预测净利润及发行后每股收益（如有）；

（九）发行前和发行后每股净资产；

（十）标明计算基础和口径的市净率；

（十一）发行方式与发行对象；

（十二）承销方式；

（十三）发行费用概算（包括承销费、保荐费、审计费、评估费、律师费、发行手续费等）。

发行人股东公开发售股份的，还应披露具体方案，包括本次预计发行新股数量，发行人股东公开发售股份的数量，发行费用的分摊原则，拟公开发售股份的股东名称、持股数量及拟公开发售股份数量等。

第二十九条　发行人应列表披露下列机构的名称、法定代表人、住所、联系电话、传真，同时应披露有关经办人员的姓名：

（一）保荐人、主承销商及其他承销机构；

（二）律师事务所；

（三）会计师事务所；

（四）资产评估机构；

（五）股票登记机构；

（六）收款银行；

（七）其他与本次发行有关的机构。

第三十条　发行人应列表披露其与本次发行有关的保荐人、承销机构、证券服务机构及其负责人、高级管理人员、经办人员之间存在的直接或间接的股权关系或其他权益关系。

第三十一条　发行人应针对不同的发行方式列表披露预计发行上市的重要日期，主要包括：

（一）刊登发行公告日期；

（二）开始询价推介日期；

（三）刊登定价公告日期；

（四）申购日期和缴款日期；

（五）股票上市日期。

第四节 风险因素

第三十二条 发行人应遵循重要性原则按顺序简明易懂地披露可能直接或间接对发行人及本次发行产生重大不利影响的所有风险因素。

发行人应以方便投资者投资决策参考的原则对风险因素进行分类列示。

第三十三条 发行人应结合科创企业特点，披露由于重大技术、产品、政策、经营模式变化等可能导致的风险：

（一）技术风险，包括技术升级迭代、研发失败、技术专利许可或授权不具排他性、技术未能形成产品或实现产业化等风险；

（二）经营风险，包括市场或经营前景或行业政策变化，商业周期变化，经营模式失败，依赖单一客户、单一技术、单一原材料等风险；

（三）内控风险，包括管理经验不足，特殊公司治理结构，依赖单一管理人员或核心技术人员等；

（四）财务风险，包括现金流状况不佳，资产周转能力差，重大资产减值，重大担保或偿债风险等；

（五）法律风险，包括重大技术、产品纠纷或诉讼风险，土地、资产权属瑕疵，股权纠纷，行政处罚等方面对发行人合法合规性及持续经营的影响；

（六）发行失败风险，包括发行认购不足，或未能达到预计市值上市条件的风险等；

（七）尚未盈利或存在累计未弥补亏损的风险，包括未来一定期间无法盈利或无法进行利润分配的风险，对发行人资金状况、业务拓展、人才引进、团队稳定、研发投入、市场拓展等方面产生不利影响的风险等；

（八）特别表决权股份或类似公司治理特殊安排的风险；

（九）可能严重影响公司持续经营的其他因素。

第三十四条 发行人披露风险因素时，应针对风险的实际情况，使用恰当的标题概括描述其风险点，不得使用模糊表述。在披露具体风险时，应对风险产生的原因和对发行人的影响程度进行充分揭示。

第三十五条　发行人应尽量对风险因素作定量分析，对导致风险的变动性因素作敏感性分析。无法进行定量分析的，应有针对性地作出定性描述。

第三十六条　一项风险因素不得描述多个风险。风险因素中不得包含风险对策、发行人竞争优势及类似表述。

第五节　发行人基本情况

第三十七条　发行人应披露其基本情况，主要包括：

（一）注册中、英文名称；

（二）注册资本；

（三）法定代表人；

（四）成立日期；

（五）住所和邮政编码；

（六）电话、传真号码；

（七）互联网网址；

（八）电子信箱；

（九）负责信息披露和投资者关系的部门、负责人和电话号码。

第三十八条　发行人应简要披露公司的设立情况和报告期内的股本和股东变化情况。发行人属于有限责任公司整体变更为股份有限公司的，还应披露有限责任公司的设立情况。

发行人应简要披露报告期内的重大资产重组情况，包括具体内容、所履行的法定程序以及对发行人业务、管理层、实际控制人及经营业绩的影响。

发行人应披露公司在其他证券市场的上市/挂牌情况，包括上市/挂牌时间、上市/挂牌地点、上市/挂牌期间受到处罚的情况、退市情况等（如有）。

第三十九条　发行人应采用方框图或其他有效形式，全面披露持有发行人5%以上股份或表决权的主要股东、实际控制人，控股股东、实际控制人所控制的其他企业，发行人的分公司、控股子公司、参股公司，以及其他有重要影响的关联方。

第四十条　发行人应简要披露其控股子公司及对发行人有重大影响的参股公司的情况，主要包括成立时间、注册资本、实收资本、注册地和主要生产经营地、股东构成及控制情况、主营业务及其与发行人主营业务的关系、最近一年及一期末的总资产、净资产、最近一年及一期的净利润，并标明有关财务数据是否经过审计及审计机构名称。

发行人应列表简要披露其他参股公司的情况，包括出资金额、持股比例、入股时间、控股方及主营业务情况等。

第四十一条　发行人应披露持有发行人5%以上股份或表决权的主要股东及实际控制人的基本情况，主要包括：

（一）控股股东、实际控制人的基本情况。控股股东、实际控制人为法人的，应披露成立时间、注册资本、实收资本、注册地和主要生产经营地、股东构成、主营业务及其与发行人主营业务的关系，最近一年及一期末的总资产、净资产、最近一年及一期的净利润，并标明有关财务数据是否经过审计及审计机构名称；为自然人的，应披露国籍、是否拥有永久境外居留权、身份证号码；为合伙企业等非法人组织的，应披露出资人构成、出资比例及实际控制人。

（二）控股股东和实际控制人直接或间接持有发行人的股份是否存在质押或其他有争议的情况。

（三）实际控制人应披露至最终的国有控股主体、集体组织、自然人等。

（四）无控股股东、实际控制人的，应参照本条对发行人控股股东及实际控制人的要求披露对发行人有重大影响的股东情况。

（五）其他持有发行人5%以上股份或表决权的主要股东的基本情况。主要股东为法人的，应披露成立时间、注册资本、实收资本、注册地和主要生产经营地、股东构成、主营业务及其与发行人主营业务的关系；为自然人的，应披露国籍、是否拥有永久境外居留权、身份证号码；为合伙企业等非法人组织的，应披露出资人构成、出资比例。

第四十二条　发行人应披露有关股本的情况，主要包括：

（一）本次发行前的总股本、本次发行及公开发售的股份，以及本次发行及公开发售的股份占发行后总股本的比例。

（二）本次发行前的前十名股东。

（三）本次发行前的前十名自然人股东及其在发行人处担任的职务。

（四）发行人股本有国有股份或外资股份的，应根据有关主管部门对股份设置的批复文件披露相应的股东名称、持股数量、持股比例。涉及国有股的，应在国有股东之后标注"SS"（State-owned Shareholder的缩写），披露前述标识的依据及标识的含义。

（五）最近一年发行人新增股东的持股数量及变化情况、取得股份的时间、价格和定价依据。属于战略投资者的，应予注明并说明具体的战略关系。

（六）本次发行前各股东间的关联关系及关联股东的各自持股比例。

（七）发行人股东公开发售股份的，应披露公开发售股份对发行人的控制权、治理结构及生产经营产生的影响，并提示投资者关注上述事项。

第四十三条　发行人应披露董事、监事、高级管理人员及核心技术人员的简要情况，主要包括：

（一）姓名、国籍及境外居留权；

（二）性别、年龄；

（三）学历及专业背景、职称；

（四）主要业务经历及实际负责的业务活动，对发行人设立、发展有重要影响的董事、监事、高级管理人员及核心技术人员，还应披露其创业或从业历程；

（五）曾经担任的重要职务及任期；

（六）现任发行人的职务及任期。

发行人应说明董事、监事、高级管理人员及核心技术人员的兼职情况及所兼职单位与发行人的关联关系，与发行人其他董事、监事、高级管理人员及核心技术人员的亲属关系。对于董事、监事，应披露其提名人。

第四十四条　发行人应披露与董事、监事、高级管理人员及核心技术人员所签订的对投资者作出价值判断和投资决策有重大影响的协议，以及有关协议的履行情况。

发行人的董事、监事、高级管理人员及核心技术人员所持股份发生被质押、冻结或发生诉讼纠纷等情形的，应充分披露上述情形的产生原因及对发行人可能产生的影响。

第四十五条　发行人董事、监事、高级管理人员及核心技术人员在最近2年内曾发生变动的，应披露变动情况、原因以及对公司的影响。

第四十六条　发行人应披露董事、监事、高级管理人员及核心技术人员与发行人及其业务相关的对外投资情况，包括投资金额、持股比例、有关承诺和协议，对于存在利益冲突情形的，应披露解决情况。

发行人应列表披露董事、监事、高级管理人员、核心技术人员及其配偶、父母、配偶的父母、子女、子女的配偶以任何方式直接或间接持有发行人股份的情况、持有人姓名及所持股份的质押或冻结情况。

第四十七条　发行人应披露董事、监事、高级管理人员及核心技术人员的薪酬组成、确定依据、所履行的程序及报告期内薪酬总额占各期发行人利润总额的比重，最近一年从发行人及其关联企业领取收入的情况，以及所享受的其他待遇和退休金计划等。

发行人应披露本次公开发行申报前已经制定或实施的股权激励及相关安排，披露股权激励对公司经营状况、财务状况、控制权变化等方面的影响，以及上市后的行权安排。

第四十八条　发行人应简要披露员工情况，包括员工人数及报告期内的变化情况，员工专业结构，报告期内社会保险和住房公积金缴纳情况。

第六节　业务与技术

第四十九条　发行人应清晰、准确、客观地披露主营业务、主要产品或服务的情况，包括：

（一）主营业务、主要产品或服务的基本情况，主营业务收入的主要构成；

（二）主要经营模式，如盈利模式、采购模式、生产或服务模式、营销及管理模式等，分析采用目前经营模式的原因、影响经营模式的关键因素、经营模式和影响因素在报告期内的变化情况及未来变化趋势，发行人的业务及其模式具有创新性的，还应披露其独特性、创新内容及持续创新机制；

（三）设立以来主营业务、主要产品或服务、主要经营模式的演变情况；

（四）主要产品的工艺流程图或服务的流程图；

（五）生产经营中涉及的主要环境污染物、主要处理设施及处理能力。

第五十条　发行人应结合所处行业基本情况披露其竞争状况，主要包括：

（一）所属行业及确定所属行业的依据；

（二）所属行业的行业主管部门、行业监管体制、行业主要法律法规政策及对发行人经营发展的影响；

（三）所属行业在新技术、新产业、新业态、新模式等方面近三年的发展情况和未来发展趋势，发行人取得的科技成果与产业深度融合的具体情况；

（四）发行人产品或服务的市场地位、技术水平及特点、行业内的主要企业、竞争优势与劣势、行业发展态势、面临的机遇与挑战，以及上述情况在报告期内的变化及未来可预见的变化趋势；

（五）发行人与同行业可比公司在经营情况、市场地位、技术实力、衡量核心竞争力的关键业务数据、指标等方面的比较情况。

第五十一条 发行人应披露销售情况和主要客户，包括：

（一）报告期内各期主要产品或服务的规模（产能、产量、销量，或服务能力、服务量）、销售收入、产品或服务的主要客户群体、销售价格的总体变动情况。存在多种销售模式的，应披露各销售模式的规模及占当期销售总额的比重。

（二）报告期内各期向前五名客户合计的销售额占当期销售总额的百分比，向单个客户的销售比例超过总额的50%的、前五名客户中存在新增客户的或严重依赖于少数客户的，应披露其名称或姓名、销售比例。该客户为发行人关联方的，应披露产品最终实现销售的情况。受同一实际控制人控制的客户，应合并计算销售额。

第五十二条 发行人应披露采购情况和主要供应商，包括：

（一）报告期内采购产品、原材料、能源或接受服务的情况，相关价格变动趋势。

（二）报告期内各期向前五名供应商合计的采购额占当期采购总额的百分比，向单个供应商的采购比例超过总额的50%的、前五名供应商中存在新增供应商的或严重依赖于少数供应商的，应披露其名称或姓名、采购比例。受同一实际控制人控制的供应商，应合并计算采购额。

第五十三条 发行人应披露对主要业务有重大影响的主要固定资产、无形资产等资源要素的构成，分析各要素与所提供产品或服务的内在联系，是否存在瑕疵、纠纷和潜在纠纷，是否对发行人持续经营存在重大不利影响。

发行人与他人共享资源要素的，如特许经营权，应披露共享的方式、条件、期限、费用等。

第五十四条 发行人应披露主要产品或服务的核心技术及技术来源，结合行业技术水平和对行业的贡献，披露发行人的技术先进性及具体表征。披露发行人的核心技术是否取得专利或其他技术保护措施、在主营业务及产品或服务中的应用和贡献情况。

发行人应披露核心技术的科研实力和成果情况，包括获得重要奖项，承担的重大科研项目，核心学术期刊论文发表情况等。

发行人应披露正在从事的研发项目、所处阶段及进展情况、相应人员、经费投入、拟达到的目标；结合行业技术发展趋势，披露相关科研项目与行业技术水平的比较；披露报告期内研发投入的构成、占营业收入的比例。与其他单位合作研发的，还应披露合作协议的主要内容，权利义务划分约定及采取的保密措施等。

发行人应披露核心技术人员、研发人员占员工总数的比例，核心技术人员的学历背景构成，取得的专业资质及重要科研成果和获得奖项情况，对公司研发的具体贡献，发行人对核心技术人员实施的约束激励措施，报告期内核心技术人员的主要变动情况及对发行人的影响。

发行人应披露保持技术不断创新的机制、技术储备及技术创新的安排等。

第五十五条 发行人在中华人民共和国境外进行生产经营的，应披露经营的总体情况，并对有关业务活动进行地域性分析。发行人在境外拥有资产的，应详细披露该资产的具体内容、资产规模、所在地、经营管理和盈利情况等。

第七节　公司治理与独立性

第五十六条 发行人应披露股东大会、董事会、监事会、独立董事、董事会秘书制度的建立健全及运行情况，说明上述机构和人员履行职责的情况。结合《公司法》、中国证监会关于公司治理的有关规定及公司章程，披露报告期内发行人公司治理存在的缺陷及改进情况。

发行人应披露战略、审计、提名、薪酬与考核等各专门委员会的设置情况。

第五十七条 发行人存在特别表决权股份或类似安排的，应披露相关安排的基本情况，包括设置特别表决权安排的股东大会决议、特别表决权安排运行期限、持有人资格、特别表决权股份拥有的表决权数量与普通股份拥有表决权数量的比例安排、持有人所持特别表决权股份能够参与表决的股东大会事项范围、特别表决权股份锁定安排及转让限制等，还应披露差异化表决安排可能导致的相关风险和对公司治理的影响，以及相关投资者保护措施。

第五十八条 发行人存在协议控制架构的，应披露协议控制架构的具体安排，包括协议控制架构涉及的各方法律主体的基本情况、主要合同的核心条款等。

第五十九条 发行人应披露公司管理层对内部控制完整性、合理性及有效性的自我评估意见以及注册会计师对公司内部控制的鉴证意见。注册会计师指出公司内部控制存在缺陷的，发行人应披露改进措施。

第六十条 发行人应披露报告期内存在的违法违规行为及受到处罚的情况，并说明对发行人的影响。

第六十一条 发行人应披露报告期内是否存在资金被控股股东、实际控制人及其控制的其他企业以借款、代偿债务、代垫款项或者其他方式占用的情况，或者为控股股东、实际控制人及其控制的其他企业担保的情况。

第六十二条 发行人应分析披露其具有直接面向市场独立持续经营的能力：

（一）资产完整方面。生产型企业具备与生产经营有关的主要生产系统、辅助生产系统和配套设施，合法拥有与生产经营有关的主要土地、厂房、机器设备以及商标、专利、非专利技术的所有权或者使用权，具有独立的原料采购和产品销售系统；非生产型企业具备与经营有关的业务体系及主要相关资产。

（二）人员独立方面。发行人的总经理、副总经理、财务负责人和董事会秘书等高级管理人员不在控股股东、实际控制人及其控制的其他企业中担任除董事、监事以外的其他职务，不在控股股东、实际控制人及其控制的其他企业领薪；发行人的财务人员不在控股股东、实际控制人及其控制的其他企业中兼职。

（三）财务独立方面。发行人已建立独立的财务核算体系、能够独立作出财务决策、具有规范的财务会计制度和对分公司、子公司的财务管理制度；发行人未与控股股东、实际控制人及其控制的其他企业共用银行账户。

（四）机构独立方面。发行人已建立健全内部经营管理机构、独立行使经营管理职权，与控股股东和实际控制人及其控制的其他企业间不存在机构混同的情形。

（五）业务独立方面。发行人的业务独立于控股股东、实际控制人及其控制的其他企业，与控股股东、实际控制人及其控制的其他企业间不存在对发行人构成重大不利影响的同业竞争，以及严重影响独立性或者显失公平的关联交易。

（六）发行人主营业务、控制权、管理团队和核心技术人员稳定，最近2年内主营业务和董事、高级管理人员及核心技术人员均没有发生重大不利变化；控股股东和受控股股东、实际控制人支配的股东所持发行人的股份权属清晰，最近2年实际控制人没有发生变更，不存在导致控制权可能变更的重大权属纠纷。

（七）发行人不存在主要资产、核心技术、商标的重大权属纠纷，重大偿债风险，重大担保、诉讼、仲裁等或有事项，经营环境已经或将要发生的重大变化等对持续经营有重大影响的事项。

第六十三条 发行人应披露是否存在与控股股东、实际控制人及其控制的其他企业从事相同、相似业务的情况。如存在，应对不存在对发行人构成重大不利影响的同业竞争作出合理解释，并披露发行人防范利益输送、利益冲突及保持独立性的具体安排等。

发行人应披露控股股东、实际控制人作出的避免新增同业竞争的承诺。

第六十四条 发行人应根据《公司法》、企业会计准则及中国证监会有关规定披露关联方、关联关系和关联交易。

第六十五条 发行人应根据交易的性质和频率，按照经常性和偶发性分类披露关联交易及关联交易对其财务状况和经营成果的影响。

购销商品、提供劳务等经常性关联交易，应分别披露报告期内关联方名称、交易内容、交易价格的确定方法、交易金额、占当期营业收入或营业成本的比重、占当期同类型交易的比重以及关联交易增减变化的趋势，与交易相关应收应付款项的余额及增减变化的原因，以及上述关联交易是否仍将持续进行。

偶发性关联交易，应披露关联方名称、交易时间、交易内容、交易金额、交易价格的确定方法、资金结算情况、交易产生的利润及对发行人当期经营成果的影响、交易对公司主营业务的影响。

发行人应披露报告期内所发生的全部关联交易的简要汇总表。

第六十六条 发行人应披露报告期内发生的关联交易是否履行了公司章程规定的程序，以及独立董事对关联交易履行的审议程序是否合法及交易价格是否公允的意见。

第六十七条 发行人应披露报告期内关联方的变化情况。由关联方变为非关联方的，发行人应比照关联交易的要求持续披露与上述原关联方的后续交易情况，以及相关资产、人员的去向等。

第八节　财务会计信息与管理层分析

第六十八条 发行人应使用投资者可理解的语言，采用定量与定性相结合的方法，清晰披露所有重大财务会计信息，并结合自身业务特点和投资者决策需要，分析重要财务会计信息的构成、来源与变化等情况，保证财务会计信息与业务经营信息的一致性。

发行人应披露与财务会计信息相关的重大事项或重要性水平的判断标准。

发行人应提示投资者阅读财务报告及审计报告全文。

第六十九条 发行人应披露产品（或服务）特点、业务模式、行业竞争程度、外部市场环境等影响因素及其变化趋势，披露其对发行人未来盈利（经营）能力或财务状况可能产生的具体影响或风险。

影响因素的分析不应仅限于财务因素，还应包括非财务因素，并将财务会计信息与业务经营信息互为对比印证；不应简单重述财务报表或附注内容，应选择使用逐年比较、差异因素量化计算、同行业对比等易于理解的分析方式。选择同行业公司对比分析时，发行人应披露相关公司的选择原因及相关业务的可比程度。

分析比较期间数据时，发行人应对重要或者同比发生重大变动的报表科目、财务指标进行分析并披露变动原因。

发行人存在多个业务或地区分部的，应披露分部信息。

第七十条 发行人应披露报告期的资产负债表、利润表和现金流量表，以及会计师事务所的审计意见类型。发行人编制合并财务报表的，原则上只需披露合并财务报表，同时说明合并财务报表的编制基础、合并范围及变化情况。但合并财务报表与母公司财务报表存在显著差异的，应披露母公司财务报表。

第七十一条 发行人应结合自身业务活动实质、经营模式特点及关键审计事项等，披露对公司财务状况和经营成果有重大影响的会计政策和会计估计，针对性披露相关会计政策和会计估计的具体执行标准，不应简单重述一般会计原则。

发行人应披露重要会计政策及其关键判断、重要会计估计及其关键假设的衡量标准，如根据不同业务类别和销售方式进行收入确认的时点、依据和计量方法，合并财务报表编制方法，成本核算方法，研发支出核算方法，资产减值测试，公允价值计量，股份支付费用，递延税项的确认等会计事项。

发行人重大会计政策或会计估计与可比上市公司存在较大差异的，应分析该差异产生的原因及对公司的影响。发行人报告期存在重大会计政策变更、会计估计变更、会计差错更正的，应披露变更或更正的具体内容、理由及对发行人财务状况、经营成果的影响。

第七十二条　发行人应依据经注册会计师鉴证的非经常性损益明细表，以合并财务报表的数据为基础，披露报告期非经常性损益的具体内容、金额及对当期经营成果的影响，并计算报告期扣除非经常性损益后的净利润金额。

第七十三条　发行人应披露报告期内母公司及重要子公司、各主要业务所适用的主要税种、税率。存在税收减、免、返、退或其他税收优惠的，应按税种分项说明相关法律法规或政策依据、批准或备案认定情况、具体幅度及有效期限。

报告期内发行人税收政策存在重大变化或者税收优惠政策对发行人经营成果有重大影响的，发行人应披露税收政策变化对经营成果的影响情况或者报告期内每期税收优惠占税前利润的比例，并对发行人是否对税收优惠存在严重依赖、未来税收优惠的可持续性等进行分析。

第七十四条　发行人应列表披露报告期的主要财务指标。主要包括流动比率、速动比率、资产负债率、应收账款周转率、存货周转率、息税折旧摊销前利润、归属于发行人股东的净利润、归属于发行人股东扣除非经常性损益后的净利润、研发投入占营业收入的比例、每股经营活动产生的现金流量、每股净现金流量、基本每股收益、稀释每股收益、归属于发行人股东的每股净资产、净资产收益率。其中，净资产收益率和每股收益的计算应执行中国证监会的有关规定。

第七十五条　发行人应以管理层的视角，结合"业务与技术"中披露的业务、经营模式、技术水平、竞争力等要素披露报告期内取得经营成果的逻辑。发行人的管理层分析一般应包括发行人的经营成果，资产质量，偿债能力、流动性与持续经营能力，发行人的重大资本性支出与资产业务重组等方面。发行人应明确披露对上述方面有重大影响的关键因素及其影响程度，充分揭示对发行人经营前景具有核心意义或其目前已经存在的趋势变化对业绩变动具有较强预示作用的财务或非财务指标。

第七十六条　发行人对于经营成果的分析，应充分说明主要影响项目、事项或因素在数值与结构变动方面的原因、影响程度及风险趋势，一般应包括下列内容：

（一）报告期营业收入以及主营业务收入的构成与变动原因；按产品或服务的类别及地区分布，结合客户结构及销售模式，分析主要产品或服务的销售数量、价格与结构变化对营业收入增减变化的具体影响；产销量或合同订单完成量等业务执行数据与财务确认数据的一致性；营业收入如存在季节性波动应说明原因。

（二）报告期营业成本的分部信息、主要成本项目构成及变动原因；结合主要原材料、能源等采购对象的数量与价格变动，分析营业成本增减变化的影响因素。

（三）报告期毛利的构成与变动情况；综合毛利率、分产品或服务的毛利率的变动情况；以数据分析方式说明毛利率的主要影响因素及变化趋势；存在同行业公司相同或相近产品或服务的，应对比分析毛利率是否存在显著差异及原因。

（四）报告期销售费用、管理费用、研发费用、财务费用的主要构成及变动原因，期间费用水平的变动趋势；与同行业可比公司相比如存在显著差异，应结合业务特点和经营模式分析原因；对于研发费用，还应披露对应研发项目的整体预算、费用支出金额、实施进度等情况。

（五）对报告期经营成果有重大影响的非经常性损益项目；未纳入合并报表范围的被投资主体或理财工具形成的投资收益或价值变动对公司经营成果及盈利能力稳定性的影响；区分与收益相关或与资产相关分析披露政府补助对发行人报告期与未来期间的影响。

（六）按税种分项披露报告期公司应缴与实缴的税额，说明重大税收政策变化及税收优惠对发行人的影响。

（七）尚未盈利或存在累计未弥补亏损的发行人，应结合行业特点分析该等情形的成因，充分披露尚未盈利或存在累计未弥补亏损对公司现金流、业务拓展、人才吸引、团队稳定性、研发投入、战略性投入、生产经营可持续性等方面的影响。

第七十七条　发行人对于资产质量的分析，应结合自身的经营管理政策，充分说明对发行人存在重大影响的主要资产项目的质量特征、变动原因及风险趋势，一般应包括下列内容：

（一）结合应收款项的主要构成、账龄结构、信用政策、主要债务人等因素，分析披露报告期应收款项的变动原因及期后回款进度，说明是否存在较大的坏账风险；应收账款坏账准备计提比例明显低于同行业上市公司水平的，应分析披露具体原因。

（二）结合业务模式、存货管理政策、经营风险控制等因素，分析披露报告期末存货的分类构成及变动原因，说明是否存在异常的存货余额增长或结构变动情形，分析存货减值测试的合理性。

（三）报告期末持有金额较大的以摊余成本计量的金融资产、以公允价值计量且其变动计入综合收益的金融资产、以公允价值计量且其变动计入当期损益的金融资产以及借与他人款项、委托理财等财务性投资的，应分析其投资目的、期限、管控方式、可回收性、减值准备计提充分性及对发行人资金安排或流动性的影响。

（四）结合产能、业务量或经营规模变化等因素，分析披露报告期末固定资产的分布特征与变动原因，重要固定资产折旧年限与同行业可比公司相比是否合理；报告期如存在大额在建工程转入固定资产的，应说明其内容、依据及影响，尚未完工交付项目预计未来转入固定资产的时间与条件；固定资产与在建工程是否存在重大减值因素。

（五）报告期末主要对外投资项目的投资期限、投资金额和价值变动、股权投资占比等情况，对发行人报告期及未来的影响。

（六）报告期末无形资产、开发支出的主要类别与增减变动原因，重要无形资产对发行人业务和财务的影响；无形资产减值测试的方法与结果；如存在开发支出资本化的，应说明具体项目、依据、时间及金额。

（七）报告期末商誉的形成原因、增减变动与减值测试依据等情况。

第七十八条 发行人对于偿债能力、流动性与持续经营能力的分析，一般应包括下列内容：

（一）最近一期末银行借款、关联方借款、合同承诺债务、或有负债等主要债项的金额、期限、利率及利息费用等情况；如有逾期未偿还债项应说明原因及解决措施；如存在借款费用资本化情况应说明其依据、时间及金额。发行人应分析可预见的未来需偿还的负债金额及利息金额，结合现金流、融资能力与渠道等情况，分析公司的偿债能力。

（二）报告期股利分配的具体实施情况。

（三）报告期经营活动产生的现金流量、投资活动产生的现金流量、筹资活动产生的现金流量的基本情况、主要构成和变动原因。如报告期经营活动产生的现金流量净额为负数或者与当期净利润存在较大差异的，应分析主要影响因素。

（四）截至报告期末的重大资本性支出决议以及未来其他可预见的重大资本性支出计划和资金需求量，如涉及跨行业投资应说明其与公司未来发展战略的关系，如存在较大资金缺口应说明解决措施及其影响。

（五）结合长短期债务配置期限、影响现金流量的重要事件或承诺事项以及风险管理政策，分析披露发行人的流动性已经或可能产生的重大变化或风险趋势，以及发行人应对流动性风险的具体措施。

（六）结合公司的业务或产品定位、报告期经营策略以及未来经营计划，分析披露发行人在持续经营能力方面是否存在重大不利变化或风险因素，以及管理层自我评判的依据。

第七十九条　发行人报告期存在重大投资或资本性支出、重大资产业务重组或股权收购合并等事项的，应分析披露该等重大事项的必要性与基本情况，对发行人生产经营战略、报告期及未来期间经营成果和财务状况的影响。

第八十条　发行人披露的财务会计信息或业绩预告信息应满足及时性要求。

发行人应扼要披露资产负债表日后事项、或有事项、其他重要事项以及重大担保、诉讼等事项在招股说明书签署日的进展情况，说明该等事项对发行人未来财务状况、盈利能力及持续经营的影响。

第八十一条　如果发行人认为提供盈利预测信息将有助于投资者对发行人及投资于发行人的股票作出正确判断，且发行人确信能对最近的未来期间的盈利情况作出比较切合实际的预测，发行人可以披露盈利预测信息，并声明："本公司盈利预测报告是管理层在最佳估计假设的基础上编制的，但所依据的各种假设具有不确定性，投资者进行投资决策时应谨慎使用。"

发行人应提示投资者阅读盈利预测报告及审核报告全文。

发行人应在"重大事项提示"中提醒投资者关注已披露的盈利预测信息。

第八十二条　尚未盈利的发行人应披露未来是否可实现盈利的前瞻性信息及其依据、基础假设等。

披露前瞻性信息的，发行人应声明："本公司前瞻性信息是建立在推测性假设的数据基础上的预测，具有重大不确定性，投资者进行投资决策时应谨慎使用。"

第九节　募集资金运用与未来发展规划

第八十三条　发行人应结合公司现有主营业务、生产经营规模、财务状况、技术条件、管理能力、发展目标合理确定募集资金投资项目，相关项目实施后不新增同业竞争，对发行人的独立性不产生不利影响。

发行人应披露其募集资金使用管理制度，以及募集资金重点投向科技创新领域的具体安排。

第八十四条　发行人应列表简要披露募集资金的投资方向、使用安排等情况。

第八十五条　发行人应根据重要性原则披露募集资金运用情况：

（一）募集资金的具体用途，简要分析募集资金具体用途的可行性及其与发行人现有主要业务、核心技术之间的关系。

（二）投资概算情况。发行人所筹资金如不能满足预计资金使用需求的，应说明缺口部分的资金来源及落实情况；如所筹资金超过预计资金使用需求的，应说明相关资金在运用和管理上的安排。

（三）募集资金具体用途所需的时间周期和时间进度。

（四）募集资金运用涉及履行审批、核准或备案程序的，应披露相关的履行情况。

（五）募集资金运用涉及环保问题的，应披露可能存在的环保问题、采取的措施及资金投入情况。

（六）募集资金运用涉及新取得土地或房产的，应披露取得方式、进展情况及未能如期取得对募集资金具体用途的影响。

（七）募集资金运用涉及与他人合作的，应披露合作方基本情况、合作方式、各方权利义务关系。

（八）募集资金向实际控制人、控股股东及其关联方收购资产，如果对被收购资产有效益承诺的，应披露效益无法完成时的补偿责任。

第八十六条　募集资金用于研发投入、科技创新、新产品开发生产的，应披露其具体安排及其与发行人现有主要业务、核心技术之间的关系。

第八十七条　发行人应披露其制定的战略规划，报告期内为实现战略目标已采取的措施及实施效果，未来规划采取的措施等。

第十节　投资者保护

第八十八条　发行人应披露投资者关系的主要安排，包括信息披露制度和流程、投资者沟通渠道的建立情况以及未来开展投资者关系管理的规划等。

第八十九条 发行人应披露发行后的股利分配政策和决策程序，以及本次发行前后股利分配政策的差异情况。

第九十条 发行人应披露本次发行完成前滚存利润的分配安排和已履行的决策程序。若发行前的滚存利润归发行前的股东享有，应披露滚存利润审计和实际派发情况。

第九十一条 发行人应披露股东投票机制的建立情况，包括采取累积投票制选举公司董事，中小投资者单独计票机制，法定事项采取网络投票方式召开股东大会进行审议表决、征集投票权的相关安排等。

第九十二条 发行人存在特别表决权股份、协议控制架构或类似特殊安排，尚未盈利或存在累计未弥补亏损的，应披露依法落实保护投资者合法权益规定的各项措施，包括但不限于下列内容：

（一）发行人存在特别表决权股份等特殊架构的，其持有特别表决权的股东应按照所适用的法律以及公司章程行使权利，不得滥用特别表决权，不得损害投资者的合法权益。损害投资者合法权益的，发行人及持有特别表决权的股东应改正，并依法承担对投资者的损害赔偿责任。

（二）尚未盈利企业的控股股东、实际控制人和董事、监事、高级管理人员及核心技术人员关于减持股票所做的特殊安排或承诺。

第九十三条 发行人应充分披露发行人、股东、实际控制人、发行人的董事、监事、高级管理人员、核心技术人员以及本次发行的保荐人及证券服务机构等作出的重要承诺、未能履行承诺的约束措施以及已触发履行条件的承诺事项的履行情况。承诺事项主要包括：

（一）本次发行前股东所持股份的限售安排、自愿锁定股份、延长锁定期限以及股东持股及减持意向等承诺；

（二）稳定股价的措施和承诺；

（三）股份回购和股份购回的措施和承诺；

（四）对欺诈发行上市的股份购回承诺；

（五）填补被摊薄即期回报的措施及承诺；

（六）利润分配政策的承诺；

（七）依法承担赔偿或赔偿责任的承诺；

（八）其他承诺事项。

第十一节 其他重要事项

第九十四条 发行人应披露对报告期经营活动、财务状况或未来发展等具有重要影响的已履行和正在履行的合同情况,包括合同当事人、合同标的、合同价款或报酬、履行期限、实际履行情况等。与同一交易主体在一个会计年度内连续发生的相同内容或性质的合同应累计计算。

第九十五条 发行人应披露对外担保的情况,主要包括:

(一)被担保人的名称、注册资本、实收资本、住所、生产经营情况、与发行人有无关联关系,以及最近一年及一期末的总资产、净资产和最近一年及一期的净利润;

(二)主债务的种类、金额和履行债务的期限;

(三)担保方式:采用保证方式还是抵押、质押方式,采用抵押、质押方式的,应披露担保物的种类、数量、价值等相关情况;

(四)担保范围;

(五)担保期间;

(六)解决争议的方法;

(七)其他对担保人有重大影响的条款;

(八)担保履行情况;

(九)如存在反担保的,应简要披露相关情况;

(十)该等担保对发行人业务经营与财务状况的影响。

第九十六条 发行人应披露对财务状况、经营成果、声誉、业务活动、未来前景等可能产生较大影响的诉讼或仲裁事项,以及控股股东或实际控制人、控股子公司,发行人董事、监事、高级管理人员和核心技术人员作为一方当事人可能对发行人产生影响的刑事诉讼、重大诉讼或仲裁事项,主要包括:

(一)案件受理情况和基本案情;

(二)诉讼或仲裁请求;

(三)判决、裁决结果及执行情况;

(四)诉讼、仲裁案件对发行人的影响。

发行人应披露董事、监事、高级管理人员和核心技术人员最近3年涉及行政处罚、被司法机关立案侦查、被中国证监会立案调查情况。

第九十七条　发行人应披露控股股东、实际控制人报告期内是否存在重大违法行为。

第十二节　声明

第九十八条　发行人全体董事、监事、高级管理人员应在招股说明书正文的尾页声明：

"本公司全体董事、监事、高级管理人员承诺本招股说明书不存在虚假记载、误导性陈述或重大遗漏，并对其真实性、准确性、完整性承担个别和连带的法律责任。"

声明应由全体董事、监事、高级管理人员签名，并由发行人加盖公章。

第九十九条　发行人控股股东、实际控制人应在招股说明书正文后声明：

"本公司或本人承诺本招股说明书不存在虚假记载、误导性陈述或重大遗漏，并对其真实性、准确性、完整性承担个别和连带的法律责任。"

声明应由控股股东、实际控制人签名，加盖公章。

第一百条　保荐人（主承销商）应在招股说明书正文后声明：

"本公司已对招股说明书进行了核查，确认不存在虚假记载、误导性陈述或重大遗漏，并对其真实性、准确性、完整性承担相应的法律责任。"

声明应由法定代表人、保荐代表人、项目协办人签名，并由保荐人（主承销商）加盖公章。

第一百零一条　发行人律师应在招股说明书正文后声明：

"本所及经办律师已阅读招股说明书，确认招股说明书与本所出具的法律意见书无矛盾之处。本所及经办律师对发行人在招股说明书中引用的法律意见书的内容无异议，确认招股说明书不致因上述内容而出现虚假记载、误导性陈述或重大遗漏，并对其真实性、准确性、完整性承担相应的法律责任。"

声明应由经办律师及所在律师事务所负责人签名，并由律师事务所加盖公章。

第一百零二条　为本次发行承担审计业务的会计师事务所应在招股说明书正文后声明：

"本所及签字注册会计师已阅读招股说明书，确认招股说明书与本所出具的审计报告、盈利预测审核报告（如有）、内部控制鉴证报告及经本所鉴证的非经常性损益明细表等无矛盾之处。本所及签字注册会计师对发行人在招股说明书中引用的审计报告、盈利预测审核报告（如有）、内部控制鉴证报告及经本所鉴证的非经常性损益明细表等的内容无异议，确认招股说明书不致因上述内容而出现虚假记载、误导性陈述或重大遗漏，并对其真实性、准确性、完整性承担相应的法律责任。"

声明应由签字注册会计师及所在会计师事务所负责人签名，并由会计师事务所加盖公章。

第一百零三条　为本次发行承担评估业务的资产评估机构应在招股说明书正文后声明：

"本机构及签字注册资产评估师已阅读招股说明书，确认招股说明书与本机构出具的资产评估报告无矛盾之处。本机构及签字注册资产评估师对发行人在招股说明书中引用的资产评估报告的内容无异议，确认招股说明书不致因上述内容而出现虚假记载、误导性陈述或重大遗漏，并对其真实性、准确性、完整性承担相应的法律责任。"

声明应由签字注册资产评估师及所在资产评估机构负责人签名，并由资产评估机构加盖公章。

第一百零四条　为本次发行承担验资业务的机构应在招股说明书正文后声明：

"本机构及签字注册会计师已阅读招股说明书，确认招股说明书与本机构出具的验资报告无矛盾之处。本机构及签字注册会计师对发行人在招股说明书中引用的验资报告的内容无异议，确认招股说明书不致因上述内容而出现虚假记载、误导性陈述或重大遗漏，并对其真实性、准确性、完整性承担相应的法律责任。"

声明应由签字注册会计师及所在验资机构负责人签名，并由验资机构加盖公章。

第一百零五条　发行人及上述机构和人员应按照本准则第九十八条至第一百零四条的规定，在预先披露的招股说明书（申报稿）中发表声明。

第一百零六条　本准则所要求的有关人员的签名下方应以印刷体形式注明其姓名。

第十三节　附件

第一百零七条　发行人应按本准则规定披露以下附件：

（一）发行保荐书；

（二）上市保荐书；

（三）法律意见书；

（四）财务报告及审计报告；

（五）公司章程（草案）；

（六）发行人及其他责任主体作出的与发行人本次发行上市相关的承诺事项；

（七）发行人审计报告基准日至招股说明书签署日之间的相关财务报表及审阅报告（如有）；

（八）盈利预测报告及审核报告（如有）；

（九）内部控制鉴证报告；

（十）经注册会计师鉴证的非经常性损益明细表；

（十一）中国证监会同意发行人本次公开发行注册的文件；

（十二）其他与本次发行有关的重要文件。

第三章　附则

第一百零八条　红筹企业申请首次公开发行股票或发行存托凭证并在科创板上市编制招股说明书时应同时遵循本准则以及《公开发行证券的公司信息披露编报规则第23号——试点红筹企业公开发行存托凭证招股说明书内容与格式指引》等规则的规定。

第一百零九条　本准则自公布之日起施行。

公开发行证券的公司信息披露内容与格式准则第42号

——首次公开发行股票并在科创板上市申请文件

（中国证监会公告〔2019〕7号　2019年3月1日）

第一条　为规范在上海证券交易所科创板（以下简称科创板）试点注册制首次公开发行股票申请文件（以下简称申请文件）的格式和报送行为，根据《证券法》《关于在上海证券交易所设立科创板并试点注册制的实施意见》《科创板首次公开发行股票注册管理办法（试行）》（证监会令第153号）的规定，制定本准则。

第二条　申请在中华人民共和国境内首次公开发行股票并在科创板上市的公司（以下简称发行人）应按本准则的要求制作申请文件，并通过上海证券交易所（以下简称交易所）发行上市审核业务系统报送电子文件。

报送的电子文件应和预留原件一致。发行人律师应对报送的电子文件与预留原件的一致性出具鉴证意见。报送的电子文件和预留原件具有同等的法律效力。

第三条　本准则附录规定的申请文件目录是对申请文件的最低要求。中国证券监督管理委员会（以下简称中国证监会）和交易所根据审核需要可以要求发行人、保荐人和相关证券服务机构补充文件。如发行人认为某些文件对其不适用，应作出书面说明。补充文件和相关说明也应通过交易所发行上市审核业务系统报送。

第四条　保荐人应对发行人符合科创板定位要求出具专项意见。

第五条　申请文件一经受理，未经同意，不得增加、撤回或更换。

第六条　发行人应确保申请文件的原始纸质文件已存档。

对于申请文件的原始纸质文件，发行人不能提供有关文件原件的，应由发行人律师提供鉴证意见，或由出文单位盖章，以保证与原件一致。如原出文单位不再存续，由承继其职权的单位或作出撤销决定的单位出文证明文件的真实性。

第七条　申请文件的原始纸质文件所有需要签名处，应载明签名字样的印刷体，并由签名人亲笔签名，不得以名章、签名章等代替。

申请文件的原始纸质文件中需要由发行人律师鉴证的文件，发行人律师应在该文件首页注明"以下第××页至第××页与原件一致"，并签名和签署鉴证日期，律师事务所应在该文件首页加盖公章，并在第××页至第××页侧面以公章加盖骑缝章。

第八条　发行人应根据交易所对申请文件的问询及中国证监会对申请文件的反馈问题提供补充材料。保荐人和相关证券服务机构应对相关问题进行尽职调查并补充出具专业意见。

第九条　发行人向交易所发行上市审核业务系统报送的申请文件应采用标准".doc"".docx"或".pdf"格式文件，按幅面为209毫米×295毫米规格的纸张（相当于标准A4纸张规格）进行排版，并应采用合适的字体、字号、行距，易于投资者阅读。

申请文件的正文文字应为宋体小四，1.5倍行距。一级标题应为黑体三号，二级标题应为黑体四号，三级标题应为黑体小四字号，且各级标题应分别采用一致的段落间距。

申请文件章与章之间、节与节之间应有明显的分隔标识。文档应根据各级标题建立文档结构图以便于阅读。

申请文件中的页码应与目录中标识的页码相符。例如，第四部分4-1的页码标注为4-1-1，4-1-2，4-1-3，……，4-1-n。

第十条　未按本准则的要求制作和报送申请文件的，交易所可以按照有关规定不予受理。

第十一条　红筹企业申请首次公开发行股票或发行存托凭证并在科创板上市，应同时按照本准则和相关规定制作和报送申请文件。

第十二条　本准则由中国证监会负责解释。

第十三条　本准则自发布之日起施行。

附件：首次公开发行股票并在科创板上市申请文件目录

附件：

首次公开发行股票并在科创板上市申请文件目录

一、招股文件

1-1　招股说明书（申报稿）

二、发行人关于本次发行上市的申请与授权文件

2-1　关于本次公开发行股票并在科创板上市的申请报告

2-2　董事会有关本次发行并上市的决议

2-3　股东大会有关本次发行并上市的决议

2-4　关于符合科创板定位要求的专项说明

三、保荐人和证券服务机构关于本次发行上市的文件

3-1　保荐人关于本次发行上市的文件

3-1-1　关于发行人符合科创板定位要求的专项意见

3-1-2　发行保荐书

3-1-3　上市保荐书

3-1-4　保荐工作报告

3-1-5　关于发行人预计市值的分析报告（如适用）

3-1-6　保荐机构相关子公司参与配售的相关文件（如有）

3-2　会计师关于本次发行上市的文件

3-2-1　财务报表及审计报告

3-2-2　发行人审计报告基准日至招股说明书签署日之间的相关财务报表及审阅报告（如有）

3-2-3　盈利预测报告及审核报告（如有）

3-2-4　内部控制鉴证报告

3-2-5　经注册会计师鉴证的非经常性损益明细表

3-3　发行人律师关于本次发行上市的文件

3-3-1　法律意见书

3-3-2　律师工作报告

3-3-3　关于发行人董事、监事、高级管理人员、发行人控股股东和实际

控制人在相关文件上签名盖章的真实性的鉴证意见

3-3-4　关于申请电子文件与预留原件一致的鉴证意见

四、发行人的设立文件

4-1　发行人的企业法人营业执照

4-2　发行人公司章程（草案）

4-3　发行人关于公司设立以来股本演变情况的说明及其董事、监事、高级管理人员的确认意见

4-4　商务主管部门出具的外资确认文件（如有）

五、与财务会计资料相关的其他文件

5-1　发行人关于最近三年及一期的纳税情况及政府补助情况

5-1-1　发行人最近三年及一期所得税纳税申报表

5-1-2　有关发行人税收优惠、政府补助的证明文件

5-1-3　主要税种纳税情况的说明

5-1-4　注册会计师对主要税种纳税情况说明出具的意见

5-1-5　发行人及其重要子公司或主要经营机构最近三年及一期纳税情况的证明

5-2　发行人需报送的其他财务资料

5-2-1　最近三年及一期原始财务报表

5-2-2　原始财务报表与申报财务报表的差异比较表

5-2-3　注册会计师对差异情况出具的意见

5-3　发行人设立时和最近三年及一期资产评估报告（如有）

5-4　发行人历次验资报告或出资证明

5-5　发行人大股东或控股股东最近一年及一期的原始财务报表及审计报告（如有）

六、关于本次发行上市募集资金运用的文件

6-1　发行人关于募集资金运用方向的总体安排及其合理性、必要性的说明

6-2　募集资金投资项目的审批、核准或备案文件（如有）

6-3　发行人拟收购资产（或股权）的财务报表、审计报告、资产评估报告、盈利预测报告（如有）

6-4　发行人拟收购资产（或股权）的合同或合同草案（如有）

七、其他文件

7-1　产权和特许经营权证书

7-1-1　发行人拥有或使用的对其生产经营有重大影响的商标、专利、计算机软件著作权等知识产权以及土地使用权、房屋所有权等产权证书清单（需列明证书所有者或使用者名称、证书号码、权利期限、取得方式、是否及存在何种他项权利等内容）

7-1-2　发行人律师就7-1-1清单所列产权证书出具的鉴证意见

7-1-3　特许经营权证书（如有）

7-2　重要合同

7-2-1　对发行人有重大影响的商标、专利、专有技术等知识产权许可使用协议（如有）

7-2-2　重大关联交易协议（如有）

7-2-3　重组协议（如有）

7-2-4　特别表决权股份等差异化表决安排涉及的协议（如有）

7-2-5　高管员工配售协议（如有）

7-2-6　其他重要商务合同（如有）

7-3　特定行业（或企业）的管理部门出具的相关意见（如有）

7-4　承诺事项

7-4-1　发行人及其实际控制人、控股股东、持股5%以上股东以及发行人董事、监事、高级管理人员等责任主体的重要承诺以及未履行承诺的约束措施

7-4-2　有关消除或避免同业竞争的协议以及发行人的控股股东和实际控制人出具的相关承诺

7-4-3　发行人全体董事、监事、高级管理人员对发行申请文件真实性、准确性、完整性的承诺书

7-4-4　发行人控股股东、实际控制人对招股说明书的确认意见

7-4-5　发行人关于申请电子文件与预留原件一致的承诺函

7-4-6　保荐人关于申请电子文件与预留原件一致的承诺函

7-4-7　发行人保证不影响和干扰审核的承诺函

7-5　说明事项

7-5-1　发行人关于申请文件不适用情况的说明

7-5-2　发行人关于招股说明书不适用情况的说明

7-5-3　信息披露豁免申请（如有）

7-6　保荐协议

7-7　其他文件

公开发行证券的公司信息披露编报规则第 24 号
——科创板创新试点红筹企业财务报告信息特别规定

（中国证监会公告〔2019〕8 号　2019 年 3 月 7 日）

第一条　为规范在科创板公开发行证券并上市的创新试点红筹企业（以下简称红筹企业）财务信息披露行为，支持引导红筹企业更好地发展，保护红筹企业和投资者的合法权益，根据《中华人民共和国证券法》《关于开展创新企业境内发行股票或存托凭证试点的若干意见》（以下简称《若干意见》）《存托凭证发行与交易管理办法》《关于在上海证券交易所设立科创板并试点注册制的实施意见》（以下简称《实施意见》）以及相关法律法规，制定本规定。

第二条　本规定所称红筹企业，是指按照《若干意见》和《实施意见》等规定，经上海证券交易所和中国证券监督管理委员会（以下简称中国证监会）审核并注册，在科创板公开发行股票或者存托凭证并上市的创新试点红筹企业。

第三条　在境内公开发行股票或存托凭证并上市的红筹企业披露年度财务报告、首次发行股票或存托凭证的红筹企业申报财务报告，以及按照相关规定需要参照年度财务报告披露有关财务信息时，应遵循本规定和其他相关规定的要求。

第四条　红筹企业披露的财务报告信息，可按照中国企业会计准则或经财政部认可与中国企业会计准则等效的会计准则（以下简称等效会计准则）编制，也可在按照国际财务报告准则或美国会计准则（以下简称境外会计准则）编制的同时，提供按照中国企业会计准则调整的差异调节信息。

红筹企业在财务报告信息披露中应明确所采用的会计准则类型。红筹企业首次申请境内公开发行股票或者存托凭证时按照中国企业会计准则编制财务报告的，境内上市后不得变更。

第五条　红筹企业在境内公开发行股票或存托凭证，应在发行上市安排中明确会计年度期间，一经确定、不得随意变更。未以公历年度作为会计年度的，应提供充分理由并予以披露。

第六条　采用中国企业会计准则编制财务报告的红筹企业应遵循《公开发行证券的公司信息披露编报规则第15号——财务报告的一般规定》（以下简称《15号文》），本规定另有规定的除外。

第七条　对于编制合并财务报表的红筹企业，无须提供母公司层面财务信息。

第八条　采用中国企业会计准则编制财务报告的红筹企业，执行《15号文》时，在不影响投资者决策判断和使用的情况下，可基于简便性原则对以下特定信息予以分类汇总或简化披露：

（一）在财务报告附注中披露子公司信息时，需要按要求披露重要的子公司信息，对不重要的子公司可以分类汇总披露。在确定子公司是否重要时，应考虑子公司的收入、利润、资产、净资产等财务指标占合并报表相关指标的比例，以及子公司经营业务、未来发展战略、持有资质或证照等对公司的影响等因素。

公司确定子公司是否重要的标准应予披露，并且不得随意变更。

（二）在财务报告附注中披露应收款项信息时，可以分类汇总披露按欠款方归集的期末余额前五名的应收款项相关信息，包括期末余额汇总数及占应收款项期末余额合计数的比例，以及相应计提的坏账准备期末余额。

（三）在财务报告附注中披露在建工程信息时，需要披露重要在建工程项目的期初余额、本期增加额、本期转入固定资产金额、本期其他减少金额、期末余额，对于不重要的在建工程项目，可以按性质分类汇总披露。

（四）在财务报告附注中披露开发支出时，需要披露重要开发支出项目的期初余额、期末余额和本期增减变动情况，对于不重要的开发支出项目可以按性质分类汇总披露。

（五）在财务报告附注中披露政府补助信息时，可以按性质分类汇总披露。

（六）中国证监会认可的其他情形。

第九条　红筹企业采用等效会计准则编制财务报告时，应当在遵循等效会计准则要求提供的信息基础上，提供满足证券市场各类主体和监管需要的补充财务信息。

补充财务信息主要包括按照中国企业会计准则调节的关键财务指标，包括但不限于：净利润、净资产、流动资产、非流动资产、流动负债、非流动负债、归属于母公司的所有者权益、营业收入、营业成本、利润总额、归属于母公司的净利润、经营和投资与筹资活动产生的现金流量。

上海证券交易所应制定补充财务信息涉及的财务指标及其调节信息的披露指引，报中国证监会同意后颁布实施。

第十条　红筹企业采用境外会计准则编制财务报告时，除提供按境外会计准则编制的财务报告外，还应提供按照中国企业会计准则调整的差异调节信息，具体包括按照中国企业会计准则重述的资产负债表、利润表、现金流量表和所有者权益变动表。

对于重述的符合中国企业会计准则的财务报表，不需要提供中国企业会计准则要求的附注信息，但需要提供与按境外会计准则编制财务报表的主要差异及调节过程信息。

上海证券交易所应制定按中国企业会计准则重述财务报表主要差异及调节过程信息的披露指引，报中国证监会同意后颁布实施。

第十一条　适用等效或境外会计准则的红筹企业按照本规定编报补充财务信息或差异调节信息，存在实际困难导致不切实可行的，可以向上海证券交易所申请调整适用，但应当说明原因和替代方案。

第十二条　红筹企业采用等效会计准则和境外会计准则编制财务报告时，可不执行《15号文》规定，但应遵照中国证监会相关要求披露非经常性损益、净资产收益率和每股收益等相关信息。

第十三条　红筹企业编制的财务报表、按有关规定需要审计的，应当由境内具有证券期货相关业务资格的会计师事务所根据中国审计准则进行审计，并出具审计报告。

采用等效或境外会计准则编制财务报表的红筹企业，按有关规定提供的补充财务信息或按照中国企业会计准则重述的财务报表，应当由境内具有证券期货相关业务资格的会计师事务所根据中国审计准则及配套审计指引、监管规定进行鉴证，并独立发表鉴证意见。

第十四条　为充分保护境内投资者合法权益，红筹企业境内财务信息披露应遵循"就高不就低"原则，对于在境外财务报告中披露的信息，在其境内上市财务报告中也应予以披露。

第十五条 采用等效或境外会计准则编制财务报表的红筹企业，在中期报告中提供财务信息时，仅需要提供按中国企业会计准则调节的净资产和净利润。

第十六条 本规定自公布之日起实施。

公开募集证券投资基金参与转融通证券出借业务指引（试行）

（中国证监会公告〔2019〕15号　2019年6月14日）

第一条　为规范公开募集证券投资基金（以下简称基金）参与转融通证券出借业务（以下简称出借业务）的行为，防范业务风险，保护基金份额持有人的合法权益，根据《证券投资基金法》《公开募集证券投资基金运作管理办法》等法律法规，制定本指引。

第二条　基金管理人运用基金财产参与出借业务适用本指引。

基金参与出借业务，是指基金以一定的费率通过证券交易所综合业务平台向中国证券金融股份有限公司（以下简称证券金融公司）出借证券，证券金融公司到期归还所借证券及相应权益补偿并支付费用的业务。

第三条　基金管理人运用基金财产参与出借业务，应当遵守审慎经营原则，配备技术系统和专业人员，制定科学合理的投资策略和风险管理制度，完善业务流程，有效防范和控制风险，切实维护基金财产的安全和基金份额持有人合法权益。

第四条　基金托管人应当加强对基金参与出借业务的监督和复核，切实维护基金财产的安全和基金份额持有人合法权益。

证券金融公司应加强对基金参与出借业务的风险监测，定期向中国证监会报送监测报告。

第五条　以下基金产品可依据法律法规的规定和基金合同、招募说明书的约定，参与出借业务：

（一）处于封闭期的股票型基金和偏股混合型基金；

（二）开放式股票指数基金及相关联接基金；

（三）战略配售基金；

（四）中国证监会认可的其他基金产品。

第（一）项所称偏股混合型基金，是指基金合同明确约定股票投资比例

60%以上的混合型基金。

第（三）项所称战略配售基金，是指主要投资策略包括投资战略配售股票，且以封闭方式运作的证券投资基金。

第六条 处于封闭期的基金出借证券资产不得超过基金资产净值的50%，出借到期日不得超过封闭期到期日，中国证监会认可的特殊情形除外。

第七条 开放式股票指数基金及相关联接基金参与出借业务应当符合以下要求：

（一）出借证券资产不得超过基金资产净值的30%，出借期限在10个交易日以上的出借证券应纳入《公开募集开放式证券投资基金流动性风险管理规定》所述流动性受限证券的范围；

（二）交易型开放式指数基金参与出借业务的单只证券不得超过基金持有该证券总量的30%，其他开放式股票指数基金、交易型开放式指数基金的联接基金参与出借业务的单只证券不得超过基金持有该证券总量的50%；

（三）最近6个月内日均基金资产净值不得低于2亿元；

（四）证券出借的平均剩余期限不得超过30天，平均剩余期限按照市值加权平均计算。

第八条 因证券市场波动、上市公司合并、基金规模变动等基金管理人之外的因素致使基金投资不符合本公告第六条、第七条规定的，基金管理人不得新增出借业务。

第九条 基金参与出借业务不终止确认出借证券。基金持有证券的持有期计算不因出借而受影响，出借证券应纳入基金投资运作指标计算范围。

第十条 基金参与出借业务，可以采取约定申报方式和非约定申报方式，并符合相关自律规则的要求。

基金通过约定申报方式参与出借业务的，由基金管理人、借券证券公司协商确定约定申报的数量、期限、费率等要素。

第十一条 基金管理人应当加强出借业务信用风险管理，合理分散出借期限与借券证券公司的集中度。基金通过约定申报方式参与出借业务的，基金管理人应对借券证券公司的偿付能力等进行必要的尽职调查与严格的准入管理，对不同的借券证券公司实施交易额度管理并进行动态调整，借券证券公司最近1年的分类结果应为A类。

基金管理人应加强关联交易管理，遵循持有人利益优先原则，按照市场公平合理价格执行，不得从事利益输送及其他不正当的交易活动。

第十二条　基金管理人应当做好出借业务流动性风险管理，加强压力测试管理，详细分析市场情况、投资者类型与结构、历史申赎数据、出借证券流动性情况等因素，合理确定出借证券的范围、期限和比例。

第十三条　本指引施行后申请募集的基金，拟参与出借业务的，应当在基金合同、招募说明书中列明出借业务相关安排，在产品注册申请材料中提交出借业务方案等相关内容。

第十四条　本指引施行前已经获得中国证监会核准或注册的基金，基金合同明确约定基金可以从事出借业务的，可按照法律法规的规定及基金合同的约定从事出借业务。基金合同未约定的，需依法履行修改基金合同的程序后，方可从事出借业务。中国证监会认可的战略配售基金除外。

第十五条　基金管理人应当在基金定期报告等文件中披露基金参与出借业务的情况，并就报告期内发生的重大关联交易事项做详细说明。

第十六条　基金参与出借业务的，应参照行业协会的相关规定进行估值，确保估值的公允性。

第十七条　基金管理人、基金托管人等相关机构违反本指引规定的，中国证监会及相关派出机构可依法对有关机构和人员采取行政监管措施；依法应予行政处罚的，依照有关规定进行行政处罚；涉嫌犯罪的，移送司法机关，追究刑事责任。

第十八条　本指引自公布之日起施行。

关于在科创板注册制试点中对相关市场主体
加强监管信息共享　完善失信联合惩戒机制的意见

（证监发〔2019〕72号　2019年6月28日）

各省、自治区、直辖市、新疆生产建设兵团社会信用体系建设牵头单位，中国证监会各派出机构、上海证券交易所，中国人民银行各分支机构，各省、自治区、直辖市国资委，各省、自治区、直辖市、新疆生产建设兵团市场监管局（厅、委），中国银保监会各派出机构，民航各地区管理局、各运输（通用）航空公司、机场公司、中国民航信息集团、机场公安局，各铁路局集团公司、铁科院集团公司、各铁路公安局：

为了强化发行人、上市公司对信息披露的诚信义务，充分发挥中介机构的核查把关作用，督促证券市场参与各方归位尽责，进一步营造有利于科创板试点注册制的诚信市场环境，保护投资者合法权益，促进资本市场平稳健康发展，按照经党中央、国务院同意的《关于在上海证券交易所设立科创板并试点注册制的实施意见》要求，现就在科创板注册制试点中加强监管信息共享、完善失信联合惩戒机制，提出以下具体意见：

一、关于监管信息查询。在上海证券交易所设立科创板试点注册制过程中，证监会、上海证券交易所在履行发行上市、再融资、并购重组审核与作出注册决定等职责时，可以依托以下信息平台，或商请有关单位协助安排，获取发行人、上市公司及其控股股东、实际控制人、董事、监事、高级管理人员，以及相关中介机构与人员的监管信息，特别是违法失信信息：

（一）通过全国信用信息共享平台自助查询、国家公共信用信息中心协查等方式，获取上述市场主体的公共信用信息；

（二）通过金融信用信息基础数据库自助查询、人民银行征信中心协查等方式，获取上述市场主体的征信信息；

（三）通过国家企业信用信息公示系统自助查询、涉企信息协议交换等方式，获取相关企业信息。

二、关于失信信息推送。证监会将科创板注册制试点中产生的以下违法失信信息，推送给全国信用信息共享平台、企业信用信息公示系统等信用信息平台，纳入金融信用信息基础数据库，供有关部门共享：

（一）证监会及其派出机构对发行人、上市公司、中介机构及相关责任人员作出的行政处罚、市场禁入、监管措施；

（二）证监会及其派出机构对发行人、上市公司、中介机构及相关责任人员作出的刑事移送；

（三）证券交易所对发行人、上市公司、中介机构及相关责任人员作出的纪律处分。

三、关于信用记录应用。证监会、上海证券交易所在发行上市、再融资、并购重组审核与作出注册决定等过程中，发现发行人、上市公司及其控股股东、实际控制人、董事、监事、高级管理人员在其他领域、其他部门存在法定期限内的违法失信记录的，将其作为履行发行上市、再融资、并购重组审核与作出注册决定等职责的重要参考。

四、关于失信联合惩戒。按照社会信用体系建设总体部署，各部门依照有关规定，对下列违法失信责任人员实施联合惩戒，并定期将联合惩戒措施的实施情况和惩戒结果通报给证监会和发展改革委：（一）在申请首次公开发行股票、再融资过程中，以及在科创板上市后，报送或披露的相关信息存在虚假记载、误导性陈述或重大遗漏，被证监会予以行政处罚、市场禁入，或构成欺诈发行股票罪、违规披露、不披露重要信息罪的发行人法定代表人、实际控制人，上市公司法定代表人，以及在有关报送或披露文件上签字的公司董事、监事、高级管理人员等责任人员；（二）在科创板注册制试点中，为申请首次公开发行股票、再融资、持续信息披露提供保荐或证券服务，对发行人、上市公司欺诈发行、虚假记载、误导性陈述或重大遗漏负有责任，被证监会予以行政处罚、市场禁入，或构成提供虚假证明文件罪、出具证明文件重大失实罪的有关机构的法定代表人、执行事务合伙人、主要负责人，以及在相关文件上签字的执业人员。

针对上述失信联合惩戒对象，相关部门依法依规实施下列惩戒措施：（一）对构成上述犯罪，被判处刑罚，执行期满未逾五年的，不得担任公司的董事、监事、高级管理人员（市场监管总局）。（二）限制担任国有企业法定代表人、董事、监事；已担任相关职务的，依法提出其不再担任相关职务的意见（国资委）。（三）依法限制担任银行业金融机构、保险公司、保险资产管理公司等的董事、监事、高级管理人员，以及保险专业代理机构、保险经纪公司的高级管理人员及相关分支机构主要负责人，保险公估机构董事长、执行董事和高级管理人员；已担任相关职务的，依法提出其不再担任相关职务的意见（银保监会）。（四）将失信信息作为证券公司、基金管理公司、期货公司的董事、监事和高级管理人员及分支机构负责人任职审批或备案的参考（证监会）。（五）对存在失信记录的相关主体在证券、基金、期货从业资格申请中予以从严审核，对已成为证券、基金、期货从业人员的相关主体予以重点关注（证监会）。（六）在实施政府性资金项目安排和其他投资领域优惠政策时，采取从严审核，或降低支持力度，或不予支持等限制措施（发展改革委等有关部门）。（七）针对在申请首次公开发行股票及再融资阶段存在欺诈发行的公司有关责任人员，以及被认定构成重大违法强制退市情形上市公司的有关责任人员，在一定期限内限制乘坐火车高级别席位，包括列车软卧、G字头动车组列车全部座位、其他动车组列车一等座以上座位（国铁集团）。（八）针对科创板中被处以罚没款，逾期未缴纳罚款的，或逾期不履行公开承诺的上市公司相关责任主体，适用《关于在一定期限内适当限制特定严重失信人乘坐民用航空器 推动社会信用体系建设的意见》和《关于在一定期限内适当限制特定严重失信人乘坐火车 推动社会信用体系建设的意见》，在一定期限内限制乘坐民用航空器和限制乘坐火车高级别席位（民航局、国铁集团）。（九）对上述人员及其担任法定代表人、合伙人的企业，在进行行政许可审查时依法予以限制（发展改革委、市场监管总局、银保监会）。（十）对上述人员及其担任法定代表人、合伙人的企业，不予授予相关荣誉称号或奖项，已经授予的予以撤销（国资委、市场监管总局、银保监会等）。（十一）对违法失信责任人员担任法定代表人、实际控制人、董事、监事、高级管理人员的单位，作为重点监管对象，加大日常监管力度，提高随机抽查的比例和频次，并依据相关法律法规对其采取行政监管措施（各市场监管、行业主管部门）。

五、其他事宜。为了便利社会公众查询了解相关主体失信记录，引导市场化惩戒发挥作用，证监会对于科创板试点注册制中的前述违法失信行为，按照《证券期货市场诚信监督管理办法》规定，在证券期货市场违法失信信息公开查询平台实施为期一年的公示。

在对相关违法失信行为作出行政处罚、司法判决执行完毕或者市场禁入期满之日起五年内，有关部门根据各自法定职责，实施或解除联合惩戒，超过效力期限的，不再实施联合惩戒。相关行政处罚、市场禁入等，被行政复议机关变更、撤销、确认违法，或者被司法机关裁判为无效或者撤销的，证监会在复议决定、司法判决生效之日起五个工作日内移除违法失信信息，同时将该情况向已推送的有关部门予以通报。

本意见实施过程中的具体操作问题，由各部门另行协商解决。

中国证监会　发展改革委

人民银行　国资委　市场监管总局

银保监会　民航局　国铁集团

科创板上市公司重大资产重组特别规定

（中国证监会公告〔2019〕19 号　2019 年 8 月 23 日）

第一条　为了规范科创板上市公司（以下简称科创公司）重大资产重组行为，根据《证券法》《公司法》《国务院办公厅转发证监会关于开展创新企业境内发行股票或存托凭证试点若干意见的通知》《关于在上海证券交易所设立科创板并试点注册制的实施意见》《上市公司重大资产重组管理办法》（以下简称《重组办法》）《科创板上市公司持续监管办法（试行）》以及相关法律法规，制定本规定。

第二条　科创公司实施重大资产重组或者发行股份购买资产，应当遵守《重组办法》、本规定等上市公司并购重组的有关规定。《重组办法》等有关规定与本规定不一致的，适用本规定。

第三条　上海证券交易所对科创公司发行股份购买资产进行审核，并对信息披露、中介机构督导等进行自律管理。

上海证券交易所经审核同意科创公司发行股份购买资产的，报中国证券监督管理委员会（以下简称中国证监会）履行注册程序。

中国证监会收到上海证券交易所报送的审核意见等相关文件后，在 5 个交易日内对科创公司注册申请作出同意或者不予注册的决定。科创公司根据要求补充、修改申请文件，以及中国证监会要求独立财务顾问、证券服务机构等对有关事项进行核查的时间不计算在本款规定的时限内。

第四条　科创公司实施重大资产重组，按照《重组办法》第十二条予以认定，但其中营业收入指标执行下列标准：购买、出售的资产在最近一个会计年度所产生的营业收入占科创公司同期经审计的合并财务会计报告营业收入的比例达到 50% 以上，且超过 5000 万元人民币。

第五条　科创公司拟实施重大资产重组，构成《重组办法》第十三条规定的交易情形的，拟置入资产的具体条件由上海证券交易所制定。

第六条　科创公司发行股份的价格不得低于市场参考价的 80%。市场参考价为本次发行股份购买资产的董事会决议公告日前 20个交易日、 60个交易日或者 120个交易日的公司股票交易均价之一。

第七条　实施重大资产重组或者发行股份购买资产的科创公司为创新试点红筹企业，或者科创公司拟购买资产涉及创新试点红筹企业的，在计算重大资产重组认定标准等监管指标时，应当采用根据中国企业会计准则编制或调整的财务数据。

科创公司中的创新试点红筹企业实施重大资产重组，可以按照境外注册地法律法规和公司章程履行内部决策程序，并及时披露重组报告书、独立财务顾问报告、法律意见书以及重组涉及的审计报告、资产评估报告或者估值报告。

第八条　上海证券交易所应当制定符合科创公司特点的并购重组具体实施标准和规则，报中国证监会批准。

第九条　科创公司发行优先股、非公开发行可转债、定向权证、存托凭证购买资产或与其他公司合并的，参照适用《重组办法》、本规定等有关规定。

第十条　本规定自公布之日起施行。

Ⅲ

上交所业务规则

一、发行上市审核

关于发布《上海证券交易所科创板股票发行上市审核规则》的通知

（上证发〔2019〕18号　2019年3月1日）

各市场参与人：

为了规范上海证券交易所（以下简称本所）科创板试点注册制的股票发行上市审核工作，保护投资者合法权益，根据《中华人民共和国证券法》《中华人民共和国公司法》《关于在上海证券交易所设立科创板并试点注册制的实施意见》《科创板首次公开发行股票注册管理办法（试行）》等有关规定，本所制定了《上海证券交易所科创板股票发行上市审核规则》（详见附件），经中国证监会批准，现予以发布，并自发布之日起施行。

特此通知。

附件：上海证券交易所科创板股票发行上市审核规则

上海证券交易所科创板股票发行上市审核规则

第一章　总则

第一条　为了规范上海证券交易所（以下简称本所）科创板试点注册制的股票发行上市审核工作，保护投资者合法权益，根据《中华人民共和国证券法》《中华人民共和国公司法》《关于在上海证券交易所设立科创板并试点注册制的实施意见》《科创板首次公开发行股票注册管理办法（试行）》（以下简称《注册办法》）等相关法律、行政法规、部门规章和规范性文件，制定本规则。

第二条　发行人申请首次公开发行股票并在科创板上市（以下简称股票首次发行上市）的审核，适用本规则。

符合《国务院办公厅转发证监会关于开展创新企业境内发行股票或存托凭证试点若干意见的通知》（国办发〔2018〕21号）及中国证监会和本所相关规定的红筹企业，申请发行股票或者存托凭证并在科创板上市的审核，适用本规则。

第三条　发行人申请股票首次发行上市，应当符合科创板定位，面向世界科技前沿、面向经济主战场、面向国家重大需求。优先支持符合国家战略，拥有关键核心技术，科技创新能力突出，主要依靠核心技术开展生产经营，具有稳定的商业模式，市场认可度高，社会形象良好，具有较强成长性的企业。

第四条　发行人申请股票首次发行上市，应当向本所提交发行上市申请文件。

本所对发行人的发行上市申请文件进行审核（以下简称发行上市审核），审核通过的，将审核意见、发行上市申请文件及相关审核资料报送中国证监会履行注册程序；审核不通过的，作出终止发行上市审核的决定。

第五条　本所发行上市审核基于科创板定位，重点关注并判断下列事项：

（一）发行人是否符合中国证监会规定的科创板股票发行条件；

（二）发行人是否符合本所规定的科创板股票上市条件；

（三）发行人的信息披露是否符合中国证监会和本所要求。

第六条　本所通过审核发行上市申请文件，督促发行人真实、准确、完整地披露信息，保荐人、证券服务机构切实履行信息披露的把关责任；督促发行人及其保荐人、证券服务机构提高信息披露质量，便于投资者在信息充分的情况下作出投资决策。

本所发行上市审核遵循依法合规、公开透明、便捷高效的原则，提高审核透明度，明确市场预期。

第七条　本所发行上市审核实行电子化审核，申请、受理、问询、回复等事项通过本所发行上市审核业务系统办理。

第八条　本所设立科创板发行上市审核机构（以下简称发行上市审核机构），对发行人的发行上市申请文件进行审核，出具审核报告。

本所设立科创板股票上市委员会（以下简称上市委员会），对发行上市审核机构出具的审核报告和发行上市申请文件进行审议，提出审议意见。上市委员会的职责、人员组成、工作程序等事项，由本所另行规定。

本所结合上市委员会的审议意见，出具同意股票发行上市的审核意见或者作出终止发行上市审核的决定。

第九条　本所依据法律、行政法规、部门规章、规范性文件、本规则及本所其他相关规定（以下简称相关法律及规则），对下列机构和人员在科创板股票发行上市中的相关活动进行自律监管：

（一）发行人及其董事、监事、高级管理人员；

（二）发行人的控股股东、实际控制人及其相关人员；

（三）保荐人、保荐代表人及保荐人其他相关人员；

（四）会计师事务所、律师事务所等证券服务机构及其相关人员。

前款规定的机构和人员应当积极配合本所发行上市审核工作，接受本所自律监管并承担相应的法律责任。

第十条　本所出具同意发行上市的审核意见，不表明本所对发行上市申请文件及所披露信息的真实性、准确性、完整性作出保证，也不表明本所对该股票的投资价值或者投资者的收益作出实质性判断或者保证。

第二章　申请与受理

第十一条　发行人申请股票首次发行上市，应当按照规定聘请保荐人进行保荐，并委托保荐人通过本所发行上市审核业务系统报送下列发行上市申请文件：

（一）中国证监会规定的招股说明书、发行保荐书、审计报告、法律意见书、公司章程、股东大会决议等注册申请文件；

（二）上市保荐书；

（三）本所要求的其他文件。

发行上市申请文件的内容与格式应当符合中国证监会和本所的相关规定。

第十二条　在提交发行上市申请文件前，对于重大疑难、无先例事项等涉及本所业务规则理解与适用的问题，发行人及保荐人可以通过本所发行上市审核业务系统进行咨询；确需当面咨询的，可以通过本所发行上市审核业务系统预约。

第十三条　本所收到发行上市申请文件后五个工作日内，对文件进行核对，作出是否受理的决定，告知发行人及其保荐人，并在本所网站公示。

发行上市申请文件与中国证监会及本所规定的文件目录不相符、文档名称与文档内容不相符、文档格式不符合本所要求、签章不完整或者不清晰、文档无法打开或者存在本所认定的其他不齐备情形的，发行人应当予以补正，补正时限最长不超过三十个工作日。

发行人补正发行上市申请文件的，本所收到发行上市申请文件的时间以发行人最终提交补正文件的时间为准。

本所按照收到发行人发行上市申请文件的先后顺序予以受理。

第十四条　存在下列情形之一的，本所不予受理发行人的发行上市申请文件：

（一）招股说明书、发行保荐书、上市保荐书等发行上市申请文件不齐备且未按要求补正。

（二）保荐人、证券服务机构及其相关人员不具备相关资质；或者因证券违法违规被采取限制资格、限制业务活动、一定期限内不接受其出具的相关文件等相关措施，尚未解除；或者因首次公开发行并上市、上市公司发行证券、并购重组业务涉嫌违法违规，或者其他业务涉嫌违法违规且对市场有重大影响被立案调查、侦查，尚未结案。

第十五条　发行上市申请文件的内容应当真实、准确、完整。

发行上市申请文件一经受理，发行人及其控股股东、实际控制人、董事、监事和高级管理人员，以及与本次股票发行上市相关的保荐人、证券服务机构及其相关人员即须承担相应的法律责任。

未经本所同意，不得对发行上市申请文件进行更改。

第十六条　本所受理发行上市申请文件当日，发行人应当在本所网站预先披露招股说明书、发行保荐书、上市保荐书、审计报告和法律意见书等文件。

本所受理发行上市申请后至中国证监会作出注册决定前，发行人应当按照本规则的规定，对预先披露的招股说明书、发行保荐书、上市保荐书、审计报告和法律意见书等文件予以更新并披露。

依照前两款规定预先披露的招股说明书等文件不是发行人发行股票的正式文件，不能含有股票发行价格信息，发行人不得据此发行股票。

发行人应当在预先披露的招股说明书的显要位置声明："本公司的发行申请尚需经上海证券交易所和中国证监会履行相应程序。本招股说明书不具有据以发行股票的法律效力，仅供预先披露之用。投资者应当以正式公告的招股说明书作为投资决定的依据。"

第十七条　本所受理发行上市申请文件后十个工作日内，保荐人应当以电子文档形式报送保荐工作底稿和验证版招股说明书，供监管备查。

第三章　发行条件、上市条件的审核

第十八条　发行人申请股票首次发行上市的，应当符合中国证监会《注册办法》规定的发行条件。

第十九条　发行人应当结合科创板定位，就是否符合相关行业范围、依靠核心技术开展生产经营、具有较强成长性等事项，进行审慎评估；保荐人应当就发行人是否符合科创板定位进行专业判断。

本所在发行上市审核中，将关注发行人的评估是否客观，保荐人的判断是否合理，并可以根据需要就发行人是否符合科创板定位，向本所设立的科技创新咨询委员会提出咨询。

第二十条　本所对发行条件的审核，重点关注下列事项：

（一）发行人是否符合《注册办法》及中国证监会规定的发行条件；

（二）保荐人和律师事务所等证券服务机构出具的发行保荐书、法律意见书等文件中是否就发行人符合发行条件逐项发表明确意见，且具备充分的理由和依据。

本所对前款规定的事项存在疑问的，发行人应当按照本所要求作出解释说明，保荐人及证券服务机构应当进行核查，并相应修改发行上市申请文件。

第二十一条　本所在发行上市审核中，对发行条件具体审核标准等涉及中国证监会部门规章及规范性文件理解和适用的重大疑难问题、重大无先例情况以及其他需要中国证监会决定的事项，将及时请示中国证监会。

第二十二条　发行人申请股票首次发行上市的，应当符合《上海证券交易所科创板股票上市规则》规定的上市条件。

除本规则第二十三条、第二十四条规定的情形外，发行人申请股票首次发行上市的，应当至少符合下列上市标准中的一项，发行人的招股说明书和保荐人的上市保荐书应当明确说明所选择的具体上市标准：

（一）预计市值不低于人民币10亿元，最近两年净利润均为正且累计净利润不低于人民币5000万元，或者预计市值不低于人民币10亿元，最近一年净利润为正且营业收入不低于人民币1亿元。

（二）预计市值不低于人民币15亿元，最近一年营业收入不低于人民币2亿元，且最近三年累计研发投入占最近三年累计营业收入的比例不低于15%。

（三）预计市值不低于人民币20亿元，最近一年营业收入不低于人民币

3亿元，且最近三年经营活动产生的现金流量净额累计不低于人民币1亿元。

（四）预计市值不低于人民币30亿元，且最近一年营业收入不低于人民币3亿元。

（五）预计市值不低于人民币40亿元，主要业务或产品需经国家有关部门批准，市场空间大，目前已取得阶段性成果。医药行业企业需至少有一项核心产品获准开展二期临床试验，其他符合科创板定位的企业需具备明显的技术优势并满足相应条件。

前款所称净利润以扣除非经常性损益前后的孰低者为准，所称净利润、营业收入、经营活动产生的现金流量净额均指经审计的数值。

本所可以根据市场情况，经中国证监会批准，对第二款规定的具体标准进行调整。

第二十三条 符合《国务院办公厅转发证监会关于开展创新企业境内发行股票或存托凭证试点若干意见的通知》（国办发〔2018〕21号）相关规定的红筹企业，可以申请发行股票或存托凭证并在科创板上市。

营业收入快速增长，拥有自主研发、国际领先技术，同行业竞争中处于相对优势地位的尚未在境外上市红筹企业，申请发行股票或存托凭证并在科创板上市的，市值及财务指标应当至少符合下列上市标准中的一项，发行人的招股说明书和保荐人的上市保荐书应当明确说明所选择的具体上市标准：

（一）预计市值不低于人民币100亿元；

（二）预计市值不低于人民币50亿元，且最近一年营业收入不低于人民币5亿元。

第二十四条 存在表决权差异安排的发行人申请股票或者存托凭证首次公开发行并在科创板上市的，其表决权安排等应当符合《上海证券交易所科创板股票上市规则》等规则的规定；发行人应当至少符合下列上市标准中的一项，发行人的招股说明书和保荐人的上市保荐书应当明确说明所选择的具体上市标准：

（一）预计市值不低于人民币100亿元；

（二）预计市值不低于人民币50亿元，且最近一年营业收入不低于人民币5亿元。

第二十五条 本所对上市条件的审核，重点关注下列事项：

（一）发行人是否符合本规则及本所相关规则规定的上市条件；

（二）保荐人和律师事务所等证券服务机构出具的上市保荐书、法律意见书等文件中是否就发行人选择的上市标准以及符合上市条件发表明确意见，且具备充分的理由和依据。

本所对前款规定的事项存在疑问的，发行人应当按照本所要求作出解释说明，保荐人及证券服务机构应当进行核查，并相应修改发行上市申请文件。

第二十六条　发行人存在实施员工持股计划、期权激励、整体变更前累计未弥补亏损等事项的处理，由本所另行规定。

第四章　信息披露的要求与审核

第一节　信息披露的要求

第二十七条　申请股票首次发行上市的，发行人及其控股股东、实际控制人、董事、监事和高级管理人员应当依法履行信息披露义务，保荐人、证券服务机构应当依法对发行人的信息披露进行核查把关。

第二十八条　发行人作为信息披露第一责任人，应当诚实守信，依法充分披露投资者作出价值判断和投资决策所必需的信息，保证发行上市申请文件和信息披露的真实、准确、完整，不得有虚假记载、误导性陈述或者重大遗漏。

发行人应当为保荐人、证券服务机构及时提供真实、准确、完整的业务运营、财务会计及其他资料，全面配合相关机构开展尽职调查和其他相关工作。

第二十九条　发行人的控股股东、实际控制人、董事、监事、高级管理人员等相关主体应当诚实守信，保证发行上市申请文件和信息披露的真实、准确、完整，依法作出并履行相关承诺，不得损害投资者合法权益。

前款规定的相关主体应当全面配合相关机构开展尽职调查和其他相关工作。发行人的控股股东、实际控制人不得指使或者协助发行人进行虚假记载、误导性陈述或者重大遗漏等违法违规行为。

第三十条　保荐人应当诚实守信、勤勉尽责，保证招股说明书及其出具发行保荐书、上市保荐书等文件的真实、准确、完整。

保荐人应当严格遵守依法制定的业务规则和行业自律规范的要求，严格执行内部控制制度，对发行上市申请文件进行全面核查验证，对发行人是否符合科创板定位、发行条件、上市条件和信息披露要求作出专业判断，审慎作出推荐决定。

第三十一条 会计师事务所、律师事务所等证券服务机构应当诚实守信、勤勉尽责，保证招股说明书中与其专业职责有关的内容及其出具文件的真实、准确、完整。

证券服务机构应当严格遵守依法制定的业务规则和行业自律规范，严格执行内部控制制度，对与其专业职责有关的业务事项进行核查验证，履行特别注意义务，审慎发表专业意见。

第二节　信息披露的审核

第三十二条 本所对发行上市申请文件进行审核，通过提出问题、回答问题等多种方式，督促发行人及其保荐人、证券服务机构完善信息披露，真实、准确、完整地披露信息，提高信息披露质量。

第三十三条 本所在信息披露审核中，重点关注发行人的信息披露是否达到真实、准确、完整的要求，是否符合招股说明书内容与格式准则的要求。

第三十四条 本所在信息披露审核中，重点关注发行上市申请文件及信息披露内容是否包含对投资者作出投资决策有重大影响的信息，披露程度是否达到投资者作出投资决策所必需的水平。包括但不限于是否充分、全面披露发行人业务、技术、财务、公司治理、投资者保护等方面的信息以及本次发行的情况，是否充分揭示可能对发行人经营状况、财务状况产生重大不利影响的所有因素。

第三十五条 本所在信息披露审核中，重点关注发行上市申请文件及信息披露内容是否一致、合理和具有内在逻辑性，包括但不限于财务数据是否勾稽合理，是否符合发行人实际情况，非财务信息与财务信息是否相互印证，保荐人、证券服务机构核查依据是否充分，能否对财务数据的变动或者与同行业公司存在的差异作出合理解释。

第三十六条 本所在信息披露审核中，重点关注发行上市申请文件披露的内容是否简明易懂，是否便于一般投资者阅读和理解。包括但不限于是否使用浅白语言，是否简明扼要、重点突出、逻辑清晰，是否结合企业自身特点进行有针对性的信息披露。

第三十七条 本所对发行上市申请文件的信息披露进行审核时，可以视情况在审核问询中对发行人、保荐人及证券服务机构，提出下列要求：

（一）解释和说明相关问题及原因；

（二）补充核查相关事项；

（三）补充提供新的证据或材料；

（四）修改或更新信息披露内容。

第五章 审核程序

第一节 审核机构审核

第三十八条 本所发行上市审核机构按照发行上市申请文件受理的先后顺序开始审核。

第三十九条 对股票首次发行上市申请，本所发行上市审核机构自受理之日起二十个工作日内，通过保荐人向发行人提出首轮审核问询。

在首轮审核问询发出前，发行人及其保荐人、证券服务机构及其相关人员不得与审核人员接触，不得以任何形式干扰审核工作。

第四十条 在首轮审核问询发出后，发行人及其保荐人对本所审核问询存在疑问的，可以通过本所发行上市审核业务系统进行沟通；确需当面沟通的，可以通过本所发行上市审核业务系统预约。

第四十一条 首轮审核问询后，存在下列情形之一的，本所发行上市审核机构收到发行人回复后十个工作日内可以继续提出审核问询：

（一）首轮审核问询后，发现新的需要问询事项；

（二）发行人及其保荐人、证券服务机构的回复未能有针对性地回答本所发行上市审核机构提出的审核问询，或者本所就其回复需要继续审核问询；

（三）发行人的信息披露仍未满足中国证监会和本所规定的要求；

（四）本所认为需要继续审核问询的其他情形。

第四十二条 发行人及其保荐人、证券服务机构应当按照本所发行上市审核机构审核问询要求进行必要的补充调查和核查，及时、逐项回复本所发行上市审核机构提出的审核问询，相应补充或者修改发行上市申请文件，并于上市委员会审议会议结束后十个工作日内汇总补充报送与审核问询回复相关的保荐工作底稿和更新后的验证版招股说明书。

发行人及其保荐人、证券服务机构对本所发行上市审核机构审核问询的回复是发行上市申请文件的组成部分，发行人及其保荐人、证券服务机构应当保证回复的真实、准确、完整，并在回复后及时在本所网站披露问询和回复的内容。

第四十三条　本所发行上市审核机构可以根据需要，就发行上市申请文件中与发行人业务与技术相关的问题，向本所科技创新咨询委员会进行咨询；科技创新咨询委员会所提出的咨询意见，可以供本所审核问询参考。

第四十四条　发行上市申请文件和对本所发行上市审核机构审核问询的回复中，拟披露的信息属于国家秘密、商业秘密，披露后可能导致其违反国家有关保密的法律法规或者严重损害公司利益的，发行人及其保荐人可以向本所申请豁免披露。本所认为豁免披露理由不成立的，发行人应当按照规定予以披露。

第四十五条　本所在发行上市审核中，可以根据需要，约见问询发行人的董事、监事、高级管理人员、控股股东、实际控制人以及保荐人、证券服务机构及其相关人员，调阅发行人、保荐人、证券服务机构与发行上市申请相关的资料。

第四十六条　本所依照相关规定，从发行上市申请已被本所受理的发行人中抽取一定比例，对其信息披露质量进行现场检查。

本所在发行上市审核中，发现发行上市申请文件存在重大疑问且发行人及其保荐人、证券服务机构回复中无法作出合理解释的，可以对发行人及其保荐人、证券服务机构进行现场检查。

第四十七条　本所发行上市审核机构收到发行人及其保荐人、证券服务机构对本所审核问询的回复后，认为不需要进一步审核问询的，将出具审核报告并提交上市委员会审议。

第四十八条　申请股票首次发行上市的，本所自受理发行上市申请文件之日起三个月内出具同意发行上市的审核意见或者作出终止发行上市审核的决定，但发行人及其保荐人、证券服务机构回复本所审核问询的时间不计算在内。发行人及其保荐人、证券服务机构回复本所审核问询的时间总计不超过三个月。

本规则规定的中止审核、请示有权机关、落实上市委员会意见、实施现场检查等情形，不计算在前款规定的时限内。

第四十九条　发行上市审核中，发行人回复本所审核问询或者发生其他情形，需要更新预先披露文件的，应当修改相关信息披露文件，并在本所发出上市委员会会议通知前，将修改后的招股说明书、发行保荐书、上市保荐书、审计报告和法律意见书等文件预先披露。

第二节　上市委员会审议

第五十条　上市委员会召开审议会议，对本所发行上市审核机构出具的审核报告及发行上市申请文件进行审议。

每次审议会议由五名委员参加，其中会计、法律专家至少各一名。

第五十一条　上市委员会进行审议时要求对发行人及其保荐人进行现场问询的，发行人代表及保荐代表人应当到会接受问询，回答委员提出的问题。

第五十二条　上市委员会审议时，参会委员就审核报告的内容和发行上市审核机构提出的初步审核意见发表意见，通过合议形成同意或者不同意发行上市的审议意见。

第五十三条　本所结合上市委员会的审议意见，出具同意发行上市的审核意见或者作出终止发行上市审核的决定。

上市委员会同意发行人发行上市，但要求发行人补充披露有关信息的，本所发行上市审核机构告知保荐人组织落实；发行上市审核机构对发行人及其保荐人、证券服务机构的落实情况予以核对，通报参会委员，无须再次提请上市委员会审议。发行人对相关事项补充披露后，本所出具同意发行上市的审核意见。

第三节　向证监会报送审核意见

第五十四条　本所审核通过的，向中国证监会报送同意发行上市的审核意见、相关审核资料和发行人的发行上市申请文件。

中国证监会要求本所进一步问询的，本所向发行人及保荐人、证券服务机构提出反馈问题。

中国证监会在注册程序中，决定退回本所补充审核的，本所发行上市审核机构对要求补充审核的事项重新审核，并提交上市委员会审议。本所审核通过的，重新向中国证监会报送审核意见及相关审核资料；审核不通过的，作出终止发行上市审核的决定。

第五十五条　发行人应当根据本所审核意见或者其他需要更新预先披露文件的情形，修改相关信息披露文件；本所向中国证监会报送同意发行上市的审核意见时，发行人应当将修改后的招股说明书、发行保荐书、上市保荐书、审计报告和法律意见书等文件在中国证监会网站和本所网站同步公开。

第五十六条　发行人在取得中国证监会同意注册决定后，启动股票公开发行前，应当在本所网站和中国证监会指定网站披露招股意向书。

第五十七条 发行价格确定后五个工作日内，发行人应当在本所网站和中国证监会指定网站刊登招股说明书，同时在中国证监会指定报刊刊登提示性公告，告知投资者网上刊登的地址及获取文件的途径。

招股说明书的有效期为六个月，自公开发行前最后一次签署之日起计算。发行人应当使用有效期内的招股说明书完成本次发行。

招股说明书中引用的财务报表在其最近一期截止日后六个月内有效。特别情况下发行人可以申请适当延长，延长至多不超过一个月。财务报表应当以年度末、半年度末或者季度末为截止日。

第四节 会后事项

第五十八条 本所受理发行上市申请后至股票上市交易前，发生重大事项的，发行人及其保荐人应当及时向本所报告，并按要求更新发行上市申请文件。发行人的保荐人、证券服务机构应当持续履行尽职调查职责，并向本所提交专项核查意见。

第五十九条 上市委员会审议会议后至股票上市交易前，发生重大事项，对发行人是否符合发行条件、上市条件或者信息披露要求产生重大影响的，发行上市审核机构经重新审核后决定是否重新提交上市委员会审议。

重新提交上市委员会审议的，应当向中国证监会报告，并按照本章的相关规定办理。

第六十条 中国证监会作出注册决定后至股票上市交易前，发生重大事项，可能导致发行人不符合发行条件、上市条件或者信息披露要求的，发行人应当暂停发行；已经发行的，暂缓上市。本所发现发行人存在上述情形的，有权要求发行人暂缓上市。

发行人及其保荐人应当将上述情况及时报告本所并作出公告，说明重大事项相关情况及发行人将暂停发行、暂缓上市。

本所经审核认为相关重大事项导致发行人不符合发行条件、上市条件或者信息披露要求的，将出具明确意见并向中国证监会报告。

第五节 复审

第六十一条 本所对发行上市申请不予受理或者终止审核的，发行人可以在收到本所相关文件后五个工作日内，向本所申请复审。但因发行人撤回发行上市申请或者保荐人撤回保荐终止审核的，发行人不得申请复审。

第六十二条 发行人根据前条规定申请复审的，应当向本所提交下列申请文件：

（一）复审申请书；

（二）保荐人就复审事项出具的意见书；

（三）律师事务所就复审事项出具的法律意见书；

（四）本所规定的其他文件。

第六十三条 本所收到复审申请后二十个工作日内，召开上市委员会复审会议。上市委员会复审期间，原决定的效力不受影响。

上市委员会复审会议认为申请复审理由成立的，本所对发行上市申请予以受理或者重新审核，审核时限自受理之日或重新审核之日起算，本所对审核时限另有规定的除外；复审会议认为申请复审理由不成立的，本所维持原决定。

本所因审核不通过作出终止发行上市审核的决定后，发行人提出异议申请复审的，参加上市委员会原审议会议的委员，不得参加本次复审会议。

第六章 审核中止与终止

第六十四条 出现下列情形之一的，发行人、保荐人和证券服务机构应当及时告知本所，本所将中止发行上市审核，通知发行人及其保荐人：

（一）发行人及其控股股东、实际控制人涉嫌贪污、贿赂、侵占财产、挪用财产或者破坏社会主义市场经济秩序的犯罪，或者涉嫌欺诈发行、重大信息披露违法或其他涉及国家安全、公共安全、生态安全、生产安全、公众健康安全等领域的重大违法行为，被立案调查或者被司法机关立案侦查，尚未结案；

（二）发行人的保荐人或者签字保荐代表人、证券服务机构或者相关签字人员因首次公开发行并上市、上市公司发行证券、并购重组业务涉嫌违法违规，或者其他业务涉嫌违法违规且对市场有重大影响被中国证监会立案调查，或者被司法机关侦查，尚未结案；

（三）发行人的保荐人、证券服务机构被中国证监会依法采取限制业务活动、责令停业整顿、指定其他机构托管或者接管等监管措施，尚未解除；

（四）发行人的签字保荐代表人、证券服务机构相关签字人员被中国证监会依法采取市场禁入、限制证券从业资格等监管措施，尚未解除；

（五）保荐人或者签字保荐代表人、证券服务机构或者相关签字人员，被本所实施一定期限内不接受其出具的相关文件的纪律处分，尚未解除；

（六）发行上市申请文件中记载的财务资料已过有效期，需要补充提交；

（七）发行人及保荐人主动要求中止审核，理由正当并经本所同意。

出现前款第一项至六项所列情形，发行人、保荐人和证券服务机构未及时告知本所，本所经核实符合中止审核情形的，将直接中止审核。

第六十五条 因前条第一款第二项至五项中止审核，发行人根据规定需要更换保荐人或者证券服务机构的，更换后的保荐人或者证券服务机构应当自中止审核之日起三个月内完成尽职调查，重新出具相关文件，并对原保荐人或者证券服务机构出具的文件进行复核，出具复核意见，对差异情况作出说明。发行人根据规定无须更换保荐人或者证券服务机构的，保荐人或者证券服务机构应当及时向本所出具复核报告。

因前条第一款第二项至五项中止审核，发行人更换签字保荐代表人或者证券服务机构相关签字人员的，更换后的保荐代表人或者证券服务机构相关人员应当自中止审核之日起一个月内，对原保荐代表人或者证券服务机构相关人员签字的文件进行复核，出具复核意见，对差异情况作出说明。

因前条第一款第六项、第七项中止审核的，发行人应当在中止审核后三个月内补充提交有效文件或者消除主动要求中止审核的相关情形。

第六十六条 本规则第六十四条第一款所列中止审核的情形消除或者在本规则第六十五条规定的时限内完成相关事项后，发行人、保荐人和证券服务机构应当及时告知本所。本所经审核确认后，恢复对发行人的发行上市审核，并通知发行人及其保荐人。

依照前款规定恢复审核的，审核时限自恢复审核之日起继续计算。但发行人对其财务报告期进行调整达到一个或一个以上会计年度的，审核时限自恢复审核之日起重新起算。

第六十七条 出现下列情形之一的，本所将终止发行上市审核，通知发行人及其保荐人：

（一）发行上市申请文件内容存在重大缺陷，严重影响投资者理解和本所审核；

（二）发行人撤回发行上市申请或者保荐人撤销保荐；

（三）发行人未在规定时限内回复本所审核问询或者未对发行上市申请文

件作出解释说明、补充修改；

（四）发行上市申请文件被认定存在虚假记载、误导性陈述或者重大遗漏；

（五）发行人阻碍或者拒绝本所依法实施的检查；

（六）发行人及其关联方以不正当手段严重干扰本所发行上市审核工作；

（七）发行人的法人资格终止；

（八）本规则第六十四条第一款规定的中止审核情形未能在三个月内消除，或者未能在本规则第六十五条规定的时限内完成相关事项；

（九）本所审核不通过。

第七章　审核相关事项

第六十八条　本所受理发行上市申请后至股票上市交易前，发行人及其保荐人应当密切关注公共媒体关于发行人的重大报道、市场传闻。

相关报道、传闻与发行人信息披露存在重大差异，所涉事项可能对本次发行上市产生重大影响的，发行人及其保荐人应当向本所作出解释说明，并按规定履行信息披露义务；保荐人、证券服务机构应当进行必要的核查并将核查结果向本所报告。

第六十九条　本所受理发行上市申请后至股票上市交易前，本所收到与发行人本次发行上市相关的投诉举报的，可以就投诉举报涉及的事项向发行人及其保荐人、证券服务机构进行问询，要求发行人及其保荐人向本所作出解释说明，并按规定履行信息披露义务；要求保荐人、证券服务机构进行必要的核查并将核查结果向本所报告。

第七十条　发行人应当将信息披露文件刊登在本所网站，并按照规定在中国证监会指定网站刊登相关信息披露文件。发行人应当保证在中国证监会指定网站与在本所网站披露的相应文件内容完全一致。

发行人可以将信息披露文件刊登于其他报刊和网站，但披露内容应当完全一致，且披露时间不得早于本所网站和中国证监会指定报刊和网站的披露时间。

发行人不得以新闻发布或者答记者问等其他形式代替信息披露或者泄露未公开信息。

第七十一条　本所向市场公开发行上市审核工作的下列信息，接受社会监督：

（一）发行上市审核标准和审核程序等发行上市审核业务规则，以及相关

监管问答;

（二）在审企业名单、企业基本信息及审核工作进度;

（三）本所审核问询和发行人及其保荐人、证券服务机构回复，但涉及国家秘密或者发行人商业秘密的除外;

（四）上市委员会会议的时间、参会委员名单、审议的发行人名单、审议结果及现场问询问题;

（五）本所对发行人及其控股股东、实际控制人、保荐人、证券服务机构及其相关人员采取的监管措施或者纪律处分;

（六）本所认为必要的其他信息。

第八章　自律管理

第七十二条　本所在发行上市审核中，可以根据本规则及本所相关规则采取下列监管措施:

（一）书面警示;

（二）监管谈话;

（三）要求限期改正;

（四）要求公开更正、澄清或者说明;

（五）要求限期参加培训或者考试;

（六）本所规定的其他监管措施。

第七十三条　本所在发行上市审核中，可以根据本规则及本所相关规则实施下列纪律处分:

（一）通报批评;

（二）公开谴责;

（三）六个月至五年内不接受发行人提交的发行上市申请文件;

（四）三个月至三年内不接受保荐人、证券服务机构提交的发行上市申请文件、信息披露文件;

（五）三个月至三年内不接受保荐代表人及保荐人其他相关人员、证券服务机构相关人员签字的发行上市申请文件、信息披露文件;

（六）公开认定发行人董事、监事、高级管理人员三年以上不适合担任上市公司董事、监事、高级管理人员;

（七）本所规定的其他纪律处分。

第七十四条 本规则第九条规定的主体出现下列情形之一的，本所可以视情节轻重采取书面警示、监管谈话、要求限期改正等监管措施，或者给予通报批评、公开谴责、三个月至一年内不接受保荐人、证券服务机构及相关人员提交的发行上市申请文件及信息披露文件、六个月至一年内不接受发行人提交的发行上市申请文件等纪律处分：

（一）制作、出具的发行上市申请文件不符合要求，或者擅自改动招股说明书等发行上市申请文件；

（二）发行上市申请文件、信息披露文件内容存在重大缺陷，严重影响投资者理解和本所审核；

（三）发行上市申请文件、信息披露文件未做到真实、准确、完整，但未达到虚假记载、误导性陈述和重大遗漏的程度；

（四）发行上市申请文件前后存在实质性差异且无合理理由；

（五）未在规定时限内回复本所审核问询，且未说明理由；

（六）未及时向本所报告相关重大事项或者未及时披露；

（七）本所认定的其他情形。

第七十五条 存在下列情形之一的，本所对发行人给予一年至五年内不接受其提交的发行上市申请文件的纪律处分：

（一）发行人向本所报送的发行上市申请文件、信息披露文件被认定存在虚假记载、误导性陈述或者重大遗漏；

（二）发行人拒绝、阻碍、逃避本所检查，谎报、隐匿、销毁相关证据材料；

（三）发行人及其关联方以不正当手段严重干扰本所发行上市审核工作；

（四）重大事项未向本所报告或者未披露；

（五）发行上市申请文件中发行人或者其董事、监事、高级管理人员、控股股东、实际控制人的签字、盖章系伪造、变造。

第七十六条 发行人的控股股东、实际控制人、董事、监事、高级管理人员违反本规则规定，致使发行人报送的发行上市申请文件、信息披露文件被认定存在虚假记载、误导性陈述或者重大遗漏的，本所可以视情节轻重对相关主体给予通报批评、公开谴责、公开认定三年以上不适合担任上市公司董事、监事、高级管理人员或者自确认之日起一年至五年内不接受控股股东、实际控制人及其控制的其他发行人提交的发行上市申请文件等纪律处分。

第七十七条　保荐人未勤勉尽责，致使发行上市申请文件、信息披露文件被认定存在虚假记载、误导性陈述或者重大遗漏的，本所视情节轻重，自确认之日起，可以对保荐人、保荐代表人及相关责任人员给予一年至三年内不接受其提交或签字的发行上市申请文件、信息披露文件的纪律处分。

证券服务机构未勤勉尽责，致使发行上市申请文件、信息披露文件中与其职责有关的内容及其所出具的文件被认定存在虚假记载、误导性陈述或者重大遗漏的，本所视情节轻重，自确认之日起，可以对相关机构及其责任人员给予三个月至三年内不接受其提交或签字的发行上市申请文件、信息披露文件的纪律处分。

保荐人、证券服务机构及其相关人员存在下列情形之一的，本所视情节轻重，可以给予三个月至三年内不接受其提交或者签字的发行上市申请文件、信息披露文件的纪律处分：

（一）伪造、变造发行上市申请文件中的签字、盖章；

（二）重大事项未报告或者未披露；

（三）以不正当手段干扰本所发行上市审核工作；

（四）内部控制、尽职调查等制度存在缺陷或者未有效执行；

（五）通过相关业务谋取不正当利益；

（六）不履行其他法定职责。

第七十八条　保荐人报送的发行上市申请在一年内累计两次被本所不予受理的，自第二次收到本所相关文件之日起三个月后，方可向本所报送新的发行上市申请。

本所审核不通过作出终止发行上市审核的决定或者中国证监会作出不予注册决定的，自决定作出之日起六个月后，发行人方可再次向本所提交发行上市申请。

第七十九条　发行人披露盈利预测的，利润实现数未达到盈利预测百分之八十的，除因不可抗力外，本所可以对发行人及其董事长、总经理、财务负责人给予通报批评、公开谴责或者一年内不接受发行人提交的发行上市申请文件的纪律处分；对签字保荐代表人给予通报批评、公开谴责或者三个月至一年内不接受其签字的发行上市申请文件、信息披露文件的纪律处分。

利润实现数未达到盈利预测百分之五十的，除因不可抗力外，本所可以对发行人及其董事长、总经理、财务负责人给予公开谴责或者三年内不接受发行人提交的发行上市申请文件的纪律处分；对签字保荐代表人给予公开谴责或者一年至二年内不接受其签字的发行上市申请文件、信息披露文件的纪律处分。

注册会计师在对前两款规定的盈利预测出具审核报告的过程中未勤勉尽责的，本所可以对签字注册会计师给予通报批评、公开谴责或者一年内不接受其签字的发行上市申请文件、信息披露文件的纪律处分。

第八十条 监管对象不服本所给予第七十三条第二项至六项的纪律处分决定的，可以按照《上海证券交易所复核实施办法》向本所提出复核申请。

第八十一条 本所建立发行人及其控股股东、实际控制人、董事、监事、高级管理人员以及保荐人、证券服务机构及其相关人员等机构和个人的诚信公示制度，对外公开本所采取的监管措施和纪律处分，记入诚信档案，并向中国证监会报告。

本所对保荐人、证券服务机构在科创板从事股票发行上市相关业务的执业质量进行定期评价，评价结果供发行上市审核参考。

第八十二条 本所在发行上市审核中，发现发行人及其控股股东、实际控制人、保荐人、证券服务机构及其相关人员涉嫌证券违法行为的，将依法报中国证监会查处。

第九章 附则

第八十三条 本规则下列用语具有如下含义：

（一）营业收入：指公司利润表列报的营业收入；公司编制合并财务报表的为合并利润表列报的营业总收入。

（二）净利润：指公司利润表列报的净利润；公司编制合并财务报表的为合并利润表列报的归属于母公司所有者的净利润，不包括少数股东损益。

（三）经营活动产生的现金流量净额：指公司现金流量表列报的经营活动产生的现金流量净额；公司编制合并财务报表的为合并现金流量表列报的经营活动产生的现金流量净额。

（四）预计市值：指股票公开发行后按照总股本乘以发行价格计算出来的发行人股票名义总价值。

（五）红筹企业：指注册地在境外、主要经营活动在境内的企业。

（六）表决权差异安排：指发行人按照《中华人民共和国公司法》第一百三十一条的规定，在一般规定的普通股份之外，发行拥有特别表决权的股份。每一特别表决权的股份拥有的表决权数量大于每一普通股份拥有的表决权数量，其他股东权利与普通股份相同。

（七）验证版招股说明书：指在招股说明书中标示出重要的披露内容对应保荐工作底稿依据的招股说明书版本。

第八十四条　本规则经本所理事会审议通过，报中国证监会批准后生效，修改时亦同。

第八十五条　本规则由本所负责解释。

第八十六条　本规则自发布之日起施行。

关于发布《上海证券交易所科创板股票上市委员会管理办法》的通知

(上证发〔2019〕19号 2019年3月1日)

各市场参与人：

为了规范上海证券交易所（以下简称本所）科创板股票发行上市审核工作，提高本所科创板股票上市委员会的工作质量和透明度，确保科创板股票上市委员会规范、公平、高效地运行，根据《科创板首次公开发行股票注册管理办法（试行）》等有关规定，本所制定了《上海证券交易所科创板股票上市委员会管理办法》（详见附件），经中国证监会批准，现予以发布，并自发布之日起施行。

特此通知。

附件：上海证券交易所科创板股票上市委员会管理办法

上海证券交易所科创板股票上市委员会管理办法

第一章　总则

第一条　为了规范上海证券交易所（以下简称本所）科创板股票发行上市审核工作，提高本所科创板股票上市委员会（以下简称上市委）的工作质量和透明度，根据《科创板首次公开发行股票注册管理办法（试行）》等有关规定，制定本办法。

第二条　上市委参与科创板股票发行上市审核工作，适用本办法。

前款所称参与科创板股票发行上市审核工作包括：

（一）对本所发行上市审核机构提交的审核报告和发行上市申请文件进行审议；

（二）对发行人提出异议的本所不予受理、终止审核决定进行复审；

（三）对本所发行上市审核工作提供咨询；

（四）本所规定的其他职责。

第三条 上市委依照法律、行政法规、中国证监会规定、本办法以及本所相关规定，独立履行职责，不受任何机构和个人的干扰。

第四条 上市委通过上市委工作会议（以下简称上市委会议）的形式履行职责。上市委会议以合议方式进行审议和复审，通过集体讨论，形成合议意见。

第五条 本所负责上市委事务的日常管理，为上市委及委员履行职责提供必要的条件和便利，对上市委及委员的工作进行考核和监督。

第二章 人员组成与任期

第六条 上市委委员主要由本所以外的专家和本所相关专业人员组成，由本所聘任。

第七条 上市委由三十至四十名委员组成。

本所可以根据需要对上市委委员人数和人员构成进行调整。

第八条 上市委委员应当符合下列条件：

（一）具有较高的政治思想素质、理论水平和道德修养；

（二）坚持原则，公正廉洁，忠于职守，严格遵守法律、行政法规、部门规章和本所及相关自律组织的业务规则；

（三）熟悉股票发行上市相关业务及有关证券法律、行政法规、部门规章和本所业务规则；

（四）熟悉所从事行业的专业知识，在所从事领域内有较高声誉；

（五）没有违法、违规记录以及严重不良诚信记录；

（六）本所认为必要的其他条件。

第九条 本所按照下列程序聘任上市委委员：

（一）本所提请相关单位推荐上市委委员人选；

（二）本所将委员人选名单在本所网站公示，公示期不少于五个工作日；

（三）公示期满后，本所总经理办公会议根据委员选任条件进行遴选，拟定拟聘任委员名单后提交理事会审定；

（四）本所作出聘任决定，接受聘任的委员按照本所规定签署履职相关承诺。

第十条　上市委委员每届任期二年，可以连任，但最长不超过两届；上市委委员担任本所相关职务的，其任职期限可以与职务任期保持一致。

委员任期届满的，由本所予以续聘或者更换。

本所根据需要，可以调整委员每届任期年限和连续任职期限。

第十一条　上市委委员有下列情形之一的，本所予以解聘：

（一）不符合本办法第八条规定的条件；

（二）存在不遵守回避制度、利用委员身份开展商业活动等违反工作纪律的行为；

（三）未勤勉尽责，不符合本所考核要求；

（四）本人提出辞职申请；

（五）所在单位或者推荐其担任委员的机构提请解聘，经本所研究认为不适合担任上市委委员的；

（六）两次以上无故不参加上市委会议；

（七）本所认为不适合担任上市委委员的其他情形。

上市委委员的解聘不受任期是否届满的限制。上市委委员解聘后，本所将及时选聘新的上市委委员。

第三章　职责

第十二条　上市委履行以下职责：

（一）对本所发行上市审核机构出具的审核报告以及发行上市申请文件进行审议，就发行上市审核机构提出的初步审核意见，提出审议意见；

（二）对发行人提出异议的本所不予受理、终止审核决定进行复审，提出复审意见；

（三）对本所发行上市审核机构及相关部门提交咨询的事项进行讨论，提出咨询意见；

（四）对上市委年度工作进行讨论、研究；

（五）本所规定的其他职责。

第十三条　上市委委员履行以下职责：

（一）保证足够的时间和精力参与上市委的工作，勤勉尽责；

（二）按时出席上市委会议，独立、客观、公正地发表意见；

（三）及时向本所报告影响或可能影响其公正履职的有关事项；

（四）遵守本所上市委有关规则和纪律要求，接受本所的考核和监督，签署并遵守其履职承诺；

（五）本所规定的其他职责。

第十四条 上市委委员应当亲自出席会议，不得委托他人代为出席。

上市委委员因回避、不可抗力、意外事件或者其他特殊情形不能亲自出席会议的，应当提前通知上市委秘书处。本所可根据情况对参会委员或会议安排等做相应调整。

第十五条 上市委委员审议股票发行上市事宜时，有下列情形之一的，应当回避：

（一）上市委委员或者其亲属近两年内担任发行人或其控股股东、实际控制人或者保荐人的董事、监事、高级管理人员；

（二）上市委委员或者其亲属、上市委委员所在工作单位与发行人或者保荐人存在股权关系，可能影响其公正履行职责；

（三）上市委委员或者其亲属、上市委委员所在工作单位近两年内为发行人提供保荐、承销、审计、评估、法律、咨询等服务，可能影响其公正履行职责；

（四）上市委委员或者其亲属担任董事、监事、高级管理人员的公司与发行人存在行业竞争关系，或者与发行人或保荐人有利害关系，经认定可能影响其公正履行职责；

（五）上市委会议召开前，与发行人、保荐人及其他相关单位或者个人进行过接触，可能影响其公正履行职责；

（六）本所认定的可能产生利害冲突或者上市委委员认为可能影响其公正履行职责的其他情形。

前款所称亲属，包括上市委委员的配偶、父母、子女、兄弟姐妹、配偶的父母、子女的配偶、兄弟姐妹的配偶。

第十六条 本所设立上市委秘书处，作为上市委的办事机构，负责处理下列具体事务：

（一）选定上市委委员参加会议，安排会议场地及设施，通知参会人员，送达会议材料等；

（二）维护会场秩序，负责上市委会议录音录像，记录会议讨论情况，起草会议纪要；

复审会议由会议召集人负责召集，组织委员发表意见和讨论，主持形成合议意见。

上市委复审期间，原决定的效力不受影响。

第三十八条 发行人向上市委申请复审的，应当自收到本所相关决定之日起五个工作日内，向本所提交下列申请文件：

（一）复审申请书；

（二）保荐人就复审事项出具的意见书；

（三）律师事务所就复审事项出具的法律意见书；

（四）本所规定的其他文件。

第三十九条 本所收到复审申请二十个工作日内组织召开复审会议。参加复审会议的委员人数及组成、回避情形、会议程序、会议记录等参照审议会议相关规定执行。

本所审核不通过并作出终止发行上市审核的决定后，发行人提出异议进行复审的，参加上市委员会原审议会议的委员，不得参加本次复审会议。

复审会议可与审议会议一并召开。

第四十条 上市委秘书处应当于复审会议召开五个工作日前，将发行人的复审申请、本所作出的相关决定以及发行上市申请文件等相关材料以电子文档形式发送给参会委员，并通知发行人及其保荐人。

第四十一条 复审会议认为申请复审理由成立的，本所作出予以受理或重新审核的决定；复审会议认为申请复审理由不成立的，本所维持原决定，并通知发行人及其保荐人。

本所于会议结束当日，在本所网站公布复审结果。

第四十二条 本所不定期召开上市委咨询会议，对本所发行上市审核机构及相关部门提交咨询的下列事项进行研究、讨论：

（一）发行上市审核中具有共性的新情况、新问题；

（二）发行上市审核业务规则中需要修订增补的内容；

（三）市场关注度较高的发行上市审核相关问题；

（四）其他需要研究讨论的发行上市审核相关事项。

第四十三条 上市委每年至少召开一次全体会议，就下列事项进行讨论：

（一）上市委当年工作总结；

（二）对本所发行上市审核工作的意见和建议；

（三）在本所网站发布上市委会议有关信息，对有关文件资料进行存档；

（四）落实上市委委员遴选、聘任、解聘、换届等工作；

（五）负责委员的联络沟通、服务保障、考核监督等日常工作；

（六）上市委要求办理的其他事项。

第四章　上市委会议

第一节　审议会议

第十七条　上市委以召开审议会议的形式履行职责。

审议会议由会议召集人负责召集，组织委员发表意见和讨论，主持形成合议意见。

第十八条　本所根据发行上市审核工作进度，安排上市委审议会议，确定会议召开时间。

第十九条　每次审议会议由五名委员参加，法律、会计专家至少各一名。

会议召开前，本所依照公平公正的原则抽选参会委员。抽选的委员因回避等事由无法参会的，可以抽选其他委员补足。

第二十条　上市委秘书处于审议会议召开七个工作日前，将下列材料以电子文档的形式发送给拟参会委员。

（一）会议时间、地点、拟审议发行人名单等；

（二）发行上市审核机构出具的审核报告；

（三）发行上市申请文件、审核问询以及回复；

（四）本所认为需要提交上市委审议的其他材料。

第二十一条　本所于会议召开七个工作日前，公布审议会议的时间、拟参会委员名单、审议会议涉及的发行人名单等，同时通知发行人及其保荐人。

因不可抗力、意外事件或者其他特殊情形，导致审议会议无法按照原定安排召开的，本所可以取消会议或者另行安排，并在本所网站公布。本所将及时通知上市委委员、发行人及其保荐人。

因不可抗力、意外事件或者其他特殊情形，导致某项发行上市申请无法在该次会议审议的，本所在本所网站予以公布，并及时通知上市委委员、发行人及其保荐人。

第二十二条　上市委委员收到会议通知后，确认出席会议的，应当签署

《声明与承诺函》，并于会议召开前提交上市委秘书处。

委员因回避、不可抗力、意外事件或者其他特殊情形不能亲自出席会议的，应当于审议会议召开五个工作日前将《回避或缺席申请》提交上市委秘书处。

第二十三条　拟参会委员应当于审议会议召开四个工作日前，将拟提问询问题提交上市委秘书处。

上市委秘书处应当于审议会议召开三个工作日前，将问询问题告知发行人及其保荐人。

第二十四条　发行人、保荐人及其他相关单位和个人认为拟参会委员与审议事项存在利害冲突或者潜在利害冲突，可能影响委员独立、客观、公正履行职责的，应当于会议召开五个工作日前向本所提出要求有关委员予以回避的书面申请，并充分说明委员回避的理由。

第二十五条　本所收到拟参会委员《回避或缺席申请》或者发行人、保荐人、其他相关单位和个人要求委员回避的书面申请的，本所将进行核实；经核实理由成立的，该委员应当回避，本所将及时告知申请人。

上市委委员、发行人、保荐人及其他相关单位和个人未在规定时间内向本所提交有关回避申请，但上市委委员存在应当回避情形的，本所可以决定相关委员回避。

因回避或者缺席导致参会委员人数不符合规定的，本所将安排其他委员参加会议，并及时公告；难以及时安排其他委员参加会议的，本所可以取消该次审议会议。

第二十六条　审议会议召开前，参会委员不得私自与本次审议事项相关的发行人、保荐人或者其他相关单位和个人进行接触。

发行人、保荐人、其他相关单位和个人，不得直接或者间接以不正当手段影响上市委委员的专业判断，或者以其他方式干扰上市委委员审议。

第二十七条　审议会议召开时，会议召集人负责主持会议，确认应当参会的委员全部到场后，宣读会议纪律、注意事项和拟审议事项。

第二十八条　本所发行上市审核机构的审核人员就提交审议的审核报告和初步审核意见向上市委进行汇报。

第二十九条　审核人员汇报完毕后，参会委员应当根据《委员工作底稿》，就审核报告的内容和发行上市审核机构提出的初步审核意见发表意见，可以要求审核人员就有关问题进行解释说明。

第三十条　审议会议过程中，参会委员可以在拟提出问询问题的范围内，向发行人代表及保荐代表人询问并要求其回答。

第三十一条　会议召集人根据参会委员的意见及讨论情况进行总结，经合议，按少数服从多数的原则形成审议意见。

审议会议应当全程录音录像，形成会议纪要，并由参会委员签字确认。

本所于审议会议结束当日，在本所网站公布审议意见及问询问题。

第三十二条　参会委员应当于审议会议结束时当场向上市委秘书处提交《委员工作底稿》，列明关注的主要问题、对中介机构履职情况的意见和建议等内容。《委员工作底稿》的内容不得与其在审议会议上的审议情况不一致。

第三十三条　审议意见为同意发行上市的，本所结合审议意见，向中国证监会报送同意发行上市的审核意见及发行上市申请文件，并通知发行人及其保荐人。

第三十四条　审议意见为同意发行上市，但要求发行人补充披露有关信息或者要求保荐人、证券服务机构补充核查的，由本所发行上市审核机构通知保荐人组织落实。

发行人补充披露或保荐人、证券服务机构补充核查后，本所发行上市审核机构将有关落实情况通报参会委员，无须再次提请上市委审议。本所结合审议意见，向中国证监会报送同意发行上市的审核意见及发行上市申请文件，并通知发行人及其保荐人。

第三十五条　审议意见为不同意发行上市的，本所结合审议意见，作出终止发行上市审核的决定。

第三十六条　审议会议召开前，发生重大事项，对发行人是否符合发行条件、上市条件或者信息披露要求产生重大影响的，本所可以取消该次审议会议，并在上述事项处理完毕后再行召开审议会议。

上市委审议会议后至股票上市交易前发生重大事项，对发行人是否符合发行条件、上市条件或者信息披露要求产生重大影响的，经本所发行上市审核机构重新审核后，可以再次提请上市委审议。

第二节　复审会议、咨询会议和全体会议

第三十七条　发行人对本所不予受理、终止审核的决定提出异议的，上市委召开会议进行复审。

（三）对本所发行上市审核机构及相关部门提交的其他事项进行研究、讨论。

全体会议应当由上市委二分之一以上的委员出席。

第五章　上市委审议工作监督

第四十四条　上市委委员参加会议，应当遵守下列规定：

（一）按时参加上市委会议，遵守会议纪律，并在审核工作中勤勉尽责；

（二）保守国家秘密、发行人的商业秘密；

（三）妥善保管会议材料和系统电子密钥，不得泄露上市委会议材料及会议讨论内容、合议情况及其他有关情况，不得将电子密钥出借给他人使用；

（四）不得利用上市委委员身份开展商业活动，或者利用在履行职责时所得到的非公开信息，为本人或者他人直接或者间接谋取利益；

（五）不得与发行人有利害关系，不得直接或者间接接受发行人、保荐人及其他相关单位和个人提供的资金、物品等馈赠和其他利益，不得私下与发行人、保荐人及其他相关单位和个人进行接触；

（六）独立、客观、公正地发表意见，不得串通发表意见；

（七）在规定时间内提交《声明与承诺》《回避或缺席申请》《委员工作底稿》等材料，不得拖延、在会议现场或经由他人提出回避申请；

（八）本所其他有关规定。

上市委委员为兼职委员的，受聘时应当向本所报告本人及其配偶、父母、子女、子女的配偶持有的股票情况；受聘期间上述主体不得买入或者受让股票，不得持有所审议、复审发行人的股票，卖出其持有的其他股票应当在转让后二个工作日内向本所备案。上市委委员为专职委员的，执行本所从业人员禁止买卖股票的规定。

第四十五条　发行人聘请的保荐人、证券服务机构有义务督促发行人遵守本所有关规定。保荐人、证券服务机构唆使、协助或者参与干扰上市委工作的，本所可以按照相关规定进行处理。

第四十六条　本所对上市委委员进行考核监督。

上市委委员违反本办法相关规定的，本所可以根据情节轻重对有关委员进行谈话提醒、批评或者予以解聘。

第四十七条　本所建立对上市委委员的举报监督机制。上市委委员涉嫌违反本办法或者本所其他相关规定的，本所可以进行调查，并根据调查结果对有关委员进行谈话提醒、批评或者予以解聘。涉嫌违法的，本所向中国证监会报告。

第四十八条　本所可以将上市委委员批评及予以解聘的相关信息公开，并报告中国证监会，通报有关自律组织。

第六章　附则

第四十九条　本办法由本所理事会审议通过，报中国证监会批准后生效，修改时亦同。

第五十条　本办法由本所负责解释。

第五十一条　本办法自发布之日起施行。

关于发布《上海证券交易所科技创新咨询委员会工作规则》的通知

（上证发〔2019〕20号　2019年3月1日）

各市场参与人：

为了促进上海证券交易所（以下简称本所）科创板建设和股票发行上市工作，规范科技创新咨询委员会运作，根据《关于在上海证券交易所设立科创板并试点注册制的实施意见》《科创板首次公开发行股票注册管理办法（试行）》等有关规定，本所制定了《上海证券交易所科技创新咨询委员会工作规则》（详见附件），经中国证监会批准，现予以发布，并自发布之日起施行。

特此通知。

附件：上海证券交易所科技创新咨询委员会工作规则

上海证券交易所科技创新咨询委员会工作规则

第一章　总则

第一条　为了促进上海证券交易所（以下简称本所）科创板建设和股票发行上市工作，根据《关于在上海证券交易所设立科创板并试点注册制的实施意见》《科创板首次公开发行股票注册管理办法（试行）》等有关规定，本所设立科技创新咨询委员会（以下简称咨询委员会），并制定本规则。

第二条　咨询委员会是本所专家咨询机构，负责向本所提供专业咨询、人员培训和政策建议。

第三条　本所负责咨询委员会的日常事务和具体运作，为咨询委员会及委员履行职责提供必要的条件和便利，并对委员的工作进行考核和监督。

第二章　委员构成与选聘

第四条　咨询委员会委员共四十至六十名，由从事科技创新行业的权威专家、知名企业家、资深投资专家组成，所有委员均为兼职。

根据科技创新企业行业相关性，咨询委员会中设立不同咨询组别。

本所可以根据需要对咨询委员会委员人数和人员构成进行调整。

第五条　咨询委员会委员由本所按照依法、公开、择优的原则予以选聘。

本所可以商请有关部委、科研院校、行业协会等单位推荐委员人选。

第六条　咨询委员会委员应当符合下列条件：

（一）严格遵守国家法律法规，坚持原则，公正廉洁，恪守职业道德和诚信准则，没有严重不良诚信记录；

（二）从事科技创新行业的科学研究、企业经营、投资管理、政策制定等相关工作，熟悉相关方面的产业政策、前沿技术、发展前景、竞争态势等，在所在领域取得突出成就，享有较高社会声望；

（三）愿意且保证认真参与咨询委员会工作；

（四）本所认为需要符合的其他条件。

第七条　咨询委员会委员每届任期两年，可以连任。

第八条　咨询委员会委员有下列情形之一的，本所予以解聘：

（一）违反法律、行政法规、中国证监会和本所相关规定；

（二）未按照本所的相关规定勤勉履职；

（三）本人提出辞职申请；

（四）本所认为不适合继续担任委员的其他情形。

咨询委员会委员被解聘后，本所可以根据工作需要选聘新的咨询委员会委员。

第三章　工作职责与机制

第九条　咨询委员会就下列事项提供咨询意见：

（一）本所科创板的定位以及发行人是否具备科技创新属性、符合科创板定位；

（二）本所《科创板企业上市推荐指引》等相关规则的制定；

（三）发行上市申请文件中与发行人业务和技术相关的问题；

（四）国内外科技创新及产业化应用的发展动态；

（五）本所根据工作需要提请咨询的其他事项。

第十条　咨询委员会委员应当遵守下列规定：

（一）保证足够的时间和精力参与咨询委员会工作，勤勉尽责、诚实守信；

（二）保守在参与咨询委员会工作中获取的国家秘密、商业秘密和内幕信息，不得向任何第三方泄露工作相关内容；

（三）提供咨询意见的事项与自身利益相关或者可能存在利益冲突的，应当及时提出回避；

（四）不得利用咨询委员会委员身份谋取不正当利益或者进行业务宣传，不得接受咨询事项所涉企业的馈赠或者存在有损其公正履职的其他行为；

（五）与委员履行职责相关的其他规定。

第十一条　本所根据工作需要向咨询委员会委员进行咨询的，应当提出具体咨询事项，并通过召开会议、书面函件等方式，向咨询事项涉及的相关行业委员进行咨询。

咨询委员会委员应当结合自身专长和所从事工作，认真阅研本所提出的咨询事项以及相关材料，以个人身份独立、客观、公正地提供咨询意见。

第十二条　咨询委员会委员提供咨询意见，有下列情形之一的，应当回避：

（一）咨询委员会委员或者其亲属近两年内担任发行人或其控股股东、实际控制人或者保荐人的董事、监事、高级管理人员；

（二）咨询委员会委员或者其亲属、咨询委员会委员所在工作单位与发行人或者保荐人存在股权关系，可能影响其公正履行职责；

（三）咨询委员会委员或者其亲属、咨询委员会委员所在工作单位近两年内与发行人存在业务往来，可能影响其公正履行职责；

（四）咨询委员会委员或者其亲属担任董事、监事、高级管理人员的公司与发行人存在行业竞争关系，或者与发行人或保荐人有利害关系，经认定可能影响其公正履行职责；

（五）咨询委员会委员提供咨询意见前，与发行人、保荐人及其他相关单位或者个人进行过接触，可能影响其公正履行职责；

（六）本所认定的可能产生利害冲突或者咨询委员会委员认为可能影响其公正履行职责的其他情形。

前款所称亲属，包括咨询委员会委员的配偶、父母、子女、兄弟姐妹、配偶的父母、子女的配偶、兄弟姐妹的配偶。

第十三条　咨询委员会委员收到本所具体咨询事项后，发现其存在前条规定的回避情形的，应当及时告知咨询委员会秘书处，并提交书面回避申请。

发行人、保荐人及其他相关单位和个人认为咨询委员会委员存在本规则第十二条规定的回避情形的，应当及时向本所提出要求有关委员回避的书面申请，并说明理由。

第十四条　收到咨询委员会委员回避申请或者发行人、保荐人、其他相关单位和个人要求有关委员回避的书面申请后，本所将进行核实；经核实理由成立的，本所不向有关委员进行咨询。

咨询委员会委员、发行人、保荐人及其他相关单位和个人未向本所提出回避申请，但咨询委员会委员存在回避情形的，本所可以决定有关委员回避。

咨询委员会委员存在回避情形但未回避的，本所将根据本规则第八条的规定解聘有关委员。委员由相关单位推荐的，本所将解聘情况通报其推荐单位。

第十五条　本所设立咨询委员会秘书处，负责处理下列事务：

（一）落实咨询委员会委员遴选、聘任、解聘、换届等工作；

（二）处理向咨询委员会委员进行咨询的相关工作，及时收集委员的咨询意见；

（三）组织召开咨询委员会相关会议，记录会议讨论情况；

（四）负责委员的联络沟通、服务保障、考核监督等日常工作；

（五）本所或者咨询委员会要求办理的其他事项。

第十六条　咨询委员会每年至少召开一次全体会议，总结委员会年度工作情况，提出委员会工作计划和意见建议。

第四章　附则

第十七条　本规则由本所理事会审议通过，报中国证监会批准后生效，修改时亦同。

第十八条　本规则由本所负责解释。

第十九条　本规则自发布之日起施行。

关于发布《上海证券交易所科创板上市保荐书内容与格式指引》的通知

(上证发〔2019〕24号 2019年3月1日)

各市场参与人:

为了规范上海证券交易所(以下简称本所)科创板上市保荐书的编制和报送行为,加强证券发行上市的信息披露,提高保荐人及其保荐代表人的执业水准,根据《中华人民共和国证券法》《证券发行上市保荐业务管理办法》《科创板首次公开发行股票注册管理办法(试行)》和《上海证券交易所科创板股票发行上市审核规则》等有关规定,本所制定了《上海证券交易所科创板上市保荐书内容与格式指引》(详见附件),现予以发布,并自发布之日起施行。

特此通知。

附件:上海证券交易所科创板上市保荐书内容与格式指引

上海证券交易所科创板上市保荐书内容与格式指引

第一条 为了规范上海证券交易所(以下简称本所)科创板上市保荐书的编制和报送行为,加强证券发行上市的信息披露,提高保荐人及其保荐代表人的执业水准,根据《中华人民共和国证券法》(以下简称《证券法》)、《证券发行上市保荐业务管理办法》《科创板首次公开发行股票注册管理办法(试行)》和《上海证券交易所科创板股票发行上市审核规则》等规定,制定本指引。

第二条 发行人申请首次公开发行股票并在科创板上市的,所聘请的保荐人应当按照本指引的要求出具上市保荐书。

第三条 上市保荐书开头部分应当载明,保荐人及其保荐代表人已根据《中华人民共和国公司法》(以下简称《公司法》)、《证券法》等法律法规和中国证监会及本所的有关规定,诚实守信,勤勉尽责,严格按照依法制定的业务规则和行业自律规范出具上市保荐书，并保证所出具文件真实、准确、完整。

第四条　保荐人应当简述发行人基本情况，包括发行人名称、注册地及注册时间、联系方式、主营业务、核心技术、研发水平、主要经营和财务数据及指标、发行人存在的主要风险等内容。

第五条　保荐人应当简述发行人本次发行情况，包括证券种类、发行数量、发行方式等内容。

第六条　保荐人应当简述本次证券发行上市的保荐代表人、协办人及项目组其他成员情况，包括人员姓名、保荐业务执业情况等内容。

第七条　保荐人应当详细说明发行人与保荐人是否存在下列情形：

（一）保荐人或其控股股东、实际控制人、重要关联方持有或者通过参与本次发行战略配售持有发行人或其控股股东、实际控制人、重要关联方股份的情况；

（二）发行人或其控股股东、实际控制人、重要关联方持有保荐人或其控股股东、实际控制人、重要关联方股份的情况；

（三）保荐人的保荐代表人及其配偶，董事、监事、高级管理人员，持有发行人或其控股股东、实际控制人及重要关联方股份，以及在发行人或其控股股东、实际控制人及重要关联方任职的情况；

（四）保荐人的控股股东、实际控制人、重要关联方与发行人控股股东、实际控制人、重要关联方相互提供担保或者融资等情况；

（五）保荐人与发行人之间的其他关联关系。

存在上述情形的，应当重点说明其对保荐人及其保荐代表人公正履行保荐职责可能产生的影响。

第八条　保荐人应当承诺已按照法律法规和中国证监会及本所的相关规定，对发行人及其控股股东、实际控制人进行了尽职调查、审慎核查，充分了解发行人经营状况及其面临的风险和问题，履行了相应的内部审核程序。

保荐人应当对本次证券发行上市发表明确的推荐结论，并具备相应的保荐工作底稿支持。

第九条　保荐人应当在上市保荐书中就《证券发行上市保荐业务管理办法》第二十九条所列相关事项作出承诺。

第十条　保荐人应当简要说明发行人是否已就本次证券发行上市履行了

《公司法》《证券法》和中国证监会及本所规定的决策程序。

第十一条 保荐人应当说明针对发行人是否符合科创板定位所作出的专业判断以及相应理由和依据，并说明保荐人的核查内容和核查过程。

第十二条 保荐人应当逐项说明发行人是否符合《上海证券交易所科创板股票上市规则》规定的上市条件，并明确说明发行人所选择的具体上市标准，详细载明得出每项结论的查证过程及事实依据。对于市值指标，保荐人应当结合发行人报告期外部股权融资情况、可比公司在境内外市场的估值情况等进行说明。

发行人为红筹企业的，保荐人应当说明发行人的投资者权益保护水平、特别披露事项、重大交易决策程序等是否符合《上海证券交易所科创板股票上市规则》的相关规定。

发行人具有表决权差异安排的，保荐人应当说明发行人有关表决权差异安排的主要内容、相关风险及对公司治理的影响，以及依法落实保护投资者合法权益的各项措施，相关安排是否符合《上海证券交易所科创板股票上市规则》的相关规定。

第十三条 保荐人应当说明对发行人证券上市后持续督导工作的具体安排，包括持续督导事项、持续督导期限、持续督导计划等内容。

第十四条 本指引的规定是对上市保荐书内容的最低要求。不论本指引是否有明确规定，凡对本次证券发行上市有重大影响的事项，均应当说明。

第十五条 保荐人报送上市保荐书后，发行人情况发生重大变化并影响本次证券上市条件的，保荐人应当及时对上市保荐书进行补充、更新。

发行人发行完成后，保荐人应当结合发行情况更新上市保荐书，就市值及财务指标等是否符合选定的上市标准发表明确结论意见，并将更新后的上市保荐书提交本所。

第十六条 上市保荐书应当由保荐人法定代表人、保荐业务负责人、内核负责人、保荐代表人和项目协办人签字，加盖保荐人公章并注明签署日期。

第十七条 本指引由本所负责解释。

第十八条 本指引自发布之日起施行。

关于发布《上海证券交易所科创板股票发行上市申请文件受理指引》的通知

（上证发〔2019〕25号　2019年3月1日）

各市场参与人：

为了促进上海证券交易所（以下简称本所）科创板建设和股票发行上市工作，规范科创板股票的发行上市申请与受理，维护审核工作秩序，根据《科创板首次公开发行股票注册管理办法（试行）》《上海证券交易所科创板股票发行上市审核规则》等有关规定，本所制定了《上海证券交易所科创板股票发行上市申请文件受理指引》（详见附件），现予以发布，并自发布之日起施行。

特此通知。

附件：上海证券交易所科创板股票发行上市申请文件受理指引

上海证券交易所科创板股票发行上市申请文件受理指引

第一条　为了提高上海证券交易所（以下简称本所）科创板股票发行上市审核效率，维护审核工作秩序，依据《科创板首次公开发行股票注册管理办法（试行）》《上海证券交易所科创板股票发行上市审核规则》制定本指引。

第二条　发行人及保荐人应当按照中国证监会及本所相关规定报送发行上市申请文件（以下简称申请文件）。

第三条　发行人应当通过保荐人向本所发行上市审核业务系统提交电子版申请文件，申请文件应当与书面原件一致。

相关申请文件应由两名保荐代表人签字。每名保荐代表人可在科创板同时负责两家在审企业，但存在下列情形之一的，仅可在科创板负责一家在审企业：

（一）最近三年内有过违规记录，包括被中国证监会采取过监管措施、受到过证券交易所公开谴责或中国证券业协会自律处分；

（二）最近三年内未曾担任过已完成的首发、再融资项目签字保荐代表人。

申报项目时，保荐人应针对签字保荐代表人申报的在审企业家数及是否存在前款第一项、第二项情况作出说明与承诺。

第四条　本所收到申请文件后，对申请文件进行核对，并在五个工作日内作出受理或者不予受理的决定。

第五条　存在下列情形的，本所向保荐人发出补正通知，一次性提出全部补正要求，发行人应当予以补正，补正时限最长不超过三十个工作日：

（一）申请文件与中国证监会及本所规定的文件目录不相符；

（二）申请文件目录中的文件名称与文件本身内容不相符；

（三）不适用申请文件目录情况的说明与提交的申请文件不一致；

（四）申请文件无法打开或读取；

（五）文档字体排版等格式不符合中国证监会和本所的相关规定；

（六）申请文件签字处缺少本人亲笔签字，或者签字不清晰；

（七）申请文件盖章处未加盖公章，印章不清晰，或者公章上的名称与应盖章机构的名称不一致；

（八）会计师事务所、律师事务所未加盖总所公章；

（九）相关文件因无法提供原件而提供复印件的，未由律师提供鉴证意见；

（十）申请文件中保荐人、证券服务机构及相关人员的证照文件不齐全；

（十一）招股说明书中引用的财务报表未在六个月有效期内；

（十二）本所认定应当补正的其他情形。

第六条　发行人补正申请文件的，本所收到申请文件的时间以发行人完成全部补正要求的时间为准。

第七条　本所作出受理或不予受理的决定前，发行人要求撤回申请的，应当提交撤回申请并说明撤回理由。

第八条　申请文件符合要求的，本所作出予以受理的决定，出具受理通知。受理当日，发行人申请文件中的招股说明书、发行保荐书、上市保荐书、审计报告和法律意见书等文件应当在本所网站预先披露。

申请一经受理，发行人及其控股股东、实际控制人、董事、监事和高级管理人员，以及与本次股票发行上市相关的保荐人、证券服务机构及其相关人员即须承担相应的法律责任。

未经本所同意，不得对申请文件进行更改。

第九条　保荐人应当于受理后十个工作日内，按照本所规定的途径以电子文档形式向本所报送保荐工作底稿和验证版招股说明书，供监管备查。

第十条　存在下列情形之一的，本所作出不予受理的决定，出具不予受理通知：

（一）招股说明书、发行保荐书、上市保荐书等申请文件不齐备且未按要求补正。

（二）保荐人、证券服务机构及其相关人员不具备相关资质；或者因证券违法违规被采取限制资格、限制业务活动、一定期限内不接受其出具的相关文件等相关措施尚未解除；或者因首次公开发行并上市、上市公司发行证券、并购重组业务涉嫌违法违规；或者其他业务涉嫌违法违规且对市场有重大影响被立案调查、侦查，尚未结案。

第十一条　保荐人提交的发行上市申请在十二个月内累计二次被本所不予受理的，本所自第二次作出不予受理决定之日起三个月内不再受理该保荐人报送的发行上市申请。

第十二条　本所受理发行人的申请文件，并不表明申请文件符合法定要求，也不表明本所同意发行人的发行上市申请。

第十三条　本指引由本所负责解释。

第十四条　本指引自发布之日起施行。

关于发布《上海证券交易所科创板股票发行上市审核问答》的通知

（上证发〔2019〕29号 2019年3月3日）

各市场参与人：

为了更好满足科创企业发行上市的需求，《科创板首次公开发行股票注册管理办法（试行）》《上海证券交易所科创板股票发行上市审核规则》《上海证券交易所科创板股票上市规则》等规则针对科创企业的特点，设置了差异化的发行条件、上市条件，市场各方对此较为关注。

为明确市场预期，提高科创板股票发行上市审核透明度，上海证券交易所（以下简称本所）按照"急用先行"原则，就科创企业发行条件和上市条件相关事项制定了《上海证券交易所科创板股票发行上市审核问答》（以下简称《发行上市审核问答》，详见附件），经中国证监会批准，现予以发布，并自发布之日起实施。

本所将根据审核实践，及时总结经验，对《发行上市审核问答》进行补充完善。

特此通知。

附件：上海证券交易所科创板股票发行上市审核问答

上海证券交易所科创板股票发行上市审核问答

目 录

1. 《上海证券交易所科创板股票上市规则》（以下简称《上市规则》）设置了多套上市标准，发行人如何选择适用？保荐机构应当如何把关？申报后能否变更？

2．针对部分申请科创板上市的企业尚未盈利或最近一期存在累计未弥补亏损的情形，在信息披露方面有什么特别要求？

3．对发行条件中"其他涉及国家安全、公共安全、生态安全、生产安全、公众健康安全等领域的重大违法行为"，应当如何理解？

4．对发行条件"发行人与控股股东、实际控制人及其控制的其他企业间不存在对发行人构成重大不利影响的同业竞争"中的"重大不利影响"，应当如何理解？

5．发行条件规定，控股股东和受控股股东、实际控制人支配的股东所持发行人的股份权属清晰。对于控股股东、实际控制人位于国际避税区且持股层次复杂的申请在科创板上市企业，如何做好核查及信息披露工作？

6．对发行条件中发行人最近2年内"董事、高级管理人员及核心技术人员均没有发生重大不利变化"，应当如何理解？

7．《上市规则》规定的财务指标包括"最近三年累计研发投入占最近三年累计营业收入的比例不低于15%"，其中"研发投入"如何认定？研发相关内控有哪些要求？信息披露有哪些要求？中介机构应当如何进行核查？

8．《上市规则》规定的上市标准中包含市值，针对市值指标，发行上市审核及监管中有哪些要求？

9．《上市审核规则》规定发行人应当符合科创板定位。对此应如何把握？

10．《上市审核规则》规定，发行人应当主要依靠核心技术开展生产经营，对此应当如何理解？信息披露有哪些要求？中介机构应当如何进行核查？

11．发行人在首发申报前实施员工持股计划的，信息披露有哪些要求？中介机构应当如何进行核查？

12．发行人存在首发申报前制定的期权激励计划，并准备在上市后实施的，信息披露有哪些要求？中介机构应当如何进行核查？

13．发行人在有限责任公司整体变更为股份有限公司时存在累计未弥补亏损的，信息披露有哪些要求？中介机构应当如何进行核查？

14．发行人存在研发支出资本化情况的，信息披露有哪些要求？中介机构应当如何进行核查？

15．发行人存在科研项目相关政府补助的，在非经常性损益列报等信息披露方面及中介机构核查方面有哪些要求？

16．《上市审核规则》规定，发行上市申请文件和对本所发行上市审核机构审核问询的回复中，拟披露的信息属于国家秘密、商业秘密，披露后可能导致其违反国家有关保密的法律法规或者严重损害公司利益的，发行人及其保荐机构可以向本所申请豁免披露。对此在审核中应当如何处理？

1.《上海证券交易所科创板股票上市规则》（以下简称《上市规则》）设置了多套上市标准，发行人如何选择适用？保荐机构应当如何把关？申报后能否变更？

答： 为增强科创板的包容性，《上市规则》以市值为中心，结合净利润、营业收入、研发投入和经营活动产生的现金流量等财务指标，设置了多套上市标准。其中，第2.1.2条规定了通用上市标准，第2.1.3条规定了红筹企业适用的上市标准，第2.1.4条规定了具有表决权差异安排的发行人适用的上市标准。

（一）发行人应当选择一项具体上市标准

根据《上海证券交易所科创板股票发行上市审核规则》（以下简称《上市审核规则》）相关规定，发行人申请股票首次公开发行并在科创板上市的，应当在相关申请文件中明确说明所选择的一项具体上市标准，即《上市规则》第2.1.2条中规定的五项标准之一。红筹企业应选择第2.1.3条规定的标准之一。具有表决权差异安排的发行人应选择第2.1.4条规定的标准之一。

发行人应当结合自身财务状况、公司治理特点、发展阶段以及上市后的持续监管要求等因素，审慎选择适当的上市标准。

保荐机构应当为发行人选择适当的上市标准提供专业指导，审慎推荐，并在上市保荐书中就发行人选择的上市标准逐项说明适用理由，其中对预计市值指标，应当结合发行人报告期外部股权融资情况、可比公司在境内外市场的估值情况等进行说明。

（二）发行人申请上市标准变更的处理

科创板股票上市委员会召开审议会议前，发行人因更新财务报告等情形导致不再符合申报时选定的上市标准，需要变更为其他标准的，应当及时向本所提出申请，说明原因并更新相关文件；不再符合任何一项上市标准的，可以撤回发行上市申请。

保荐机构应当核查发行人变更上市标准的理由是否充分，就发行人新选择的上市标准逐项说明适用理由，并就发行人是否符合上市条件重新发表明确意见。

2．针对部分申请科创板上市的企业尚未盈利或最近一期存在累计未弥补亏损的情形，在信息披露方面有什么特别要求？

答：（一）发行人信息披露要求

1. 原因分析

尚未盈利或最近一期存在累计未弥补亏损的发行人，应结合行业特点分析并披露该等情形的成因，如产品仍处于研发阶段，未形成实际销售；产品尚处于推广阶段，未取得客户广泛认同；产品与同行业公司相比技术含量或品质仍有差距，未产生竞争优势；产品产销量较小，单位成本较高或期间费用率较高，尚未体现规模效应；产品已趋于成熟并在报告期内实现盈利，但由于前期亏损较多，导致最近一期仍存在累计未弥补亏损；其他原因。发行人还应说明尚未盈利或最近一期存在累计未弥补亏损是偶发性因素，还是经常性因素导致。

2. 影响分析

发行人应充分披露尚未盈利或最近一期存在累计未弥补亏损对公司现金流、业务拓展、人才吸引、团队稳定性、研发投入、战略性投入、生产经营可持续性等方面的影响。

3. 趋势分析

尚未盈利的发行人应当披露未来是否可实现盈利的前瞻性信息，对其产品、服务或者业务的发展趋势、研发阶段以及达到盈亏平衡状态时主要经营要素需要达到的水平进行预测，并披露相关假设基础；存在累计未弥补亏损的发行人应当分析并披露在上市后的变动趋势。披露前瞻性信息时应当声明其假设的数据基础及相关预测具有重大不确定性，提醒投资者进行投资决策时应谨慎使用。

4. 风险因素

尚未盈利或最近一期存在累计未弥补亏损的发行人，应充分披露相关风险因素，包括但不限于：未来一定期间无法盈利或无法进行利润分配的风险，收入无法按计划增长的风险，研发失败的风险，产品或服务无法得到客户认同的风险，资金状况、业务拓展、人才引进、团队稳定、研发投入等方面受到限制或影响的风险等。未盈利状态持续存在或累计未弥补亏损继续扩大的，应分析触发退市条件的可能性，并充分披露相关风险。

5. 投资者保护措施及承诺

尚未盈利或最近一期存在累计未弥补亏损的发行人，应当披露依法落实保护投资者合法权益规定的各项措施；还应披露本次发行前累计未弥补亏损是否由新老股东共同承担以及已履行的决策程序。尚未盈利企业还应披露其控股股东、实际控制人和董事、监事、高级管理人员、核心技术人员按照相关规定作出的关于减持股份的特殊安排或承诺。

（二）中介机构核查要求

保荐机构及申报会计师应充分核查上述情况，对发行人尚未盈利或最近一期存在累计未弥补亏损是否影响发行人持续经营能力明确发表结论性意见。

3．对发行条件中"其他涉及国家安全、公共安全、生态安全、生产安全、公众健康安全等领域的重大违法行为"，应当如何理解？

答：最近3年内，发行人及其控股股东、实际控制人在国家安全、公共安全、生态安全、生产安全、公众健康安全等领域，存在以下违法行为之一的，原则上视为重大违法行为：被处以罚款等处罚且情节严重；导致严重环境污染、重大人员伤亡、社会影响恶劣等。

有以下情形之一且中介机构出具明确核查结论的，可以不认定为重大违法：违法行为显著轻微、罚款数额较小；相关规定或处罚决定未认定该行为属于情节严重；有权机关证明该行为不属于重大违法。但违法行为导致严重环境污染、重大人员伤亡、社会影响恶劣等并被处以罚款等处罚的，不适用上述情形。

4．对发行条件"发行人与控股股东、实际控制人及其控制的其他企业间不存在对发行人构成重大不利影响的同业竞争"中的"重大不利影响"，应当如何理解？

答：申请在科创板上市的企业，如存在同业竞争情形，认定同业竞争是否构成重大不利影响时，保荐机构及发行人律师应结合竞争方与发行人的经营地域、产品或服务的定位，同业竞争是否会导致发行人与竞争方之间的非公平竞争、是否会导致发行人与竞争方之间存在利益输送、是否会导致发行人与竞争方之间相互或者单方让渡商业机会情形，对未来发展的潜在影响等方面，核查并出具明确意见。竞争方的同类收入或毛利占发行人该类业务收入或毛利的比例达30%以上的，如无充分相反证据，原则上应认定为构成重大不利影响。

发行人应在招股说明书中披露以下内容：一是竞争方与发行人存在同业竞

争的情况；二是保荐机构及发行人律师针对同业竞争是否对发行人构成重大不利影响的核查意见和认定依据。

5．发行条件规定，控股股东和受控股股东、实际控制人支配的股东所持发行人的股份权属清晰。对于控股股东、实际控制人位于国际避税区且持股层次复杂的申请在科创板上市企业，如何做好核查及信息披露工作？

答：对于控股股东、实际控制人设立在国际避税区且持股层次复杂的，保荐机构和发行人律师应当对发行人设置此类架构的原因、合法性及合理性、持股的真实性、是否存在委托持股、信托持股、是否有各种影响控股权的约定、股东的出资来源等问题进行核查，说明发行人控股股东和受控股股东、实际控制人支配的股东所持发行人的股份权属是否清晰，以及发行人如何确保其公司治理和内控的有效性，并发表核查意见。

6．对发行条件中发行人最近 2 年内"董事、高级管理人员及核心技术人员均没有发生重大不利变化"，应当如何理解？

答：申请在科创板上市的企业，应当根据企业生产经营需要和相关人员对企业生产经营发挥的实际作用，确定核心技术人员范围，并在招股说明书中披露认定情况和认定依据。原则上，核心技术人员通常包括公司技术负责人、研发负责人、研发部门主要成员、主要知识产权和非专利技术的发明人或设计人、主要技术标准的起草者等。

对发行人的董事、高级管理人员及核心技术人员是否发生重大不利变化的认定，应当本着实质重于形式的原则，综合两方面因素分析：一是最近2年内的变动人数及比例，在计算人数比例时，以上述人员合计总数作为基数；二是上述人员离职或无法正常参与发行人的生产经营是否对发行人生产经营产生重大不利影响。

变动后新增的上述人员来自原股东委派或发行人内部培养产生的，原则上不构成重大不利变化。发行人管理层因退休、调任等原因发生岗位变化的，原则上不构成重大不利变化，但发行人应当披露相关人员变动对公司生产经营的影响。

如果最近2年内发行人上述人员变动人数比例较大或上述人员中的核心人

员发生变化，进而对发行人的生产经营产生重大不利影响的，应视为发生重大不利变化。

7. 《上市规则》规定的财务指标包括"最近三年累计研发投入占最近三年累计营业收入的比例不低于15%"，其中"研发投入"如何认定？研发相关内控有哪些要求？信息披露有哪些要求？中介机构应当如何进行核查？

答：（一）研发投入认定

研发投入为企业研究开发活动形成的总支出。研发投入通常包括研发人员工资费用、直接投入费用、折旧费用与长期待摊费用、设计费用、装备调试费、无形资产摊销费用、委托外部研究开发费用、其他费用等。

本期研发投入为本期费用化的研发费用与本期资本化的开发支出之和。

（二）研发相关内控要求

发行人应制定并严格执行研发相关内控制度，明确研发支出的开支范围、标准、审批程序以及研发支出资本化的起始时点、依据、内部控制流程。同时，应按照研发项目设立台账归集核算研发支出。发行人应审慎制定研发支出资本化的标准，并在报告期内保持一致。

（三）发行人信息披露要求

发行人应在招股说明书中披露研发相关内控制度及其执行情况，并披露研发投入的确认依据、核算方法，最近三年研发投入的金额、明细构成，最近三年累计研发投入占最近三年累计营业收入的比例及其与同行业可比上市公司的对比情况。

（四）中介机构核查要求

1. 保荐机构及申报会计师应对报告期内发行人的研发投入归集是否准确、相关数据来源及计算是否合规进行核查，并发表核查意见。

2. 保荐机构及申报会计师应对发行人研发相关内控制度是否健全且被有效执行进行核查，就以下事项作出说明，并发表核查意见：

（1）发行人是否建立研发项目的跟踪管理系统，有效监控、记录各研发项目的进展情况，并合理评估技术上的可行性；

（2）是否建立与研发项目相对应的人财物管理机制；

（3）是否已明确研发支出开支范围和标准，并得到有效执行；

（4）报告期内是否严格按照研发开支用途、性质据实列支研发支出，是否存在将与研发无关的费用在研发支出中核算的情形；

（5）是否建立研发支出审批程序。

8.《上市规则》规定的上市标准中包含市值，针对市值指标，发行上市审核及监管中有哪些要求？

答：发行人在提交发行上市申请时，应当明确所选择的具体上市标准，保荐机构应当对发行人的市值进行预先评估，并在《关于发行人预计市值的分析报告》中充分说明发行人市值评估的依据、方法、结果以及是否满足所选择上市标准中的市值指标的结论性意见等。保荐机构应当根据发行人特点、市场数据的可获得性及评估方法的可靠性等，谨慎、合理地选用评估方法，结合发行人报告期外部股权融资情况、可比公司在境内外市场的估值情况等进行综合判断。

在初步询价结束后，发行人预计发行后总市值不满足所选择的上市标准的，应当根据《上海证券交易所科创板股票发行与承销实施办法》的相关规定中止发行。对于预计发行后总市值与申报时市值评估结果存在重大差异的，保荐机构应当向本所说明相关差异情况。本所在对保荐机构执业质量进行评价时，将考量上述因素。

9.《上市审核规则》规定发行人应当符合科创板定位，对此应如何把握？

答：《上市审核规则》规定，本所对发行上市进行审核。审核事项包括三个方面：一是发行人是否符合发行条件；二是发行人是否符合上市条件；三是发行人的信息披露是否符合要求。在对上述事项进行审核判断时，将关注发行人是否符合科创板定位。发行人应当对其是否符合科创板定位进行审慎评估，保荐机构应当就发行人是否符合科创板定位进行专业判断。

（一）发行人自我评估的考虑因素

发行人进行自我评估时，应当尊重科技创新规律、资本市场规律和企业发展规律，并结合自身和行业科技创新实际情况，准确理解、把握科创板定位，重点考虑以下因素：

1. 所处行业及其技术发展趋势与国家战略的匹配程度；

2. 企业拥有的核心技术在境内与境外发展水平中所处的位置；

3. 核心竞争力及其科技创新水平的具体表征，如获得的专业资质和重要奖项、核心技术人员的科研能力、科研资金的投入情况、取得的研发进展及其成果等；

4. 保持技术不断创新的机制、技术储备及技术创新的具体安排；

5. 依靠核心技术开展生产经营的实际情况等。

（二）对保荐机构的相关要求

保荐机构应当根据《上海证券交易所科创板企业上市推荐指引》的相关要求，围绕科创板定位，对发行人自我评估涉及的相关事项进行核查，并结合尽职调查取得的充分证据、资料等，对其是否符合科创板定位作出专业判断，出具专项意见，说明理由和依据、具体的核查内容、核查过程等，并在上市保荐书中简要说明核查结论及依据。

（三）本所审核中予以关注

审核问询中，本所发行上市审核机构将关注发行人的评估是否客观，保荐人的判断是否合理；根据需要，可以向科技创新咨询委员会提出咨询，将其作出的咨询意见作为审核参考。

10. 《上市审核规则》规定，发行人应当主要依靠核心技术开展生产经营，对此应当如何理解？信息披露有哪些要求？中介机构应当如何进行核查？

答：（一）主要依靠核心技术开展生产经营的理解

主要依靠核心技术开展生产经营，是指企业的主要经营成果来源于依托核心技术的产品或服务。一是发行人能够坚持科技创新，通过持续的研发投入积累形成核心技术。二是发行人主要的生产经营能够以核心技术为基础，将核心技术进行成果转化，形成基于核心技术的产品（服务）。如果企业核心技术处于研发阶段，其主要研发投入均应当围绕该核心技术及其相关的产品（服务）。三是核心技术的判断主要结合发行人所处行业的国家科技发展战略和政策、整体技术水平、国内外科技发展水平和趋势等因素，综合判断。

（二）发行人信息披露要求

发行人应在招股说明书中披露以下信息：

1. 报告期内通过核心技术开发产品（服务）的情况，报告期内核心技术产品（服务）的生产和销售数量，核心技术产品（服务）在细分行业的市场占有率；

2．报告期内营业收入中，发行人依靠核心技术开展生产经营所产生收入的构成、占比、变动情况及原因等。

（三）保荐机构核查要求

保荐机构应结合发行人所处的行业、技术水平和产业应用前景，重点核查以下事项：

1．发行人的研发投入是否主要围绕核心技术及其相关产品（服务）；

2．发行人营业收入是否主要来源于依托核心技术的产品（服务），营业收入中是否存在较多的与核心技术不具有相关性的贸易等收入，核心技术能否支持公司的持续成长；

3．发行人核心技术产品（服务）收入的主要内容和计算方法是否适当，是否为偶发性收入，是否来源于显失公平的关联交易；

4．其他对发行人利用核心技术开展生产经营活动产生影响的情形。

保荐机构应当就发行人是否"主要依靠核心技术开展生产经营"发表明确意见。保荐机构在全面核查并发表明确核查意见的基础上，应审慎选择并推荐符合科创板定位的企业上市，督促发行人做好相关信息披露和风险揭示。

11．发行人在首发申报前实施员工持股计划的，信息披露有哪些要求？中介机构应当如何进行核查？

答：（一）首发申报前实施员工持股计划应当符合的要求

发行人首发申报前实施员工持股计划的应当体现增强公司凝聚力、维护公司长期稳定发展的导向，建立健全激励约束长效机制，有利于兼顾员工与公司长远利益，为公司持续发展夯实基础。原则上应当符合下列要求：

1．发行人实施员工持股计划，应当严格按照法律、法规、规章及规范性文件要求履行决策程序，并遵循公司自主决定、员工自愿参加的原则，不得以摊派、强行分配等方式强制实施员工持股计划。

2．参与持股计划的员工，与其他投资者权益平等，盈亏自负，风险自担，不得利用知悉公司相关信息的优势，侵害其他投资者合法权益。

员工入股应主要以货币出资，并按约定及时足额缴纳。按照国家有关法律法规，员工以科技成果出资入股的，应提供所有权属证明并依法评估作价，及时办理财产权转移手续。

3．发行人实施员工持股计划，可以通过公司、合伙企业、资产管理计划等持股平台间接持股，并建立健全持股在平台内部的流转、退出机制，以及股权管理机制。

参与持股计划的员工因离职、退休、死亡等原因离开公司的，其间接所持股份权益应当按照员工持股计划的章程或相关协议约定的方式处置。

（二）员工持股计划穿透计算的"闭环原则"

员工持股计划符合以下要求之一的，在计算公司股东人数时，按一名股东计算；不符合下列要求的，在计算公司股东人数时，穿透计算持股计划的权益持有人数。

1．员工持股计划遵循"闭环原则"。员工持股计划不在公司首次公开发行股票时转让股份，并承诺自上市之日起至少36个月的锁定期。发行人上市前及上市后的锁定期内，员工所持相关权益拟转让退出的，只能向员工持股计划内员工或其他符合条件的员工转让。锁定期后，员工所持相关权益拟转让退出的，按照员工持股计划章程或有关协议的约定处理。

2．员工持股计划未按照"闭环原则"运行的，员工持股计划应由公司员工持有，依法设立、规范运行，且已经在基金业协会依法依规备案。

（三）发行人信息披露要求

发行人应在招股说明书中充分披露员工持股计划的人员构成、是否遵循"闭环原则"、是否履行登记备案程序、股份锁定期等内容。

（四）中介机构核查要求

保荐机构及发行人律师应当对员工持股计划是否遵循"闭环原则"、具体人员构成、员工减持承诺情况、规范运行情况及备案情况进行充分核查，并发表明确核查意见。

12．发行人存在首发申报前制定的期权激励计划，并准备在上市后实施的，信息披露有哪些要求？中介机构应当如何进行核查？

答：（一）发行人首发申报前制定、上市后实施的期权激励计划应当符合的要求

发行人存在首发申报前制定、上市后实施的期权激励计划的，应体现增强公司凝聚力、维护公司长期稳定发展的导向。原则上应符合下列要求：

1．激励对象应当符合《上市规则》第10.4条相关规定；

2．激励计划的必备内容与基本要求，激励工具的定义与权利限制，行权安排，回购或终止行权，实施程序等内容，应参考《上市公司股权激励管理办法》的相关规定予以执行；

3．期权的行权价格由股东自行商定，但原则上不应低于最近一年经审计的净资产或评估值；

4．发行人全部在有效期内的期权激励计划所对应股票数量占上市前总股本的比例原则上不得超过15%，且不得设置预留权益；

5．在审期间，发行人不应新增期权激励计划，相关激励对象不得行权；

6．在制定期权激励计划时应充分考虑实际控制人稳定，避免上市后期权行权导致实际控制人发生变化；

7．激励对象在发行人上市后行权认购的股票，应承诺自行权日起三年内不减持，同时承诺上述期限届满后比照董事、监事及高级管理人员的相关减持规定执行。

（二）发行人信息披露要求

发行人应在招股说明书中充分披露期权激励计划的有关信息：

1．期权激励计划的基本内容、制定计划履行的决策程序、目前的执行情况；

2．期权行权价格的确定原则，以及和最近一年经审计的净资产或评估值的差异与原因；

3．期权激励计划对公司经营状况、财务状况、控制权变化等方面的影响；

4．涉及股份支付费用的会计处理等。

（三）中介机构核查要求

保荐机构及申报会计师应对下述事项进行核查并发表核查意见：

1．期权激励计划的制定和执行情况是否符合以上要求；

2．发行人是否在招股说明书中充分披露期权激励计划的有关信息；

3．股份支付相关权益工具公允价值的计量方法及结果是否合理；

4．发行人报告期内股份支付相关会计处理是否符合《企业会计准则》相关规定。

13．发行人在有限责任公司整体变更为股份有限公司时存在累计未弥补亏损的，信息披露有哪些要求？中介机构应当如何进行核查？

答：部分科创企业因前期技术研发、市场培育等方面投入较大，在有限责任公司整体变更为股份有限公司前，存在累计未弥补亏损。此类发行人可以依照发起人协议，履行董事会、股东会等内部决策程序后，以不高于净资产金额折股，通过整体变更设立股份有限公司方式解决以前累计未弥补亏损，持续经营时间可以从有限责任公司成立之日起计算。整体变更存在累计未弥补亏损，或者因会计差错更正追溯调整报表而致使整体变更时存在累计未弥补亏损的，发行人可以在完成整体变更的工商登记注册后提交发行上市申请文件，不受运行36个月的限制。

发行人应在招股说明书中充分披露其由有限责任公司整体变更为股份有限公司的基准日未分配利润为负的形成原因，该情形是否已消除，整体变更后的变化情况和发展趋势，与报告期内盈利水平变动的匹配关系，对未来盈利能力的影响，整体变更的具体方案及相应的会计处理、整改措施（如有），并充分揭示相关风险。

保荐机构及发行人律师应对下述事项进行核查并发表核查意见：整体变更相关事项是否经董事会、股东会表决通过，相关程序是否合法合规，改制中是否存在侵害债权人合法权益情形，是否与债权人存在纠纷，是否已完成工商登记注册和税务登记相关程序，整体变更相关事项是否符合《中华人民共和国公司法》等法律法规规定。

14．发行人存在研发支出资本化情况的，信息披露有哪些要求？中介机构应当如何进行核查？

答：（一）研发支出资本化的会计处理要求

发行人内部研究开发项目的支出，应按照《企业会计准则——基本准则》《企业会计准则第6号——无形资产》等相关规定进行确认和计量。研究阶段的支出，应于发生时计入当期损益；开发阶段的支出，应按规定在同时满足会计准则列明的条件时，才能确认为无形资产。

在初始确认和计量时，发行人应结合研发支出资本化相关内控制度的健全性和有效性，对照会计准则规定的相关条件，逐条具体分析进行资本化的开发支出是否同时满足上述条件。在后续计量时，相关无形资产的预计使用寿命和摊销方法应符合会计准则规定，按规定进行减值测试并足额计提减值准备。

（二）发行人信息披露要求

发行人应在招股说明书中披露：

1．与资本化相关研发项目的研究内容、进度、成果、完成时间（或预计完成时间）、经济利益产生方式（或预计产生方式）、当期和累计资本化金额、主要支出构成，以及资本化的起始时点和确定依据等内容；

2．与研发支出资本化相关的无形资产的预计使用寿命、摊销方法、减值等情况，并说明是否符合相关规定。

发行人还应结合研发项目推进和研究成果运用时可能发生的内外部不利变化、与研发支出资本化相关的无形资产规模等因素，充分披露相关无形资产的减值风险及其对公司未来业绩可能产生的不利影响。

（三）中介机构核查要求

保荐机构及申报会计师应关注以下事项，并对发行人研发支出资本化相关会计处理的合规性、谨慎性和一贯性发表核查意见：

1．研究阶段和开发阶段的划分是否合理，是否与研发活动的流程相联系，是否遵循了正常研发活动的周期及行业惯例，并一贯运用，研究阶段与开发阶段划分的依据是否完整、准确披露；

2．研发支出资本化的条件是否均已满足，是否具有内外部证据支持。重点从技术上的可行性，预期产生经济利益的方式，技术、财务资源和其他资源的支持等方面进行关注；

3．研发支出的成本费用归集范围是否恰当，研发支出的发生是否真实，是否与相关研发活动切实相关，是否存在为申请高新技术企业认定及企业所得税费用加计扣除目的虚增研发支出的情形；

4．研发支出资本化的会计处理与可比公司是否存在重大差异。

15．发行人存在科研项目相关政府补助的，在非经常性损益列报等信息披露方面及中介机构核查方面有哪些要求？

答：发行人科研项目相关政府补助的非经常性损益列报应当符合以下要求：

（一）会计处理要求

发行人将科研项目政府补助计入当期收益的，应结合补助条件、形式、金额、时间及补助与公司日常活动的相关性等，说明相关会计处理是否符合《企业会计准则第16号——政府补助》的规定。

（二）非经常性损益列报要求

发行人应结合承担科研项目是否符合国家科技创新发展规划、相关政府补助的会计处理方法、补助与公司正常经营业务的相关性、补助是否具有持续性等，说明将政府补助相关收益列入经常性损益，而未列入非经常性损益是否符合《公开发行证券的公司信息披露解释性公告第1号——非经常性损益》的规定。

（三）发行人信息披露要求

发行人应结合国家科技创新发展规划、公司承担科研项目的内容、技术创新水平、申报程序、评审程序、实施周期和补助资金来源等，说明所承担的科研项目是否符合国家科技创新规划。

发行人应在招股说明书中披露所承担科研项目的名称、项目类别、实施周期、总预算及其中的财政预算金额、计入当期收益和经常性损益的政府补助金额等内容。

（四）中介机构核查要求

保荐机构及申报会计师应对发行人上述事项进行核查，并对发行人政府补助相关会计处理和非经常性损益列报的合规性发表核查意见。

16.《上市审核规则》规定，发行上市申请文件和对本所发行上市审核机构审核问询的回复中，拟披露的信息属于国家秘密、商业秘密，披露后可能导致其违反国家有关保密的法律法规或者严重损害公司利益的，发行人及其保荐机构可以向本所申请豁免披露。对此在审核中应当如何处理？

答：发行人有充分依据证明拟披露的某些信息涉及国家秘密、商业秘密的，发行人及其保荐机构应当在提交发行上市申请文件或问询回复时，一并提交关于信息豁免披露的申请文件（以下简称豁免申请）。

（一）豁免申请的内容

发行人应在豁免申请中逐项说明需要豁免披露的信息，认定国家秘密或商业秘密的依据和理由，并说明相关信息披露文件是否符合招股说明书准则及相关规定要求，豁免披露后的信息是否对投资者决策判断构成重大障碍。

（二）涉及国家秘密的要求

发行人从事军工等涉及国家秘密业务的，应当符合以下要求：

1. 提供国家主管部门关于发行人申请豁免披露的信息为涉密信息的认定文件；

2．提供发行人全体董事、监事、高级管理人员出具的关于首次公开发行股票并上市的申请文件不存在泄密事项且能够持续履行保密义务的声明；

3．提供发行人控股股东、实际控制人对其已履行和能够持续履行相关保密义务出具承诺文件；

4．在豁免申请中说明相关信息披露文件是否符合《军工企业对外融资特殊财务信息披露管理暂行办法》及有关保密规定；

5．说明内部保密制度的制定和执行情况，是否符合《保密法》等法律法规的规定，是否存在因违反保密规定受到处罚的情形；

6．说明中介机构是否根据国防科工局《军工涉密业务咨询服务安全保密监督管理办法》取得军工企业服务资质；

7．对审核中提出的信息豁免披露或调整意见，发行人应相应回复、补充相关文件的内容，有实质性增减的，应当说明调整后的内容是否符合相关规定、是否存在泄密风险。

（三）涉及商业秘密的要求

发行人因涉及商业秘密提出豁免申请的，应当符合以下要求：

1．发行人应当建立相应的内部管理制度，并明确相关内部审核程序，审慎认定信息豁免披露事项；

2．发行人的董事长应当在豁免申请文件中签字确认；

3．豁免披露的信息应当尚未泄露。

（四）中介机构核查要求

保荐机构及发行人律师应当对发行人信息豁免披露符合相关规定、不影响投资者决策判断、不存在泄密风险出具专项核查报告。

申报会计师应当对发行人审计范围是否受到限制、审计证据的充分性、豁免披露相关信息是否影响投资者决策判断出具核查报告。

关于发布《上海证券交易所科创板企业上市推荐指引》的通知

（上证发〔2019〕30 号　2019 年 3 月 3 日）

各市场参与人：

为了促进上海证券交易所（以下简称本所）科创板建设，规范和引导保荐机构准确把握科创板定位，做好科创板企业上市推荐工作，根据《关于在上海证券交易所设立科创板并试点注册制的实施意见》《科创板首次公开发行股票注册管理办法（试行）》《证券发行上市保荐业务管理办法》《上海证券交易所科创板股票发行上市审核规则》等有关规定，本所制定了《上海证券交易所科创板企业上市推荐指引》（详见附件），现予以发布，并自发布之日起施行。

特此通知。

附件：上海证券交易所科创板企业上市推荐指引

上海证券交易所科创板企业上市推荐指引

第一条　为了规范和引导保荐机构准确把握科创板定位，做好科创板企业上市推荐工作，根据《关于在上海证券交易所设立科创板并试点注册制的实施意见》（以下简称《实施意见》）、《科创板首次公开发行股票注册管理办法（试行）》（以下简称《注册管理办法》）、《证券发行上市保荐业务管理办法》《上海证券交易所科创板股票发行上市审核规则》（以下简称《审核规则》）等有关规定，制定本指引。

第二条　保荐机构应当基于科创板定位，推荐企业在科创板发行上市。保荐机构在把握科创板定位时，应当遵循下列原则：

（一）坚持面向世界科技前沿、面向经济主战场、面向国家重大需求；

（二）尊重科技创新规律和企业发展规律；

（三）处理好科技创新企业当前现实和科创板建设目标的关系；

（四）处理好优先推荐科创板重点支持的企业与兼顾科创板包容的企业之间的关系。

第三条 保荐机构应当按照《实施意见》《注册管理办法》《审核规则》明确的科创板定位要求，优先推荐下列企业：

（一）符合国家战略、突破关键核心技术、市场认可度高的科技创新企业；

（二）属于新一代信息技术、高端装备、新材料、新能源、节能环保以及生物医药等高新技术产业和战略性新兴产业的科技创新企业；

（三）互联网、大数据、云计算、人工智能和制造业深度融合的科技创新企业。

保荐机构在优先推荐前款规定企业的同时，可以按照本指引的要求，推荐其他具有较强科技创新能力的企业。

第四条 保荐机构应当准确把握科创板定位，切实履行勤勉尽责要求，做好推荐企业是否符合科创板定位的核查论证工作，就企业是否符合相关行业范围、依靠核心技术开展生产经营、具有较强成长性等事项进行专业判断，审慎作出推荐决定，并就企业符合科创板定位出具专项意见。

第五条 保荐机构应当准确把握科技创新企业的运行特点，充分评估企业科技创新能力，重点关注以下事项：

（一）是否掌握具有自主知识产权的核心技术，核心技术是否权属清晰、是否国内或国际领先、是否成熟或者存在快速迭代的风险；

（二）是否拥有高效的研发体系，是否具备持续创新能力，是否具备突破关键核心技术的基础和潜力，包括但不限于研发管理情况、研发人员数量、研发团队构成及核心研发人员背景情况、研发投入情况、研发设备情况、技术储备情况；

（三）是否拥有市场认可的研发成果，包括但不限于与主营业务相关的发明专利、软件著作权及新药批件情况，独立或牵头承担重大科研项目情况，主持或参与制定国家标准、行业标准情况，获得国家科学技术奖项及行业权威奖项情况；

（四）是否具有相对竞争优势，包括但不限于所处行业市场空间和技术壁垒情况，行业地位及主要竞争对手情况，技术优势及可持续性情况，核心经营团队和技术团队竞争力情况；

（五）是否具备技术成果有效转化为经营成果的条件，是否形成有利于企业持续经营的商业模式，是否依靠核心技术形成较强成长性，包括但不限于技术应用情况、市场拓展情况、主要客户构成情况、营业收入规模及增长情况、产品或服务盈利情况；

（六）是否服务于经济高质量发展，是否服务于创新驱动发展战略、可持续发展战略、军民融合发展战略等国家战略，是否服务于供给侧结构性改革。

保荐机构应当在《关于发行人符合科创板定位要求的专项意见》中披露相关核查过程、依据和结论。

第六条　保荐机构应当准确把握科技创新的发展趋势，重点推荐下列领域的科技创新企业：

（一）新一代信息技术领域，主要包括半导体和集成电路、电子信息、下一代信息网络、人工智能、大数据、云计算、新兴软件、互联网、物联网和智能硬件等；

（二）高端装备领域，主要包括智能制造、航空航天、先进轨道交通、海洋工程装备及相关技术服务等；

（三）新材料领域，主要包括先进钢铁材料、先进有色金属材料、先进石化化工新材料、先进无机非金属材料、高性能复合材料、前沿新材料及相关技术服务等；

（四）新能源领域，主要包括先进核电、大型风电、高效光电光热、高效储能及相关技术服务等；

（五）节能环保领域，主要包括高效节能产品及设备、先进环保技术装备、先进环保产品、资源循环利用、新能源汽车整车、新能源汽车关键零部件、动力电池及相关技术服务等；

（六）生物医药领域，主要包括生物制品、高端化学药、高端医疗设备与器械及相关技术服务等；

（七）符合科创板定位的其他领域。

第七条　保荐机构不得推荐国家产业政策明确抑制行业的企业，不得推荐危害国家安全、公共安全、生态安全、生产安全、公众健康安全的企业。

第八条　保荐机构关于科创板定位的核查论证工作将作为上海证券交易所（以下简称本所）对保荐机构和保荐代表人执业质量考核的依据。

第九条　本所基于科创板定位开展发行上市审核工作，结合保荐机构出具的专项意见，对企业是否符合科创板定位予以充分关注。

第十条　本所可以根据国家经济发展战略和产业政策导向，对本指引所列重点推荐领域以及重点关注事项等进行调整。

第十一条　本指引由本所负责解释。

第十二条　本指引自发布之日起施行。

关于发布《保荐人通过上海证券交易所科创板股票发行上市审核系统办理业务指南》的通知

（上证函〔2019〕436号 2019年3月15日）

各市场参与人：

为了规范保荐人通过上海证券交易所（以下简称本所）科创板股票发行上市审核系统办理业务的行为，根据《上海证券交易所科创板股票发行上市审核规则》等有关规定，本所制定了《保荐人通过上海证券交易所科创板股票发行上市审核系统办理业务指南》，现予以发布，并自发布之日起施行。

上述指南全文可至本所官方网站（http://www.sse.com.cn）"设立科创板并试点注册制专栏"查询。

特此通知。

附件：保荐人通过上海证券交易所科创板股票发行上市审核系统办理业务指南

保荐人通过上海证券交易所科创板股票发行上市审核系统办理业务指南

第一章 一般要求

第一条 为了方便并规范发行人及其保荐人办理科创板股票发行上市申请业务，上海证券交易所（以下简称本所）根据《关于在上海证券交易所设立科创板并试点注册制的实施意见》《科创板首次公开发行股票注册管理办法（试行）》《上海证券交易所科创板股票发行上市审核规则》（以下简称《审核规则》）《上海证券交易所科创板股票上市委员会管理办法》等有关规定（以下统称科创板相关规则），制定本指南。

第二条　科创板发行上市审核实行电子化审核。发行人及其保荐人、证券服务机构应当按照科创板相关规则的要求准备发行上市申请文件（以下简称申请文件）、办理相关事项，并遵守本指南的规定，由保荐人通过科创板股票发行上市审核系统（以下简称系统）进行相关发行上市申请业务操作。具体包括提交申请文件、收阅问询函、提交问询回复及补充或修改后的申请文件、申请信息披露豁免、预先披露申请文件、咨询与预约沟通、申请中止或恢复审核、报送会后事项以及撤回发行上市申请等事项。

第三条　对于保荐人通过系统提交的相关文件或信息，本所视为已经发行人授权同意且保荐人、相关证券服务机构已进行了全面的核查验证。发行人及其控股股东、实际控制人、董事、监事和高级管理人员，以及保荐人、证券服务机构及其相关人员应当依法承担相应的法律责任。

第四条　保荐人应安排专人对系统中在办业务进行跟踪，包括及时收阅系统信息及函件、查看项目进度和公告通知、提醒相关人员及时处理待办任务、遵守审核时限等事项，并及时协调发行人、相关证券服务机构配合做好相关发行上市审核工作。

第五条　保荐人应认真阅读本所发布的《科创板股票发行上市审核系统操作手册》，熟练掌握系统的操作事项，对于操作不当等影响审核进程事项造成的后果应自行承担责任。

第二章　系统数字证书的申请与管理

第六条　保荐人应提前向上证所信息网络有限公司申请相关数字证书（以下简称EKey）。保荐人须使用EKey登录系统办理发行上市申请业务。EKey申请流程参见《上海证券交易所科创板股票发行上市审核系统数字证书申请流程》（附件一）。

第七条　保荐人申请的EKey分以下三类权限：

（一）管理员权限，可对保荐人所有科创板发行上市申请项目进行查询和业务办理，以及对其他EKey权限进行设置与管理；

（二）业务办理权限，可对一个或多个科创板发行上市申请项目进行业务办理，以及查询本EKey办理项目的进展情况；

（三）查询权限，可查询保荐人所有科创板发行上市申请项目的进展情况，但不能进行业务办理。

第八条　保荐人应根据内部管理要求，建立健全的EKey使用制度，合理安排不同权限EKey的使用人员及使用方式。保荐人应要求相关人员妥善保管EKey，并监督其在使用EKey时尽职尽责。

第九条　EKey是保荐人通过系统办理发行上市申请业务的唯一身份证明，保荐人应自行承担不当使用、丢失等造成的法律责任。

第三章　申请文件的提交

第十条　在通过系统提交申请文件前，保荐人、证券服务机构及其相关业务人员应进行自查，确保符合《审核规则》《上海证券交易所科创板股票发行上市申请文件受理指引》（以下简称《受理指引》）关于执业资质的有关规定。

保荐人、证券服务机构及其相关人员不符合执业资质要求的，本所将不予受理发行上市申请。

第十一条　在提交发行上市申请前，如有重大疑难、无先例事项或其他涉及本所业务规则理解与适用等问题，保荐人可以通过系统提交业务咨询问题。

确需当面咨询的，保荐人可以通过系统提交预约沟通申请，在申请附件中明确说明需沟通的具体事项，预约沟通申请应加盖保荐人公章。

第十二条　保荐人通过系统进行项目申报时，应首先选择以下方式之一填写项目信息：

（一）直接在系统"项目信息"页面中填写相关信息；

（二）下载"IPO模板"，在Excel中填写完成后导出JSON文件，再上传导入系统。

保荐人在填写项目信息时，应确保符合以下要求：

（一）填报信息日期与提交申报时间一致；

（二）项目信息填报应准确完整，并与申请文件相关内容一致；

（三）保荐人名称、联系方式等信息与EKey账户信息一致；

（四）电话、邮箱等联系方式准确、有效，可随时查收系统发送的通知。

第十三条　保荐人填写完毕项目信息后，应按要求上传项目申报文件。发行人及其保荐人、证券服务机构在准备项目申报文件时，应注意以下事项：

（一）依据《上海证券交易所关于科创板首次公开发行并上市申请文件的命名要求》（见附件二）的规定对相关申请文件进行命名，并按文件类别和文件名称分别上传到指定条目内。确无相对应条目的，可上传至"其他申请文件"条目内。

（二）申报文件类型原则上要求为DOC格式；对于科创板相关规则要求预披露的文件，应同时上传PDF格式文件；单个文件不得超过80兆。

（三）对于没有DOC或PDF格式电子文档的申报材料，应提供电子扫描文件。申请文件中的签字盖章页、电子扫描文件应采取彩色扫描方式，保证格式内容与原件一致。

第十四条　保荐人提交申请文件前，应对项目信息和项目申报文件进行检查，确保符合科创板相关规则的要求。

保荐人确认申请文件填报无误后，在系统页面点击完成，在项目申报页面点击"项目申报"，确认后点击提交即完成申请文件的申报流程。

第十五条　保荐人可以在以下时段提交申请文件：

（一）工作日8:00—22:00；

（二）单一非工作日或连续非工作日的最后一日13:00—22:00。

如存在系统维护、开放时间临时调整等特殊情形，本所将在系统"公告周知"栏目发布通知。保荐人应及时登录系统查阅申请文件处理结果，并根据处理结果进行后续流程。

第十六条　本所审核机构收到申请文件后，对申请文件进行核对，并在五个工作日内通过系统发送受理或者不予受理的决定。

发行人补正申请文件的，本所审核机构收到申请文件的时间以发行人完成全部补正要求的时间为准。

第十七条　申请文件存在《受理指引》第五条规定情形的，本所审核机构将向保荐人发出补正通知，一次性提出全部补正要求。保荐人收到补正通知后，应组织发行人、证券服务机构根据补正意见对相关申请文件进行补充完善，并及时通过系统提交补正后的相关文件。

补正时限最长不得超过三十个工作日。多次补正的，补正时间累计计算。

第十八条　在本所审核机构作出受理或不予受理前，发行人可通过保荐人在系统中提出发行上市申请的撤回申请，并说明撤回理由。

第十九条　保荐人应在申请文件受理后十个工作日内，通过证通云盘上传电子版保荐工作底稿及验证版招股说明书，供中国证监会及本所监管备查。具体操作要求参见《上海证券交易所证通云盘操作指南》（附件三）。

保荐人在准备工作底稿时，应确保符合以下要求：

（一）保荐工作底稿应按照中国证监会有关规定编制目录；

（二）非电子文件的工作底稿，应进行彩色扫描，确保和原底稿一致。

第二十条 保荐人在申请文件受理后，应及时通过本所科创板股票发行上市审核网站（kcb.sse.com.cn，以下简称本所网站）查看并确认预披露的申请文件。

第四章 审核问询与回复

第二十一条 自发行上市申请受理之日起至首轮问询函发出前，本所审核机构不接受保荐人通过系统提交的业务咨询和预约沟通申请。

第二十二条 自发行上市申请受理之日起二十个工作日内，本所审核机构通过系统向保荐人提出首轮审核问询。保荐人应及时通过系统查收本所出具的首轮问询函。

收到问询函后，保荐人应及时协调相关证券服务机构，按问询问题要求逐项予以回复。

第二十三条 保荐人在收到审核问询函后，对问询问题存在疑问的，可通过系统进行咨询沟通。保荐人应对咨询问题进行梳理汇总，一次性通过系统提交。

确需当面沟通的，保荐人应提前汇总问题，通过系统提交预约沟通申请并上传具体问题内容。预约确认后，发行人及其保荐人、证券服务机构相关人员应按照约定时间抵达本所指定地点，沟通人数一般不超过六人。

第二十四条 为便于审核人员审阅，问询回复文件应按照问询问题编制目录。保荐人在回复问询函过程中，需要对申请文件进行更新修改的，应使用楷体加粗等方式对修改的内容予以凸显标注。

问询回复文件应通过系统"项目申报文件"页面中的"问询回复及其他补充文件"栏目提交；需要更新原申报文件的，应在更新后上传至对应的文件条目内。

第二十五条 保荐人就审核问询问题的回复材料，将通过本所网站进行披露。

保荐人对问询问题回复时，认为拟披露的回复信息属于国家秘密、商业机密的，可以通过系统在提交拟披露的回复文件（PDF版）时，一并提交豁免披露申请。

本所审核机构认为豁免披露理由不成立的，保荐人应补充提供相关内容并予以披露。

第二十六条　保荐人提交首轮问询回复后，本所审核机构认为需继续问询的，将在十个工作日内通过系统发送问询意见函。

保荐人再次提交问询意见回复的，应参照本指南第二十二条至第二十五条规定进行，并提交修改更新的相关申请文件。

第二十七条　在发行上市审核期间，本所审核机构可以根据需要通过系统通知等方式要求发行人及其控股股东、实际控制人、董事、监事、高级管理人员，保荐人、证券服务机构及其相关人员至本所指定地点接受当面问询。接受问询的相关人员应在约定时间准时到本所指定地点进行问询沟通。

本所审核机构要求调阅与发行上市申请相关资料的，发行人及其保荐人、证券服务机构应通过适当的方式及时提交，确保相关资料真实、准确、完整，不得随意修改或损毁。

第二十八条　在审核过程中，如发生可能对本次发行上市申请产生重大影响事项的，保荐人应及时通过系统向本所审核机构报告。

发行人应对相关事项可能对本次发行上市的具体影响作出解释说明，保荐人及相关证券服务机构应出具专项核查意见，并由保荐人通过系统项目申报文件页面"其他文件"栏目完成提交。

第五章　上市委员会审议会议相关事项

第二十九条　审核问询结束后，本所审核机构将根据以下不同情形，通过系统向保荐人发送审核意见函：

（一）要求更新申请文件，并做好上市委员会审议准备；

（二）要求进一步落实相关事项。

第三十条　保荐人收到本所审核意见函后，应及时通过系统提交更新后的申请文件（上会稿）。

如有相关事项需要落实的，保荐人应对相关问题进行逐项落实，并及时通过系统提交落实回复文件。落实过程中涉及其他申请文件修改的，应通过系统一并提交更新后的申请文件。

第三十一条　保荐人落实完相关事项、提交申请文件（上会稿）并预先披露后，本所审核机构将通过本所网站发布上市委员会审议会议通知公告，并通过系统告知发行人及其保荐人。通知内容包括会议时间、会议地点、审议项目、参会委员名单等。

在上市委员会审议会议通知的同时，申请文件（上会稿）在本所网站预先披露。

第三十二条 发行人及其保荐人认为参会委员存在利害关系，可能对发行上市审核结果造成影响的，可以在上市委员会审议会议召开五个工作日前，由保荐人通过系统提出就相关委员的回避申请并充分说明理由。

经本所审核机构核实申请理由成立的，相关委员应当回避，并及时告知申请人。

第三十三条 参会委员拟对审核项目进行现场问询的，上市委秘书处在审议会议召开三个工作日前，将拟问询问题发送给保荐人。保荐人应及时收阅现场问询问题清单，做好相关准备工作。

第三十四条 上市委员会审议会议结束当日，保荐人应注意查收短信信息，并及时登录本所网站查看上市委员会审议会议结果。

第三十五条 上市委员会审议后，如要求发行人及其保荐人、证券服务机构补充披露、核查相关事项的，本所审核机构将通过系统向保荐人发送关于落实上市委审议意见的函件。发行人及其保荐人、证券服务机构应对相关事项进行落实，并通过系统提交落实情况的回复文件及更新后的申请文件。

第三十六条 上市委员会审议会议结束后十个工作日内，保荐人应通过证通云盘汇总补充报送与审核问询回复相关的保荐工作底稿和更新后的验证版招股说明书。

第三十七条 上市委员会审议会议通过后至中国证监会作出注册决定前，发行人发生重大事项或相关事项可能对发行上市条件产生影响的，保荐人应及时通过系统向本所审核机构报告，并提交更新的申请文件。

本所审核机构在收到重大事项报告后，系统将暂停处理相关项目业务流程。若相关发行申请已提请中国证监会履行发行注册程序的，本所将及时向中国证监会报告。

第三十八条 经本所讨论确认，重大事项不会对发行条件、上市条件及信息披露要求产生重大影响的，本所将通过系统通知其保荐人，并恢复相关业务处理流程。

第三十九条 经本所讨论确认，重大事项对发行条件、上市条件及信息披露要求产生重大影响的，本所审核机构将提交上市委员会重新审议，并通过系统告知保荐人。

第六章 证监会注册

第四十条 上市委员会同意发行人发行上市的，保荐人应及时修改、更新相关预披露文件，并通过系统报送申请文件（注册稿）。在本所向中国证监会报送同意发行上市的审核意见时，申请文件（注册稿）将在中国证监会网站和本所网站同步披露。

保荐人报送申请文件（注册稿）后，如因会后事项需要更新申请文件的，应通过系统重新报送更新后的申请文件（注册稿）。

第四十一条 中国证监会在注册过程中，如要求本所进一步问询的，本所审核机构将通过系统向保荐人发送反馈问题。保荐人应及时收阅，认真组织落实，并通过系统及时回复。

第四十二条 中国证监会作出注册决定文件后，本所将通过系统向保荐人转发中国证监会的注册决定文件。

第四十三条 发行人注册生效后，发行人及其保荐人应及时与本所保荐承销管理部门联系，做好发行承销的相关准备工作。

第七章 中止、终止和复审

第四十四条 在审核过程中，发行人及其保荐人、证券服务机构出现《审核规则》有关规定的中止情形的，应由保荐人及时通过系统向本所提出中止审核申请。

发行人及其保荐人、证券服务机构未及时告知本所，经确认符合直接中止审核情形的，本所将直接中止审核，并通过系统告知保荐人。

第四十五条 中止审核的情形消除后，保荐人应通过系统申请恢复审核。本所经审核确认后，恢复对发行人的发行上市审核流程，并通过系统通知保荐人。

保荐人应严格遵守《审核规则》关于相应中止事项的时限要求。

第四十六条 在审核过程中，本所发现存在《审核规则》有关规定应当终止审核情形的，将作出终止审核决定，并通过系统发送给保荐人。

第四十七条 本所对发行上市申请不予受理或终止审核的，保荐人可在收到相关决定后五个工作日内，通过系统提出复审申请，说明具体理由，并提交保荐人就复审事项出具的意见书、律师事务所出具的法律意见书。

发行人撤回发行上市申请或保荐人撤回保荐终止审核的，不得申请复审。

第八章 回复时限计算

第四十八条 发行人及其保荐人、证券服务回复审核问询的时间总计不超过三个月。中止审核、请示有权机关、落实上市委员会意见、处理会后事项、实施现场检查等情形，均不计算在前款规定的时限内。

回复时间从保荐人收到审核问询函的次日起开始计算，从保荐人提交相关回复之日的次日起暂停计算。

第四十九条 保荐人申请中止审核的，中止期间自保荐人向本所审核机构提交齐备的中止审核申请之日起开始计算，到本所审核机构决定恢复审核之日结束计算。

本所审核机构直接中止审核的，中止期间自决定中止审核之日起开始计算，到本所审核机构决定恢复审核之日结束计算。

第五十条 科创板相关规则中的时限以月为单位的，一个月按三十个自然日计算；以年为单位的，一年按三百六十五个自然日计算。

第九章 其他事项

第五十一条 在上市申请受理后至股票上市交易前，如存在相关报道、传闻与发行人信息披露存在重大差异，可能对本次发行上市产生重大影响的，保荐人应及时向本所提交专项说明。保荐人、证券服务机构应进行补充核查，并将相关核查意见一并通过系统向本所审核机构提交。

第五十二条 保荐人在通过系统办理业务时，如有问题需要咨询的，可通过系统右上角"帮助"中的联系方式向本所反映。

第十章 附则

第五十三条 本指南由本所负责解释。

第五十四条 本指南自发布之日起施行。

附件一：上海证券交易所科创板股票发行上市审核系统数字证书申请流程

附件二：上海证券交易所关于科创板首次公开发行并上市申请文件的命名要求

附件三：上海证券交易所证通云盘操作指南

附件一：

<h1 style="text-align:center">上海证券交易所科创板股票发行上市审核系统
数字证书申请流程</h1>

具备科创板股票发行上市保荐资质的保荐人可向上证所信息网络有限公司申请科创板股票发行上市审核系统数字证书（以下简称EKey）。

一、申请方式

1. EKey申请采用电子化方式，保荐人可以持本所有效EKey登录本所CA在线业务系统（https://cnsca.sse.com.cn/），证书类型选择"科创板发行上市审核系统"，根据页面要求如实填写相关内容。没有本所有效EKey的保荐人，可以新注册用户登录CA在线业务系统。

2. 按页面要求下载打印《CnSCA数字证书申请表》和《CnSCA数字证书申请责任书》，填写完成并加盖公章，将加盖公章的公司营业执照以及上述材料分别扫描，通过CA在线业务系统提交。

3. 通过EKey登录CA在线业务系统提交申请的，不需寄送申请材料原件。新注册用户登录CA在线业务系统提交申请的，需将上述申请材料原件寄送至本所信息公司CA中心。

邮寄地址：上海市浦东新区张东路1387号37栋

邮编：201203

收件人：上证所信息网络有限公司CA中心

二、数字证书类型

保荐人可以申请多个EKey，第1个EKey应为管理权限证书，其余为查询权限证书与业务办理权限。

三、证书发放

EKey制作周期一般为5个工作日，EKey制作完毕后，本所信息公司将按照保荐人申请EKey时选择的方式，快递送达或通知现场领取。

四、联系方式

EKey申请有关事项咨询电话：021-68814725。

附件二：

上海证券交易所关于科创板首次公开发行并上市
申请文件的命名要求

为规范科创板首次公开发行股票并上市申请文件（以下简称申请文件）的命名格式，规范相关申请文件的信息披露，现对申请文件名的命名格式要求如下。

一、基本要求

1. 发行人、保荐人以及证券服务机构出具的申请文件应确保文件名称与文件内容一致。

2. 发行人、保荐人以及证券服务机构在对相关申请文件命名时，应根据文件内容适当概括，避免文件名称过长，单一文件名不得超过80个字符。

3. 发行人、保荐人以及证券服务机构在对申请文件命名时，应参考中国证监会及本所关于申请文件的有关规定，确保文件名与对应栏目相匹配。

4. 发行人及其保荐人、证券服务机构在对申请文件进行命名时，DOC文件应标注类似"3-1-2"等序号。但PDF文件不得在文件名前标注上述类似序号，以便于在本所网站进行披露。

二、具体申请文件要求

1. 招股说明书文件名应包括发行人名称，即"×××公司科创板首次公开发行股票招股说明书"，并根据不同披露阶段在尾部标注"（申报稿）""（上会稿）"或"（注册稿）"。

2. 对于招股说明书以外须披露的申请文件，应在文件名中显示发行人、保荐人、证券服务机构名称，以上名称均可使用简称。以法律意见书为例，其文件名为"××律师事务所关于××公司首次公开发行股票并在科创板上市的法律意见书"。

3. 发行人及其保荐人、证券服务机构在提交回复文件时，应标明"问询函回复"或"落实意见函回复"，以及回复人简称。

发行人及其保荐人、证券服务机构被多轮问询的，在回复时应标明问询次数，例如"××证券关于第二次审核问询函的回复"。

4. 发行人及其保荐人、证券服务机构对财务、审计资料进行命名时，如存在多个文件的，应根据文件内容标明具体期间。

三、其他文件

申请文件确实无法与审核系统中项目申报文件列表中任一文件对应的，可以根据相关文件的主要内容进行命名，通过审核系统作为项目申报文件栏目中"其他文件"进行报送。

附件三：

上海证券交易所证通云盘操作指南

一、功能

证通云盘用于保荐人上传科创板股票发行上市申请项目的保荐工作底稿和验证版招股说明书。

二、系统要求

1. 电脑系统应为Windows7及以上操作系统；

2. 推荐使用Chrome浏览器；

3. 建议网络上行带宽在100Mb/s以上。

三、使用说明

1. 下载证通云盘软件（证通云盘ztDisk）并解压缩。

下载路径：上海证券交易所官网—服务—交易服务—交易技术专区—软件下载

下载地址：http://www.sse.com.cn/services/tradingservice/tradingtech/download/

2. 插入科创板股票发行上市审核系统数字证书（EKey），双击解压缩中的start.bat文件，启动证通云盘。

3. 打开Chrome浏览器输入：localhost：8080。

4. 找到对应的投件箱，开始上传保荐工作底稿和验证版招股说明书。

5. 证通云盘支持多任务共传、断点续传。

四、上传工作底稿要求

1. 单独文件或压缩包不得超过40G。

2. 自本所作出受理决定日起，保荐人应在十个工作日内通过"××公司项目首次申报"投件箱完成保荐工作底稿和验证版招股说明书上传。

3. 上市委员会审议会议结束后十个工作日内，保荐人应通过"××公司项目补充申报"投件箱补充上传保荐工作底稿和更新后的验证版招股说明书。

五、联系方式

保荐人在证通云盘使用过程中，如存在技术相关问题导致工作底稿无法上传的，可以通过以下方式联系技术支持人员。

联系方式：技术服务热线4009003600（8:00—20:00）

关于发布《上海证券交易所科创板股票发行上市审核问答（二）》的通知

(上证发〔2019〕36号　2019年3月24日)

各市场参与人：

为明确市场预期，提高科创板股票发行上市审核透明度，中国证监会按照设立科创板并试点注册制改革方向，完善相关审核标准，并指导上海证券交易所（以下简称本所）形成《上海证券交易所科创板股票发行上市审核问答（二）》，在科创板先行使用。经中国证监会批准，本所现予发布《上海证券交易所科创板股票发行上市审核问答（二）》（详见附件），并自发布之日起实施。

本所将根据审核实践，及时总结经验，对发行上市审核问答进行补充完善。

特此通知。

附件：上海证券交易所科创板股票发行上市审核问答（二）

上海证券交易所科创板股票发行上市审核问答（二）

目　录

些方面？

5. 关于实际控制人的认定，发行人及中介机构应当如何把握？

6. 发行人没有或难以认定实际控制人的，发行人股东所持股票的锁定期如何安排？

7. 发行人租赁控股股东、实际控制人房产或者商标、专利、主要技术来自控股股东、实际控制人的授权使用，中介机构核查应当注意哪些方面？

8. 一些发行人在经营中存在与其控股股东、实际控制人或董事、监事、高级管理人员的相关共同投资行为，发行人对此应当如何披露，中介机构核查应当重点关注哪些方面？

9. 发行人在全国股份转让系统挂牌期间形成契约性基金、信托计划、资产管理计划等"三类股东"的，对于相关信息的核查和披露有何要求？

10. 部分投资机构在投资时约定有估值调整机制（对赌协议），发行人及中介机构应当如何把握？

11. 企业合并过程中，对于合并各方是否在同一控制权下的认定应当重点关注哪些内容？红筹企业如存在协议控制或类似特殊安排，在与合并报表编制相关的信息披露和核查方面有哪些要求？

12. 发行人客户集中度较高，中介机构应当重点关注哪些方面？

13. 影响发行人持续经营能力的重要情形有哪些？中介机构应当如何进行核查？

14. 发行人报告期存在财务内控不规范情形，应当如何进行规范？中介机构核查应当重点关注哪些方面？

15. 关于第三方回款，发行人及中介机构应当重点关注哪些方面？

16. 发行人报告期内存在会计政策、会计估计变更或会计差错更正情形的，应当如何把握？

1. 发行人历史上存在工会、职工持股会持股或者自然人股东人数较多等情形的，发行人应当如何进行规范？中介机构应当如何进行核查？

答：（一）工会及职工持股会持股的规范要求

考虑到发行条件对发行人控股权权属清晰的要求，发行人控股股东或实际控制人存在职工持股会或工会持股情形的，应当予以清理。

对于间接股东存在职工持股会或工会持股情形的，如不涉及发行人实际控制人控制的各级主体，发行人不需要清理，但应予以充分披露。

对于工会或职工持股会持有发行人子公司股份，经保荐机构、发行人律师核查后认为不构成发行人重大违法违规的，发行人不需要清理，但应予以充分披露。

（二）自然人股东人数较多的核查要求

对于历史沿革涉及较多自然人股东的发行人，保荐机构、发行人律师应当核查历史上自然人股东入股、退股（含工会、职工持股会清理等事项）是否按照当时有效的法律法规履行了相应程序，入股或股权转让协议、款项收付凭证、工商登记资料等法律文件是否齐备，并抽取一定比例的股东进行访谈，就相关自然人股东股权变动的真实性、所履行程序的合法性、是否存在委托持股或信托持股情形、是否存在争议或潜在纠纷发表明确意见。对于存在争议或潜在纠纷的，保荐机构、发行人律师应就相关纠纷对发行人控股权权属清晰稳定的影响发表明确意见。发行人以定向募集方式设立股份公司的，中介机构应以有权部门就发行人历史沿革的合规性、是否存在争议或潜在纠纷等事项的意见作为其发表意见的依据。

2. 发行人申报前后新增股东的，应当如何进行核查和信息披露？股份锁定如何安排？

答：（一）申报前新增股东

对IPO前通过增资或股权转让产生的股东，保荐机构、发行人律师应主要考察申报前一年新增的股东，全面核查发行人新股东的基本情况、产生新股东的原因、股权转让或增资的价格及定价依据，有关股权变动是否是双方真实意思表示，是否存在争议或潜在纠纷，新股东与发行人其他股东、董事、监事、高级管理人员、本次发行中介机构负责人及其签字人员是否存在亲属关系、关联关系、委托持股、信托持股或其他利益输送安排，新股东是否具备法律、法规规定的股东资格。发行人在招股说明书信息披露时，除满足招股说明书信息披露准则的要求外，如新股东为法人，应披露其股权结构及实际控制人；如为自然人，应披露其基本信息；如为合伙企业，应披露合伙企业的基本情况及普通合伙人的基本信息。最近一年末资产负债表日后增资扩股引入新股东的，申报前须增加一期审计。

股份锁定方面，控股股东和实际控制人持有的股份上市后锁定3年；申报前6个月内进行增资扩股的，新增股份的持有人应当承诺：新增股份自发行人完成增资扩股工商变更登记手续之日起锁定3年。在申报前6个月内从控股股东或实际控制人处受让的股份，应比照控股股东或实际控制人所持股份进行锁定。控股股东和实际控制人的亲属所持股份应比照该股东本人进行锁定。

（二）申报后新增股东

申报后，通过增资或股权转让产生新股东的，原则上发行人应当撤回发行上市申请，重新申报。但股权变动未造成实际控制人变更，未对发行人控股权的稳定性和持续经营能力造成不利影响，且符合下列情形的除外：新股东产生系因继承、离婚、执行法院判决或仲裁裁决、执行国家法规政策要求或由省级及以上人民政府主导，且新股东承诺其所持股份上市后36个月之内不转让、不上市交易（继承、离婚原因除外）。在核查和信息披露方面，发行人申报后产生新股东且符合上述要求无须重新申报的，应比照申报前一年新增股东的核查和信息披露要求处理。除此之外，保荐机构和发行人律师还应对股权转让事项是否造成发行人实际控制人变更，是否对发行人控股权的稳定性和持续经营能力造成不利影响进行核查并发表意见。

3．发行人历史上存在出资瑕疵或者改制瑕疵的，中介机构核查应当重点关注哪些方面？

答：保荐机构和发行人律师应关注发行人是否存在股东未全面履行出资义务、抽逃出资、出资方式等存在瑕疵，或者发行人历史上涉及国有企业、集体企业改制存在瑕疵的情形。

（一）历史上存在出资瑕疵

历史上存在出资瑕疵的，应当在申报前依法采取补救措施。保荐机构和发行人律师应当对出资瑕疵事项的影响及发行人或相关股东是否因出资瑕疵受到过行政处罚、是否构成重大违法行为及本次发行的法律障碍，是否存在纠纷或潜在纠纷进行核查并发表明确意见。发行人应当充分披露存在的出资瑕疵事项、采取的补救措施，以及中介机构的核查意见。

（二）历史上存在改制瑕疵

对于发行人是国有企业、集体企业改制而来的或历史上存在挂靠集体组织经营的企业，若改制过程中法律依据不明确、相关程序存在瑕疵或与有关法律法规存在明显冲突，原则上发行人应在招股说明书中披露有权部门关于改制程序的合法性、是否造成国有或集体资产流失的意见。国有企业、集体企业改制过程不存在上述情况的，保荐机构、发行人律师应结合当时有效的法律法规等，分析说明有关改制行为是否经有权机关批准、法律依据是否充分、履行的程序是否合法以及对发行人的影响等。发行人应在招股说明书中披露相关中介机构的核查意见。

4．发行人的部分资产来自上市公司，中介机构核查应当重点关注哪些方面？

答：如发行人部分资产来自上市公司，保荐机构和发行人律师应当针对以下事项进行核查并发表意见：

（一）发行人取得上市公司资产的背景、所履行的决策程序、审批程序与信息披露情况，是否符合法律法规、交易双方公司章程以及证监会和证券交易所有关上市公司监管和信息披露要求，是否存在争议或潜在纠纷。

（二）发行人及其关联方的董事、监事和高级管理人员在上市公司及其控制公司的历史任职情况及合法合规性，是否存在违反竞业禁止义务的情形；上述资产转让时，发行人的董事、监事和高级管理人员在上市公司的任职情况，与上市公司及其董事、监事和高级管理人员是否存在亲属及其他密切关系。如存在上述关系，在相关决策程序履行过程中，上述人员是否回避表决或采取保护非关联股东利益的有效措施。

（三）资产转让完成后，发行人及其关联方与上市公司之间是否就上述转让资产存在纠纷或诉讼。

（四）发行人及其关联方的董事、监事、高级管理人员以及上市公司在转让上述资产时是否存在损害上市公司及其中小投资者合法利益的情形。

（五）发行人来自上市公司的资产置入发行人的时间，在发行人资产中的占比情况，对发行人生产经营的作用。

（六）境内外上市公司分拆子公司在科创板上市，是否符合相关规定。

5．关于实际控制人的认定，发行人及中介机构应当如何把握？

答：（一）实际控制人认定的基本要求

实际控制人是拥有公司控制权的主体。在确定公司控制权归属时，应当本着实事求是的原则，尊重企业的实际情况，以发行人自身的认定为主，由发行人股东予以确认。保荐机构、发行人律师应通过对公司章程、协议或其他安排以及发行人股东大会（股东出席会议情况、表决过程、审议结果、董事提名和任命等）、董事会（重大决策的提议和表决过程等）、监事会及发行人经营管理的实际运作情况的核查对实际控制人认定发表明确意见。

发行人股权较为分散但存在单一股东控制比例达到30%的情形的，若无相反的证据，原则上应将该股东认定为控股股东或实际控制人。存在下列情形之一的，保荐机构应进一步说明是否通过实际控制人认定而规避发行条件或监管并发表专项意见：

（1）公司认定存在实际控制人，但其他股东持股比例较高与实际控制人持股比例接近的，且该股东控制的企业与发行人之间存在竞争或潜在竞争的；

（2）第一大股东持股接近30%，其他股东比例不高且较为分散，公司认定无实际控制人的。

（二）共同实际控制人

法定或约定形成的一致行动关系并不必然导致多人共同拥有公司控制权的情况，发行人及中介机构不应为扩大履行实际控制人义务的主体范围或满足发行条件而作出违背事实的认定。通过一致行动协议主张共同控制的，无合理理由的（如第一大股东为纯财务投资人），一般不能排除第一大股东为共同控制人。实际控制人的配偶、直系亲属，如其持有公司股份达到5%以上或者虽未超过5%但是担任公司董事、高级管理人员并在公司经营决策中发挥重要作用，除非有相反证据，原则上应认定为共同实际控制人。

共同实际控制人签署一致行动协议的，应当在协议中明确发生意见分歧或纠纷时的解决机制。对于作为实际控制人亲属的股东所持的股份，应当比照实际控制人自发行人上市之日起锁定36个月。保荐机构及发行人律师应重点关注最近三年内公司控制权是否发生变化，存在为满足发行条件而调整实际控制人认定范围嫌疑的，应从严把握，审慎进行核查及信息披露。

（三）实际控制人变动的特殊情形

实际控制人为单名自然人或有亲属关系多名自然人，实际控制人去世导致股权变动，股权受让人为继承人的，通常不视为公司控制权发生变更。其他多名自然人为实际控制人，实际控制人之一去世的，保荐机构及发行人律师应结合股权结构、去世自然人在股东大会或董事会决策中的作用、对发行人持续经营的影响等因素综合判断。

（四）实际控制人认定中涉及股权代持情形的处理

实际控制人认定中涉及股权代持情况的，发行人、相关股东应说明存在代持的原因，并提供支持性证据。对于存在代持关系但不影响发行条件的，发行人应在招股说明书中如实披露，保荐机构、发行人律师应出具明确的核查意见。如经查实，股东之间知晓代持关系的存在，且对代持关系没有异议、代持的股东之间没有纠纷和争议，则应将代持股份还原至实际持有人。发行人及中介机构通常不应以股东间存在代持关系为由，认定公司控制权未发生变动。对于以表决权让与协议、一致行动协议等方式认定实际控制人的，比照代持关系进行处理。

6．发行人没有或难以认定实际控制人的，发行人股东所持股票的锁定期如何安排？

答：根据《上海证券交易所科创板股票上市规则》的有关规定，发行人控股股东和实际控制人所持股份自发行人股票上市之日起36个月内不得转让。对于发行人没有或难以认定实际控制人的，为确保发行人股权结构稳定、正常生产经营不因发行人控制权发生变化而受到影响，要求发行人的股东按持股比例从高到低依次承诺其所持股份自上市之日起锁定36个月，直至锁定股份的总数不低于发行前A股股份总数的51%。

位列上述应予以锁定51%股份范围的股东，符合下列情形之一的，不适用上述锁定36个月规定：员工持股计划；持股5%以下的股东；非发行人第一大股东且符合一定条件的创业投资基金股东。其中，"符合一定条件的创业投资基金股东"是指符合《私募基金监管问答——关于首发企业中创业投资基金股东的认定标准》的创业投资基金。

对于存在刻意规避股份限售期要求的，本所将按照实质重于形式的原则，要求相关股东参照控股股东、实际控制人的限售期进行股份锁定。

7．发行人租赁控股股东、实际控制人房产或者商标、专利、主要技术来自控股股东、实际控制人的授权使用，中介机构核查应当注意哪些方面？

答：发行人存在从控股股东、实际控制人租赁或授权使用资产的，中介机构应当予以关注。存在以下两种情况的：一是生产型企业的发行人，其生产经营所必需的主要厂房、机器设备等固定资产系向控股股东、实际控制人租赁使用；二是发行人的核心商标、专利、主要技术等无形资产是由控股股东、实际控制人授权使用，中介机构应结合相关资产的具体用途、对发行人的重要程度、未投入发行人的原因、租赁或授权使用费用的公允性、是否能确保发行人长期使用、今后的处置方案等，充分论证该等情况是否对发行人资产完整和独立性构成重大不利影响，督促发行人做好信息披露和风险揭示，并就发行人是否符合科创板发行条件审慎发表意见。

8．一些发行人在经营中存在与其控股股东、实际控制人或董事、监事、高级管理人员的相关共同投资行为，发行人对此应当如何披露，中介机构核查应当重点关注哪些方面？

答：发行人如存在与其控股股东、实际控制人、董事、监事、高级管理人员及其亲属直接或者间接共同设立公司情形，发行人及中介机构应主要披露及核查以下事项：

（一）发行人应当披露相关公司的基本情况，包括但不限于公司名称、成立时间、注册资本、住所、经营范围、股权结构、最近一年又一期主要财务数据及简要历史沿革。

（二）中介机构应当核查发行人与上述主体共同设立公司的背景、原因和必要性，说明发行人出资是否合法合规、出资价格是否公允。

（三）如发行人与共同设立的公司存在业务或资金往来的，还应当披露相关交易的交易内容、交易金额、交易背景以及相关交易与发行人主营业务之间的关系。中介机构应当核查相关交易的真实性、合法性、必要性、合理性及公允性，是否存在损害发行人利益的行为。

（四）如公司共同投资方为董事、高级管理人员及其近亲属，中介机构应核查说明公司是否符合《公司法》第一百四十八条规定，即董事、高级管理人员未经股东会或者股东大会同意，不得利用职务便利为自己或者他人谋取属于公司的商业机会，自营或者为他人经营与所任职公司同类的业务。

9．发行人在全国股份转让系统挂牌期间形成契约性基金、信托计划、资产管理计划等"三类股东"的，对于相关信息的核查和披露有何要求？

答：发行人在全国股份转让系统挂牌期间形成"三类股东"持有发行人股

份的，中介机构和发行人应从以下方面核查披露相关信息：

（一）核查确认公司控股股东、实际控制人、第一大股东不属于"三类股东"。

（二）中介机构应核查确认发行人的"三类股东"依法设立并有效存续，已纳入国家金融监管部门有效监管，并已按照规定履行审批、备案或报告程序，其管理人也已依法注册登记。

（三）发行人应根据《关于规范金融机构资产管理业务的指导意见》（银发〔2018〕106号）披露"三类股东"相关过渡期安排，以及相关事项对发行人持续经营的影响。中介机构应当对前述事项核查并发表明确意见。

（四）发行人应当按照要求对"三类股东"进行信息披露。保荐机构及律师应对控股股东、实际控制人、董事、监事、高级管理人员及其近亲属，本次发行的中介机构及其签字人员是否直接或间接在"三类股东"中持有权益进行核查并发表明确意见。

（五）中介机构应核查确认"三类股东"已作出合理安排，可确保符合现行锁定期和减持规则要求。

10．部分投资机构在投资时约定有估值调整机制（对赌协议），发行人及中介机构应当如何把握？

答：PE、VC等机构在投资时约定估值调整机制（一般称为对赌协议）情形的，原则上要求发行人在申报前清理对赌协议，但同时满足以下要求的对赌协议可以不清理：一是发行人不作为对赌协议当事人；二是对赌协议不存在可能导致公司控制权变化的约定；三是对赌协议不与市值挂钩；四是对赌协议不存在严重影响发行人持续经营能力或者其他严重影响投资者权益的情形。保荐人及发行人律师应当就对赌协议是否符合上述要求发表专项核查意见。

发行人应当在招股说明书中披露对赌协议的具体内容、对发行人可能存在的影响等，并进行风险提示。

11．企业合并过程中，对于合并各方是否在同一控制权下的认定应当重点关注哪些内容？红筹企业如存在协议控制或类似特殊安排，在与合并报表编制相关的信息披露和核查方面有哪些要求？

答：对于同一控制下企业合并，发行人应严格遵守相关会计准则规定，详细披露合并范围及相关依据，对特殊合并事项予以重点说明。

（一）总体要求

1. 发行人企业合并行为应按照《企业会计准则第20号——企业合并》相关规定进行处理。其中，同一控制下的企业合并，参与合并的企业在合并前后均受同一方或相同的多方最终控制且该控制并非暂时性的。

根据《〈企业会计准则第20号——企业合并〉应用指南》的解释，"同一方"是指对参与合并的企业在合并前后均实施最终控制的投资者。"相同的多方"通常是指根据投资者之间的协议约定，在对被投资单位的生产经营决策行使表决权时发表一致意见的两个或两个以上的投资者。"控制并非暂时性"是指参与合并的各方在合并前后较长的时间内受同一方或相同的多方最终控制。较长的时间通常指一年以上（含一年）。

2. 根据《企业会计准则实施问题专家工作组意见第1期》解释，通常情况下，同一控制下的企业合并是指发生在同一企业集团内部企业之间的合并。除此之外，一般不作为同一控制下的企业合并。

3. 在对参与合并企业在合并前控制权归属认定中，如存在委托持股、代持股份、协议控制（VIE模式）等特殊情形，发行人应提供与控制权实际归属认定相关的充分事实证据和合理性依据，中介机构应对该等特殊控制权归属认定事项的真实性、证据充分性、依据合规性等予以审慎判断、妥善处理和重点关注。

（二）红筹企业协议控制下合并报表编制的信息披露与中介机构核查要求

《企业会计准则第33号——合并财务报表》第七条规定"合并财务报表的合并范围应当以控制为基础确定"。第八条规定"投资方应在综合考虑所有相关事实和情况的基础上对是否控制被投资方进行判断"。

部分按相关规定申请科创板发行上市的红筹企业，如存在协议控制架构或类似特殊安排，将不具有持股关系的主体（以下简称被合并主体）纳入合并财务报表合并范围，在此情况下，发行人应：

1. 充分披露协议控制架构的具体安排，包括协议控制架构涉及的各方法律主体的基本情况、主要合同的核心条款等；

2. 分析披露被合并主体设立目的、被合并主体的相关活动以及如何对相关活动作出决策、发行人享有的权利是否使其目前有能力主导被合并主体的相关活动、发行人是否通过参与被合并主体相关活动而享有可变回报、发行人是否有能力运用对被合并主体的权利影响其回报金额、投资方与其他各方的关系；

3．结合上述情况和会计准则规定，分析披露发行人合并依据是否充分，详细披露合并报表编制方法。

保荐机构及申报会计师应对上述情况进行核查，就合并报表编制是否合规发表明确意见。

12．发行人客户集中度较高，中介机构应当重点关注哪些方面？

答：发行人存在客户集中度较高情形的，保荐机构应重点关注该情形的合理性、客户的稳定性和业务的持续性，督促发行人做好信息披露和风险揭示。

对于非因行业特殊性、行业普遍性导致客户集中度偏高的，保荐机构在执业过程中，应充分考虑该单一大客户是否为关联方或者存在重大不确定性客户；该集中是否可能导致其未来持续经营能力存在重大不确定性。

对于发行人由于下游客户的行业分布集中而导致的客户集中具备合理性的特殊行业（如电力、电网、电信、石油、银行、军工等行业），发行人应与同行业可比上市公司进行比较，充分说明客户集中是否符合行业特性，发行人与客户的合作关系是否具有一定的历史基础，是否有充分的证据表明发行人采用公开、公平的手段或方式独立获取业务，相关的业务是否具有稳定性以及可持续性，并予以充分的信息披露。

针对因上述特殊行业分布或行业产业链关系导致发行人客户集中情况，保荐机构应当综合分析考量以下因素的影响：一是发行人客户集中的原因，与行业经营特点是否一致，是否存在下游行业较为分散而发行人自身客户较为集中的情况及其合理性。二是发行人客户在其行业中的地位、透明度与经营状况，是否存在重大不确定性风险。三是发行人与客户合作的历史、业务稳定性及可持续性，相关交易的定价原则及公允性。四是发行人与重大客户是否存在关联关系，发行人的业务获取方式是否影响独立性，发行人是否具备独立面向市场获取业务的能力。

保荐机构如发表意见认为发行人客户集中不对持续经营能力构成重大不利影响的，应当提供充分的依据说明上述客户本身不存在重大不确定性，发行人已与其建立长期稳定的合作关系，客户集中具有行业普遍性，发行人在客户稳定性与业务持续性方面没有重大风险。发行人应在招股说明书中披露上述情况，充分揭示客户集中度较高可能带来的风险。

13．影响发行人持续经营能力的重要情形有哪些？中介机构应当如何进行核查？

答：发行人存在以下情形的，保荐机构和申报会计师应重点关注是否影响发行人持续经营能力，具体包括：

（一）发行人所处行业受国家政策限制或国际贸易条件影响存在重大不利变化风险；

（二）发行人所处行业出现周期性衰退、产能过剩、市场容量骤减、增长停滞等情况；

（三）发行人所处行业准入门槛低、竞争激烈，相比竞争者发行人在技术、资金、规模效应方面等不具有明显优势；

（四）发行人所处行业上下游供求关系发生重大变化，导致原材料采购价格或产品售价出现重大不利变化；

（五）发行人因业务转型的负面影响导致营业收入、毛利率、成本费用及盈利水平出现重大不利变化，且最近一期经营业绩尚未出现明显好转趋势；

（六）发行人重要客户本身发生重大不利变化，进而对发行人业务的稳定性和持续性产生重大不利影响；

（七）发行人由于工艺过时、产品落后、技术更迭、研发失败等原因导致市场占有率持续下降、重要资产或主要生产线出现重大减值风险、主要业务停滞或萎缩；

（八）发行人多项业务数据和财务指标呈现恶化趋势，短期内没有好转迹象；

（九）对发行人业务经营或收入实现有重大影响的商标、专利、专有技术以及特许经营权等重要资产或技术存在重大纠纷或诉讼，已经或者未来将对发行人财务状况或经营成果产生重大影响；

（十）其他明显影响或丧失持续经营能力的情形。

保荐机构和申报会计师应详细分析和评估上述情形的具体表现、影响程度和预期结果，综合判断是否对发行人持续经营能力构成重大不利影响，审慎发表明确核查意见，并督促发行人充分披露可能存在的持续经营风险。

14．发行人报告期存在财务内控不规范情形，应当如何进行规范？中介机构核查应当重点关注哪些方面？

答：部分企业在提交申报材料的审计截止日前存在财务内控不规范情形，主要包括：为满足贷款银行受托支付要求，在无真实业务支持情况下，通过供应商等取得银行贷款或为客户提供银行贷款资金走账通道（简称"转贷"行为）；为获得银行融资，向关联方或供应商开具无真实交易背景的商业票据，进行票据贴现后获得银行融资；与关联方或第三方直接进行资金拆借；因外销业务结算需要，通过关联方或第三方代收货款（内销业务应自主独立结算）；利用个人账户对外收付款项；出借公司账户为他人收付款项；等等。

（一）发行人整改要求

发行人应当严格按照现行法规、规则、制度要求对涉及的财务内控不规范情形进行整改或纠正。在提交申报材料前，保荐机构在上市辅导期间，应会同申报会计师、发行人律师，帮助发行人强化内部控制制度建设并执行有效性检查。具体要求可从以下几个方面把握：

1．首发企业申请上市成为上市公司，需要建立、完善并严格实施相关财务内部控制制度，保护中小投资者合法权益。发行人在报告期内作为非上市公司，在财务内控方面存在上述不规范情形的，应通过中介机构上市辅导完成整改或纠正（如收回资金、结束不当行为等措施）和相关内控制度建设，达到与上市公司要求一致的财务内控水平。

2．对首次申报审计截止日前报告期内存在的财务内控不规范情形，中介机构应根据有关情形发生的原因及性质、时间及频率、金额及比例等因素，综合判断是否构成对内控制度有效性的重大不利影响，是否属于主观故意或恶意行为并构成重大违法违规。

3．发行人已按照程序完成相关问题整改或纠正的，中介机构应结合此前不规范情形的轻重或影响程度的判断，全面核查、测试并确认发行人整改后的内控制度是否已合理、正常运行并持续有效，出具明确的核查意见。

4．首次申报审计截止日后，发行人原则上不能再出现上述内控不规范和不能有效执行情形。

5．发行人的销售结算应自主独立，内销业务通常不应通过关联方或第三方代收货款，外销业务如确有必要通过关联方或第三方代收货款且能够充分提供合理性证据的，最近一年（期）收款金额原则上不应超过当年营业收入的30%。

（二）中介机构核查要求

中介机构对发行人财务内控不规范情形及整改纠正、运行情况的核查，一般需注意以下方面：

1. 关注发行人前述行为信息披露充分性，如对相关交易形成原因、资金流向和使用用途、利息、违反有关法律法规具体情况及后果、后续可能影响的承担机制、整改措施、相关内控建立及运行情况等。

2. 关注前述行为的合法合规性，由中介机构对公司前述行为违反法律法规、规章制度（如《票据法》《贷款通则》《外汇管理条例》《支付结算办法》等）的事实情况进行说明认定，是否属于主观故意或恶意行为并构成重大违法违规，是否存在被处罚情形或风险，是否满足相关发行条件的要求。

3. 关注发行人对前述行为财务核算是否真实、准确，与相关方资金往来的实际流向和使用情况，是否通过体外资金循环粉饰业绩。

4. 不规范行为的整改措施，发行人是否已通过收回资金、纠正不当行为方式、改进制度、加强内控等方式积极整改，是否已针对性建立内控制度并有效执行，且申报后未发生新的不合规资金往来等行为。

5. 前述行为不存在后续影响，已排除或不存在重大风险隐患。

中介机构应根据上述核查要求明确发表结论性意见，确保发行人的财务内控在提交申报材料审计截止后能够持续符合规范性要求，不存在影响发行条件的情形。

审计截止日为最近一期经审计的财务报告资产负债表日。

15. 关于第三方回款，发行人及中介机构应当重点关注哪些方面？

答：第三方回款通常是指发行人收到的销售回款的支付方（如银行汇款的汇款方、银行承兑汇票或商业承兑汇票的出票方式或背书转让方）与签订经济合同的往来客户不一致的情况。

（一）第三方回款应当符合的条件

企业在正常经营活动中存在的第三方回款，通常情况下应考虑是否符合以下条件：

1. 与自身经营模式相关，符合行业经营特点，具有必要性和合理性，例如境外客户指定付款等；

2. 第三方回款的付款方不是发行人的关联方；

3. 第三方回款与相关销售收入勾稽一致，具有可验证性，不影响销售循环内部控制有效性的认定，申报会计师已对第三方回款及销售确认相关内部控制有效性发表明确核查意见；

4. 能够合理区分不同类别的第三方回款，相关金额及比例处于合理可控范围，最近一期通常不高于当期收入的15%。

（二）可以不纳入第三方回款统计的情形

以下情况可不作为最近一期第三方回款限制比例的统计范围：

1. 客户为个体工商户或自然人，其通过家庭约定由直系亲属代为支付货款，经中介机构核查无异常的；

2. 客户为自然人控制的企业，该企业的法定代表人、实际控制人代为支付货款，经中介机构核查无异常的；

3. 客户所属集团通过集团财务公司或指定相关公司代客户统一对外付款，经中介机构核查无异常的；

4. 政府采购项目指定财政部门或专门部门统一付款，经中介机构核查无异常的；

5. 通过应收账款保理、供应链物流等合规方式或渠道完成付款，经中介机构核查无异常的。

（三）中介机构核查要求

如发行人报告期存在第三方回款，保荐机构及申报会计师通常应重点核查以下方面：

1. 第三方回款的真实性，是否存在虚构交易或调节账龄情形；

2. 第三方回款形成收入占营业收入的比例；

3. 第三方回款的原因、必要性及商业合理性；

4. 发行人及其实际控制人、董监高或其他关联方与第三方回款的支付方是否存在关联关系或其他利益安排；

5. 境外销售涉及境外第三方的，其代付行为的商业合理性或合法合规性；

6. 报告期内是否存在因第三方回款导致的货款归属纠纷；

7. 如签订合同时已明确约定由其他第三方代购买方付款，该交易安排是否具有合理原因；

8. 资金流、实物流与合同约定及商业实质是否一致。

同时，保荐机构及申报会计师还应详细说明对实际付款人和合同签订方不一致情形的核查情况，包括但不限于：抽样选取不一致业务的明细样本和银行对账单回款记录，追查至相关业务合同、业务执行记录及资金流水凭证，获取相关客户代付款确认依据，以核实和确认委托付款的真实性、代付金额的准确性及付款方和委托方之间的关系，说明合同签约方和付款方存在不一致情形的合理原因及第三方回款统计明细记录的完整性，并对第三方回款所对应营业收入的真实性发表明确核查意见。保荐机构应当督促发行人在招股说明书中充分披露第三方回款相关情况。

16．发行人报告期内存在会计政策、会计估计变更或会计差错更正情形的，应当如何把握？

答：（一）总体要求

发行人在申报前的上市辅导和规范阶段，如发现存在不规范或不谨慎的会计处理事项并进行审计调整的，应当符合《企业会计准则第28号——会计政策、会计估计变更和会计差错更正》和相关审计准则的规定，并保证发行人提交首发申请时的申报财务报表能够公允地反映发行人的财务状况、经营成果和现金流量。申报会计师应按要求对发行人编制的申报财务报表与原始财务报表的差异比较表出具审核报告并说明差异调整原因，保荐机构应核查差异调整的合理性与合规性。

同时，报告期内发行人会计政策和会计估计应保持一致性，不得随意变更，若有变更应符合企业会计准则的规定。变更时，保荐机构及申报会计师应关注是否有充分、合理的证据表明变更的合理性，并说明变更会计政策或会计估计后，能够提供更可靠、更相关的会计信息的理由；对会计政策、会计估计的变更，应履行必要的审批程序。如无充分、合理的证据表明会计政策或会计估计变更的合理性，或者未经批准擅自变更会计政策或会计估计的，或者连续、反复地自行变更会计政策或会计估计的，视为滥用会计政策或会计估计。

发行人应在招股说明书中披露重要会计政策、会计估计变更或会计差错更正情形及其原因。

（二）首发材料申报后变更、更正的具体要求

首发材料申报后，发行人如存在会计政策、会计估计变更事项，应当依据

《企业会计准则第28号——会计政策、会计估计变更和会计差错更正》的规定，对首次提交的财务报告进行审计调整或补充披露，相关变更事项应符合专业审慎原则，与同行业上市公司不存在重大差异，不存在影响发行人会计基础工作规范性及内控有效性情形。保荐机构和申报会计师应当充分说明专业判断的依据，对相关调整变更事项的合规性发表明确的核查意见。在此基础上，发行人应提交更新后的财务报告。

首发材料申报后，发行人如出现会计差错更正事项，应充分考虑差错更正的原因、性质、重要性与累积影响程度。对此，保荐机构、申报会计师应重点核查以下方面并明确发表意见：会计差错更正的时间和范围，是否反映发行人存在故意遗漏或虚构交易、事项或者其他重要信息，滥用会计政策或者会计估计，操纵、伪造或篡改编制财务报表所依据的会计记录等情形；差错更正对发行人的影响程度，是否符合《企业会计准则第28号——会计政策、会计估计变更和会计差错更正》的规定，发行人是否存在会计基础工作薄弱和内控缺失，相关更正信息是否已恰当披露等问题。

首发材料申报后，如发行人同一会计年度内因会计基础薄弱、内控不完善、必要的原始资料无法取得、审计疏漏等原因，除特殊会计判断事项外，导致会计差错更正累积净利润影响数达到当年净利润的20%以上（如为中期报表差错更正则以上一年度净利润为比较基准）或净资产影响数达到当年（期）末净资产的20%以上，以及滥用会计政策或者会计估计以及因恶意隐瞒或舞弊行为导致重大会计差错更正的，应视为发行人在会计基础工作规范及相关内控方面不符合发行条件。

关于科创板发行人财务信息披露有关事项的通知

（上证发〔2019〕78 号　2019 年 7 月 8 日）

各市场参与人：

为规范科创板发行人财务信息披露，提高信息披露质量，结合发行上市审核中发现的问题，上海证券交易所（以下简称本所）现就相关事项通知如下：

一、关于审计截至日后主要财务信息及经营状况

发行人财务报告审计截止日至招股说明书签署日之间超过4个月的，应当参照《关于首次公开发行股票并上市公司招股说明书财务报告审计截止日后主要财务信息及经营状况信息披露指引》规定，提供经审阅的期间季度的财务报表，并在招股说明书中披露审计截止日后的主要财务信息；同时，发行人应当在招股说明书"重大事项提示"中补充披露下一报告期业绩预告信息，主要包括年初至下一报告期末营业收入、扣除非经常损益前后净利润的预计情况、同比变化趋势及原因等。若前述财务信息与财务报告审计截止日或上年同期相比发生较大变化的，应当披露变化情况、变化原因及由此可能产生的影响。

二、关于最近 3 年及一期财务报表附注

发行人财务报表附注的披露，应当按照《公开发行证券的公司信息披露编报规则第15号——财务报告的一般规定》，提供最近3年及一期财务报表的附注，并完整列示报告期各期末数据及其变动情况分析。

三、关于财务报表已过有效期的处理

在审企业财务报表超过有效期的，应当按照《科创板首次公开发行股票注册管理办法（试行）》《上海证券交易所科创板股票发行上市审核规则》规

定，及时申请延长有效期，但延长最多不超过一个月。未申请延长或延长一个月后仍未更新的，本所将中止审核。发行人更新财务资料的，应同步更新相关申请文件和问询回复（更新部分以楷体加粗）。

特此通知。

二、发行承销

关于发布《上海证券交易所科创板股票发行与承销实施办法》的通知

(上证发〔2019〕21号　2019年3月1日)

各市场参与人：

为了规范上海证券交易所（以下简称本所）科创板股票发行与承销行为，维护市场秩序，保护投资者合法权益，根据《中华人民共和国证券法》《中华人民共和国公司法》《关于在上海证券交易所设立科创板并试点注册制的实施意见》《证券发行与承销管理办法》《科创板首次公开发行股票注册管理办法（试行）》等相关法律、行政法规、部门规章和规范性文件，本所制定了《上海证券交易所科创板股票发行与承销实施办法》（详见附件），经中国证监会批准，现予以发布，并自发布之日起施行。

特此通知。

附件：上海证券交易所科创板股票发行与承销实施办法

上海证券交易所科创板股票发行与承销实施办法

第一条　为了规范上海证券交易所（以下简称本所）科创板股票发行与承销行为，维护市场秩序，保护投资者合法权益，根据《中华人民共和国证券法》《中华人民共和国公司法》《关于在上海证券交易所设立科创板并试点注册制的实施意见》《证券发行与承销管理办法》《科创板首次公开发行股票注册管理办法（试行）》等相关法律、行政法规、部门规章和规范性文件，制定本办法。

第二条　股票在科创板的发行承销业务，适用本办法；本办法未作规定的，适用本所《上海市场首次公开发行股票网上发行实施细则》《上海市场首次公开发行股票网下发行实施细则》及其他业务规则的规定。

第三条　发行人、证券公司、证券服务机构、投资者及相关人员应当遵守本办法，接受本所自律监管。

第四条　首次公开发行股票应当向证券公司、基金管理公司、信托公司、财务公司、保险公司、合格境外机构投资者和私募基金管理人等专业机构投资者（以下统称网下投资者）以询价的方式确定股票发行价格。网下投资者应当向中国证券业协会注册，接受中国证券业协会自律管理。

发行人和主承销商可以根据本所和中国证券业协会相关自律规则的规定，在前款所指的网下投资者范围内设置其他条件，并在发行公告中预先披露。

第五条　发行人和主承销商可以通过初步询价确定发行价格，或者在初步询价确定发行价格区间后，通过累计投标询价确定发行价格。

第六条　主承销商应当向网下投资者提供投资价值研究报告，并遵守中国证券业协会关于投资价值研究报告的相关规定。

第七条　参与询价的网下投资者应当遵循独立、客观、诚信的原则合理报价，不得协商报价或者故意压低、抬高价格。

发行人、承销商和参与询价的网下投资者，不得在询价活动中进行合谋报价、利益输送或者谋取其他不当利益。

第八条　参与询价的网下投资者可以为其管理的不同配售对象账户分别填报一个报价，每个报价应当包含配售对象信息、每股价格和该价格对应的拟申购股数。同一网下投资者全部报价中的不同拟申购价格不超过3个。

首次公开发行股票价格（或发行价格区间）确定后，提供有效报价的投资者方可参与申购。

前款所指有效报价，是指网下投资者申报的不低于主承销商和发行人确定的发行价格或发行价格区间下限，且未作为最高报价部分被剔除，同时符合主承销商和发行人事先确定且公告的其他条件的报价。

第九条　发行人和主承销商应当在申购前，披露网下投资者剔除最高报价部分后有效报价的中位数和加权平均数，以及公开募集方式设立的证券投资基金和其他偏股型资产管理产品（以下简称公募产品）、全国社会保障基金（以下简称社保基金）和基本养老保险基金（以下简称养老金）的报价中位数和加权平均数等信息。

第十条　初步询价结束后，发行人和主承销商确定的发行价格（或者发行价格区间中值）超过第九条规定的中位数、加权平均数的孰低值的，发行人和主承销商应当在申购前至少一周发布包含以下内容的投资风险特别公告：

（一）说明确定的发行价格（或者发行价格区间中值）超过第九条规定的中位数、加权平均数的孰低值的理由及定价依据；

（二）提请投资者关注发行价格（或者发行价格区间）与网下投资者报价之间的差异；

（三）提请投资者关注投资风险，审慎研判发行定价的合理性，理性作出投资决策；

（四）本所认为应当披露的其他内容。

发行人和主承销商确定的发行价格（或发行价格区间上限）对应的市盈率高于同行业上市公司二级市场平均市盈率，但未触及本条第一款规定情形的，不适用发布投资风险特别公告的相关规定。

第十一条 除《证券发行与承销管理办法》规定的中止发行情形外，发行人预计发行后总市值不满足其在招股说明书中明确选择的市值与财务指标上市标准的，应当中止发行。

前款所指预计发行后总市值是指初步询价结束后，按照确定的发行价格（或者发行价格区间下限）乘以发行后总股本（不含采用超额配售选择权发行的股票数量）计算的总市值。

中止发行后，在中国证监会同意注册决定的有效期内，且满足会后事项监管要求的前提下，经向本所备案，可重新启动发行。

第十二条 在科创板首次公开发行股票，网下发行比例应当遵守以下规定：

（一）公开发行后总股本不超过4亿股的，网下初始发行比例不低于本次公开发行股票数量的70%。

（二）公开发行后总股本超过4亿股或者发行人尚未盈利的，网下初始发行比例不低于本次公开发行股票数量的80%。

（三）应当安排不低于本次网下发行股票数量的50%优先向公募产品（包括为满足不符合科创板投资者适当性要求的投资者投资需求而设立的公募产品）、社保基金、养老金、根据《企业年金基金管理办法》设立的企业年金基金（以下简称企业年金基金）和符合《保险资金运用管理办法》等相关规定的保险资金（以下简称保险资金）配售。

（四）公募产品、社保基金、养老金、企业年金基金和保险资金有效申购不足安排数量的，发行人和主承销商可以向其他符合条件的网下投资者配售剩余部分。

（五）对网下投资者进行分类配售的，同类投资者获得配售的比例应当相同。公募产品、社保基金、养老金、企业年金基金和保险资金的配售比例应当不低于其他投资者。

（六）安排向战略投资者配售股票的，应当扣除向战略投资者配售部分后确定网下网上发行比例。

第十三条　首次公开发行股票网下投资者申购数量低于网下初始发行量的，发行人和主承销商应当中止发行，不得将网下发行部分向网上回拨。网上投资者申购数量不足网上初始发行量的，可以回拨给网下投资者。

首次公开发行股票，网上投资者有效申购倍数超过50倍且不超过100倍的，应当从网下向网上回拨，回拨比例为本次公开发行股票数量的5%；网上投资者有效申购倍数超过100倍的，回拨比例为本次公开发行股票数量的10%；回拨后无限售期的网下发行数量原则上不超过本次公开发行股票数量的80%。

前款所指公开发行股票数量应当按照扣除设定限售期的股票数量计算。

第十四条　根据投资者持有的市值确定其网上可申购额度，符合科创板投资者适当性条件且持有市值达到10000元以上的投资者方可参与网上申购。每5000元市值可申购一个申购单位，不足5000元的部分不计入申购额度。

每一个新股申购单位为500股，申购数量应当为500股或其整数倍，但最高申购数量不得超过当次网上初始发行数量的千分之一，且不得超过9999.95万股，如超过则该笔申购无效。

投资者持有市值的计算，按照本所有关规定执行。

第十五条　网上申购总量大于网上发行总量时，本所按照每500股配一个号的规则对有效申购进行统一连续配号。

有效申购总量大于网上发行总量时，主承销商在公证机构监督下根据总配号量和中签率组织摇号抽签，每一个中签号可认购500股新股。

第十六条　首次公开发行股票可以向战略投资者配售。

首次公开发行股票数量在1亿股以上的，战略投资者获得配售的股票总量原则上不得超过本次公开发行股票数量的30%，超过的应当在发行方案中充分说明理由。

首次公开发行股票数量不足1亿股的，战略投资者获得配售的股票总量不得超过本次公开发行股票数量的20%。

第十七条 发行人应当与战略投资者事先签署配售协议。发行人和主承销商应当在发行公告中披露战略投资者的选择标准、向战略投资者配售的股票总量、占本次发行股票的比例以及持有期限等。

战略投资者参与股票配售，应当使用自有资金，不得接受他人委托或者委托他人参与，但依法设立并符合特定投资目的的证券投资基金等主体除外。发行人和主承销商应当对战略投资者配售资格进行核查。

战略投资者应当承诺获得本次配售的股票持有期限不少于12个月，持有期自本次公开发行的股票上市之日起计算。

第十八条 科创板试行保荐机构相关子公司跟投制度。发行人的保荐机构依法设立的相关子公司或者实际控制该保荐机构的证券公司依法设立的其他相关子公司，参与本次发行战略配售，并对获配股份设定限售期，具体事宜由本所另行规定。

第十九条 发行人的高级管理人员与核心员工可以设立专项资产管理计划参与本次发行战略配售。前述专项资产管理计划获配的股票数量不得超过首次公开发行股票数量的10%，且应当承诺获得本次配售的股票持有期限不少于12个月。

发行人的高级管理人员与核心员工按照前款规定参与战略配售的，应当经发行人董事会审议通过，并在招股说明书中披露参与的人员姓名、担任职务、参与比例等事宜。

第二十条 承销商应当向通过战略配售、网下配售获配股票的投资者收取不低于获配应缴款一定比例的新股配售经纪佣金，承销商因承担发行人保荐业务获配股票或者履行包销义务取得股票的除外。

承销商应当在发行与承销方案中明确新股配售经纪佣金的收取标准、收取方式、验资安排等事宜，并向本所报备。

第二十一条 发行人和主承销商可以在发行方案中采用超额配售选择权。

采用超额配售选择权发行股票数量不得超过首次公开发行股票数量的15%。

主承销商采用超额配售选择权，应当与参与本次配售并同意作出延期交付股份安排的投资者达成协议。

第二十二条 发行人股票上市之日起30个自然日内，主承销商有权使用超额配售股票募集的资金，从二级市场购买发行人股票，但每次申报的买入价不得高于本次发行的发行价，具体事宜由本所另行规定。

主承销商可以根据超额配售选择权行使情况，要求发行人按照超额配售选择权方案发行相应数量股票。

第二十三条　主承销商应当在超额配售选择权行使期届满或者累计行使数额达到采用超额配售选择权发行股票数量限额的5个工作日内，根据超额配售选择权行使情况，向发行人支付超额配售股票募集的资金，向同意延期交付股票的投资者交付股票。

第二十四条　发行人股东持有的首发前股份，可以在发行人上市前托管在为发行人提供首次公开发行上市保荐服务的保荐机构，并由保荐机构按照本所业务规则的规定，对股东减持首发前股份的交易委托进行监督管理。

第二十五条　获中国证监会同意注册后，发行人与主承销商应当及时向本所报备发行与承销方案。本所5个工作日内无异议的，发行人与主承销商可依法刊登招股意向书，启动发行工作。

第二十六条　本所对股票在科创板发行与承销的过程实施自律监管，对违反本办法的行为单独或者合并采取监管措施和纪律处分。

发行承销涉嫌违法违规或者存在异常情形的，本所可以要求发行人和承销商暂停或中止发行，对相关事项进行调查，并上报中国证监会查处。

第二十七条　本所对发行人、证券公司、证券服务机构、投资者及其直接负责的主管人员和其他直接责任人员等实施日常监管，可以采取下列措施：

（一）对发行人及其保荐机构、承销商、证券服务机构发出通知和函件；

（二）约见问询发行人董事、监事、高级管理人员以及保荐机构、承销商、证券服务机构及其相关人员；

（三）调阅和检查保荐机构、承销商、证券服务机构工作底稿；

（四）要求发行人、保荐机构、承销商、证券服务机构对有关事项作出解释和说明；

（五）对发行人、保荐机构、承销商、证券服务机构进行调查或者检查；

（六）向中国证监会报告涉嫌违法违规及存在异常的情况；

（七）其他必要的工作措施。

第二十八条　发行人、证券公司、证券服务机构、投资者及其直接负责的主管人员和其他直接责任人员存在下列情形的，本所可以视情节轻重，对其单独或者合并采取监管措施和纪律处分：

（一）在询价、配售活动中进行合谋报价、利益输送或者谋取其他不当利益；

（二）违反本办法的规定，向不符合要求的主体进行询价、配售；

（三）未按照本办法的规定提供投资价值研究报告或者发布投资风险特别公告；

（四）发行人的高级管理人员与核心员工设立专项资产管理计划参与战略配售，未按规定履行决策程序和信息披露义务；

（五）未及时向本所报备发行与承销方案，或者本所提出异议后仍然按原方案启动发行工作；

（六）预计发行后总市值不满足选定市值与财务指标上市标准，应当中止发行而不中止发行；

（七）未按发行与承销方案中披露的标准，向战略配售、网下配售获配股票的投资者收取新股配售经纪佣金；

（八）违反本办法关于采用超额配售选择权的规定，影响股票上市交易正常秩序；

（九）未按照规定编制信息披露文件，履行信息披露义务；

（十）发行过程中的信息披露未达到真实、准确、完整、及时要求，存在虚假记载、误导性陈述或重大遗漏；

（十一）违反本办法规定的其他情形。

第二十九条　发行人、证券公司、证券服务机构、投资者及其直接负责的主管人员和其他直接责任人员等违反本办法规定的，本所可以采取下列监管措施：

（一）要求限期改正；

（二）监管谈话；

（三）口头警示；

（四）书面警示；

（五）要求公开更正、澄清或者说明；

（六）要求限期参加培训或者考试；

（七）要求保荐机构聘请第三方机构进行核查并发表意见；

（八）要求公开致歉；

（九）本所规定的其他监管措施。

第三十条 发行人、证券公司、证券服务机构、投资者及其直接负责的主管人员和其他直接责任人员等违反本办法规定，情节严重的，本所可以采取下列纪律处分：

（一）通报批评；

（二）公开谴责；

（三）3个月至3年内不接受发行人提交的发行上市申请文件；

（四）3个月至3年内不接受保荐机构、承销商、证券服务机构提交的发行上市申请文件或者信息披露文件；

（五）3个月至3年内不接受保荐代表人及保荐机构其他相关人员、承销商相关人员、证券服务机构相关人员签字的发行上市申请文件或者信息披露文件；

（六）公开认定发行人董事、监事、高级管理人员3年以上不适合担任上市公司董事、监事、高级管理人员；

（七）本所规定的其他纪律处分。

第三十一条 本所发现承销商存在中国证券业协会发布的相关规则所述违规行为的，将公开通报情况，并建议中国证券业协会采取行业内通报批评、公开谴责等自律管理措施。

本所发现网下投资者存在中国证券业协会发布的相关规则所述违规行为的，将公开通报情况，并建议中国证券业协会对该网下投资者采取列入首发股票网下投资者黑名单等自律管理措施。

第三十二条 科创板存托凭证的发行和承销事宜，比照适用本办法，本所另有规定的除外。

第三十三条 本办法经本所理事会审议通过并报中国证监会批准后生效，修改时亦同。

第三十四条 本办法由本所负责解释。

第三十五条 本办法自公布之日起施行。

关于发布《上海证券交易所科创板股票公开发行自律委员会工作规则》的通知

(上证发〔2019〕41号　2019年4月4日)

各市场参与人：

为了规范科创板股票发行活动，引导市场形成良好稳定预期，保障科创板稳定健康发展，保护投资者合法权益，上海证券交易所（以下简称本所）设立科创板股票公开发行自律委员会，并制定了《上海证券交易所科创板股票公开发行自律委员会工作规则》（详见附件）。上述规则已经第一届科创板股票公开发行自律委员会讨论和本所理事会审议通过，现予以发布，并自发布之日起施行。

特此通知。

附件：上海证券交易所科创板股票公开发行自律委员会工作规则

上海证券交易所科创板股票公开发行自律委员会工作规则

第一条　为了规范科创板股票发行活动，引导市场形成良好稳定预期，保障科创板稳定健康发展，保护投资者合法权益，上海证券交易所（以下简称本所）设立科创板股票公开发行自律委员会（以下简称自律委员会）。

第二条　自律委员会是由科创板股票发行一级市场主要参与主体组成的咨询和议事机构，负责就科创板股票发行相关政策制定提供咨询意见、对股票发行和承销等事宜提出行业倡导建议。

第三条　自律委员会通过自律委员会工作会议的形式履行职责。工作会议以合议方式开展集体讨论，形成合议意见。

第四条 本所负责自律委员会事务的日常管理，为自律委员会及委员履行职责提供必要的条件和便利，对自律委员会的工作进行监督。

第五条 自律委员会委员共35名，由市场机构委员和本所委员组成。

市场机构委员由科创板股票一级市场买卖双方共34家机构组成。

本所可以根据市场情况适当增补自律委员会委员。

第六条 自律委员会市场机构委员由本所按照依法、公开、择优的原则聘任。

买方市场机构委员从股票市场投资规模居前的公募基金、社保基金、养老金、企业年金基金和保险资金等投资机构中产生。

卖方市场机构委员从股票发行家数、募资金额与研究力量等方面居前的证券公司以及本所会员理事、会员监事中产生。

第七条 自律委员会委员每届任期2年，可以连任。

第八条 自律委员会设主任委员一名，副主任委员若干名，由市场机构委员担任。

第九条 自律委员会市场机构委员指定的代表应当符合以下条件：

（一）坚持原则，公正廉洁，忠于职守，严格遵守法律、行政法规、部门规章和本所及相关自律组织的业务规则；

（二）熟悉或者长期从事股票一、二级市场业务；

（三）愿意且保证认真参与自律委员会工作；

（四）本所认为需要符合的其他条件。

市场机构委员指定的代表不符合履职要求的，应当按照本所要求及时更换委员代表。

本所委员代表由本所指定相关负责人担任。

第十条 自律委员会市场机构委员有下列情形之一的，本所可以终止其委员资格，并选聘新的市场机构委员：

（一）不再符合本规则规定的聘任条件；

（二）自行提出不再担任委员；

（三）不能正常履行委员职责，并对本所市场造成严重影响；

（四）指派的委员代表不符合规定，且拒不改派；

（五）委员有重大违法行为或者严重违反本所业务规则的行为；

（六）本所认为不适合继续担任委员的其他情形。

第十一条 自律委员会的职责包括：

（一）分析和评估科创板市场当前和今后一段时期的供需状况；

（二）根据评估情况，对如何有效保持市场供需平衡以及今后一段时期的股票发行审核工作提出意见和建议；

（三）对科创板发行与承销的相关政策和运行机制提供咨询意见；

（四）以适当方式回应市场关于科创板股票发行工作的问题和建议；

（五）本所业务规则规定或者本所提请办理的其他事项。

第十二条 自律委员会委员及其指派的代表应当遵守以下规定：

（一）保证足够的时间和精力参与自律委员会工作，勤勉尽职；

（二）按时出席自律委员会会议，独立、客观、公正地发表意见；

（三）遵守自律委员会的会议决议与倡导建议；

（四）保守在参与自律委员会工作中获取的国家秘密、商业秘密和内幕信息，不向任何第三方泄露工作相关内容；

（五）不得利用自律委员会委员身份进行宣传；

（六）与自律委员会履行职责相关的其他规定。

第十三条 自律委员会在本所发行承销业务管理部门设立秘书处，负责处理下列具体事务：

（一）落实自律委员会委员遴选、聘任、解聘、换届等工作；

（二）组织委员会工作会议，安排会议场地及设施，通知参会人员，送达会议材料；

（三）维护会场秩序，记录会议讨论情况，发布会议公告；

（四）负责委员联络沟通、服务保障等日常工作；

（五）本所或者自律委员会要求办理的其他事项。

秘书处工作人员由本所指派人员担任。

第十四条 自律委员会每半年召开一次定期工作会议。根据需要，可以召开临时工作会议。

第十五条 自律委员会每年召开一次年度工作会议，就下列事项进行讨论：

（一）自律委员会当年工作总结；

（二）自律委员会下年工作计划；

（三）对本所提交的其他事项进行研究、讨论。

第十六条 出席定期工作会议、临时工作会议和年度工作会议的委员应当不少于委员总数的三分之二，买方市场机构委员和卖方市场机构委员的参会人数应当均不少于参会总人数的三分之一。

委员指派的代表因故不能出席的，应当指定其受托代表出席、代为履行全部职责，并在出席会议前及时告知秘书处相关情况。

本所理事会可以根据需要指派人员列席自律委员会工作会议。

第十七条　自律委员会会议由自律委员会主任委员或其授权的副主任委员担任会议召集人，组织委员发表意见和讨论。

会议讨论结束后，会议召集人根据参会委员的意见及讨论情况进行总结，经合议形成会议决议。

参会委员对会议形成的会议决议持不同意见的，应提交书面资料至秘书处存档。

第十八条　自律委员会委员应当自觉遵守和执行自律委员会会议形成的会议决议。

本所可以根据需要，将自律委员会会议形成的会议决议以适当方式向行业公布，并对其执行情况予以监督。

第十九条　自律委员会委员及其指派的代表应当妥善保管会议材料，并对会议情况负有保密义务，不得以任何形式泄露自律委员会会议的会议材料、讨论内容、决议及其他有关信息。

第二十条　本规则经自律委员会讨论和本所理事会审议通过后生效，修改时亦同。

第二十一条　本规则由本所负责解释。

第二十二条　本规则自发布之日起施行。

关于发布《上海证券交易所科创板股票发行与承销业务指引》的通知

(上证发〔2019〕46号　2019年4月16日)

各市场参与人：

为了规范科创板股票发行承销活动，促进各参与主体归位尽责，根据《关于在上海证券交易所设立科创板并试点注册制的实施意见》《证券发行与承销管理办法》《科创板首次公开发行股票注册管理办法（试行）》《上海证券交易所科创板股票发行与承销实施办法》等有关规定，上海证券交易所制定了《上海证券交易所科创板股票发行与承销业务指引》（详见附件），经中国证监会批准，现予以发布，并自发布之日起施行。

特此通知。

附件：上海证券交易所科创板股票发行与承销业务指引

上海证券交易所科创板股票发行与承销业务指引

第一章　总则

第一条　为了规范上海证券交易所（以下简称本所）科创板股票发行承销活动，促进各参与主体归位尽责，根据《关于在上海证券交易所设立科创板并试点注册制的实施意见》《证券发行与承销管理办法》《科创板首次公开发行股票注册管理办法（试行）》《上海证券交易所科创板股票发行与承销实施办法》（以下简称《实施办法》）等相关法律、行政法规、部门规章、规范性文件（以下统称法律法规）及本所其他业务规则，制定本指引。

第二条　本所科创板股票发行承销的战略投资者、保荐机构相关子公司跟投、新股配售经纪佣金、超额配售选择权以及发行程序与信息披露等事宜，适用本指引。本指引未作规定的，适用本所《上海市场首次公开发行股票网上发行实施细则》《上海市场首次公开发行股票网下发行实施细则》（以下简称《网下发行实施细则》）等规则的规定。

第三条　证券公司承销证券，应当依据本指引以及中国证监会有关风险控制和内部控制等相关规定，制定严格的风险管理制度和内部控制制度，加强定价和配售过程管理，落实承销责任，防范利益冲突。

保荐机构、承销商、投资者及其他相关主体应当诚实守信，严格遵守本所业务规则和相关行业规范的规定，不得进行利益输送或者谋取不当利益。

第四条　发行人和主承销商应当按照规定编制并及时、公平披露发行承销信息披露文件，保证所披露信息的真实、准确、完整，不存在虚假记载、误导性陈述或者重大遗漏。

证券服务机构和人员应当按照本行业公认的业务标准和道德规范，严格履行法定职责，对其所出具文件的真实性、准确性和完整性承担责任。

第五条　本所根据相关法律法规、业务规则以及本指引的规定，对科创板股票发行承销活动及发行人、证券公司、证券服务机构、投资者等参与主体实施自律监管。

第二章　战略投资者

第六条　首次公开发行股票数量4亿股以上的，战略投资者应不超过30名；1亿股以上且不足4亿股的，战略投资者应不超过20名；不足1亿股的，战略投资者应不超过10名。

《实施办法》第十七条第二款规定的证券投资基金参与战略配售的，应当以基金管理人的名义作为1名战略投资者参与发行。同一基金管理人仅能以其管理的1只证券投资基金参与本次战略配售。

发行人和主承销商应当根据首次公开发行股票数量、股份限售安排以及实际需要，合理确定参与战略配售的投资者家数和比例，保障股票上市后必要的流动性。

第七条　参与发行人战略配售的投资者，应当具备良好的市场声誉和影响力，具有较强资金实力，认可发行人长期投资价值，并按照最终确定的发行价格认购其承诺认购数量的发行人股票。

保荐机构相关子公司和发行人的高级管理人员、核心员工参与本次战略配售设立的专项资产管理计划，按照《实施办法》、本指引及本所其他有关规定参与发行人战略配售。

第八条 参与发行人战略配售的投资者主要包括：

（一）与发行人经营业务具有战略合作关系或长期合作愿景的大型企业或其下属企业；

（二）具有长期投资意愿的大型保险公司或其下属企业、国家级大型投资基金或其下属企业；

（三）以公开募集方式设立，主要投资策略包括投资战略配售股票，且以封闭方式运作的证券投资基金；

（四）参与跟投的保荐机构相关子公司；

（五）发行人的高级管理人员与核心员工参与本次战略配售设立的专项资产管理计划；

（六）符合法律法规、业务规则规定的其他战略投资者。

第九条 发行人和主承销商向战略投资者配售股票的，不得存在以下情形：

（一）发行人和主承销商向战略投资者承诺上市后股价将上涨，或者股价如未上涨将由发行人购回股票或者给予任何形式的经济补偿；

（二）主承销商以承诺对承销费用分成、介绍参与其他发行人战略配售、返还新股配售经纪佣金等作为条件引入战略投资者；

（三）发行人上市后认购发行人战略投资者管理的证券投资基金；

（四）发行人承诺在战略投资者获配股份的限售期内，委任与该战略投资者存在关联关系的人员担任发行人的董事、监事及高级管理人员，但发行人的高级管理人员与核心员工设立专项资产管理计划参与战略配售的除外；

（五）除本指引第八条第三项规定的情形外，战略投资者使用非自有资金认购发行人股票，或者存在接受其他投资者委托或委托其他投资者参与本次战略配售的情形；

（六）其他直接或间接进行利益输送的行为。

第十条 主承销商应当对战略投资者的选取标准、配售资格及是否存在本指引第九条规定的禁止性情形进行核查，要求发行人就核查事项出具承诺函，并聘请律师事务所出具法律意见书。主承销商应当公开披露核查文件及法律意见书。

第十一条 发行人和主承销商应当在招股意向书和初步询价公告中披露是否采用战略配售方式、战略配售股票数量上限、战略投资者选取标准等，并向本所报备战略配售方案，包括战略投资者名称、承诺认购金额或者股票数量以及限售期安排等情况。

发行人和主承销商应当在发行公告中披露战略投资者名称、承诺认购的股票数量以及限售期安排等。

发行人和主承销商应当在网下发行初步配售结果及网上中签结果公告中披露最终获配的战略投资者名称、股票数量以及限售期安排等。

第十二条 发行人的高级管理人员与核心员工设立专项资产管理计划参与本次发行战略配售的，应当在招股意向书和初步询价公告中披露专项资产管理计划的具体名称、设立时间、募集资金规模、管理人、实际支配主体以及参与人姓名、职务与比例等。

前款规定的专项资产管理计划的实际支配主体为发行人高级管理人员的，该专项资产管理计划所获配的股份不计入社会公众股东持有的股份。

第十三条 参与本次战略配售的投资者不得参与本次公开发行股票网上发行与网下发行，但证券投资基金管理人管理的未参与战略配售的证券投资基金除外。

第十四条 T-3日（T日为网上网下申购日）前，战略投资者应当足额缴纳认购资金及相应新股配售经纪佣金。

第三章 保荐机构相关子公司跟投

第十五条 科创板试行保荐机构相关子公司跟投制度。发行人的保荐机构通过依法设立的另类投资子公司或者实际控制该保荐机构的证券公司依法设立的另类投资子公司参与发行人首次公开发行战略配售，并对获配股份设定限售期。

保荐机构通过中国证监会和本所认可的其他方式履行前款规定的，应当遵守本指引关于保荐机构相关子公司跟投的规定和监管要求。

第十六条 采用联合保荐方式的，参与联合保荐的保荐机构应当按照本指引规定分别实施保荐机构相关子公司跟投，并披露具体安排。

第十七条 保荐机构相关子公司跟投使用的资金应当为自有资金，中国证监会另有规定的除外。

第十八条 参与配售的保荐机构相关子公司应当事先与发行人签署配售协议，承诺按照股票发行价格认购发行人首次公开发行股票数量2%至5%的股票，具体比例根据发行人首次公开发行股票的规模分档确定：

（一）发行规模不足10亿元的，跟投比例为5%，但不超过人民币4000万元；

（二）发行规模10亿元以上、不足20亿元的，跟投比例为4%，但不超过人民币6000万元；

（三）发行规模20亿元以上、不足50亿元的，跟投比例为3%，但不超过人民币1亿元；

（四）发行规模50亿元以上的，跟投比例为2%，但不超过人民币10亿元。

第十九条　参与配售的保荐机构相关子公司应当承诺获得本次配售的股票持有期限为自发行人首次公开发行并上市之日起24个月。

限售期届满后，参与配售的保荐机构相关子公司对获配股份的减持适用中国证监会和本所关于股份减持的有关规定。

第二十条　保荐机构相关子公司未按照本指引及其作出的承诺实施跟投的，发行人应当中止本次发行，并及时进行披露。中止发行后，符合《实施办法》第十一条第三款规定的，可重新启动发行。

第二十一条　发行人和主承销商应当在招股意向书和初步询价公告中披露向参与配售的保荐机构相关子公司配售的股票总量、认购数量、占本次发行股票数量的比例以及持有期限等信息。

第二十二条　参与配售的保荐机构相关子公司应当开立专用证券账户存放获配股票，并与其自营、资管等其他业务的证券有效隔离、分别管理、分别记账，不得与其他业务进行混合操作。

前款规定的专用证券账户只能用于在限售期届满后卖出或者按照中国证监会及本所有关规定向证券金融公司借出和收回获配股票，不得买入股票或者其他证券。因上市公司实施配股、转增股本的除外。

第二十三条　保荐机构不得向发行人、发行人控股股东及其关联方收取除按照行业规范履行保荐承销职责相关费用以外的其他费用。

第二十四条　参与配售的保荐机构相关子公司应当承诺，不得利用获配股份取得的股东地位影响发行人正常生产经营，不得在获配股份限售期内谋求发行人控制权。

第四章　新股配售经纪佣金

第二十五条　承销商向通过战略配售、网下配售获配股票的投资者收取的新股配售经纪佣金费率应当根据业务开展情况合理确定，并在初步询价公告和发行公告中披露。

承销商确定的新股配售经纪佣金费率明显不合理的，本所可以向中国证监会、中国证券业协会通报情况，并要求其予以调整。

第二十六条 主承销商上传的各配售对象网下应缴款情况应当包括发行价格、获配股数、配售款、佣金费率、经纪佣金金额、应缴款总额、证券账户、配售对象证件代码等数据。

第二十七条 网下投资者在缴纳新股认购资金时，应当全额缴纳新股配售经纪佣金，一并划入中国证券登记结算有限公司（以下简称中国结算）上海分公司在结算银行开立的网下发行专户。

第二十八条 对未在T+2日16:00前足额缴纳新股认购资金及相应新股配售经纪佣金的网下配售对象，主承销商应当按照下列公式计算的结果向下取整确定新股认购数量。

$$新股认购数量 = \frac{实缴金额}{发行价 \times（1+佣金费率）}$$

向下取整计算的新股认购数量少于中签获配数量的，不足部分视为放弃认购。

第二十九条 主承销商上传的最终确定配售结果数据应当包括发行价格、获配股数、配售款、实缴经纪佣金金额、应缴款总额、退款金额、证券账户、获配股份限售期限、配售对象证件代码等。

第三十条 战略投资者支付新股配售经纪佣金后，主承销商应当向本所提交佣金收取情况的书面凭证。

第三十一条 发行后发行人和主承销商应当在发行结果公告中披露承销商收取新股配售经纪佣金的情况，包括承销商名称、实收佣金金额等。

第三十二条 承销商不得以任何形式向通过战略配售、网下配售获配股票的投资者返还收取的新股配售经纪佣金。

第五章　超额配售选择权

第三十三条 采用超额配售选择权的，发行人应授予主承销商超额配售股票并使用超额配售股票募集的资金从二级市场竞价交易购买发行人股票的权利。通过联合主承销商发行股票的，发行人应授予其中1家主承销商前述权利。

　　主承销商与发行人签订的承销协议中，应当明确发行人对主承销商采用超额配售选择权的授权，以及获授权的主承销商的相应责任。

　　获授权的主承销商，应当勤勉尽责，建立独立的投资决策流程及相关防火墙制度，严格执行内部控制制度，有效防范利益输送和利益冲突。

　　第三十四条　获授权的主承销商应当向中国结算上海分公司申请开立使用超额配售股票募集的资金买入股票的专门账户（以下简称超额配售选择权专门账户），并向本所和中国结算上海分公司提交授权委托书及授权代表的有效签字样本。所涉及的开户、清算、交收等事项，应当按照本所和中国结算相关规则办理。

　　获授权的主承销商应当将超额配售股票募集的资金存入其在商业银行开设的独立账户。获授权的主承销商在发行人股票上市之日起30个自然日内，不得使用该账户资金外的其他资金或者通过他人账户交易发行人股票。

　　第三十五条　发行人和主承销商应当审慎评估采用超额配售选择权的可行性、预期目标等，并在首次预先披露的招股说明书中明确是否采用超额配售选择权以及采用超额配售选择权发行股票的数量上限。采用超额配售选择权发行股票数量不得超过首次公开发行股票数量的15%。

　　第三十六条　采用超额配售选择权的，应当在招股意向书和招股说明书中披露超额配售选择权实施方案，包括实施目标、操作策略、可能发生的情形以及预期达到的效果等；在发行公告中披露全额行使超额配售选择权拟发行股票的具体数量。

　　第三十七条　采用超额配售选择权的主承销商，可以在征集投资者认购意向时，与投资者达成预售拟行使超额配售选择权所对应股份的协议，明确投资者预先付款并同意向其延期交付股票。主承销商应当将延期交付股票的协议报本所和中国结算上海分公司备案。

　　第三十八条　发行人股票上市之日起30个自然日内，发行人股票的市场交易价格低于发行价格的，获授权的主承销商有权使用超额配售股票募集的资金，在连续竞价时间以《上海证券交易所科创板股票交易特别规定》规定的本方最优价格申报方式购买发行人股票，且申报买入价格不得超过本次发行的发行价；获授权的主承销商未购买发行人股票或者购买发行人股票数量未达到全额行使超额配售选择权拟发行股票数量的，可以要求发行人按照发行价格增发股票。

　　主承销商按照前款规定，以竞价交易方式购买的发行人股票与要求发行人增发的股票之和，不得超过发行公告中披露的全额行使超额配售选择权拟发行股票数量。

主承销商按照第一款规定以竞价交易方式买入的股票不得卖出。

第三十九条 获授权的主承销商以竞价交易方式购买的发行人股票和要求发行人增发的股票一并存入超额配售选择权专门账户。

在超额配售选择权行使期届满或者累计购回股票数量达到采用超额配售选择权发行股票数量限额的5个工作日内，获授权的主承销商应当根据前述情况，向本所和中国结算上海分公司提出申请并提供相应材料，并将超额配售选择权专门账户上所有股份向同意延期交付股票的投资者交付。

第四十条 主承销商应当在超额配售选择权行使期届满或者累计购回股票数量达到采用超额配售选择权发行股票数量限额的5个工作日内，将应付给发行人的资金（如有）支付给发行人，应付资金按以下公式计算：

发行人因行使超额配售选择权的募集资金=发行价×（超额配售选择权累计行使数量−主承销商从二级市场买入发行人股票的数量）−因行使超额配售选择权而发行新股的承销费用。

第四十一条 获授权的主承销商使用超额配售募集的资金从二级市场购入股票的，在超额配售选择权行使期届满或者累计购回股票数量达到采用超额配售选择权发行股票数量限额的5个工作日内，将除购回股票使用的资金及划转给发行人增发股票部分的资金（如有）外的剩余资金，向中国证券投资者保护基金有限责任公司交付，纳入证券投资者保护基金。

第四十二条 在超额配售选择权行使期届满或者累计购回股票数量达到采用超额配售选择权发行股票数量限额的2个工作日内，发行人与获授权的主承销商应当披露以下情况：

（一）超额配售选择权行使期届满或者累计购回股票数量达到采用超额配售选择权发行股票数量限额的日期；

（二）超额配售选择权实施情况是否合法、合规，是否符合所披露的有关超额配售选择权的实施方案要求，是否实现预期达到的效果；

（三）因行使超额配售选择权而发行的新股数量，如未行使或部分行使，应当说明买入发行人股票的数量及所支付的总金额、平均价格、最高与最低价格；

（四）发行人本次筹资总金额；

（五）本所要求披露的其他信息。

第四十三条 获授权的主承销商应当保留使用超额配售股票募集资金买入股票的完整记录，保存时间不得少于10年。所保存的记录应当及时更新以下使用超额配售股票募集资金的有关信息：

（一）每次申报买入股票的时间、价格与数量；

（二）每次申报买入股票的价格确定情况；

（三）买入股票的每笔成交信息，包括成交时间、成交价格、成交数量等。

第四十四条 在全部发行工作完成后10个工作日内，获授权的主承销商应当将超额配售选择权的实施情况以及使用超额配售股票募集资金买入股票的完整记录报本所备案。

第四十五条 本所对获授权的主承销商使用超额配售股票募集的资金申报买入股票的过程进行监控，并对违反本所业务规则的股票交易、信息披露实施自律监管。涉嫌违法违规的或者存在异常情形的，本所可以对相关事项进行调查，并上报中国证监会查处。

第六章　发行程序

第四十六条 发行人和主承销商向本所报备发行与承销方案，应当包括发行方案、初步询价公告、投资价值研究报告、战略配售方案（如有）、超额配售选择权实施方案（如有）等内容。

第四十七条 本所在收到发行与承销方案后5个工作日内表示无异议的，发行人和主承销商可依法刊登招股意向书，启动发行工作。

发行人和主承销商报送的发行与承销方案不符合本指引规定，或者所披露事项不符合相关信息披露要求的，应当按照本所要求予以补正，补正时间不计入前款规定的5个工作日内。

第四十八条 发行人和主承销商可以根据本所和中国证券业协会相关自律规则的规定，在《实施办法》第四条规定的网下投资者范围内设置其他条件，并在发行公告中预先披露。

发行人和主承销商应当充分重视公募产品（尤其是为满足不符合科创板投资者适当性要求的投资者投资需求而设立的公募产品）、社保基金、养老金、企业年金基金、保险资金和合格境外机构投资者资金等配售对象的长期投资理念，合理设置其参与网下询价的具体条件，引导其按照科学、独立、客观、审慎的原则参与网下询价。

第四十九条 初步询价时，同一网下投资者填报的拟申购价格中，最高价格与最低价格的差额不得超过最低价格的20%。

第五十条 初步询价结束后，发行人和主承销商应当剔除拟申购总量中报价最高的部分，剔除部分不得低于所有网下投资者拟申购总量的10%；当拟剔除的最高申报价格部分中的最低价格与确定的发行价格（或者发行价格区间上限）相同时，对该价格的申报可不再剔除，剔除比例可低于10%。剔除部分不得参与网下申购。

本所可以根据市场情况，调整前述报价最高部分剔除下限。

第五十一条 网下申购前，发行人和主承销商应当披露下列信息：

（一）剔除最高报价部分后所有网下投资者及各类网下投资者剩余报价的中位数和加权平均数；

（二）剔除最高报价部分后公募产品、社保基金、养老金剩余报价的中位数和加权平均数；

（三）剔除最高报价部分后公募产品、社保基金、养老金、企业年金基金、保险资金和合格境外机构投资者资金剩余报价的中位数和加权平均数；

（四）网下投资者详细报价情况，具体包括投资者名称、配售对象信息、申购价格及对应的拟申购数量、发行价格或发行价格区间确定的主要依据，以及发行价格或发行价格区间的中值所对应的网下投资者超额认购倍数。

第五十二条 初步询价结束后，发行人和主承销商应当根据本指引第五十一条规定的各项中位数和加权平均数，并重点参照剔除最高报价部分后公募产品、社保基金、养老金、企业年金基金、保险资金和合格境外机构投资者资金等配售对象剩余报价中位数和加权平均数的孰低值，审慎合理确定发行价格（或者发行价格区间中值）。

发行人和主承销商确定发行价格区间的，区间上限与下限的差额不得超过区间下限的20%。

本所可以根据市场情况，调整前述报价区间差额比例。

第五十三条 初步询价结束后，发行人和主承销商确定的发行价格（或者发行价格区间中值）不在主承销商出具的投资价值研究报告所明确的估值区间范围内的，发行人和主承销商应当向本所说明理由及各类网下投资者报价与上述估值区间的差异情况。本所将上述情况通报中国证券业协会。

第五十四条　初步询价结束后，发行人和主承销商确定的发行价格（或者发行价格区间中值）超过《实施办法》第九条规定的中位数、加权平均数的孰低值，超出比例不高于10%的，应当在申购前至少5个工作日发布投资风险特别公告；超出比例超过10%且不高于20%的，应当在申购前至少10个工作日发布2次以上投资风险特别公告；超出比例超过20%的，应当在申购前至少15个工作日发布3次以上投资风险特别公告。

第五十五条　股票发行价格或发行价格区间确定后，发行人和主承销商应当在T-2日15:30前向本所提交发行公告或者中止发行公告，并在公告中说明发行人预计发行后总市值是否满足在招股说明书中明确选择的市值与财务指标上市标准。

第五十六条　网下投资者在初步询价时为其配售对象账户填报的拟申购价格，属于《实施办法》第八条规定的有效报价的，网下投资者应当根据《网下发行实施细则》的规定按照发行价格申购，或者在发行价格区间内进行累计投标询价报价和申购。

第五十七条　发行人和主承销商通过累计投标询价确定发行价格的，应当根据网下投资者为其配售对象账户填写的申购价格和申购数量，审慎合理确定超额配售认购倍数及发行价格。

第五十八条　发行人和主承销商通过累计投标询价确定发行价格的，应当在T日21:00前向本所提交发行价格及网上中签率公告。未按上述规定提交的，应当中止发行。中止发行后，符合《实施办法》第十一条第三款规定的，可重新启动发行。

第五十九条　对网下投资者进行分类配售的，除符合《实施办法》第十二条的规定外，可以根据配售对象的机构类别、产品属性、承诺持有期限等合理设置具体类别，在发行公告中预先披露，并优先向为满足不符合科创板投资者适当性要求的投资者投资需求而设立的公募产品配售。

发行人向公募产品、社保基金、养老金、企业年金基金和保险资金外的其他投资者进行分类配售的，应当保证合格境外机构投资者资金的配售比例不低于其他投资者。

第六十条　发行人上市前，发行人股东可以将用于存放首发前股票的证券账户指定交易至为发行人提供首次公开发行上市保荐服务的保荐机构。

前款规定的保荐机构应当按照本所业务规则的规定，对发行人股东减持首发前股份的交易委托进行监督管理。

第六十一条 股票上市之日起10个工作日内，主承销商应当将验资报告、专项法律意见书、承销总结报告等文件一并向本所报备。

第七章 附则

第六十二条 本指引第五条规定的主体出现以下情形的，本所可以对其采取《实施办法》规定的监管措施和纪律处分：

（一）在采用战略配售、保荐机构相关子公司跟投、收取新股配售经纪佣金、超额配售选择权安排等过程中，违反本指引规定，进行利益输送或者谋取不正当利益；

（二）发行人、主承销商、证券服务机构等主体未按规定及时编制并披露发行承销信息披露文件，或者所披露信息不真实、不准确、不完整，存在虚假记载、误导性陈述或者重大遗漏；

（三）主承销商未按规定计算、收取新股申购经纪佣金，或者向本所提交的新股申购经纪佣金信息不真实、不准确、不完整；

（四）参与战略配售的投资者、保荐机构相关子公司违反其作出的限售期、股份减持以及其他相关承诺；

（五）保荐机构和主承销商违反规定向发行人、投资者不当收取费用；

（六）主承销商在行使超额配售选择权过程中，违反本指引和本所有关规则的规定进行申报；

（七）发行人股东将用于存放首发前股票的证券账户指定交易至为发行人提供首次公开发行上市保荐服务的保荐机构的，保荐机构或者其他证券公司未按规定对发行人股东减持首发前股份行为进行有效管理和控制；

（八）违反本指引的其他情形。

第六十三条 科创板股票公开发行自律委员会可以对科创板股票发行和承销事宜提供咨询。

第六十四条 科创板存托凭证的发行和承销事宜，比照适用本指引。

第六十五条 本指引经本所理事会审议通过并报中国证监会批准后生效，修改时亦同。

第六十六条 本指引由本所负责解释。

第六十七条 本指引自发布之日起施行。

关于转发《上海证券交易所科创板股票公开发行自律委员会促进科创板初期企业平稳发行行业倡导建议》的通知

（上证函〔2019〕936号　2019年6月8日）

各市场参与人：

近日，上海证券交易所科创板股票公开发行自律委员会（以下简称自律委）召开了2019年度第三次工作会议，分析研判了科创板开板初期企业发行业务可能面临的困难和挑战，讨论研究了促进科创板开板初期企业平稳发行的针对性措施，并提出了行业倡导建议（详见附件）。

对于自律委做出的上述努力和行业倡议，上海证券交易所表示尊重与支持，并呼吁科创板拟上市企业及其保荐机构、承销机构和其他相关各方，在开板初期共同遵守上述行业倡导建议，积极营造良好市场生态，维护科创板市场健康稳定发展。上海证券交易所将在发行方案备案工作中，对开板初期发行人和主承销商遵守行业倡导建议的情况予以重点关注。

特此通知。

附件：上海证券交易所科创板股票公开发行自律委员会促进科创板初期企业平稳发行行业倡导建议

上海证券交易所科创板股票公开发行自律委员会
促进科创板初期企业平稳发行行业倡导建议

根据《上海证券交易所科创板股票公开发行自律委员会工作规则》，上海证券交易所科创板股票公开发行自律委员会（以下简称自律委）近日召开了2019年度第三次工作会议。会议讨论认为，科创板开板初期的企业发行业务，可能面临来自境内外市场环境、开板初期集中发行、各方参与主体业务和技术准备不足等方面的困难和挑战，需要企业、保荐机构、承销机构和买方机构从市场实际情况出发，自觉强化责任意识，理性开展发行承销业务。基于上述考虑，自律委就促进科创板开板初期企业平稳发行提出如下行业倡导建议：

一是充分发挥中长线资金作用，压实主体责任。建议除科创主题封闭运作基金与封闭运作战略配售基金外，其他网下投资者及其管理的配售对象账户持有市值门槛不低于6000万元，安排不低于网下发行股票数量的70%优先向公募产品、社保基金、养老金、企业年金基金、保险资金和合格境外机构投资者资金等6类中长线资金对象配售。同时，建议通过摇号抽签方式抽取6类中长线资金对象中10%的账户，中签账户的管理人承诺中签账户获配股份锁定,持有期限为自发行人股票上市之日起6个月。

二是简化发行上市操作，保障安全运行。建议首次公开发行股票数量低于8000万股且预计募集资金总额不足15亿元的企业通过初步询价直接确定发行价格，不安排除保荐机构相关子公司跟投与高级管理人员、核心员工通过专项资产管理计划参与战略配售之外的其他战略配售，不采用超额配售选择权等。

三是合理确定新股配售经纪佣金标准，形成良性竞争。经充分评估承销商在发行承销工作中的收益和投入匹配性，建议对战略投资者和网下投资者收取的经纪佣金费率由承销商在0.08%至0.5%的区间内自主确定，推动形成行业惯例，避免恶性竞争。

自律委各成员单位将自觉遵守和执行会议决议，并呼吁科创板拟上市企业及其保荐机构、承销机构和其他相关各方，共同遵守上述行业倡导建议，积极营造良好市场生态，维护科创板市场健康稳定发展。

关于发布《上海证券交易所科创板首次公开发行股票发行与上市业务指南》的通知

（上证函〔2019〕1026号　2019年6月21日）

各市场参与人：

为方便发行人与主承销商做好科创板首次公开发行股票发行与上市工作，推动科创板股票发行与承销业务顺利开展，根据《上海证券交易所科创板股票发行与承销实施办法》《上海证券交易所科创板股票发行与承销业务指引》《上海市场首次公开发行股票网上发行实施细则》《上海市场首次公开发行股票网下发行实施细则》等相关业务规则，上海证券交易所（以下简称本所）制定了《上海证券交易所科创板首次公开发行股票发行与上市业务指南》，现予以发布，并自发布之日起施行。

上述业务指南全文可至本所网站（http://www.sse.com.cn）"规则"下的"本所业务指南与流程"栏目查询。

特此通知。

附件：上海证券交易所科创板首次公开发行股票发行与上市业务指南

上海证券交易所科创板首次公开发行股票发行与上市业务指南

（发行人、主承销商、保荐机构适用）

（1.1 版）

修订说明

更新日期	业务名称	修订说明
2019-6-21	上海证券交易所科创板首次公开发行股票发行与上市业务指南（1.0版）	首次发布
2019-6-25	上海证券交易所科创板首次公开发行股票发行与上市业务指南（1.1版）	第2次发布 调整每日需披露公告的上网时间

目　录

　　为方便发行人与主承销商做好科创板首次公开发行股票发行与上市工作，推动科创板股票发行与承销业务顺利开展，根据《上海证券交易所科创板股票发行与承销实施办法》（以下简称《实施办法》）《上海证券交易所科创板股票发行与承销业务指引》《上海市场首次公开发行股票网上发行实施细则》《上海市场首次公开发行股票网下发行实施细则》等相关业务规则，制定本指南。

一、发行与上市总体流程

上交所科创板首次公开发行股票发行与上市业务总体流程主要包括发行上市前准备工作、发行业务流程、上市业务流程三个阶段。

首次公开发行股票并在科创板上市的发行人，经证监会同意注册后，可以在注册有效期内自主选择发行时点，启动发行前需通过发行承销业务系统报备发行方案，上交所在5个工作日内无异议的，可以正式启动发行。启动发行后，发行人需将发行上市阶段的信息披露、发行申请文件、上市申请文件等有关发行上市的材料通过发行承销业务系统向上交所提交。

首次公开发行股票发行与上市业务中，一些重要日期定义为：网下初步询价开始日定义为X日，新股网上网下发行日定义为T日，新股上市交易日定义为L日，网上路演日定义为R日，该定义适用于全文。

除非另有说明，本文中所称日期均指交易日。

二、发行上市前准备工作

（一）发行上市相关业务准备

发行人首次公开发行股票经科创板上市委员会审议通过后，如有重大疑难事项或规则理解适用方面有重大问题的，可通过发行承销业务系统预约，与上交所预沟通。

（二）提交发行方案及申请代码

发行人首次公开发行股票并在科创板上市经证监会同意注册后，可通过发行承销业务系统向上交所报送发行方案。发行方案中需要明确本次发行股份数量、战略投资者的名单及承诺认购金额或股票数量、网下网上初始发行数量、超额配售选择权的设置、发行阶段的时间安排等内容。发行方案具体提交文件见下表。上交所5个工作日内无异议的发行人可启动发行工作。

序号	发行方案需报送文件名称	报送时点
1	发行方案	当日13:00前
2	首次公开发行股票并在科创板上市发行安排及初步询价公告	当日13:00前
3	投资价值研究报告	当日13:00前
4	证监会同意注册的决定	当日13:00前
5	发行人、主承销商、会计师事务所及律师事务所关于会后事项的承诺函	当日13:00前
6	战略配售方案（如有）	当日13:00前
7	主承销商和律师对战略投资者的选取标准、配售资格及是否存在禁止性情形进行核查的专项核查报告和法律意见书，发行人就核查事项出具的承诺函（如有）	当日13:00前
8	高管和核心员工参与战略配售的，设立专项资产管理计划的合同、专项资产管理计划完成基金业协会或银保监会备案的证明文件	当日13:00前
9	超额配售选择权实施方案（如有），方案中应写明使用超额配售股票募集的资金买入股票的账户（如有）	当日13:00前
10	关于延期交付的相关协议等（如有）	当日13:00前
11	关于申请科创板证券代码以及简称的函（附件1-3,1-3-1）	当日13:00前

注：当日13:00后提交的，当日不纳入《实施办法》第二十五条规定的5个工作日内。

发行人与主承销商在提交发行方案的同时，可以通过顺序排号或自主选号的方式确定证券代码，并在发行方案中一并提交《关于申请科创板证券代码以及简称的函》（附件1-3,1-3-1）。

采用顺序排号的，由发行承销业务系统自动分配证券代码，逢4或13结尾可顺延一位。

采用自主选号的，发行人及主承销商可在688001~688500代码段中自主选择，且无须支付或者承诺支付选号费用。已使用证券代码数量达到100个后，新增启用688501~688600代码段，后续按照前述方式顺次启用新代码段。发行人与主承销商可在全部已启用代码段范围内自主选择尚未使用的证券代码。

主承销商通过发行承销业务系统将发行方案与选定代码一并提交，若发行方案有异议未通过的，发行人与主承销商需重新提交发行方案并进行选号操作，原选定代码不保留。

证券简称，原则上取公司全称中的三至四个字；证券扩位简称，原则上取公司全称中的四至八个字，并确保上述简称不与沪深交易所上市公司及新三板挂牌公司重名。发行人及主承销商公告及相关文件仍以证券简称为准。

发行方案无异议通过后，发行人与主承销商应按照发行方案中列明的时间表和发行承销相关工作安排推进发行与上市阶段工作。启动发行后，发行人与主承销商不得再对发行方案作出修改。如因特殊情况需要对发行方案作出重大调整的，应当及时通知上交所。

（三）录入公司基本信息

发行人及主承销商发行方案经上交所无异议通过后，主承销商可通过发行承销业务系统录入公司基本信息。其中带*键为必填项。基本信息录入完成，上交所无异议后可进入公告上传及后续阶段。

三、发行业务指南

（一）发行方式概述

首次公开发行股票并在科创板上市的股份公司发行股票，按照《证券发行与承销管理办法》《上海证券交易所科创板股票发行与承销实施办法》等有关规定，应通过询价的方式确定发行价格。常用的发行方式为：采用向战略投资者配售（如有）、网下向询价对象配售和网上申购定价发行相结合的发行方式。其中，网下向询价对象配售确定发行价格的方式主要有两种：

1. 初步询价后直接确定发行价格；
2. 初步询价先确定发行区间，再通过累计投标询价确定发行价格。

如未采用上述发行方式，请提前与上交所沟通，确定发行方式。

（二）股票发行申请、发行准备及发行流程图

新股初步询价时间段为1天，网上网下申购时间段为1天。原则上，初步询价起始日之前3天或更早，发行人应将发行申请文件提交发行承销管理系统。

（三）发行工作具体流程

为完成首次公开发行股票并在科创板上市，经证监会同意注册后，发行人及主承销商可向上交所报备发行与承销方案，同时应就网下电子化发行操作细节与上交所及中国证券登记结算有限责任公司上海分公司（以下简称登记公司）进行充分沟通，做好相关准备工作。

上交所在收到发行与承销方案后5个工作日内无异议的，发行人与主承销商可以在发行承销业务系统录入公司基本信息，录入时间为当日14:30前，基本信息提交上交所无异议后，可刊登《首次公开发行股票并在科创板上市招股意向书》《首次公开发行股票并在科创板上市发行安排及初步询价公告》，启动发行工作。

通常情况下，发行工作具体流程如下：

X-3日或之前：

1. 主承销商在发行承销业务系统新建《首次公开发行股票并在科创板上

市发行安排及初步询价公告》《首次公开发行股票并在科创板上市招股意向书》两条公告记录，公告日期为下一交易日。

2. 主承销商将下表中非上网上报、仅存档的文件（1~6项，9~10项）作为《首次公开发行股票并在科创板上市发行安排及初步询价公告》（以下简称《初询公告》）的附件一并提交上交所发行承销业务系统（不晚于X–3日15:00）并无须勾选上网或上报的披露类型。

需提交材料：

序号	文件名称	报送时间	披露类型	提交方式
1	拟上市公司预安排发行、上市日期申请表（附件1-1）	X–3日15:00或之前	非上网上报，仅存档	作为《初询公告》附件提交
2	上海证券交易所新股发行上市业务自查和承诺反馈表（附件1-2）	X–3日15:00或之前	非上网上报，仅存档	作为《初询公告》附件提交
3	关于通过上海证券交易所交易系统上网发行股票的申请（附件1-4）	X–3日15:00或之前	非上网上报，仅存档	作为《初询公告》附件提交
4	网下发行电子化委托书（附件1-5）	X–3日15:00或之前	非上网上报，仅存档	作为《初询公告》附件提交
5	提交报备文件与对外披露文件一致的承诺函（附件1-6）	X–3日15:00或之前	非上网上报，仅存档	作为《初询公告》附件提交
6	股票发行表格-初步询价（附件1-7）	X–3日15:00或之前	非上网上报，仅存档	作为《初询公告》附件提交
7	《首次公开发行股票并在科创板上市发行安排及初步询价公告》	X–3日15:00或之前	上网、上报、存档	公告
8	《首次公开发行股票并在科创板上市招股意向书》全文及必备附件	X–3日15:00或之前	上网、存档	公告
9	主承销商经办人员的证明文件、主承销商出具的由董事长或者总经理签名的授权书	X–3日15:00或之前	非上网上报，仅存档	作为《初询公告》附件提交
10	发行人经办人员的证明文件、发行人出具的由董事长或者总经理签名的授权书	X–3日15:00或之前	非上网上报，仅存档	作为《初询公告》附件提交

3．主承销商联系报社刊登《首次公开发行股票并在科创板上市发行安排及初步询价公告》，同时将《首次公开发行股票并在科创板上市发行安排及初步询价公告》《首次公开发行股票并在科创板上市招股意向书》全文及《附录》（《附录》包含发行保荐书、财务报表及审计报告、盈利预测报告及审核报告（如有）、内部控制鉴证报告、经注册会计师核验的非经常性损益明细表、法律意见书及律师工作报告、公司章程（草案）、中国证监会同意本次发行注册的文件、其他与本次发行有关的重要文件）上传至发行承销业务系统进行挂网。

《首次公开发行股票并在科创板上市发行安排及初步询价公告》《首次公开发行股票并在科创板上市招股意向书》《附录》将于当晚24:00前上网。

挂网文件上网后请主承销商登录上交所官网查看公告文件标题、日期、正文等信息是否正确，如有问题，请及时与上交所联系（每日披露文件命名规范请参考附件1-16，后续文件均按此流程操作）。

4．询价用户在证券业协会获得资格后，可通过具备承销商资质的券商为其代办并开通CA证书以便于其参与网下IPO询价。详见上交所官网《上交所IPO网下申购平台网下投资者数字证书业务办理流程说明》。

5．发行人须根据要求向上交所提交申请材料申领CA证书；上交所CA中心联系电话021-68814725。具体操作流程详见上交所官网数字证书申请说明。

注：发行人须在公司上市前完成CA证书的办理。

6．发行人将公司的LOGO矢量图（或者LOGO大图）上传至发行承销业务系统。

7．发行人及主承销商应

①尽早联系好报社关于后续刊登公告事宜；

②尽早联系武汉机构投资者服务有限公司上海分公司（摇号执行机构）、上海市东方公证处（公证处）沟通摇号事宜；

③尽早联系好上证路演中心安排网上路演；

④上证路演中心为上市公司提供上市仪式拍摄直/录播服务，本项服务免费。

X-1日或之前：

1．《首次公开发行股票并在科创板上市发行安排及初步询价公告》见报、见上交所网站。

2．《首次公开发行股票并在科创板上市招股意向书》及必备附件见上交所网站。

3．X-1日上午10点前主承销商需要通过上交所网下IPO系统录入并提交初步询价参数，并在同一页面上传投资价值研究报告。

4．X-1日上午10:15，主承销商在《首次公开发行股票并在科创板上市发行安排及初步询价公告》后点击制作通知单，选择《科创板新股（存托凭证）网下初步询价通知》并点击提交。

5．中午12:00网下IPO系统从证券业协会下载机构名单和配售对象名单，主承销商12:00前通过网下IPO系统完成初步询价参数确认。

6．12:30—21:00，发行人和主承销商在网下IPO系统剔除不满足其要求的网下投资者及配售对象（含关联方剔除）。

7．在初步询价过程中，主承销商不能增加配售对象名单。

8．X-1日收盘后，网下IPO系统获得X-2日收盘的市值数据，用于校验参与初步询价的资格，市值不满足要求的询价用户不能参与初步询价。

9．21:00后，网下IPO系统剔除不满足市值要求的网下投资者及配售对象。

10．网下IPO系统的使用方法见上交所官网（《网下IPO系统用户手册》http://www.sse.com.cn/services/ipo/rules/）。

X日，初步询价：

1．初步询价报价阶段，同一网下投资者全部报价中的不同拟申购价格不超过三个，所有报价需一次性提交，可多次提交，以最后一次提交为准。

2．申购平台记录本次发行网下投资者申购记录。在初步询价截止后，主承销商可以从申购平台获取初步询价报价情况。

3．初步询价原则上安排一天。

T-3日或之前：

1．主承销商在发行承销业务系统新建《首次公开发行股票并在科创板上市网上路演公告》记录，并将该公告上传至发行承销业务系统；

《首次公开发行股票并在科创板上市网上路演公告》将于19:00前上网。

挂网文件上网后请主承销商登录上交所官网查看公告文件标题、日期、正文等信息是否正确，如有问题，请及时与上交所联系（每日披露文件命名规范请参考附件1-16，后续文件均按此流程操作）。

2．主承销商联系报社、上交所网站于次日刊登。

需提交材料：

序号	文件名称	报送时间	披露类型
1	首次公开发行股票并在科创板上市网上路演公告	T−3日15:00或之前	上网、上报、存档

T−2日：

1．《首次公开发行股票并在科创板上市网上路演公告》见报、见上交所网站。

2．主承销商在发行承销业务系统新建《首次公开发行股票并在科创板上市发行公告》《首次公开发行股票并在科创板上市投资风险特别公告》记录，并上传公告，同时录入《科创板新股（存托凭证）网上定价发行通知（按市值申购）》通知单。

注：主承销商同时应提交并披露主承销商和律师对战略投资者的选取标准、配售资格及是否存在禁止性情形进行核查的专项核查报告和法律意见书。

《首次公开发行股票并在科创板上市发行公告》《首次公开发行股票并在科创板上市投资风险特别公告》等文件将于当晚24:00前上网。

挂网文件上网后请主承销商登录上交所官网查看公告文件标题、日期、正文等信息是否正确，如有问题，请及时与上交所联系（每日披露文件命名规范请参考附件1−16，后续文件均按此流程操作）。

3．《专项核查报告》《法律意见书》《股票网上发行表格——按市值申购发行》《股票网下发行表格》作为《首次公开发行股票并在科创板上市发行公告》的附件同步提交。

《专项核查报告》《法律意见书》需上网、上报。

《股票网上发行表格——按市值申购发行》《股票网下发行表格》无须上网、上报。

4．如出现《上海证券交易所科创板股票发行与承销实施办法》第十条规定的情形，则需要发布《首次公开发行股票并在科创板上市初步询价结果及推迟发行公告》，发行时间表相应推迟。具体请参考《上海证券交易所科创板股票发行与承销业务指引》第五十四条规定。

5．主承销商需于15:00前确认有效配售对象，主承销商应根据有关规定和发行人、主承销商事先确定并公告的有效报价条件，剔除最高报价部分的初步询价报价及其对应的拟申购数量（注：低于发行价的报价无须剔除）。

6. 主承销商需于15:30前在发行承销业务系统录入科创板新股网上定价发行通知（按市值申购）。

需提交材料：

序号	文件名称	报送时间	披露类型
1	股票网上发行表格——按市值申购发行（附件1-8）	T-2日15:00或之前	非上网上报，仅存档
2	股票网下发行表格	T-2日15:00或之前	非上网上报，仅存档
3	《首次公开发行股票并在科创板上市发行公告》	T-2日15:00或之前	上网、上报、存档
4	《首次公开发行股票并在科创板上市投资风险特别公告》	T-2日15:00或之前	上网、上报、存档
5	《首次公开发行股票并在科创板上市初步询价结果及推迟发行公告》（如有，一般延一周暂缓适用）	T-2日15:00或之前	上网、上报、存档
6	主承销商关于战略投资者的专项核查报告	T-2日15:00或之前	上网、上报、存档
7	律师关于战略投资者核查的专项法律意见书	T-2日15:00或之前	上网、上报、存档

需录入通知单：

序号	通知单名称	录入时间	录入方式
1	科创板新股（存托凭证）网上定价发行通知（按市值申购）	T-2日15:30或之前	通过发行承销业务系统

T-1日：

1. 网上路演。

2. 《首次公开发行股票并在科创板上市发行公告》（或者《初步询价结果及推迟发行公告》）、《首次公开发行股票并在科创板上市投资风险特别公告》等文件上网、上报。发行公告后附投资者报价信息表可不登报，只需挂网。

3. 主承销商需于15:30前，通过网下IPO系统录入并提交确定的股票发行价格（或发行价格区间）等申购参数。

4. 主承销商需于15:40在发行承销业务系统《首次公开发行股票并在科创板上市发行公告》后点击制作通知单，并在对应的《科创板新股（存托凭证）

网下定价发行通知》中点击提交。

5. 17:00前主承销商在网下IPO系统完成定价（或累计投标询价）发行参数确认。

6. 17:00后网下IPO系统自动进行低价剔除。

T日，网上网下发行日

1. 新股网上网下发行。

2. 主承销商在发行承销业务系统新建《首次公开发行股票并在科创板上市网上发行申购情况及中签率公告》记录。同时，需在该公告后点击制作通知单，制作《科创板新股（存托凭证）首发价格及配售情况表（回拨后）》《科创板新股（存托凭证）网上网下发行回拨后数量价格通知单》《首次公开发行股票并在科创板上市网上发行申购情况及中签率公告》需补充完整回拨情况后上传。

3. 在申购阶段，主承销商可于申购截止日（T日）15:00后，查询并下载网下申购结果。

4. T日主承销商需于15:30前在网下IPO系统确认有效申购数据。

注：只能直接进行确认，无法进行剔除操作。

5. 主承销商根据16:15前在发行承销业务系统下载的《证券上网发行申购结果情况报表》于16:45前通过发行承销业务系统制作《科创板新股（存托凭证）首发价格及配售情况表（回拨后）》。

注：发行价确定方式为初步询价后定价发行的，需正确填写确定的发行价格，发行价确定方式为累计投标询价发行的，该通知单于21:00前完成录入。

6. 主承销商在发行承销业务系统录入《科创板新股（存托凭证）网上网下发行回拨后数量价格通知单》。

注：如果采用初步询价后定价发行，《科创板新股（存托凭证）网上网下发行回拨后数量价格通知单》需于17:15前完成录入。如果采用累计投标询价发行，科创板新股网上网下发行回拨后数量价格通知单需于21:00前完成录入。

7. 17:15，上交所根据确认后的网上网下发行数量（即回拨后配售情况表由主承销商提供）制作《证券上网发行中签情况报表》，主承销商可通过发行承销业务系统下载。

8. 主承销商于下午18:00前将《首次公开发行股票并在科创板上市网上发行申购情况及中签率公告》上传发行承销业务系统。

《首次公开发行股票并在科创板上市网上发行申购情况及中签率公告》文件将于当晚24:00前上网。

挂网文件上网后请主承销商登录上交所官网查看公告文件标题、日期、正文等信息是否正确，如有问题，请及时与上交所联系（每日披露文件命名规范请参考附件1–16，后续文件均按此流程操作）。

注：发行价确定方式为累计投标询价发行的，该公告可于21:00前完成提交。

9. 主承销商联系摇号执行机构和公证处，将最终的《证券上网发行中签情况报表》（附件1–9）提供给摇号执行机构，供T+1日摇号使用。

10. 已参加网下发行的配售对象不能再进行网上申购。

需提交材料：

序号	文件名称	报送时间	披露类型
1	《首次公开发行股票并在科创板上市网上发行申购情况及中签率公告》	T日18:00前	上网、上报、存档

需录入通知单：

序号	通知单名称	录入时间	录入方式
1	科创板新股（存托凭证）首发价格及配售情况表（回拨后）	T日16:45或之前	通过发行承销业务系统
2	科创板新股（存托凭证）网上网下发行回拨后数量价格通知单	T日17:15或之前	通过发行承销业务系统

T+1日：

1. 《首次公开发行股票并在科创板上市网上发行申购情况及中签率公告》见报、见上交所网站。

2. 主承销商于15:00前，通过"获配文件上传"功能上传初步的获配情况数据文件，将各配售对象网下获配应缴款情况，包括发行价格、获配股数、配售款、佣金比例、经纪佣金金额、应交款总额、证券账户、配售对象证件代码等数据上传至上交所网下IPO系统。数据接口文件格式见上交所官网（《网下IPO系统接口规格说明书（1.8版）》http://www.sse.com.cn/services/ipo/rules/）。

3. 发行人、主承销商、摇号执行机构在公证处监督下，按照摇号规则组织摇号。

4．主承销商督促摇号执行机构上午11:00前将摇号中签号码表（附件1-10）发送至上交所。

5．主承销商新建《首次公开发行股票并在科创板上市网下初步配售结果及网上中签结果公告》记录并将对应公告上传发行承销业务系统；中签结果公告后附投资者中签信息表可不登报，只需挂网。

《首次公开发行股票并在科创板上市网下初步配售结果及网上中签结果公告》文件将于19:00前上网。

挂网文件上网后请主承销商登录上交所官网查看公告文件标题、日期、正文等信息是否正确，如有问题，请及时与上交所联系（后续文件均按此流程操作）。

6．主承销商联系报社、上交所网站于次日公告。

需提交材料：

序号	文件名称	报送时间	披露类型
1	首次公开发行股票并在科创板上市网下初步配售结果及网上中签结果公告	T+1日15:00前	上网、上报、存档

T+2日：

1．《首次公开发行股票并在科创板上市网下初步配售结果及网上中签结果公告》公告见报、见上交所网站。

2．主承销商于17:30后通过其PROP信箱获取各配售对象截至T+2日16:00的认购资金到账情况。

3．主承销商对未在16:00前足额缴纳认购资金的配售对象，其未到位资金对应的获配股份由主承销商包销。

4．网下IPO系统于21:30前，为参与网下申购的A、B类配售对象进行配号，配号完成后，将配号情况发送至发行承销业务系统。主承销商可于22:00前，通过发行承销业务系统查询配号情况，并将配号情况表发送至摇号机构和公证处。

5．网下A、B类投资者可于当日21:30—22:00或T+3日早上6:00后通过网下IPO系统查询自己的配号情况，或登录网下IPO系统移动端查询。

T+3日：

1．发行人、主承销商、摇号执行机构在公证处监督下，按照摇号规则组织网下摇号，并于11:30前将摇号结果反馈至上交所。

注：网下摇号中签情况须在《首次公开发行股票并在科创板上市发行结果公告》中披露。

2. 主承销商于14:00前通过"配售结果上传"功能上传最终确定的配售结果数据文件。

3. 主承销商新建《首次公开发行股票并在科创板上市发行结果公告》《首次公开发行股票并在科创板上市招股说明书》记录并将对应公告上传发行承销业务系统，并在《首次公开发行股票并在科创板上市发行结果公告》后制作通知单中新建《科创板新股（存托凭证）网上网下发行及放弃认购数量通知单》，在《首次公开发行股票并在科创板上市发行结果公告》后附《新发网上网下发行及放弃认购数量表》（附件1–11）作为附件提交。

《首次公开发行股票并在科创板上市发行结果公告》《首次公开发行股票并在科创板上市招股说明书》等文件将于当晚24:00前上网。

挂网文件上网后请主承销商登录上交所官网查看公告文件标题、日期、正文等信息是否正确，如有问题，请及时与上交所联系（每日披露文件命名规范请参考附件1–16，后续文件均按此流程操作）。

需提交材料：

序号	文件名称	报送时间	披露类型
1	新发网上网下发行及放弃认购数量表（附件1–13）	T+3日19:00前	非上网上报，仅存档
2	首次公开发行股票并在科创板上市招股说明书	T+3日19:00前	上网、存档
3	《首次公开发行股票并在科创板上市发行结果公告》	T+3日19:00前	上网、上报、存档

需录入通知单：

序号	通知单名称	录入时间	录入方式
1	科创板新股（存托凭证）网上网下发行及放弃认购数量通知单	T+3日19:00或之前	通过发行承销业务系统

T+4日：

1. 《首次公开发行股票并在科创板上市发行结果公告》上网上报，招股说明书上网。

2. 主承销商8:30后将认购资金扣除相关费用后缴付发行人，公布网下配售结果。发行人请会计师事务所检验募集资金到位情况，签署验资报告。

3. 主承销商督促发行人尽快做好上市前准备工作。

4.《上市申请书》作为《首次公开发行股票并在科创板上市发行结果公告》的附件补充上传。

注：如投资者放弃认购的股票根据发行人和主承销商事先确定并披露的其他方式处理的，需按事先在公告中约定的方式进行，并及时公告。

需提交材料：

序号	文件名称	报送时间	披露类型
1	上市申请书（附件2-2）	T+4日10:00前	非上网上报，仅存档

（四）主承销商 IPO 网下申购平台操作时间节点

主承销商 IPO 网下申购平台操作时间节点

（X 日为初步询价开始日，T 日为网上网下申购日）

时间节点	IPO网下申购平台操作主要时间节点
X-1日	·主承销商应于初步询价开始日前一交易日（X-1日）10时前，通过平台录入并提交证券代码、发行人名称等初步询价相关参数，启动网下发行。 ·主承销商应于初步询价开始日前一交易日（X-1日）12时前在平台完成参数确认。 ·主承销商应于初步询价开始日前一交易日（X-1日）21时前在平台剔除不满足其要求的网下投资者名单。
T-2日	主承销商应于申购开始日前二个交易日（T-2日）15时前，在平台剔除最高报价部分的投资者。
T-1日	·主承销商应当在申购开始日前一个交易日（T-1日）15时30分前，通过平台录入并提交确定的股票发行价格（或发行价格区间）等申购参数，并在申购开始前完成相关参数确认，启动网下发行。 ·主承销商应当在申购开始日前一个交易日（T-1日）17时前在平台确认网下发行参数。
T日	·主承销商可于网上网下申购日（T日）15时后，查询并下载申购结果。 ·主承销商应于网上网下申购日T日15时30分前确认有效申购数据。
T+1日	主承销商应于网上网下申购日后一个交易日（T+1日）15时前上传新股网下配售对象获配数据文件。
T+3日	主承销商应于网上网下申购日后三个交易日（T+3日）14时前通过"配售结果上传"功能上传最终确定的配售结果数据文件。

（五）各相关机构联系方式

机构名称	部门	电话及传真
上交所	发行承销管理部	021-68808888（总机）
		021-68807704（传真）
登记公司（上海分公司）	发行人业务部	021-38874800（总机）
	结算业务部	021-38874800（总机）
上交所信息公司	CA证书	021-68814725
	上证路演中心	021-68819466
		021-68791160
上市仪式服务机构	上证金融服务公司	021-68800360
		021-68810506
摇号执行机构	武汉机构投资者服务有限公司上海分公司	021-61002379（传真）
		021-61002391
		021-61017680
摇号公证机构	上海市东方公证处	021-52288508（传真）
		021-62559556

四、上市业务指南

（一）新股上市申请、上市准备及上市流程图

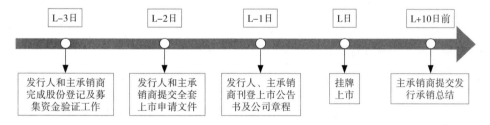

（二）上市工作具体流程

一般情况下，新股在发行结束后八个交易日内安排上市（如遇重大事件须视情况顺延）。

L-3日：

发行人、主承销商完成股份登记及募集资金验证工作。

L-2日：

1. 主承销商联系报社刊登上市公告书。

2. 主承销商15:00前在发行承销业务系统上传下表中1~24全套文件。

3. 主承销商15:30前在发行承销业务系统新建《首次公开发行股票科创板上市公告书》记录并上传该公告，《公司章程》作为《首次公开发行股票科创板上市公告书》的附件上传，同时在制作通知单中制作《科创板新股（存托凭证）上市通知》。

《首次公开发行股票科创板上市公告书》将于19:00前上网。

挂网文件上网后请主承销商登录上交所官网查看公告文件标题、日期、正文等信息是否正确，如有问题，请及时与上交所联系。

4. 主承销商从上交所取得上市费用缴纳通知（附件2-6），并通知发行人尽快到上交所财务部缴纳上市费用。

5. 发行人及保荐机构在发行承销业务系统上传全套上市申请文件，L-2日必须全部交齐。

发行人应从上交所领取"上市费用缴款通知"（附件2-6），上交所财务部收到发行人缴纳的上市有关费用后开具发票。发行人需在新股上市日前完成上市年费、初费的缴纳，具体缴费标准参见附件2-6及上交所网站。

需提交材料：

序号	文件名称	报送时间	披露类型
1	上市表格（附件2-1）（注1）	L-2日15:30前	非上网上报，仅存档
2	按照《上海证券交易所科创板股票上市公告书内容与格式指引》编制的《首次公开发行股票科创板上市公告书》	同上	上网、上报、存档
3	首次公开发行结束后发行人全部股票已经中国结算上海分公司托管的证明文件	同上	非上网上报，仅存档
4	首次公开发行结束后具有执行证券、期货相关业务资格的会计师事务所出具的验资报告	同上	非上网上报，仅存档
5	律师事务所出具的法律意见书	同上	非上网上报，仅存档
6	保荐机构出具的上市保荐书（附件2-3）	同上	非上网上报，仅存档
7	承销及保荐协议	同上	非上网上报，仅存档

序号	文件名称	报送时间	披露类型
8	持股5%以上股东持股情况表（附件2-4）	同上	非上网上报，仅存档
9	申请股票上市的董事会和股东大会决议	同上	非上网上报，仅存档
10	营业执照复印件及关于及时办理工商登记变更的承诺函	同上	非上网上报，仅存档
11	公司章程	同上	上网、存档
12	依法经具有执行证券、期货相关业务资格的会计师事务所审计的发行人最近三年的财务会计报告	同上	非上网上报，仅存档
13	关于董事、监事和高级管理人员持有本公司股份的情况说明（注2）和《董事（监事、高级管理人员）声明及承诺书》（注3）	同上	非上网上报，仅存档
14	发行人拟聘任或者已聘任的董事会秘书的有关资料（简历、关于聘任该董事会秘书的董事会决议）	同上	非上网上报，仅存档
15	首次公开发行后至上市前按规定新增的财务资料和有关重大事项的说明（如适用）	同上	非上网上报，仅存档
16	首次公开发行前已发行股份持有人持股锁定承诺	同上	非上网上报，仅存档
17	上海证券交易所科创板股票上市规则第2.4.4条所述的承诺函（发行人应当在上市公告书中披露上述承诺）	同上	非上网上报，仅存档
18	保荐代表人的证明文件、保荐机构向保荐代表人出具的由董事长或者总经理签名的授权书，以及与上市保荐工作有关的其他文件	同上	非上网上报，仅存档
19	发行人经办人员的证明文件、发行人出具的由董事长或者总经理签名的授权书	同上	非上网上报，仅存档
20	发行人及其董事、监事、高级管理人员根据上海证券交易所科创板股票上市规则第2.1.6条对上市申请文件作出的保证	同上	非上网上报，仅存档

序号	文件名称	报送时间	披露类型
21	募集资金专户存储三方监管协议（附件2-5）	同上	非上网上报，仅存档
22	上交所要求的其他文件	同上	非上网上报，仅存档

注1：由于沪港通的推出，凡在香港有H股已经上市的，再申请到上交所A股市场上市，需在上市表格中填写H股代码和H股英文简称。

注2：董事、监事和高级管理人员提交持有的股票账户及持有本公司股票的情况时应注意：（1）如持有多个股票账户，应全部申报；（2）如使用曾用名开立过股票账户，应一并申报；（3）保荐人应将相关人员的现用名及身份证号码、曾用名及身份证号码（如有）一并报送中国结算上海分公司查询，并将查询结果与相关人员的报送情况进行核对。

注3：董事、监事、高级管理人员在填写声明与承诺书时应注意：（1）声明人为境外人士的，原则上应在中文文本上签字，如特殊情况需使用英文文本，则应经境内公证机关公证，或由律师对中英文文本一致性发表见证意见；（2）声明人和声明人配偶、父母、年满18周岁具有民事行为能力的子女及其配偶、兄弟姐妹均应填写姓名和身份证号码；（3）相关栏目如不适用应注明"无"。

需录入通知单：

序号	通知单名称	录入时间	录入方式
1	科创板新股（存托凭证）上市通知	L-2日15:30或之前	通过发行承销业务系统

L-1日之前：

1.《首次公开发行股票科创板上市公告书》见报、见上交所网站，《公司章程》见上交所网站；

2. 上市仪式准备工作（见下文上市仪式）；

3. 上市仪式当天直/录播相关事项准备工作（如有）。

L日：

1. 签署股票上市协议（一式二份，内容由保荐机构填写）；

2. 公司股票正式上市。

L+10日内：

在全部发行工作完成后10个工作日内，主承销商应当将承销总结报告、募集资金验资报告（L-2日已提交，如无更新可不用重复提交）、战略投资者缴款验资报告、新股配售经纪佣金验资报告、专项法律意见书（L-2日已提交，如无更新可不用重复提交）、保荐承销协议（含补充承销协议）、承销团协议（如有）、战略投资者认股协议等文件通过发行承销业务系统向上交所报备。

行使超额配售选择权的：

在超额配售选择权行使期届满或者累计购回股票数量达到采用超额配售选择权发行股票数量限额的5个工作日内，获授权的主承销商应将超额配售选择权的实施情况以及使用超额配售股票募集资金买入股票的完整记录通过发行承销业务系统一并上传。

（三）上市公告书披露事项

1．参考上交所官网《关于发布科创板证券上市公告书内容与格式指引的通知》。

2．《关于发布科创板公司董事（监事、高级管理人员、控股股东、实际控制人）声明及承诺书的通知》。

（四）上市仪式

上市公司股票首次在上交所挂牌上市，上市当日可在上交所举行上市仪式。由上交所所属子公司上证金融服务公司（以下简称上证金服）负责仪式的安排和协调，上市公司配合并按要求共同做好上市仪式工作。

X日：

确定企业上市仪式个性化需求。

L-3日之前：

1．上市公司确认上市仪式方案；

2．上市公司准备上市仪式所需材料（上市仪式指南、报送表、保障单、上市企业风采展示）；

3．上市公司确认是否需要上市仪式直/录播服务/同步直播。

L-3日：

1．上市公司提交上市仪式贵宾名单和企业上市风采微信号发布内容；

2．上市公司报送相关材料（上市仪式指南、报送表、保障单、上市企业风采展示）。

L-1日：

上市公司现场确认所有准备工作。

L日：

上市仪式当日主要分为企业上市、上交所企业上市服务微信公共平台发布两项活动：

1. 企业上市主要包括签署股票上市协议书（一式四份），具体流程请见附件2-9。

2. 微信公众服务号发布上市风采，为企业做线上宣传，企业必须在L日前提供所需材料，此项服务活动免费，具体上市公司风采模板由上证金服提供。

3. 上市仪式直/录播服务由上证路演中心提供，旨在为上市公司记录上市珍贵时刻，增加公司宣传渠道，增进投资者、企业及上交所之间的沟通。服务包括直播上市仪式过程（9:15—9:30，可选项）、录制公司上市当天过程（公司到达交易所至上市仪式结束）并制作3分钟左右上市精彩剪辑两项内容，视频将在上交所官网（www.sse.com.cn）、上证路演中心网站（roadshow.sseinfo.com）以及微信公众号（上证路演中心/sse_roadshow）同步发布，本项服务免费（上市仪式直/录播流程详见附件2-9）。

五、发行期间新股暂停、恢复及终止的情况处理

（一）主承销商务必在第一时间通知上交所关于新股的暂停、恢复及终止发行情况，以便上交所进行业务及技术处理。

（二）新股暂停后恢复发行在初询前后的处理方式：

1. 未完成初询

（1）新股在初询期间暂停发行后，立即恢复发行的，原初询数据保留，继续发行流程；

（2）新股在初询期间暂停发行，一段时间后恢复发行的，可按发行人申请重启发行。

2. 已完成初询

新股已完成初询，暂停后恢复发行的，主承销商应督促发行人在新的T-2日在发行承销业务系统提交发行公告，并确保发行公告于新的T-1日见报、见网。

六、附则

特别说明

（一）本指南仅为方便有关机构及人士在上海证券交易所办理首次公开发行股票并在科创板上市业务之用，并非上交所业务规则或对规则的解释。如本指南与国家法律、法规及有关业务规则发生冲突，应以法律、法规及有关业务规则为准。

（二）上交所将根据需要随时修改本指南，恕不另行通知。

（三）上交所保留对本指南的最终解释权。

附件 1-1

拟上市公司预安排发行、上市日期申请表

上海证券交易所：

公司全称	
证券简称	
证券代码	
获得批文日期	____月____日
批文号	
刊登招股意向书日	T-____日，即____月____日
T日（T日为网上网下申购日）	____月____日
公司拟上市日期（T+8，按交易日计算） *如有特殊情况，请提前与上交所沟通。	T+8日，即____月____日
如有特殊原因，确需安排单独上市（则不需填写"公司拟上市日期"），请写明原因，由上交所统一协调安排。	独家上市的原因：

拟上市公司联系人：_____　　联系方式：_____

本公司承诺：遵守《上海证券交易所证券发行上市业务指引（2018年修订）》的相关规定，按照贵所统筹安排的最终发行和上市日期尽责安排发行上市相关事宜。

_____股份有限公司

_____年____月____日

拟上市公司盖章处

备注：为更好地服务拟上市企业，请发行人在提交《初询公告》时，将《拟上市公司发行、上市日期申请表》填妥后一并作为附件上传至发行承销业务系统。上交所将按照同一交易日内最多不超过4家的原则，统筹安排最终的发行上市日期。

如申请一天内上市企业数超过4家，上交所将按照《发行上市业务指引》的相关规定，首先按发行日期（T日）、其次按证监会注册文件号先后顺序，协调最终的上市日期。

如有特殊原因，确需安排单独上市，请于上表中写明原因，并无须填写拟上市日期，最后由上交所统一协调安排。

附件 1-2

上海证券交易所新股发行上市业务
自查和承诺反馈表

主承销商	
自查情况	
承诺说明	本公司承诺将严格遵守上海证券交易所新股发行上市规则，按照《关于进一步做好新股发行上市业务的通知》的要求，做好新股发行上市业务各项工作，严格防范各个环节风险点，采取有针对性的风控措施。如因本公司原因发生重大失误，对市场造成重大影响，本公司将承担相应的法律责任。

发行上市业务负责人：　　　　　　联系电话（手机）：

具体业务经办人：　　　　　　　　联系电话（手机）：

　　　　　　　　　　　　　　　　　　　　×　×公司

　　　　　　　　　　　　　　　　　　　　（印章）

　　　　　　　　　　　　　　　　×　×年×　×月×　×日

附件 1-3

×××× 股份有限公司
关于申请科创板证券代码以及简称的函

上海证券交易所：

×××股份有限公司（以下简称公司）首次发行股票并上市的申报文件，已于201×年×月×日报送发行与承销方案，公司注册资本为××××万股，公司拟首次公开发行人民币普通股证券不超过××××万股并申请在贵所科创板上市。

公司成立于××××年×月，注册地：××省××市。

截至公司股份首次公开发行前，持有公司股份的各发起人为：××公司等（要求披露前十大股东）。公司发行前总股本为××股，其中××公司××股，占总股本的比例为××%，为公司第一大股东。

公司主营业务为：××××

公司所属证监会行业分类代码及名称为：××××

公司在行业的地位：××××

201×年度公司总资产：××亿元，净资产：××亿元，营业收入：××亿元，净利润：××亿元（要求披露最近一期年报的财务数据，净利润为扣非后归母净利润）。

公司申请A股证券使用"××××"为证券简称（该简称不与沪深交易所上市公司及新三板挂牌公司重名）、"××××"为证券扩位简称（不得超过8个汉字）、"688×××"为证券代码。

附件 1-3-1

科创板证券代码以及简称申请表

公司全称			
证券代码		证券简称	
证券扩位简称			
代码确定方式	□自主选号 □顺序分配		
证券简称是否重名	□是　　□否 （请确保该简称不与沪深交易所上市公司、新三板挂牌公司重名）		
所属行业	1.工业□　　　2.综合□　　　3.公用事业□ 4.商业□　　　5.地产□		
科创板所属行业	1.信息技术□　2.高端装备□　3.新材料□ 4.新能源□　　5.节能环保□　6.生物医药□ 7.其他□		
公司联系人			
联系手机		联系邮箱	
保荐机构			
保荐机构联系人			
联系手机		联系邮箱	

注：证券简称，一般情况下取公司全称中的三至四个字。如有特殊情况，请提前与发行上市服务中心沟通。

特此致函

（发行人盖章）

二〇一×年××月××日

附件 1-4

<h1 style="text-align:center">关于通过上海证券交易所证券交易系统
上网发行股票的申请</h1>

上海证券交易所:

××股份有限公司(以下简称××××)向社会公开发行××万股普通股股票的申请已获证监会(证监许可〔2019〕×××号)注册同意。为了确保本次股票发行工作顺利进行,主承销商和发行人特此申请于×年×月×日刊登招股意向书,并于×年×月×日通过贵所的证券交易系统采用市值申购方式上网发行本次"××××"股票。

在本次"××××"股票上网发行过程中,主承销商和发行人承诺将按照上海证券交易所发布的相关规则、业务指引、指南,根据公开、公平、公正原则有序组织本次上网发行工作。

在本次"××××"股票上网发行过程中,主承销商将通过贵所的交易主机接受投资者的申购委托。请贵所于申购结束后按有效申购进行申购配号,并将申购配号传输至各证券营业网点。摇号抽签完成后,请贵所于当日(×年×月×日)将中签号码通过贵所卫星网络传送给各证券营业网点。在此基础上,委托中国证券登记结算有限责任公司上海分公司与各证券营业网点进行申购资金的清算交割及股东登记,并将扣除发行手续费后的募集资金划至主承销商指定的清算账户。主承销商将按照规定与发行人进行募股资金的清算与划转。

特此申请。

××主承销商(盖章)
××股份有限公司(盖章)
×年×月×日

附件 1-5

××××股份有限公司首次公开发行股票
网下发行电子化委托书

上海证券交易所：

根据《证券发行与承销管理办法》《上海市场首次公开发行股票网下发行细则（2018年修订）》（以下简称《细则》）及相关规定，××××公司（主承销商）就××××（发行人）网下首次公开发行相关事宜向贵所委托下列事项：

1. 委托贵所提供网下申购电子化平台安排本次发行的初步询价和定价申购发行。

2. 委托贵所向符合规定的网下投资者发放CA证书，网下投资者通过该CA证书登录网下申购电子化平台参与初步询价定价申购发行或累计投标询价发行。

3. 委托贵所将经我公司确认的或定价申购发行申报数据发送至中国证券登记结算有限责任公司上海分公司。

4. 委托贵所进行市值核对。

对于以上委托事项，我公司承诺按照规定格式向贵所提供有关各个配售对象名称、证券账户、银行付款账户等信息，保证该信息准确无误，且符合《证券发行与承销管理办法》《细则》及相关规定的要求。若因我公司提供的上述信息有误而导致符合规定的配售对象无法参与初步询价或定价申购发行，我公司承担全部法律责任，并履行赔偿义务。

在本次"××××"股票网下发行过程中，主承销商和发行人承诺将按照上海证券交易所发布的相关规则、业务指引、指南，根据公开、公平、公正原则有序组织本次网下发行工作。

特此委托。

××主承销商（盖章）

××股份有限公司（盖章）

年　月　日

附件 1-6

发行人：

_____公司，

主承销商/保荐机构：

_____公司

提交报备文件与对外披露文件一致的承诺函

上海证券交易所：

发行人和主承销商/保荐机构共同承诺，本次报送贵所的关于发行人_____公司新股发行上市申请文件中的电子文件（用于见报、见上交所网站）与提交系统的文件内容一致，发行申报文件与在上海证券交易所审核中心最后定稿的文件一致，对外披露的公告与向贵所报备的公告一致。

此致

（本页无正文，为发行人关于《发行人_____
公司，主承销商/保荐机构_____
公司提交报备文件与对外披露文件一致的承诺函》盖章页）

发行人（盖章）

年　月　日

（本页无正文，为主承销商/保荐机构关于《发行人＿＿＿＿＿＿＿＿＿＿＿
公司，主承销商/保荐机构＿＿＿＿＿＿＿＿＿＿＿＿＿＿＿＿＿＿＿＿＿＿＿
公司报备文件与对外披露文件一致的承诺函》盖章页）

主承销商/保荐机构（盖章）

年　月　日

附件 1-7

股票发行表格——初步询价

发行人名称			
证券代码		证券简称	
初步询价开始日		初步询价截止日	
报价时间	9:30—15:00	最后一日报价截止时点	
每笔拟申购数量下限	（万股）	每个配售对象拟申购数量上限	（万股）
拟申购数量步长	（万股）	每个网下投资者报价上下限比例	120%
报价价格单位	（厘）	注册资本	（万元）
每个配售对象填报笔数	（笔）	市值下限	差异化市值请填写在备注中（万元）
可参与初步询价配售对象信息登记备案完成日		可参与初步询价配售对象信息登记备案完成时点	
直接定价申购日（累计投标询价日）		每股面值	1.00元
董秘姓名		董秘联系电话（手机）	
保荐机构1（主承销商1）		保荐机构2（主承销商2）	
其他联席主承销商1		其他联席主承销商2	
限售期	有差异化限售期请填写在备注中	是否有战略配售股份	
是否行使超额配售选择权		超额配售选择权股数（如有）	（万股）
是否有特别表决权股份		每份特别表决权股份的表决权数量	
备注：	1. 本表中所有日期填写格式统一为：YYYY-MM-DD，例如2010-07-01。 2. 本表中所有时间填写格式统一为：HH:MM—HH:MM，例如9:30—15:00。 3. 本表中所有时点填写格式统一为：HH:MM，例如11:30。 4. X-1日上午10:00前，主承销商需完成初询参数录入。		

■所属行业：（请选择）

1. 工业　　2. 综合　　3. 公用事业　　4. 商业　　5. 地产

■行业分类：（请填写）＿＿＿＿＿＿＿＿＿＿＿＿＿

例如：医药制造业、印刷业、通信业等，具体分类方法见证监会《上市公司行业分类指引》（2012年11月）

■将公司上年度报告中主营业务收入10%（含10%）以上的各行有关财务数据填入下表：

行业	营业收入（万元）	占主营业收入的比重（%）

发行人（盖章）　　　　主承销商（盖章）

　年　月　日　　　　　　年　月　日

附件 1-8

股票网上发行表格——按市值申购发行

公司全称			
证券代码		证券简称	
公司所在地（省、市）			
公司地址及邮编			
公司英文全称			
董秘姓名		董秘联系电话（手机）	
保荐机构1（主承销商1）		联系电话	
保荐机构2（主承销商2）		联系电话	
保荐人一（手机）		保荐人二（手机）	
申购简称		申购代码	
发行价格确认方式（初询直接定价/累询定价）		每股面值	1.00元
发行数量（含战略配售，不含超额配售选择权）（指网上网下发行总量）	（万股）	发行价格	
网上发行数量（含超配）	（万股）	发行日期	
网下发行数量	（万股）	配号日期	
发行前总股本：	（万股）		
战略投资数量	（万股）	回拨条件	
网下配售数量	（万股）	券商交易单元号	
网上申购上限（注）	（万股）	券商自营股票账号（*该账号必须指定在上述交易单元号上）	
摇号日		发行市盈率（摊薄后）	
超额配售选择权数量		保荐跟投股票数量	
高管核心员工战略配售股票数量		普通战略投资者配售股票数量	

注1：网上申购上限不得超过当次社会公众股上网发行数量或者9999.95万股。

注2：如果发行价确定方式选择累询定价，保荐跟投股票数量、高管核心员工战略配售股票数量、普通战略投资者配售股票数量留空不填。

■招股说明书和发行公告拟刊登的报刊：＿＿＿＿＿＿＿＿

■所属行业：（请选择）

1. 工业　　2. 综合　　3. 公用事业　　4. 商业　　5. 地产

■行业分类：（请填写）＿＿＿＿＿＿＿＿

　　例如：医药制造业、印刷业、通信业等，具体分类方法见证监会《上市公司行业分类指引》（2012年11月）

　　■将公司上年度报告中主营业务收入10%（含10%）以上的各行有关财务数据填入下表：

行业	营业收入（万元）	占主营业务收入的比重（%）

发行人（盖章）　　　　　主承销商（盖章）

年　月　日　　　　　　年　月　日

附件 1-9

股票网下发行表格——定价申购发行

发行人名称				
证券代码		证券简称		
申购日				
申购时间	9:30—15:00	报价价格单位		（厘）
申购价格				
网下发行总量	（万股）	申购数量步长		（万股）
每笔申购数量下限	（万股）	每个配售对象填报笔数		（笔）
每个配售对象申购数量上下限比例				
保荐机构1（主承销商1）		保荐机构2（主承销商2）		
其他联席主承销商1		其他联席主承销商2		
备注：	1. 本表中所有日期填写格式统一为：YYYY-MM-DD，例如2010-07-01； 2. 本表中所有时间填写格式统一为：HH:MM—HH:MM，例如9:30—15:00； 3. T-1日15:30前，主承销商需完成申购参数录入。			

发行人（盖章）　　　　主承销商（盖章）

年　月　日　　　　　年　月　日

附件 1-10

股票网下发行表格——累计投标询价发行

发行人名称			
证券代码		证券简称	
累计投标询价申购日			
申购时间	9:30—15:00	报价价格单位	（厘）
申购价格下限		申购价格上限	
网下发行总量	（万股）	申购数量步长	（万股）
每笔申购数量下限	（万股）	每个配售对象填报笔数	（笔）
每个配售对象申购数量上下限比例			
保荐机构1（主承销商1）		保荐机构2（主承销商2）	
其他联席主承销商1		其他联席主承销商2	
备注：	1. 本表中所有日期填写格式统一为：YYYY-MM-DD，例如2010-07-01； 2. 本表中所有时间填写格式统一为：HH:MM—HH:MM，例如9:30—15:00； 3. T-1日15:30前，主承销商需完成申购参数录入。		

发行人（盖章）　　　　主承销商（盖章）

年　月　日　　　　　年　月　日

附件 1-11

上海证券交易所
证券上网发行中签情况报表（回拨后）

证券代码：

证券名称：

上市代码：

公开发行类型：

网上发行数量（股票：股；债券：手）：

网上发行价格（元）：

有效申购户数：

有效申购数（股票：股；债券：手）：

配号总数：

中签率：

号码范围：

注：采取累计投标询价的项目，网上发行价格暂填写为发行价格区间的上限。

附件 1-12

××××股份有限公司
××申购：（申购代码）
中签号码表

末尾位数	中签号码
末"2"位数：	72，97，47，22
末"3"位数：	868，993，743，618，493，368，243，118
末"4"位数：	4564，6564，8564，2564，0564，1000，6000
末"6"位数：	228561
末"7"位数：	0200739，2920026，1842639

公证员：

主办单位：

记录人：

日期： 年 月 日

中签号码个数：

附件 1-13

新发网上网下发行及放弃认购数量表

公司名称：

证券简称：   证券代码：

发行日期：   发行价格：

发行结果公告日期：

放弃认购股份是否进行再次配售： 否

名称	数量关系	数量（万股/万份）
网上发行数量：	I=A+B	
网上实际发行数量（含超额配售选择权）	A	
网上发行放弃认购数量	B	
网下发行数量：	J=C+E+F	
网下实际发行数量（无限售期）	C	
网下实际发行数量（有限售期）	E	
网下发行放弃认购数量	F=L+M	
战略配售数量：	K=G+H	
非延期交付数量	G	
延期交付数量（即超额配售选择权数量）	H	
发行总数量：	I+J+K	
券商包销数量：	B+L+M	
券商网上包销数量	B	
券商网下包销数量（无限售期）	L	
券商网下包销数量（有限售期）	M	
再次配售数量：	O	
备注：		

发行人（盖章）   主承销商（盖章）

年　月　日   年　月　日

附件 1-14

再次配售结果表

公司名称：

证券简称：   证券代码：

名称	数量
再次配售确定数量（万股）	注：如无再次配售，该表无须填写提交
主承销商包销数量（万股）	
合计（万股）	
备注：	

公告日期：＿＿＿＿＿＿＿＿＿＿＿＿＿

发行人（盖章）　　　主承销商（盖章）

年　月　日　　　　年　月　日

附件 1-15

上交所科创板业务代码

688×××	
787×××	网上申购（对应688×××）
789×××	配号（对应688×××）

附件 1-16

提交披露文件命名规范

编号	发行阶段	系统上传公告附件名	正文标题名
1	招股公告	××××（证券简称）首次公开发行股票并在科创板上市招股意向书	×××公司（全称）首次公开发行股票并在科创板上市招股意向书
2	询价公告	××××（证券简称）首次公开发行股票并在科创板上市发行安排及初步询价公告	×××公司（全称）首次公开发行股票并在科创板上市发行安排及初步询价公告
3	路演公告	××××（证券简称）首次公开发行股票并在科创板上市网上路演公告	×××公司（全称）首次公开发行股票并在科创板上市网上路演公告
4	发行公告	××××（证券简称）首次公开发行股票并在科创板上市发行公告	×××公司（全称）首次公开发行股票并在科创板上市发行公告
5		××××（证券简称）首次公开发行股票并在科创板上市投资风险特别公告	×××公司（全称）首次公开发行股票并在科创板上市投资风险特别公告
6	公布中签率	××××（证券简称）首次公开发行股票并在科创板上市网上发行申购情况及中签率公告	×××公司（全称）首次公开发行股票并在科创板上市网上发行申购情况及中签率公告
7	公布中签号码及配售结果	××××（证券简称）首次公开发行股票并在科创板上市网下初步配售结果及网上中签结果公告	×××公司（全称）首次公开发行股票并在科创板上市网下初步配售结果及网上中签结果公告
8	公布发行结果	××××（证券简称）首次公开发行股票并在科创板上市发行结果公告	×××公司（全称）首次公开发行股票并在科创板上市发行结果公告
		××××（证券简称）首次公开发行股票并在科创板上市招股说明书	×××公司（全称）首次公开发行股票并在科创板上市招股说明书
9	上市公告	××××（证券简称）首次公开发行股票科创板上市公告书	×××公司（全称）首次公开发行股票科创板上市公告书
10	或有公告	××××（证券简称）首次公开发行股票并在科创板上市初步询价结果及推迟发行公告	×××公司（全称）首次公开发行股票并在科创板上市初步询价结果及推迟发行公告

附件 2-1

上市表格

证券简称		证券代码	
证券简称（英文）		公司简称（英文）	
证券扩位简称			
科创板行业类别			
公司全称			
公司全称（英文）			
公司注册地址			
公司注册地址（英文）			
公司通讯地址			
公司通讯地址（英文）			
保荐机构		保荐机构联系电话	
保荐机构（英文名称）		保荐人一（姓名、手机）	
保荐人二（姓名、手机）		发行价格	
上市类型		上市日期	
首发市盈率（摊薄）		老股转让数量	（万股）
本次上市总股数（无限售条件流通股）		本次发行后总股本	
		本次发行后A股股本	
股本结构（按中国结算上海分公司托管证明填写）		上市首日A股简称	N_____（字母N后不超过三个汉字）
上市首日A股扩位简称			
H股代码		H股简称（英文）	
H股上市日期		H股股数	（万股）
H股稳定价格期间结束日期（说明：当H股上市日期在A股上市日期前两个自然月内时填写此项，如：H股上市日期是5月21日，若A股上市日期为7月22日，则无须填写；若A股上市日期为7月21日，则需填写）			
备注：由于沪港通的推出，凡在香港有H股已经上市的，再申请到上交所A股市场上市，或者A股与H股同时上市的，需在上市表格中填写H股代码、H股简称、H股上市日期、H股股数和H股稳定价格期间结束日期。否则将导致公司股票无法正常参与港股通业务，由此引发的后果由公司承担。			

发行人（盖章）　　　　保荐机构（盖章）

年　月　日　　　　　　年　月　日

附件 2-2

<h1 style="text-align:center">××股份有限公司股票上市申请书</h1>
（上市申请书至少包括但不限于以下内容）

上海证券交易所：

经中国证监会（证监许可〔2019〕×××号）注册同意，××股份有限公司（以下简称本公司）××万股社会公众股已于××年×月×日在贵所上网发行成功，发行价×元。本公司已于××年×月×日在××变更了注册登记，发起人股份和社会公众股股份的股权登记、托管等工作也已完成。

一、本公司概况（历史沿革、业务简况、主要财务指标等）。

二、本次发行情况。

三、股本结构及股东持股情况。

四、关于填报全部董事、监事和高级管理人员个人基本信息的说明。

本公司已经根据中国证监会《上市公司董事、监事和高级管理人员所持本公司股份及其变动管理规则》及上海证券交易所《上市公司董事、监事和高级管理人员股份管理业务指引》的有关规定，利用上交所CA中心发放的CA证书，通过新公司业务管理系统申报了本公司全部董事、监事和高级管理人员的个人基本信息。

五、根据有关法律法规，本公司股票已具备上市条件。

六、董事会上市承诺。

本公司保证向贵所提交的文件没有虚假陈述或者重大遗漏，并在提出上市申请期间，未经贵所同意，不擅自披露有关信息。特申请本公司股票于××年×月×日在贵所上市交易，请批准。

××股份有限公司（盖章）

××年×月×日

附件 2-3

×× 股份有限公司股票上市保荐书
（保荐书至少包括但不限于以下内容）

上海证券交易所：

经中国证监会（证监许可〔2019〕×××号）注册同意，×× 股份有限公司 ×× 万股社会公众股已于 ×× 年 × 月 × 日在贵所上网发行成功。×× 股份有限公司于 ×× 年 × 月 × 日办理了验资手续，并于 ×× 年 × 月 × 日在 ×× 变更了注册登记，目前 ×× 股份有限公司发起人股和社会公众股的股权登记、托管等工作也已完成。×× 保荐机构认为 ×× 股份有限公司的上市完全符合《中华人民共和国公司法》《中华人民共和国证券法》及《上海证券交易所股票科创板上市规则》的有关规定。本公司作为 ×× 股份有限公司的保荐机构，特推荐其股票在贵所上市交易。现将上市的有关情况报告如下：

（一）发行人概况；

（二）申请上市股票的发行情况；

（三）保荐机构是否存在可能影响其公正履行保荐职责的情形的说明；

（四）保荐机构按照有关规定应当承诺的事项；

（五）对公司持续督导工作的安排；

（六）保荐机构和相关保荐代表人的联系地址、电话和其他通信方式；

（七）保荐机构认为应当说明的其他事项；

（八）上交所要求的其他内容。

本公司保证发行人的董事了解法律法规、上海证券交易所上市规则及股票上市协议规定的董事的义务与责任，并协助发行人健全了法人治理结构、协助发行人制定了严格的信息披露制度与保密制度。本公司已对上市文件所载的资料进行了核实，确保上市文件真实、准确、完整，符合规定要求。本公司保证发行人的上市申请材料、上市公告书没有虚假、严重误导性陈述或者重大遗漏，保证对其承担连带责任，并保证不利用在上市过程中获得的内幕信息进行内幕交易，为自己或他人谋取利益。

鉴于上述内容，本公司推荐××股份公司的股票在贵所上市交易，请予批准！

附：简述本公司近一年来承销股票的情况，有无违规现象，是否受过有关部门的处罚

保荐人一：（签名）

保荐人二：（签名）

××保荐机构法定代表人（签名）

××保荐机构（盖章）

××年×月×日

附件 2-4

持股 5% 以上股东及其一致行动人持股情况表

证券简称：＿＿＿＿＿＿＿＿

证券代码：＿＿＿＿＿＿＿＿

公司股本总额：＿＿＿＿股

股东及其一致行动人名称	股东账户号（若通过多个账户持有的，需分别填写）	持有限售流通股数量（股）[1]	持有非限售流通股数量（股）[2]	[2]占公司总股本的比例（%）	持股数量合计（股）[3]	[3]占公司总股本的比例（%）

　　注意事项：公司新股发行完成后，应当按照附件的格式要求向上交所及科创板公司监管部报送持有公司股份数量达到公司发行后总股本5%以上股东及其一致行动人的相关持股情况，同时提交中国结算上海分公司出具的股份登记托管证明文件。若该股东及其一致行动人通过受其控制的多个账户（包括其控股子公司）合并持有、控制的股份数量达到公司总股本5%以上的，也应当向上交所及科创板公司监管部报送相关持股情况。

　　存在多组股东及其一致行动人的，应当分别填写本表。

　　备查文件：中国结算上海分公司出具的股份登记托管证明文件

＿＿＿＿＿＿＿＿股份有限公司（盖章）

年　　月　　日

附件 2-5

募集资金专户存储三方监管协议

（注：该募集资金专户存储三方监管协议是为了进一步加强上市前募集资金的管理，保证资金安全，加强制度约束，特别要求在发行上市申请文件中增加该协议，发行人、主承销商/保荐机构、存款银行在发行之前专门开立三方监管账户，且签订三方监管账户协议。此账户存放上市前的募集资金，主承销商（保荐机构）直接将资金划入三方监管账户，上市后发行人才能支配资金使用。具体言之，募集资金仍然划转到发行人账户，但该账户是发行人、保荐机构和存款银行三方监管账户，只有三方共同指令才能动用资金。）

发行人（盖章）

年　　月　　日

主承销商（盖章）

年　　月　　日

存款银行（盖章）

年　　月　　日

附件 2-6

上市费用缴款通知
【201N-01】

___×× ___股份有限公司：

贵公司股票将于201N年×月在上交所挂牌上市,证券简称：××××，证券代码：688×××，公司发行后A股总股本：××股，公司上年末A股总股本：××股，公司按规定须缴纳以下费用（标准见上交所官方网站）：

上市初费为××元（按发行后总股本计算）

上市年费为××元（年费/12×（12-当月份数+1））(按上年末总股本计算，四舍五入后精确到元)

本次上市费合计=××元

请及时将上市费在刊登上市公告前划至上交所，谢谢合作。

户名：上海证券交易所

开户行：招商银行上海分行营业部

账号：216085552810001

上交所财务部联系电话：（021）68805385

上交所联系电话：××，联系人：××

上海证券交易所发行上市服务中心、财务部

201N年×月×日

备注：

（1）上交所制作缴款通知单并盖章，发行人T+3日至L日领取；

（2）发行人提交上市材料，同时办理付款，财务部收到款项后开具发票。

附：

上海证券交易所调整部分收费标准的通知

各市场参与主体：

经中国证券监督管理委员会批准，从2012年6月1日起上交所对部分收费标准作如下调整：

股本总额（亿元）	上市初费标准（万元）	上市年费标准（万元）
2（含）	30（不缴款）	5（不缴款）
2~4（含）	45（不缴款）	8（不缴款）
4~6（含）	55	10
6~8（含）	60	12
8亿元以上	65	15

收费标准中的股本总额由A股、B股构成，不包括H股，上市年费股本总额按上年末A股、B股总额计算。

上海证券交易所

二〇一五年八月一日

注：根据2018年7月31日发布的《关于上海证券交易所减免部分收费项目的通知》，暂免总股本4亿股（含）以下上市公司上市初费和上市年费的优惠政策，将延长执行至2020年12月31日（含）。该通知自2018年8月1日起实施。

附件 2-7

上市仪式流程

时间	具体活动内容
08:45	来宾准时抵达上海证券大厦底楼大厅
08:45—08:55	来宾站定于背景板前拍照合影
08:55	礼仪小姐引领嘉宾从北塔进入5楼仪式大厅
09:00	礼仪小姐引领嘉宾进入交易大厅
09:05	礼仪小姐引领观礼嘉宾列队完成
09:08	佩戴胸花嘉宾进入5楼交易大厅走上主席台
09:10	司仪宣布开始，介绍主席台嘉宾
09:12—09:22	发行方领导致辞
	主承销商领导致辞
	政府领导致辞
09:26	发行方领导与上海证券交易领导签订《上市协议书》
09:27	发行方领导与上海证券交易领导互换上市纪念品
09:28	贵宾领导共同鸣锣开市
09:29	开启红酒祝贺上市成功，全体来宾观看开盘走势
09:35	上市仪式结束，来宾拍照留念
09:45	礼仪小姐引导来宾统一离开证券大厦，原车返回酒店

附件 2-8

IPO 网上路演操作流程

事项	时间	具体事项	备注
提出申请	R-5日	公司提出路演申请,提交《IPO路演申请表》	联系上证路演中心获取申请表
材料准备	R-3日	公司依照要求准备相关介绍及展示材料	
设计制作	R-2日	上证路演中心根据公司所提供材料进行网站展示架构及网页设计制作	公司对设计进行反馈
现场参会嘉宾名单确定	R-2日	公司确认现场参会人员名单	提供给上证路演中心
岗位负责人确定	R-2日	公司确定路演总协调人、问题分发负责人	提供给上证路演中心
网上路演	R日	进行路演现场直播及网上互动交流活动	

注:1. R日为路演举行日,表中时间为交易日。

2. 如公司为直接定价,可在获批之后直接与上证路演中心联系。

附件 2-9

上市仪式直/录播操作流程

事项	时间	具体事项	备注
提出申请	L-5日	公司提出上市仪式直播或录播申请，提交《上市仪式直/录播申请表》	联系上证上证路演中心获取申请表
前期沟通	L-3日	与公司就直/录播相关细节进行沟通	如上市前无精彩节目或现场直播，本步骤可省略
设计制作	L-1日	上证路演中心进行网站展示架构及网页设计制作	
现场彩排	L-1日	拍摄人员到达现场参与彩排确定相关事宜	如上市前无精彩节目，本步骤省略
上市仪式直录播	L日	上市仪式直播或录播，上市仪式视频挂网	

注：L日为上市交易日，表中时间为交易日。

三、上市

关于修改《上海证券交易所科创板股票上市规则》的通知

(上证发〔2019〕53 号 2019 年 4 月 30 日)

各市场参与人：

为了进一步规范上市公司治理，完善中小投资者保护，上海证券交易所（以下简称本所）对《上海证券交易所科创板股票上市规则》进行了修改，相关条文修改如下：

一、在第4.2.5条中新增一款作为第一款："董事每届任期不得超过3年，任期届满可连选连任。董事由股东大会选举和更换，并可在任期届满前由股东大会解除其职务。"

二、第4.3.5条修改为："上市公司应当在公司章程中规定股东大会的召集、召开和表决等程序，制定股东大会议事规则，并列入公司章程或者作为章程附件。

股东大会应当设置会场，以现场会议形式召开。现场会议时间、地点的选择应当便于股东参加。发出股东大会通知后，无正当理由，股东大会现场会议召开地点不得变更。确需变更的，召集人应当在现场会议召开日前至少2个交易日公告并说明原因。上市公司应当提供网络投票方式为股东参加股东大会提供便利。股东通过上述方式参加股东大会的，视为出席。

上市公司应当根据相关规则采用累积投票、征集投票等方式，保障股东表决权。"

三、在第4.3.16条后增加一条作为第4.3.17条："上市公司控股子公司不得取得该上市公司发行的股份。确因特殊原因持有股份的，应当在一年内依法消除该情形。前述情形消除前，相关子公司不得行使所持股份对应的表决权。"

修改后的《上海证券交易所科创板股票上市规则（2019年4月修订）》（详见附件），已经本所理事会审议通过并报经中国证监会批准，现予以发布，自发布之日起施行。

特此通知。

附件：上海证券交易所科创板股票上市规则（2019年4月修订）

上海证券交易所科创板股票上市规则

（2019 年 3 月实施，2019 年 4 月第一次修订）

目　录

第一章 总则

1.1 为了规范上海证券交易所（以下简称本所）科创板上市和持续监管事宜，支持引导科技创新企业更好地发展，维护证券市场公开、公平、公正，保护投资者的合法权益，根据《中华人民共和国公司法》（以下简称《公司法》）、《中华人民共和国证券法》（以下简称《证券法》）、《关于在上海证券交易所设立科创板并试点注册制的实施意见》、《科创板上市公司持续监管办法（试行）》、《证券交易所管理办法》等相关法律、行政法规、部门规章、规范性文件（以下统称法律法规）以及《上海证券交易所章程》，制定本规则。

1.2　股票、存托凭证及其衍生品种在本所科创板的上市和持续监管等事宜，适用本规则；本规则未作规定的，适用本所其他有关规定。

1.3　发行人股票在本所科创板首次上市，应当经本所审核并由中国证监会作出同意注册决定。发行人应当与本所签订上市协议，明确双方的权利、义务和其他有关事项。

1.4　发行人、上市公司及其董事、监事、高级管理人员、核心技术人员、股东或存托凭证持有人、实际控制人、收购人及其相关人员、重大资产重组交易对方及其相关人员、破产管理人及其成员，应当遵守法律法规、本规则以及本所其他规定，履行信息披露义务，促进公司规范运作。

1.5　为发行人、上市公司以及相关信息披露义务人提供服务的保荐机构、保荐代表人、证券服务机构及其相关人员，应当遵守法律法规、本规则以及本所其他规定，诚实守信，勤勉尽责。

保荐机构、保荐代表人和证券服务机构制作、出具文件应当对所依据资料内容的真实性、准确性、完整性进行核查和验证，所制作、出具的文件不得有虚假记载、误导性陈述或者重大遗漏。

1.6　本所依据法律法规、本规则以及本所其他规定、上市协议、相关主体的声明与承诺，对前述第1.4条、第1.5条规定的机构及相关人员进行自律监管。

第二章　股票上市与交易

第一节　首次公开发行股票的上市

2.1.1　发行人申请在本所科创板上市，应当符合下列条件：

（一）符合中国证监会规定的发行条件；

（二）发行后股本总额不低于人民币3000万元；

（三）公开发行的股份达到公司股份总数的25%以上，公司股本总额超过人民币4亿元的，公开发行股份的比例为10%以上；

（四）市值及财务指标符合本规则规定的标准；

（五）本所规定的其他上市条件。

本所可以根据市场情况，经中国证监会批准，对上市条件和具体标准进行调整。

2.1.2　发行人申请在本所科创板上市，市值及财务指标应当至少符合下列标准中的一项：

（一）预计市值不低于人民币10亿元，最近两年净利润均为正且累计净利润不低于人民币5000万元，或者预计市值不低于人民币10亿元，最近一年净利润为正且营业收入不低于人民币1亿元；

（二）预计市值不低于人民币15亿元，最近一年营业收入不低于人民币2亿元，且最近三年累计研发投入占最近三年累计营业收入的比例不低于15%；

（三）预计市值不低于人民币20亿元，最近一年营业收入不低于人民币3亿元，且最近三年经营活动产生的现金流量净额累计不低于人民币1亿元；

（四）预计市值不低于人民币30亿元，且最近一年营业收入不低于人民币3亿元；

（五）预计市值不低于人民币40亿元，主要业务或产品需经国家有关部门批准，市场空间大，目前已取得阶段性成果。医药行业企业需至少有一项核心产品获准开展二期临床试验，其他符合科创板定位的企业需具备明显的技术优势并满足相应条件。

本条所称净利润以扣除非经常性损益前后的孰低者为准，所称净利润、营业收入、经营活动产生的现金流量净额均指经审计的数值。

2.1.3　符合《国务院办公厅转发证监会关于开展创新企业境内发行股票或存托凭证试点若干意见的通知》（国办发〔2018〕21号）相关规定的红筹企业，可以申请发行股票或存托凭证并在科创板上市。

营业收入快速增长，拥有自主研发、国际领先技术，同行业竞争中处于相对优势地位的尚未在境外上市红筹企业，申请在科创板上市的，市值及财务指标应当至少符合下列标准之一：

（一）预计市值不低于人民币100亿元；

（二）预计市值不低于人民币50亿元，且最近一年营业收入不低于人民币5亿元。

2.1.4 发行人具有表决权差异安排的，市值及财务指标应当至少符合下列标准中的一项：

（一）预计市值不低于人民币100亿元；

（二）预计市值不低于人民币50亿元，且最近一年营业收入不低于人民币5亿元。

发行人特别表决权股份的持有人资格、公司章程关于表决权差异安排的具体规定，应当符合本规则第四章第五节的规定。

本规则所称表决权差异安排，是指发行人依照《公司法》第一百三十一条的规定，在一般规定的普通股份之外，发行拥有特别表决权的股份（以下简称特别表决权股份）。每一特别表决权股份拥有的表决权数量大于每一普通股份拥有的表决权数量，其他股东权利与普通股份相同。

2.1.5 发行人首次公开发行股票经中国证监会同意注册并完成股份公开发行后，向本所提出股票上市申请的，应当提交下列文件：

（一）上市申请书；

（二）中国证监会同意注册的决定；

（三）首次公开发行结束后发行人全部股票已经中国证券登记结算有限责任公司（以下简称中国结算）上海分公司登记的证明文件；

（四）首次公开发行结束后，具有执行证券、期货相关业务资格的会计师事务所出具的验资报告；

（五）发行人、控股股东、实际控制人、董事、监事和高级管理人员根据本规则要求出具的证明、声明及承诺；

（六）首次公开发行后至上市前，按规定新增的财务资料和有关重大事项的说明（如适用）；

（七）本所要求的其他文件。

2.1.6 发行人及其董事、监事、高级管理人员应当保证上市申请文件真实、准确、完整，不存在虚假记载、误导性陈述或者重大遗漏。

2.1.7 本所收到发行人上市申请文件后5个交易日内，作出是否同意上市的决定。

发行人发生重大事项，对是否符合上市条件和信息披露要求产生重大影响的，本所可提请科创板股票上市委员会进行审议，审议时间不计入前款规定时限。

2.1.8　发行人应当于股票上市前5个交易日内，在指定媒体及本所网站上披露下列文件：

（一）上市公告书；

（二）公司章程；

（三）本所要求的其他文件。

第二节　上市公司股票发行上市

2.2.1　上市公司依法公开发行股票的，可以在规定时间内披露招股说明书、配股说明书等相关文件，并向本所申请办理股票公开发行、配股事宜。

2.2.2　上市公司股票公开发行或配股结束并完成登记后，应当在股票上市前披露上市公告等相关文件，并向本所申请办理新增股份上市事宜。

2.2.3　上市公司非公开发行股票结束并完成登记后，应当在股票上市前披露发行结果公告等相关文件，并向本所申请办理新增股份上市事宜。

第三节　股份解除限售

2.3.1　下列股份符合解除限售条件的，股东可以通过上市公司申请解除限售：

（一）发行人首次公开发行前已发行的股份（以下简称首发前股份）；

（二）上市公司非公开发行的股份；

（三）发行人、上市公司向证券投资基金、战略投资者及其他法人或者自然人配售的股份；

（四）董事、监事、高级管理人员以及核心技术人员等所持限售股份；

（五）其他限售股份。

2.3.2　上市公司申请股份解除限售，应当在限售解除前5个交易日披露提示性公告。

上市公司应当披露股东履行限售承诺的情况，保荐机构、证券服务机构应当发表意见并披露。

第四节　股份减持

2.4.1　上市公司股份的限售与减持，适用本规则；本规则未规定的，适用《上海证券交易所上市公司股东及董事、监事、高级管理人员减持股份实施细则》（以下简称《减持细则》）、《上海证券交易所上市公司创业投资基金股东减持股份实施细则》及本所其他有关规定。

上市公司股东可以通过非公开转让、配售方式转让首发前股份，转让的方式、程序、价格、比例以及后续转让等事项，以及上市公司非公开发行股份涉及的减持由本所另行规定，报中国证监会批准后实施。

2.4.2 公司股东持有的首发前股份，可以在公司上市前托管在为公司提供首次公开发行上市保荐服务的保荐机构，并由保荐机构按照本所业务规则的规定，对股东减持首发前股份的交易委托进行监督管理。

2.4.3 公司上市时未盈利的，在公司实现盈利前，控股股东、实际控制人自公司股票上市之日起3个完整会计年度内，不得减持首发前股份；自公司股票上市之日起第4个会计年度和第5个会计年度内，每年减持的首发前股份不得超过公司股份总数的2%，并应当符合《减持细则》关于减持股份的相关规定。

公司上市时未盈利的，在公司实现盈利前，董事、监事、高级管理人员及核心技术人员自公司股票上市之日起3个完整会计年度内，不得减持首发前股份；在前述期间内离职的，应当继续遵守本款规定。

公司实现盈利后，前两款规定的股东可以自当年年度报告披露后次日起减持首发前股份，但应当遵守本节其他规定。

2.4.4 上市公司控股股东、实际控制人减持本公司首发前股份的，应当遵守下列规定：

（一）自公司股票上市之日起36个月内，不得转让或者委托他人管理其直接和间接持有的首发前股份，也不得提议由上市公司回购该部分股份；

（二）法律法规、本规则以及本所业务规则对控股股东、实际控制人股份转让的其他规定。

发行人向本所申请其股票首次公开发行并上市时，控股股东、实际控制人应当承诺遵守前款规定。

转让双方存在控制关系或者受同一实际控制人控制的，自发行人股票上市之日起12个月后，可豁免遵守本条第一款规定。

2.4.5 上市公司核心技术人员减持本公司首发前股份的，应当遵守下列规定：

（一）自公司股票上市之日起12个月内和离职后6个月内不得转让本公司

首发前股份；

（二）自所持首发前股份限售期满之日起4年内，每年转让的首发前股份不得超过上市时所持公司首发前股份总数的25%，减持比例可以累积使用；

（三）法律法规、本规则以及本所业务规则对核心技术人员股份转让的其他规定。

2.4.6　上市公司控股股东、实际控制人在限售期满后减持首发前股份的，应当明确并披露公司的控制权安排，保证上市公司持续稳定经营。

2.4.7　上市公司存在本规则第十二章第二节规定的重大违法情形，触及退市标准的，自相关行政处罚决定或者司法裁判作出之日起至公司股票终止上市前，控股股东、实际控制人、董事、监事、高级管理人员不得减持公司股份。

2.4.8　上市公司控股股东、实际控制人减持股份，依照《减持细则》披露减持计划的，还应当在减持计划中披露上市公司是否存在重大负面事项、重大风险、控股股东或者实际控制人认为应当说明的事项，以及本所要求披露的其他内容。

2.4.9　上市公司股东所持股份应当与其一致行动人所持股份合并计算。一致行动人的认定适用《上市公司收购管理办法》的规定。

上市公司第一大股东应当参照适用本节关于控股股东的规定。

发行人的高级管理人员与核心员工设立的专项资产管理计划，通过集中竞价、大宗交易等方式在二级市场减持参与战略配售获配股份的，应当按照本规则关于上市公司股东减持首发前股份的规定履行相应信息披露义务。

第三章　持续督导

第一节　一般规定

3.1.1　为发行人首次公开发行股票提供保荐服务的保荐机构，应当对发行人进行持续督导。

上市公司发行股份和重大资产重组的持续督导事宜，按照中国证监会和本所有关规定执行。

3.1.2　首次公开发行股票并在科创板上市的，持续督导期间为股票上市当年剩余时间以及其后3个完整会计年度。持续督导期届满，如有尚未完结的保荐工作，保荐机构应当继续完成。

保荐机构应当与发行人、上市公司或相关方就持续督导期间的权利义务签订持续督导协议。

3.1.3　上市公司原则上不得变更履行持续督导职责的保荐机构。

上市公司因再次发行股票另行聘请保荐机构的，另行聘请的保荐机构应当履行剩余期限的持续督导职责。

保荐机构被撤销保荐资格的，上市公司应当在1个月内另行聘请保荐机构，履行剩余期限的持续督导职责。另行聘请的保荐机构持续督导的时间不得少于1个完整的会计年度。

原保荐机构在履行持续督导职责期间未勤勉尽责的，其责任不因保荐机构的更换而免除或者终止。

3.1.4　保荐机构应当建立健全并有效执行持续督导业务管理制度。

保荐机构、保荐代表人应当制作并保存持续督导工作底稿。工作底稿应当真实、准确、完整地反映保荐机构、保荐代表人履行持续督导职责所开展的主要工作，并作为出具相关意见或者报告的基础。

3.1.5　保荐机构应当指定为发行人首次公开发行提供保荐服务的保荐代表人负责持续督导工作，并在上市公告书中予以披露。前述保荐代表人不能履职的，保荐机构应当另行指定履职能力相当的保荐代表人并披露。

保荐机构应当建立健全保荐代表人工作制度，明确保荐代表人的工作要求和职责，建立有效的考核、激励和约束机制。

保荐代表人未按照本规则履行职责的，保荐机构应当督促保荐代表人履行职责。

3.1.6　保荐机构在持续督导期间，应当履行下列持续督导职责：

（一）督促上市公司建立和执行信息披露、规范运作、承诺履行、分红回报等制度；

（二）识别并督促上市公司披露对公司持续经营能力、核心竞争力或者控制权稳定有重大不利影响的风险或者负面事项，并发表意见；

（三）关注上市公司股票交易异常波动情况，督促上市公司按照本规则规定履行核查、信息披露等义务；

（四）对上市公司存在的可能严重影响公司或者投资者合法权益的事项开展专项核查，并出具现场核查报告；

（五）定期出具并披露持续督导跟踪报告；

（六）中国证监会、本所规定或者保荐协议约定的其他职责。

保荐机构、保荐代表人应当针对上市公司的具体情况，制定履行各项持续督导职责的实施方案。

3.1.7　上市公司应当按照下列要求，积极配合保荐机构履行持续督导职责：

（一）根据保荐机构和保荐代表人的要求，及时提供履行持续督导职责必需的相关信息；

（二）发生应当披露的重大事项或者出现重大风险的，及时告知保荐机构和保荐代表人；

（三）根据保荐机构和保荐代表人的督导意见，及时履行信息披露义务或者采取相应整改措施；

（四）协助保荐机构和保荐代表人披露持续督导意见；

（五）为保荐机构和保荐代表人履行持续督导职责提供其他必要的条件和便利。

上市公司不配合保荐机构、保荐代表人持续督导工作的，保荐机构、保荐代表人应当督促公司改正，并及时报告本所。

第二节　持续督导职责的履行

3.2.1　保荐机构、保荐代表人应当协助和督促上市公司建立相应的内部制度、决策程序及内控机制，以符合法律法规和本规则的要求，并确保上市公司及其控股股东、实际控制人、董事、监事和高级管理人员、核心技术人员知晓其在本规则下的各项义务。

3.2.2　保荐机构、保荐代表人应当持续督促上市公司充分披露投资者作出价值判断和投资决策所必需的信息，并确保信息披露真实、准确、完整、及时、公平。

保荐机构、保荐代表人应当对上市公司制作信息披露公告文件提供必要的指导和协助，确保其信息披露内容简明易懂，语言浅白平实，具有可理解性。

保荐机构、保荐代表人应当督促上市公司控股股东、实际控制人履行信息披露义务，告知并督促其不得要求或者协助上市公司隐瞒重要信息。

3.2.3　上市公司或其控股股东、实际控制人作出承诺的，保荐机构、保荐代表人应当督促其对承诺事项的具体内容、履约方式及时间、履约能力分析、履约风险及对策、不能履约时的救济措施等方面进行充分信息披露。

保荐机构、保荐代表人应当针对前款规定的承诺披露事项，持续跟进相关主体履行承诺的进展情况，督促相关主体及时、充分履行承诺。

上市公司或其控股股东、实际控制人披露、履行或者变更承诺事项，不符合法律法规、本规则以及本所其他规定的，保荐机构和保荐代表人应当及时提出督导意见，并督促相关主体进行补正。

3.2.4 保荐机构、保荐代表人应当督促上市公司积极回报投资者，建立健全并有效执行符合公司发展阶段的现金分红和股份回购制度。

3.2.5 保荐机构、保荐代表人应当持续关注上市公司运作，对上市公司及其业务有充分了解；通过日常沟通、定期回访、调阅资料、列席股东大会等方式，关注上市公司日常经营和股票交易情况，有效识别并督促上市公司披露重大风险或者重大负面事项。

保荐机构、保荐代表人应当核实上市公司重大风险披露是否真实、准确、完整。披露内容存在虚假记载、误导性陈述或者重大遗漏的，保荐机构、保荐代表人应当发表意见予以说明。

3.2.6 上市公司及相关信息披露义务人出现本章第3.2.7条、第3.2.8条和第3.2.9条规定事项的，保荐机构、保荐代表人应当督促公司严格履行信息披露义务，并于公司披露公告时，就信息披露是否真实、准确、完整及本章规定的其他内容发表意见并披露。

保荐机构、保荐代表人无法按时履行前款所述职责的，应当披露尚待核实的事项及预计发表意见的时间，并充分提示风险。

3.2.7 上市公司日常经营出现下列情形的，保荐机构、保荐代表人应当就相关事项对公司经营的影响以及是否存在其他未披露重大风险发表意见并披露：

（一）主要业务停滞或出现可能导致主要业务停滞的重大风险事件；

（二）资产被查封、扣押或冻结；

（三）未能清偿到期债务；

（四）实际控制人、董事长、总经理、财务负责人或核心技术人员涉嫌犯罪被司法机关采取强制措施；

（五）涉及关联交易、为他人提供担保等重大事项；

（六）本所或者保荐机构认为应当发表意见的其他情形。

3.2.8 上市公司业务和技术出现下列情形的，保荐机构、保荐代表人应当就相关事项对公司核心竞争力和日常经营的影响，以及是否存在其他未披露重大风险发表意见并披露：

（一）主要原材料供应或者产品销售出现重大不利变化；

（二）核心技术人员离职；

（三）核心知识产权、特许经营权或者核心技术许可丧失、不能续期或者出现重大纠纷；

（四）主要产品研发失败；

（五）核心竞争力丧失竞争优势或者市场出现具有明显优势的竞争者；

（六）本所或者保荐机构认为应当发表意见的其他情形。

3.2.9 控股股东、实际控制人及其一致行动人出现下列情形的，保荐机构、保荐代表人应当就相关事项对上市公司控制权稳定和日常经营的影响、是否存在侵害上市公司利益的情形以及其他未披露重大风险发表意见并披露：

（一）所持上市公司股份被司法冻结；

（二）质押上市公司股份比例超过所持股份80%或者被强制平仓的；

（三）本所或者保荐机构认为应当发表意见的其他情形。

3.2.10 上市公司股票交易出现严重异常波动的，保荐机构、保荐代表人应当督促上市公司及时按照本规则履行信息披露义务。

3.2.11 保荐机构、保荐代表人应当督促控股股东、实际控制人、董事、监事、高级管理人员及核心技术人员履行其作出的股份减持承诺，关注前述主体减持公司股份是否合规、对上市公司的影响等情况。

3.2.12 保荐机构、保荐代表人应当关注上市公司使用募集资金的情况，督促其合理使用募集资金并持续披露使用情况。

3.2.13 上市公司出现下列情形之一的，保荐机构、保荐代表人应当自知道或者应当知道之日起15日内进行专项现场核查：

（一）存在重大财务造假嫌疑；

（二）控股股东、实际控制人、董事、监事或者高级管理人员涉嫌侵占上市公司利益；

（三）可能存在重大违规担保；

（四）资金往来或者现金流存在重大异常；

（五）本所或者保荐机构认为应当进行现场核查的其他事项。

3.2.14 保荐机构进行现场核查的，应当就核查情况、提请上市公司及投资者关注的问题、本次现场核查结论等事项出具现场核查报告，并在现场核查结束后15个交易日内披露。

3.2.15 保荐机构应当在上市公司年度报告、半年度报告披露之日起15个交易日内，披露包括下列内容的持续督导跟踪报告：

（一）保荐机构和保荐代表人发现的问题及整改情况；

（二）重大风险事项；

（三）重大违规事项；

（四）主要财务指标的变动原因及合理性；

（五）核心竞争力的变化情况；

（六）研发支出变化及研发进展；

（七）新增业务进展是否与前期信息披露一致（如有）；

（八）募集资金的使用情况及是否合规；

（九）控股股东、实际控制人、董事、监事和高级管理人员的持股、质押、冻结及减持情况；

（十）本所或者保荐机构认为应当发表意见的其他事项。

上市公司未实现盈利、业绩由盈转亏、营业收入与上年同期相比下降50%以上或者其他主要财务指标异常的，保荐机构应当在持续督导跟踪报告显著位置就上市公司是否存在重大风险发表结论性意见。

3.2.16 持续督导工作结束后，保荐机构应当在上市公司年度报告披露之日起的10个交易日内依据中国证监会和本所相关规定，向中国证监会和本所报送保荐总结报告书并披露。

第四章 内部治理

第一节 控股股东及实际控制人

4.1.1 上市公司控股股东、实际控制人应当诚实守信，规范行使权利，严格履行承诺，维护上市公司和全体股东的共同利益。

控股股东、实际控制人应当履行信息披露义务，并保证披露信息的真实、准确、完整、及时、公平，不得有虚假记载、误导性陈述或者重大遗漏。

4.1.2　上市公司控股股东、实际控制人应当在公司股票首次上市前或者控制权变更完成后1个月内，正式签署并向本所提交《控股股东、实际控制人声明及承诺书》。声明事项发生重大变化的，应当在5个交易日内更新并提交。

签署《控股股东、实际控制人声明及承诺书》时，应当由律师见证。

4.1.3　上市公司控股股东、实际控制人应当维护上市公司独立性，按照上市公司的决策程序行使权利。

控股股东、实际控制人及其关联方不得违反法律法规和公司章程，直接或间接干预公司决策和经营活动，损害公司及其他股东合法权益。

4.1.4　上市公司控股股东、实际控制人不得通过关联交易、资金占用、担保、利润分配、资产重组、对外投资等方式损害上市公司利益，侵害上市公司财产权利，谋取上市公司商业机会。

4.1.5　上市公司控股股东、实际控制人应当积极配合上市公司履行信息披露义务，不得要求或者协助上市公司隐瞒重要信息。

上市公司控股股东、实际控制人收到公司问询的，应当及时了解情况并回复，保证回复内容真实、准确和完整。

4.1.6　上市公司应当根据股权结构、董事和高级管理人员的提名任免以及其他内部治理情况，客观、审慎地认定控制权归属。具有下列情形之一的，构成控制：

（一）持有上市公司50%以上的股份，但是有相反证据的除外；

（二）实际支配上市公司股份表决权超过30%；

（三）通过实际支配上市公司股份表决权能够决定董事会半数以上成员的任免；

（四）依其可实际支配的上市公司股份表决权足以对公司股东大会的决议产生重大影响；

（五）可以实际支配或者决定上市公司的重大经营决策、重要人事任命等事项；

（六）中国证监会和本所认定的其他情形。

签署一致行动协议共同控制上市公司的，应当在协议中明确共同控制安排及解除机制。

4.1.7　上市公司控股股东、实际控制人转让控制权的，应当保证公平合理，不得损害上市公司和其他股东的合法权益。

控股股东、实际控制人转让控制权前存在下列情形的，应当予以解决：

（一）违规占用上市公司资金；

（二）未清偿对上市公司债务或者未解除上市公司为其提供的担保；

（三）对上市公司或者其他股东的承诺未履行完毕；

（四）对上市公司或者中小股东利益存在重大不利影响的其他事项。

4.1.8　持有上市公司5%以上股份的契约型基金、信托计划或资产管理计划，应当在权益变动文件中披露支配股份表决权的主体，以及该主体与上市公司控股股东、实际控制人是否存在关联关系。

契约型基金、信托计划或资产管理计划成为上市公司控股股东、第一大股东或者实际控制人的，除应当履行前款规定义务外，还应当在权益变动文件中穿透披露至最终投资者。

4.1.9　上市公司控股股东、实际控制人应当严格履行承诺，并披露承诺履行情况。承诺事项无法按期履行或者履行承诺将不利于维护公司权益的，承诺方应当立即告知上市公司，提出有效的解决措施，并予以披露。

控股股东、实际控制人拟变更承诺的，应当按照中国证监会和本所有关规定履行相应决策程序。

第二节　董事、监事和高级管理人员

4.2.1　上市公司董事、监事和高级管理人员应当履行忠实、勤勉义务，严格遵守承诺，维护上市公司和全体股东利益。

4.2.2　上市公司董事、监事和高级管理人员应当在公司股票首次上市前，新任董事、监事和高级管理人员应当在任职后1个月内，签署并向本所提交《董事（监事、高级管理人员）声明及承诺书》。声明事项发生重大变化的（持有本公司股票的情况除外），董事、监事和高级管理人员应当在5个交易日内更新并提交。

签署《董事（监事、高级管理人员）声明及承诺书》时，应当由律师见证。

4.2.3　上市公司董事应当履行以下忠实义务，维护上市公司利益：

（一）维护上市公司及全体股东利益，不得为实际控制人、股东、员工、本人或者其他第三方的利益损害上市公司利益；

（二）未经股东大会同意，不得为本人及其近亲属谋取属于上市公司的商业机会，不得自营、委托他人经营上市公司同类业务；

（三）保守商业秘密，不得泄露尚未披露的重大信息，不得利用内幕信息获取不法利益，离职后履行与公司约定的竞业禁止义务；

（四）法律法规、本规则以及本所其他规定、公司章程规定的其他忠实义务。

4.2.4　上市公司董事应当履行以下勤勉义务，不得怠于履行职责：

（一）保证有足够的时间和精力参与上市公司事务，审慎判断审议事项可能产生的风险和收益，原则上应当亲自出席董事会会议，因故授权其他董事代为出席的，应当审慎选择受托人，授权事项和决策意向应当具体明确，不得全权委托；

（二）关注公司经营状况等事项，及时向董事会报告相关问题和风险，不得以对公司业务不熟悉或者对相关事项不了解为由主张免除责任；

（三）积极推动公司规范运行，督促公司履行信息披露义务，及时纠正和报告公司的违规行为，支持公司履行社会责任；

（四）法律法规、本规则以及本所其他规定、公司章程规定的其他勤勉义务。

4.2.5　董事每届任期不得超过3年，任期届满可连选连任。董事由股东大会选举和更换，并可在任期届满前由股东大会解除其职务。

上市公司监事和高级管理人员应当参照第4.2.3条和第4.2.4条的规定，履行忠实和勤勉义务。

4.2.6　独立董事应当重点关注上市公司关联交易、对外担保、募集资金使用、并购重组、重大投融资活动、高管薪酬和利润分配等与中小股东利益密切相关的事项。

独立董事可以提议召开董事会、股东大会，以及聘请会计师事务所、律师事务所等证券服务机构对相关事项进行审计、核查或者发表意见。

4.2.7　上市公司董事、监事、高级管理人员和核心技术人员所持公司股份发生变动的，应当在2个交易日内向公司报告并由公司在本所网站公告。

4.2.8　上市公司应当设立董事会秘书，负责公司的信息披露事务。

上市公司董事会秘书为高级管理人员，应当具备相应任职条件和资格，忠实、勤勉履行职责。

董事会秘书空缺期间，上市公司应当及时指定一名董事或者高级管理人员代行董事会秘书职责。空缺超过3个月的，公司法定代表人应当代行董事会秘书职责。

4.2.9 上市公司应当为董事会秘书履行职责提供便利条件，董事、监事、其他高级管理人员和相关工作人员应当配合董事会秘书的工作。

董事会秘书有权了解公司的经营和财务情况，参加有关会议，查阅相关文件，要求有关部门和人员提供资料和信息。

上市公司解聘董事会秘书应当有充分的理由，不得无故解聘。

4.2.10 上市公司应当设立证券事务代表，协助董事会秘书履行职责。董事会秘书不能履行职责或董事会秘书授权时，证券事务代表应当代为履行职责。在此期间，并不当然免除董事会秘书对公司信息披露所负有的责任。

4.2.11 上市公司董事会聘任董事会秘书和证券事务代表后，应当及时公告并向本所提交下述资料：

（一）董事会秘书、证券事务代表聘任书或者相关董事会决议；

（二）董事会秘书、证券事务代表的通讯方式，包括办公电话、住宅电话、移动电话、传真、通信地址及专用电子邮箱地址等。

本所接受董事会秘书、代行董事会秘书职责的人员或者证券事务代表以上市公司名义办理的信息披露与股权管理事务。

第三节 规范运行

4.3.1 上市公司应当积极回报股东，根据自身条件和发展阶段，制定并执行现金分红、股份回购等股东回报政策。

上市公司明显具备条件但未进行现金分红的，本所可以要求董事会、控股股东及实际控制人通过投资者说明会、公告等形式向投资者说明原因。

4.3.2 上市公司应当建立内部控制制度，保证内部控制完整有效，保证财务报告的可靠性，保障公司规范运行，保护公司资产，提升经营效率。

4.3.3 上市公司应当建立合理有效的绩效评价体系以及激励约束机制。

上市公司激励约束机制应当服务于公司战略目标和持续发展，与公司绩效、个人业绩相联系，保持高级管理人员和核心员工的稳定，不得损害公司及股东利益。

4.3.4 上市公司应当建立健全股东大会、董事会、监事会和经理层制度，形成权责分明、有效制衡的决策机制。

4.3.5 上市公司应当在公司章程中规定股东大会的召集、召开和表决等程序，制定股东大会议事规则，并列入公司章程或者作为章程附件。

股东大会应当设置会场，以现场会议形式召开。现场会议时间、地点的选择应当便于股东参加。发出股东大会通知后，无正当理由，股东大会现场会议召开地点不得变更。确需变更的，召集人应当在现场会议召开日前至少2个交易日公告并说明原因。上市公司应当提供网络投票方式为股东参加股东大会提供便利。股东通过上述方式参加股东大会的，视为出席。

上市公司应当根据相关规则采用累积投票、征集投票等方式，保障股东表决权。

4.3.6 上市公司应当依据法律法规和公司章程召开股东大会，保证股东依法行使权利。规定期限内不能召开股东大会的，应当在期限届满前披露原因及后续方案。

股东书面提议召开股东大会的，公司董事会应当在规定期限内书面反馈是否同意召开股东大会，不得无故拖延。股东依法自行召集股东大会的，公司董事会和董事会秘书应当予以配合，并及时履行信息披露义务。

上市公司应当依据法律法规、公司章程，发出股东大会通知，及时披露股东决策所需的其他资料。

4.3.7 上市公司召开股东大会，应当聘请律师事务所对股东大会的召集、召开程序、出席会议人员的资格、召集人资格、表决程序及表决结果等事项出具法律意见书，并与股东大会决议一并披露。

4.3.8 上市公司应当在股东大会结束后，按照本所规定的格式和内容要求，及时披露股东大会决议公告。

4.3.9 董事会应当确保上市公司依法合规运作，公平对待所有股东，并维护其他利益相关者的合法权益。

董事会的人数及人员构成应当符合法律法规的要求，董事会成员应当具备履行职责所必需的知识、技能和素质。

4.3.10 上市公司应当制定董事会议事规则，并列入公司章程或者作为章程附件，报股东大会批准，确保董事会有效履行职责。

董事会决议涉及应当披露事项的，上市公司应当在相关事项公告中说明董事会审议情况；董事反对或弃权的，应当披露反对或弃权理由。

4.3.11 上市公司董事会应当设立审计委员会，内部审计部门对审计委员会负责，向审计委员会报告工作。

审计委员会中独立董事应当占半数以上并担任召集人，且召集人应当为会计专业人士。

4.3.12　监事会应当检查上市公司财务状况，监督上市公司规范运作和董事、高级管理人员履行职责情况。

监事会的人员和结构应当确保能够独立有效地履行职责。监事应当具备履职能力。上市公司董事、高级管理人员不得兼任监事。

4.3.13　上市公司监事会发现董事、高级管理人员违反法律法规、本规则和本所有关规定、公司章程的，应当向董事会通报或者向股东大会报告，并及时披露。

4.3.14　上市公司应当制定监事会议事规则，并列入公司章程或者作为章程附件，报股东大会批准，确保监事会有效履行职责。

上市公司应当披露监事会决议公告；监事反对或弃权的，应当披露反对或弃权理由。

4.3.15　上市公司应当聘请具有执行证券、期货相关业务资格的会计师事务所，为其提供会计报表审计、验资及其他相关服务。

公司聘请或者解聘会计师事务所应当由股东大会决定，董事会不得在股东大会决定前委任会计师事务所。

公司股东大会就解聘会计师事务所进行表决时，会计师事务所可以陈述意见。

4.3.16　股东大会、董事会或者监事会不能正常召开，或者决议效力存在争议的，上市公司应当及时披露相关事项、争议各方的主张、公司现状等有助于投资者了解公司实际情况的信息。

出现前款规定情形的，上市公司董事会应当维护公司正常生产经营秩序，保护公司及全体股东利益，公平对待所有股东。

4.3.17　上市公司控股子公司不得取得该上市公司发行的股份。确因特殊原因持有股份的，应当在一年内依法消除该情形。前述情形消除前，相关子公司不得行使所持股份对应的表决权。

第四节　社会责任

4.4.1　上市公司应当积极承担社会责任，维护社会公共利益，并披露保护环境、保障产品安全、维护员工与其他利益相关者合法权益等履行社会责任的情况。

上市公司应当在年度报告中披露履行社会责任的情况，并视情况编制和披露社会责任报告、可持续发展报告、环境责任报告等文件。出现违背社会责任重大事项时应当充分评估潜在影响并及时披露，说明原因和解决方案。

4.4.2　上市公司应当将生态环保要求融入发展战略和公司治理过程，并根据自身生产经营特点和实际情况，履行下列环境保护责任：

（一）遵守环境保护法律法规与行业标准；

（二）制订执行公司环境保护计划；

（三）高效使用能源、水资源、原材料等自然资源；

（四）合规处置污染物；

（五）建设运行有效的污染防治设施；

（六）足额缴纳环境保护相关税费；

（七）保障供应链环境安全；

（八）其他应当履行的环境保护责任事项。

4.4.3　上市公司应当根据自身生产经营模式，履行下列生产及产品安全保障责任：

（一）遵守产品安全法律法规与行业标准；

（二）建立安全可靠的生产环境和生产流程；

（三）建立产品质量安全保障机制与产品安全事故应急方案；

（四）其他应当履行的生产与产品安全责任。

4.4.4　上市公司应当根据员工构成情况，履行下列员工权益保障责任：

（一）建立员工聘用解雇、薪酬福利、社会保险、工作时间等管理制度及违规处理措施；

（二）建立防范职业性危害的工作环境与配套安全措施；

（三）开展必要的员工知识和职业技能培训；

（四）其他应当履行的员工权益保护责任。

4.4.5　上市公司应当严格遵守科学伦理规范，尊重科学精神，恪守应有的价值观念、社会责任和行为规范，发挥科学技术的正面效应。

上市公司应当避免研究、开发和使用危害自然环境、生命健康、公共安全、伦理道德的科学技术，不得从事侵犯个人基本权利或者损害社会公共利益的研发和经营活动。

上市公司在生命科学、人工智能、信息技术、生态环境、新材料等科技创新领域开发或者使用创新技术的，应当遵循审慎和稳健原则，充分评估其潜在影响及可靠性。

第五节　表决权差异安排

4.5.1　上市公司具有表决权差异安排的，应当充分、详细披露相关情况特别是风险、公司治理等信息，以及依法落实保护投资者合法权益规定的各项措施。

4.5.2　发行人首次公开发行并上市前设置表决权差异安排的，应当经出席股东大会的股东所持三分之二以上的表决权通过。

发行人在首次公开发行并上市前不具有表决权差异安排的，不得在首次公开发行并上市后以任何方式设置此类安排。

4.5.3　持有特别表决权股份的股东应当为对上市公司发展或者业务增长等作出重大贡献，并且在公司上市前及上市后持续担任公司董事的人员或者该等人员实际控制的持股主体。

持有特别表决权股份的股东在上市公司中拥有权益的股份合计应当达到公司全部已发行有表决权股份10%以上。

4.5.4　上市公司章程应当规定每份特别表决权股份的表决权数量。

每份特别表决权股份的表决权数量应当相同，且不得超过每份普通股份的表决权数量的10倍。

4.5.5　除公司章程规定的表决权差异外，普通股份与特别表决权股份具有的其他股东权利应当完全相同。

4.5.6　上市公司股票在本所上市后，除同比例配股、转增股本情形外，不得在境内外发行特别表决权股份，不得提高特别表决权比例。

上市公司因股份回购等原因，可能导致特别表决权比例提高的，应当同时采取将相应数量特别表决权股份转换为普通股份等措施，保证特别表决权比例不高于原有水平。

本规则所称特别表决权比例，是指全部特别表决权股份的表决权数量占上市公司全部已发行股份表决权数量的比例。

4.5.7　上市公司应当保证普通表决权比例不低于10%；单独或者合计持有公司10%以上已发行有表决权股份的股东有权提议召开临时股东大会；单独或

者合计持有公司3%以上已发行有表决权股份的股东有权提出股东大会议案。

本规则所称普通表决权比例，是指全部普通股份的表决权数量占上市公司全部已发行股份表决权数量的比例。

4.5.8　特别表决权股份不得在二级市场进行交易，但可以按照本所有关规定进行转让。

4.5.9　出现下列情形之一的，特别表决权股份应当按照1∶1的比例转换为普通股份：

（一）持有特别表决权股份的股东不再符合本规则第4.5.3条规定的资格和最低持股要求，或者丧失相应履职能力、离任、死亡；

（二）实际持有特别表决权股份的股东失去对相关持股主体的实际控制；

（三）持有特别表决权股份的股东向他人转让所持有的特别表决权股份，或者将特别表决权股份的表决权委托他人行使；

（四）公司的控制权发生变更。

发生前款第四项情形的，上市公司已发行的全部特别表决权股份均应当转换为普通股份。

发生本条第一款情形的，特别表决权股份自相关情形发生时即转换为普通股份，相关股东应当立即通知上市公司，上市公司应当及时披露具体情形、发生时间、转换为普通股份的特别表决权股份数量、剩余特别表决权股份数量等情况。

4.5.10　上市公司股东对下列事项行使表决权时，每一特别表决权股份享有的表决权数量应当与每一普通股份的表决权数量相同：

（一）对公司章程作出修改；

（二）改变特别表决权股份享有的表决权数量；

（三）聘请或者解聘独立董事；

（四）聘请或者解聘为上市公司定期报告出具审计意见的会计师事务所；

（五）公司合并、分立、解散或者变更公司形式。

上市公司章程应当规定，股东大会对前款第二项作出决议，应当经过不低于出席会议的股东所持表决权的三分之二以上通过，但根据第4.5.6条、第4.5.9条的规定，将相应数量特别表决权股份转换为普通股份的除外。

4.5.11　上市公司具有表决权差异安排的，应当在定期报告中披露该等安排在报告期内的实施和变化情况，以及该等安排下保护投资者合法权益有关措施的实施情况。

前款规定事项出现重大变化或者调整的，公司和相关信息披露义务人应当及时予以披露。

上市公司应当在股东大会通知中列明持有特别表决权股份的股东、所持特别表决权股份数量及对应的表决权数量、股东大会议案是否涉及第4.5.10条规定事项等情况。

4.5.12 上市公司具有表决权差异安排的，监事会应当在年度报告中，就下列事项出具专项意见：

（一）持有特别表决权股份的股东是否持续符合本规则第4.5.3条的要求；

（二）特别表决权股份是否出现本规则第4.5.9条规定的情形并及时转换为普通股份；

（三）上市公司特别表决权比例是否持续符合本规则的规定；

（四）持有特别表决权股份的股东是否存在滥用特别表决权或者其他损害投资者合法权益的情形；

（五）公司及持有特别表决权股份的股东遵守本章其他规定的情况。

4.5.13 持有特别表决权股份的股东应当按照所适用的法律法规以及公司章程行使权利，不得滥用特别表决权，不得利用特别表决权损害投资者的合法权益。

出现前款情形，损害投资者合法权益的，本所可以要求公司或者持有特别表决权股份的股东予以改正。

4.5.14 上市公司或者持有特别表决权股份的股东应当按照本所及中国结算的有关规定，办理特别表决权股份登记和转换成普通股份登记事宜。

第五章 信息披露一般规定

第一节 信息披露基本原则

5.1.1 上市公司和相关信息披露义务人应当披露所有可能对上市公司股票交易价格产生较大影响或者对投资决策有较大影响的事项（以下简称重大事件或者重大事项）。

5.1.2 上市公司和相关信息披露义务人应当及时、公平地披露信息，保证所披露信息的真实、准确、完整。

上市公司的董事、监事、高级管理人员应当保证公司及时、公平地披露信息，以及信息披露内容的真实、准确、完整，不存在虚假记载、误导性陈述或者重大遗漏。董事、监事、高级管理人员对公告内容存在异议的，应当在公告中作出相应声明并说明理由。

5.1.3 上市公司和相关信息披露义务人披露信息，应当以客观事实或者具有事实基础的判断和意见为依据，如实反映实际情况，不得有虚假记载。

5.1.4 上市公司和相关信息披露义务人披露信息，应当客观，不得夸大其词，不得有误导性陈述。

披露未来经营和财务状况等预测性信息的，应当合理、谨慎、客观。

5.1.5 上市公司和相关信息披露义务人披露信息，应当内容完整，充分披露对上市公司有重大影响的信息，揭示可能产生的重大风险，不得有选择地披露部分信息，不得有重大遗漏。

信息披露文件应当材料齐备，格式符合规定要求。

5.1.6 上市公司和相关信息披露义务人应当同时向所有投资者公开披露重大信息，确保所有投资者可以平等获取信息，不得向单个或部分投资者透露或泄露。

上市公司和相关信息披露义务人通过业绩说明会、分析师会议、路演、接受投资者调研等形式，与任何机构和个人进行沟通时，不得提供公司尚未披露的重大信息。

上市公司向股东、实际控制人及其他第三方报送文件，涉及尚未公开的重大信息的，应当依照本规则披露。

5.1.7 出现下列情形之一的，上市公司和相关信息披露义务人应当及时披露重大事项：

（一）董事会或者监事会已就该重大事项形成决议；

（二）有关各方已就该重大事项签署意向书或者协议；

（三）董事、监事或者高级管理人员已知悉该重大事项；

（四）其他发生重大事项的情形。

上市公司筹划的重大事项存在较大不确定性，立即披露可能会损害公司利益或者误导投资者，且有关内幕信息知情人已书面承诺保密的，公司可以暂不披露，但最迟应当在该重大事项形成最终决议、签署最终协议、交易确定能够达成时对外披露。

相关信息确实难以保密、已经泄露或者出现市场传闻，导致公司股票交易价格发生大幅波动的，公司应当立即披露相关筹划和进展情况。

第二节　信息披露一般要求

5.2.1　上市公司应当披露能够充分反映公司业务、技术、财务、公司治理、竞争优势、行业趋势、产业政策等方面的重大信息，充分揭示上市公司的风险因素和投资价值，便于投资者合理决策。

5.2.2　上市公司应当对业绩波动、行业风险、公司治理等相关事项进行针对性信息披露，并持续披露科研水平、科研人员、科研资金投入、募集资金重点投向领域等重大信息。

5.2.3　上市公司筹划重大事项，持续时间较长的，应当按照重大性原则，分阶段披露进展情况，及时提示相关风险，不得仅以相关事项结果尚不确定为由不予披露。

5.2.4　上市公司和相关信息披露义务人认为相关信息可能影响公司股票交易价格或者有助于投资者决策，但不属于本规则要求披露的信息，可以自愿披露。

上市公司和相关信息披露义务人自愿披露信息，应当审慎、客观，不得利用该等信息不当影响公司股票交易价格、从事内幕交易或者其他违法违规行为。

上市公司和相关信息披露义务人按照本条披露信息的，在发生类似事件时，应当按照同一标准予以披露，避免选择性信息披露。

5.2.5　上市公司的公告文稿应当重点突出、逻辑清晰、语言浅白、简明易懂，避免使用大量专业术语、过于晦涩的表达方式和外文及其缩写，避免模糊、模板化和冗余重复的信息，不得含有祝贺、宣传、广告、恭维、诋毁等性质的词语。

公告文稿应当采用中文文本，同时采用外文文本的，应当保证两种文本内容的一致。两种文本不一致的，以中文文本为准。

5.2.6　上市公司合并报表范围内的子公司及其他主体发生本规则规定的重大事项，视同上市公司发生的重大事项，适用本规则。

上市公司参股公司发生本规则规定的重大事项，可能对上市公司股票交易价格产生较大影响的，上市公司应当参照适用本规则履行信息披露义务。

5.2.7　上市公司和相关信息披露义务人拟披露的信息属于商业秘密、商业敏感信息，按照本规则披露或者履行相关义务可能引致不当竞争、损害公司及投资者利益或者误导投资者的，可以按照本所相关规定暂缓或者豁免披露该信息。

拟披露的信息被依法认定为国家秘密，按本规则披露或者履行相关义务可能导致其违反境内法律法规或危害国家安全的，可以按照本所相关规定豁免披露。

上市公司和相关信息披露义务人应当审慎确定信息披露暂缓、豁免事项，不得随意扩大暂缓、豁免事项的范围。暂缓披露的信息已经泄露的，应当及时披露。

5.2.8　上市公司和相关信息披露义务人适用本所相关信息披露要求，可能导致其难以反映经营活动的实际情况、难以符合行业监管要求或者公司注册地有关规定的，可以向本所申请调整适用，但是应当说明原因和替代方案，并聘请律师事务所出具法律意见。

本所认为不应当调整适用的，上市公司和相关信息披露义务人应当执行本所相关规定。

5.2.9　上市公司股票的停牌和复牌，应当遵守本规则及本所相关规定。上市公司未按规定申请停牌和复牌的，本所可以决定对公司股票实施停牌和复牌。

上市公司筹划重大事项或者具有其他本所认为合理的理由，可以按照相关规定申请对其股票停牌与复牌。

证券市场交易出现极端异常情况的，本所可以根据中国证监会的决定或者市场实际情况，暂停办理上市公司停牌申请，维护市场交易的连续性和流动性，维护投资者正当的交易权利。

5.2.10　上市公司出现下列情形的，本所可以视情况决定公司股票的停牌和复牌：

（一）严重违反法律法规、本规则及本所其他规定，且在规定期限内拒不按要求改正；

（二）定期报告或者临时公告披露存在重大遗漏或者误导性陈述，但拒不按照要求就有关内容进行解释或者补充；

（三）在公司运作和信息披露方面涉嫌违反法律法规、本规则或者本所其他规定，情节严重而被有关部门调查；

（四）无法保证与本所的有效联系，或者拒不履行信息披露义务；

（五）其他本所认为应当停牌或者复牌的情形。

5.2.11　上市公司被要约收购的，要约收购期限届满至要约收购结果公告前，公司股票应当停牌。公司股票应当于要约结果公告日复牌。

第三节　信息披露监管方式

5.3.1　本所通过审阅信息披露文件、提出问询等方式，进行信息披露事中事后监管，督促信息披露义务人履行信息披露义务，督促保荐机构、证券服务机构履行职责。

信息披露涉及重大复杂、无先例事项的，本所可以实施事前审核。

5.3.2　本所对信息披露文件实施形式审核，对其内容的真实性不承担责任。

5.3.3　本所经审核认为信息披露文件存在重大问题，可以提出问询。上市公司和相关信息披露义务人应当在规定期限内如实答复，并披露补充或者更正公告。

5.3.4　上市公司或者相关信息披露义务人未按照本规则或者本所要求进行公告的，或者本所认为必要的，本所可以以交易所公告形式向市场说明有关情况。

5.3.5　上市公司应当通过本所上市公司信息披露电子化系统登记公告。相关信息披露义务人应当通过上市公司或者本所指定的信息披露平台办理公告登记。

上市公司和相关信息披露义务人应当保证披露的信息与登记的公告内容一致。未能按照登记内容披露的，应当立即向本所报告并及时更正。

上市公司和相关信息披露义务人应当在本所网站和中国证监会指定媒体上披露信息披露文件。

5.3.6　上市公司或者相关信息披露义务人公告屡次出现虚假记载、误导性陈述或者重大遗漏等情形的，本所可以决定对其暂停适用信息披露直通车业务。

第四节　信息披露管理制度

5.4.1　上市公司应当建立信息披露事务管理制度，经董事会审议通过并披露。

上市公司应当建立与本所的有效沟通渠道，保证联系畅通。

5.4.2　上市公司应当制定董事、监事、高级管理人员以及其他相关人员对外发布信息的内部规范制度，明确发布程序、方式和未经董事会许可不得对外发布的情形等事项。

上市公司控股股东、实际控制人应当比照前款要求，规范与上市公司有关的信息发布行为。

5.4.3　上市公司和相关信息披露义务人不得以新闻发布或者答记者问等其他形式代替信息披露或泄露未公开重大信息。

上市公司和相关信息披露义务人确有需要的，可以在非交易时段通过新闻发布会、媒体专访、公司网站、网络自媒体等方式对外发布应披露的信息，但公司应当于下一交易时段开始前披露相关公告。

5.4.4　上市公司应当建立内幕信息管理制度。上市公司及其董事、监事、高级管理人员和其他内幕信息知情人在信息披露前，应当将内幕信息知情人控制在最小范围。

内幕信息知情人在内幕信息公开前，不得买卖公司股票、泄露内幕信息或者建议他人买卖公司股票。

5.4.5　相关信息披露义务人应当积极配合上市公司做好信息披露工作，及时告知公司已发生或者可能发生的重大事件，严格履行承诺。

相关信息披露义务人通过上市公司披露信息的，上市公司应当予以协助。

5.4.6　上市公司应当建立与投资者的有效沟通渠道，保障投资者合法权益。

上市公司应当积极召开投资者说明会，向投资者说明公司重大事项，澄清媒体传闻。

第六章　定期报告

第一节　定期报告编制和披露要求

6.1.1　上市公司应当在规定的期间内，依照中国证监会和本所的要求编制并披露定期报告。

定期报告包括年度报告、半年度报告和季度报告。

6.1.2　上市公司应当在每个会计年度结束之日起4个月内披露年度报告，在每个会计年度的上半年结束之日起2个月内披露半年度报告，在每个会计年度前3个月、9个月结束之日起1个月内披露季度报告。第一季度季度报告的披露时间不得早于上一年度年度报告的披露时间。

上市公司预计不能在规定期限内披露定期报告的，应当及时公告不能按期披露的原因、解决方案以及预计披露的时间。

6.1.3 上市公司应当向本所预约定期报告的披露时间。

因故需要变更披露时间的，应当提前5个交易日向本所申请变更，本所视情况决定是否予以调整。

6.1.4 上市公司董事会应当编制和审议定期报告，确保按时披露。

上市公司不得披露未经董事会审议通过的定期报告。定期报告未经董事会审议或者审议未通过的，公司应当披露原因和存在的风险、董事会的专项说明以及独立董事意见。

6.1.5 上市公司监事会应当审核定期报告，并以监事会决议的形式说明定期报告编制和审核程序是否符合相关规定，内容是否真实、准确、完整。

6.1.6 上市公司董事、高级管理人员应当对定期报告签署书面意见，保证定期报告真实、准确、完整；对定期报告内容存在异议的，应当说明原因并披露。

董事、高级管理人员不得以任何理由拒绝对定期报告签署书面意见。

6.1.7 为上市公司定期报告出具审计意见的会计师事务所，应当严格按照注册会计师执业准则以及相关规定发表审计意见，不得无故拖延，影响定期报告按时披露。

6.1.8 上市公司年度报告的财务会计报告应当经具有执行证券、期货相关业务资格的会计师事务所审计。

上市公司拟实施送股或者以资本公积转增股本的，所依据的半年度报告或者季度报告的财务会计报告应当审计；仅实施现金分红的，可免于审计。

6.1.9 上市公司财务会计报告被会计师事务所出具非标准审计意见的，按照《公开发行证券的公司信息披露编报规则第14号——非标准审计意见及其涉及事项的处理》的规定，公司在披露定期报告的同时，应当披露下列文件：

（一）董事会对审计意见涉及事项的专项说明和决议；

（二）独立董事对审计意见涉及事项发表的意见；

（三）监事会对董事会专项说明的意见和决议；

（四）会计师事务所和注册会计师出具的专项说明；

（五）中国证监会和本所要求的其他文件。

6.1.10 上市公司财务会计报告被会计师事务所出具非标准审计意见，涉及事项属于明显违反会计准则及相关信息披露规定的，上市公司应当对有关事项进行纠正，并及时披露纠正后的财务会计资料和会计师事务所出具的审计报告或专项鉴证报告等有关材料。

6.1.11 上市公司定期报告存在差错或者虚假记载，被有关机关责令改正或者董事会决定更正的，应当在被责令改正或者董事会作出相应决定后，按照中国证监会《公开发行证券的公司信息披露编报规则第19号——财务信息的更正及相关披露》等有关规定，及时披露。

6.1.12 上市公司未在规定的期限内披露季度报告，公司股票应当于报告披露期限届满当日停牌一天，届满日为非交易日的，于次一交易日停牌一天。

公司未在规定期限内披露年度报告或者半年度报告的，公司股票应当于报告披露期限届满日起停牌，直至公司披露相关定期报告的当日复牌。公告披露日为非交易日的，则在公告披露后的第一个交易日复牌。公司因未披露年度报告或者半年度报告的停牌期限不超过2个月。停牌期间，公司应当至少发布3次风险提示公告。

公司未披露季度报告的同时存在未披露年度报告或者半年度报告情形的，公司股票应当按照前款有关规定停牌与复牌。

6.1.13 上市公司财务会计报告因存在重大会计差错或者虚假记载，被中国证监会责令改正但未在规定期限内改正的，公司股票应当停牌，直至公司披露改正后的财务会计报告当日复牌。公告披露日为非交易日的，则在公告披露后的第一个交易日复牌。

公司因未按要求改正财务会计报告的停牌期限不超过2个月。停牌期间，公司应当至少发布3次风险提示公告。

第二节 业绩预告和业绩快报

6.2.1 上市公司预计年度经营业绩将出现下列情形之一的，应当在会计年度结束之日起1个月内进行业绩预告：

（一）净利润为负值；

（二）净利润与上年同期相比上升或者下降50%以上；

（三）实现扭亏为盈。

上市公司预计半年度和季度业绩出现前述情形之一的，可以进行业绩预告。

上市公司董事、监事、高级管理人员应当及时、全面了解和关注公司经营情况和财务信息，并和会计师事务所进行必要的沟通，审慎判断是否达到本条规定情形。

6.2.2　上市公司预计不能在会计年度结束之日起2个月内披露年度报告的，应当在该会计年度结束之日起2个月内按照本规则第6.2.5条的要求披露业绩快报。

6.2.3　上市公司因本规则第12.4.2条规定的情形，其股票被实施退市风险警示的，应当于会计年度结束之日起1个月内预告全年营业收入、净利润、扣除非经常性损益后的净利润和净资产。

6.2.4　上市公司披露业绩预告后，预计本期业绩与业绩预告差异幅度达到20%以上或者盈亏方向发生变化的，应当及时披露更正公告。

6.2.5　上市公司可以在定期报告披露前发布业绩快报，披露本期及上年同期营业收入、营业利润、利润总额、净利润、总资产、净资产、每股收益、每股净资产和净资产收益率等主要财务数据和指标。

上市公司在定期报告披露前向国家有关机关报送未公开的定期财务数据，预计无法保密的，应当及时发布业绩快报。

定期报告披露前出现业绩提前泄露，或者因业绩传闻导致公司股票交易异常波动的，上市公司应当及时披露业绩快报。

6.2.6　上市公司应当保证业绩快报与定期报告披露的财务数据和指标不存在重大差异。

定期报告披露前，上市公司发现业绩快报与定期报告财务数据和指标差异幅度达到10%以上的，应当及时披露更正公告。

第七章　应当披露的交易

第一节　重大交易

7.1.1　本章所称"交易"包括下列事项：

（一）购买或者出售资产；

（二）对外投资（购买银行理财产品的除外）；

（三）转让或受让研发项目；

（四）签订许可使用协议；

（五）提供担保；

（六）租入或者租出资产；

（七）委托或者受托管理资产和业务；

（八）赠与或者受赠资产；

（九）债权、债务重组；

（十）提供财务资助；

（十一）本所认定的其他交易。

上述购买或者出售资产，不包括购买原材料、燃料和动力，以及出售产品或商品等与日常经营相关的交易行为。

7.1.2　上市公司发生的交易（提供担保除外）达到下列标准之一的，应当及时披露：

（一）交易涉及的资产总额（同时存在账面值和评估值的，以高者为准）占上市公司最近一期经审计总资产的10%以上；

（二）交易的成交金额占上市公司市值的10%以上；

（三）交易标的（如股权）的最近一个会计年度资产净额占上市公司市值的10%以上；

（四）交易标的（如股权）最近一个会计年度相关的营业收入占上市公司最近一个会计年度经审计营业收入的10%以上，且超过1000万元；

（五）交易产生的利润占上市公司最近一个会计年度经审计净利润的10%以上，且超过100万元；

（六）交易标的（如股权）最近一个会计年度相关的净利润占上市公司最近一个会计年度经审计净利润的10%以上，且超过100万元。

7.1.3　上市公司发生的交易（提供担保除外）达到下列标准之一的，应当提交股东大会审议：

（一）交易涉及的资产总额（同时存在账面值和评估值的，以高者为准）占上市公司最近一期经审计总资产的50%以上；

（二）交易的成交金额占上市公司市值的50%以上；

（三）交易标的（如股权）的最近一个会计年度资产净额占上市公司市值的50%以上；

（四）交易标的（如股权）最近一个会计年度相关的营业收入占上市公司最近一个会计年度经审计营业收入的50%以上，且超过5000万元；

（五）交易产生的利润占上市公司最近一个会计年度经审计净利润的50%以上，且超过500万元；

（六）交易标的（如股权）最近一个会计年度相关的净利润占上市公司最近一个会计年度经审计净利润的50%以上，且超过500万元。

7.1.4　本规则第7.1.2条和第7.1.3条规定的成交金额，是指支付的交易金额和承担的债务及费用等。

交易安排涉及未来可能支付或者收取对价的、未涉及具体金额或者根据设定条件确定金额的，预计最高金额为成交金额。

7.1.5　本章规定的市值，是指交易前10个交易日收盘市值的算术平均值。

7.1.6　上市公司分期实施交易的，应当以交易总额为基础适用第7.1.2条或者第7.1.3条。

上市公司应当及时披露分期交易的实际发生情况。

7.1.7　上市公司与同一交易方同时发生第7.1.1条规定的同一类别且方向相反的交易时，应当按照其中单向金额，适用第7.1.2条或者第7.1.3条。

7.1.8　除提供担保、委托理财等本规则及本所业务规则另有规定事项外，上市公司进行第7.1.1条规定的同一类别且与标的相关的交易时，应当按照连续12个月累计计算的原则，适用第7.1.2条或者第7.1.3条。

已经按照第7.1.2条或者7.1.3条履行义务的，不再纳入相关的累计计算范围。

7.1.9　交易标的为股权且达到第7.1.3条规定标准的，上市公司应当提供交易标的最近一年又一期财务报告的审计报告；交易标的为股权以外的非现金资产的，应当提供评估报告。经审计的财务报告截止日距离审计报告使用日不得超过6个月，评估报告的评估基准日距离评估报告使用日不得超过1年。

前款规定的审计报告和评估报告应当由具有执行证券、期货相关业务资格的证券服务机构出具。

交易虽未达到第7.1.3条规定的标准，但本所认为有必要的，公司应当提供审计或者评估报告。

7.1.10　上市公司发生股权交易，导致上市公司合并报表范围发生变更的，应当以该股权所对应公司的相关财务指标作为计算基础，适用第7.1.2条或者第7.1.3条。

前述股权交易未导致合并报表范围发生变更的，应当按照公司所持权益变动比例计算相关财务指标，适用第7.1.2条或者第7.1.3条。

7.1.11　上市公司直接或者间接放弃控股子公司股权的优先受让权或增资权，导致子公司不再纳入合并报表的，应当视为出售股权资产，以该股权所对应公司相关财务指标作为计算基础，适用第7.1.2条或者第7.1.3条。

上市公司部分放弃控股子公司或者参股子公司股权的优先受让权或增资权，未导致合并报表范围发生变更，但公司持股比例下降，应当按照公司所持权益变动比例计算相关财务指标，适用第7.1.2条或者第7.1.3条。

上市公司对其下属非公司制主体放弃或部分放弃收益权的，参照适用前两款规定。

7.1.12　上市公司提供财务资助，应当以交易发生额作为成交额，适用第7.1.2条第二项或者第7.1.3条第二项。

7.1.13　上市公司连续12个月滚动发生委托理财的，以该期间最高余额为成交额，适用第7.1.2条第二项或者第7.1.3条第二项。

7.1.14　上市公司发生租入资产或者受托管理资产交易的，应当以租金或者收入为计算基础，适用第7.1.2条第四项或者第7.1.3条第四项。

上市公司发生租出资产或者委托他人管理资产交易的，应当以总资产额、租金收入或者管理费为计算基础，适用第7.1.2条第一项、第四项或者第7.1.3条第一项、第四项。

受托经营、租入资产或者委托他人管理、租出资产，导致公司合并报表范围发生变更的，应当视为购买或者出售资产。

7.1.15　上市公司发生日常经营范围内的交易，达到下列标准之一的，应当及时进行披露：

（一）交易金额占上市公司最近一期经审计总资产的50%以上，且绝对金额超过1亿元；

（二）交易金额占上市公司最近一个会计年度经审计营业收入或营业成本的50%以上，且超过1亿元；

（三）交易预计产生的利润总额占上市公司最近一个会计年度经审计净利润的50%以上，且超过500万元；

（四）其他可能对上市公司的资产、负债、权益和经营成果产生重大影响的交易。

7.1.16　上市公司提供担保的，应当提交董事会或者股东大会进行审议，并及时披露。

上市公司下列担保事项应当在董事会审议通过后提交股东大会审议：

（一）单笔担保额超过公司最近一期经审计净资产10%的担保；

（二）公司及其控股子公司的对外担保总额，超过公司最近一期经审计净资产50%以后提供的任何担保；

（三）为资产负债率超过70%的担保对象提供的担保；

（四）按照担保金额连续12个月累计计算原则，超过公司最近一期经审计总资产30%的担保；

（五）本所或者公司章程规定的其他担保。

对于董事会权限范围内的担保事项，除应当经全体董事的过半数通过外，还应当经出席董事会会议的三分之二以上董事同意；前款第四项担保，应当经出席股东大会的股东所持表决权的三分之二以上通过。

7.1.17　上市公司为全资子公司提供担保，或者为控股子公司提供担保且控股子公司其他股东按所享有的权益提供同等比例担保，不损害上市公司利益的，可以豁免适用第7.1.16条第一项至第三项的规定，但是公司章程另有规定除外。上市公司应当在年度报告和半年度报告中汇总披露前述担保。

7.1.18　上市公司提供担保，被担保人于债务到期后15个交易日内未履行偿债义务，或者被担保人出现破产、清算或其他严重影响其偿债能力情形的，上市公司应当及时披露。

7.1.19　上市公司购买、出售资产交易，涉及资产总额或者成交金额连续12个月内累计计算超过公司最近一期经审计总资产30%的，除应当披露并参照7.1.9条规定进行审计或者评估外，还应当提交股东大会审议，并经出席会议的股东所持表决权的三分之二以上通过。

7.1.20　上市公司单方面获得利益的交易，包括受赠现金资产、获得债务减免、接受担保和资助等，可免于按照第7.1.3条的规定履行股东大会审议程序。

7.1.21　未盈利的上市公司可以豁免适用第7.1.2条、第7.1.3条或者第7.1.15条的净利润指标。

第二节　关联交易

7.2.1　上市公司发生关联交易，应当保证关联交易的合法性、必要性、合理性和公允性，保持上市公司的独立性，不得利用关联交易调节财务指标，损害上市公司利益。

7.2.2　本章所称"关联交易"，是指上市公司或者其合并报表范围内的子公司等其他主体与上市公司关联人之间发生的交易，包括第7.1.1条规定的交易和日常经营范围内发生的可能引致资源或者义务转移的事项。

7.2.3　上市公司与关联人发生的交易（提供担保除外）达到下列标准之一的，应当及时披露：

（一）与关联自然人发生的成交金额在30万元以上的交易；

（二）与关联法人发生的成交金额占上市公司最近一期经审计总资产或市值0.1%以上的交易，且超过300万元。

7.2.4　上市公司与关联人发生的交易金额（提供担保除外）占上市公司最近一期经审计总资产或市值1%以上的交易，且超过3000万元，应当比照第7.1.9条的规定，提供评估报告或审计报告，并提交股东大会审议。

与日常经营相关的关联交易可免于审计或者评估。

7.2.5　上市公司为关联人提供担保的，应当具备合理的商业逻辑，在董事会审议通过后及时披露，并提交股东大会审议。

上市公司为控股股东、实际控制人及其关联方提供担保的，控股股东、实际控制人及其关联方应当提供反担保。

7.2.6　上市公司应当审慎向关联方提供财务资助或委托理财；确有必要的，应当以发生额作为披露的计算标准，在连续12个月内累计计算，适用第7.2.3条或者第7.2.4条。

已经按照第7.2.3条或者第7.2.4条履行相关义务的，不再纳入相关的累计计算范围。

7.2.7　上市公司应当对下列交易，按照连续12个月内累计计算的原则，分别适用第7.2.3条和第7.2.4条：

（一）与同一关联人进行的交易；

（二）与不同关联人进行交易标的类别相关的交易。

上述同一关联人，包括与该关联人受同一实际控制人控制，或者存在股权控制关系，或者由同一自然人担任董事或高级管理人员的法人或其他组织。

已经按照本章规定履行相关义务的，不再纳入累计计算范围。

7.2.8　上市公司与关联人进行日常关联交易时，按照下列规定披露和履行审议程序：

（一）上市公司可以按类别合理预计日常关联交易年度金额，履行审议程序并披露，实际执行超出预计金额的，应当按照超出金额重新履行审议程序并披露；

（二）上市公司年度报告和半年度报告应当分类汇总披露日常关联交易；

（三）上市公司与关联人签订的日常关联交易协议期限超过3年的，应当每3年重新履行相关审议程序和披露义务。

7.2.9　上市公司拟进行须提交股东大会审议的关联交易，应当在提交董事会审议前，取得独立董事事前认可意见。

独立董事事前认可意见应当取得全体独立董事的半数以上同意，并在关联交易公告中披露。

7.2.10　上市公司董事会审议关联交易事项的，关联董事应当回避表决，并不得代理其他董事行使表决权。

董事会会议应当由过半数的非关联董事出席，所作决议须经非关联董事过半数通过。出席董事会会议的非关联董事人数不足3人的，公司应当将交易事项提交股东大会审议。

上市公司股东大会审议关联交易事项时，关联股东应当回避表决，并不得代理其他股东行使表决权。

7.2.11　上市公司与关联人发生的下列交易，可以免予按照关联交易的方式审议和披露：

（一）一方以现金方式认购另一方公开发行的股票、公司债券或企业债券、可转换公司债券或者其他衍生品种；

（二）一方作为承销团成员承销另一方公开发行的股票、公司债券或企业债券、可转换公司债券或者其他衍生品种；

（三）一方依据另一方股东大会决议领取股息、红利或者薪酬；

（四）一方参与另一方公开招标或者拍卖，但是招标或者拍卖难以形成公允价格的除外；

（五）上市公司单方面获得利益的交易，包括受赠现金资产、获得债务减免、接受担保和资助等；

（六）关联交易定价为国家规定；

（七）关联人向上市公司提供资金，利率水平不高于中国人民银行规定的同期贷款基准利率，且上市公司对该项财务资助无相应担保；

（八）上市公司按与非关联人同等交易条件，向董事、监事、高级管理人员提供产品和服务；

（九）本所认定的其他交易。

7.2.12 本所可以根据实质重于形式的原则，将上市公司与相关方的交易认定为关联交易。上市公司应当按照第7.2.3条或者第7.2.4条的规定履行披露义务和审议程序。

7.2.13 上市公司计算披露或审议关联交易的相关金额，本节没有规定的，适用本章第一节的规定。

第八章 应当披露的行业信息和经营风险

第一节 行业信息

8.1.1 上市公司应当主动披露对股票交易价格或者投资者决策有重大影响的行业信息。

上市公司根据行业分类归属，参照适用本所制定的行业信息披露指引。

8.1.2 上市公司应当在年度报告中，结合其所属行业的政策环境和发展状况，披露下列行业信息：

（一）所处行业的基本特点、主要技术门槛，报告期内新技术、新产业、新业态、新模式的发展情况和未来发展趋势；

（二）核心竞争优势，核心经营团队和技术团队的竞争力分析，以及报告期内获得相关权利证书或者批准文件的核心技术储备；

（三）当期研发支出金额及占销售收入的比例、研发支出的构成项目、费用化及资本化的金额及比重；

（四）在研产品或项目的进展或阶段性成果，研发项目预计总投资规模、应用前景以及可能存在的重大风险；

（五）其他有助于投资者决策的行业信息。

上市公司可以在《企业会计准则》规定范围外，披露息税前利润、自由现金流等反映公司价值和行业核心竞争力的参考指标。

本条第一款规定事项发生重大变化的，上市公司应当及时披露。

8.1.3 上市公司开展与主营业务行业不同的新业务，或者进行可能导致公司业务发生重大变化的收购或资产处置等交易，应当及时披露下列信息：

（一）原因及合理性，包括现有业务基本情况及重大风险，新业务与上市公司主营业务是否具备协同性等；

（二）公司准备情况，包括在业务、资金、技术、人才等方面的储备，以及开展新业务对公司财务状况、现有业务的影响；

（三）新业务的行业情况，包括所依赖的技术水平、研发进展、商业化情况、市场成熟度、政策环境及市场竞争等；

（四）新业务的管理情况，包括开展新业务后，公司实际控制人对公司的控制情况是否发生变化，公司能否控制新业务；

（五）新业务审批情况，包括已经取得或者尚待有关部门审批的说明（如适用）；

（六）新业务的风险提示，包括上市公司经营风险、财务风险、新业务风险等；

（七）独立董事、监事会对公司开展新业务的意见；

（八）本所或公司认为应当披露的其他重要内容。

8.1.4　上市公司采用具体指标披露行业信息的，应当对其含义作出详细解释，说明计算依据和假定条件，保证指标的一致性。相关指标的计算依据、假定条件等发生变化的，应当予以说明。

引用相关数据、资料，应当保证充分可靠、客观权威，并注明来源。

第二节　经营风险

8.2.1　上市公司尚未盈利的，应当在年度报告显著位置披露公司核心竞争力和经营活动面临的重大风险。

上市公司应当结合行业特点，充分披露尚未盈利的原因，以及对公司现金流、业务拓展、人才吸引、团队稳定性、研发投入、战略性投入、生产经营可持续性等方面的影响。

8.2.2　上市公司年度净利润或营业收入与上年同期相比下降50%以上，或者净利润为负值的，应当在年度报告中披露下列信息：

（一）业绩大幅下滑或者亏损的具体原因；

（二）主营业务、核心竞争力、主要财务指标是否发生重大不利变化，是否与行业趋势一致；

（三）所处行业景气情况，是否存在产能过剩、持续衰退或者技术替代等情形；

（四）持续经营能力是否存在重大风险；

（五）对公司具有重大影响的其他信息。

8.2.3 上市公司应当在年度报告中，遵循关联性和重要性原则，识别并披露下列可能对公司核心竞争力、经营活动和未来发展产生重大不利影响的风险因素：

（一）核心竞争力风险，包括技术更迭、产品更新换代或竞争加剧导致市场占有率和用户规模下降，研发投入超出预期或进程未达预期，关键设备被淘汰等；

（二）经营风险，包括单一客户依赖、原材料价格上涨、产品或服务价格下降等；

（三）行业风险，包括行业出现周期性衰退、产能过剩、市场容量下滑或增长停滞、行业上下游供求关系发生重大不利变化等；

（四）宏观环境风险，包括相关法律、税收、外汇、贸易等政策发生重大不利变化；

（五）其他重大风险。

8.2.4 上市公司发生下列重大风险事项的，应当及时披露其对公司核心竞争力和持续经营能力的具体影响：

（一）国家政策、市场环境、贸易条件等外部宏观环境发生重大不利变化；

（二）原材料采购价格、产品售价或市场容量出现重大不利变化，或者供销渠道、重要供应商或客户发生重大不利变化；

（三）核心技术人员离职；

（四）核心商标、专利、专有技术、特许经营权或者核心技术许可丧失、到期或者出现重大纠纷；

（五）主要产品、业务或者所依赖的基础技术研发失败或者被禁止使用；

（六）主要产品或核心技术丧失竞争优势；

（七）其他重大风险事项。

8.2.5 出现下列重大事故或负面事件的，应当及时披露具体情况及其影响：

（一）发生重大环境、生产及产品安全事故；

（二）收到政府部门限期治理、停产、搬迁、关闭的决定通知；

（三）不当使用科学技术或违反科学伦理；

（四）其他不当履行社会责任的重大事故或负面事件。

8.2.6 上市公司出现下列重大风险事项之一，应当及时披露具体情况及其影响：

（一）可能发生重大亏损或者遭受重大损失；

（二）发生重大债务或者重大债权到期未获清偿；

（三）可能依法承担重大违约责任或者大额赔偿责任；

（四）计提大额资产减值准备；

（五）公司决定解散或者被有权机关依法吊销营业执照、责令关闭或者被撤销；

（六）预计出现股东权益为负值；

（七）主要债务人出现资不抵债，公司对相应债权未提取足额坏账准备；

（八）主要资产被查封、扣押、冻结或者被抵押、质押；

（九）主要银行账户被查封、冻结；

（十）主要业务陷入停顿；

（十一）董事会会议无法正常召开并形成决议；

（十二）被控股股东及其关联方非经营性占用资金或违规对外担保；

（十三）控股股东、实际控制人或者上市公司因涉嫌违法违规被有权机关调查，或者受到重大行政、刑事处罚；

（十四）实际控制人、公司法定代表人或者经理无法履行职责，董事、监事、高级管理人员、核心技术人员因涉嫌违法违纪被有权机关调查或者采取强制措施，或者受到重大行政、刑事处罚；

（十五）本所或者公司认定的其他重大风险情况。

上述事项涉及具体金额的，比照适用第7.1.2条的规定。

8.2.7 上市公司申请或者被债权人申请破产重整、和解或破产清算的，应当及时披露下列进展事项：

（一）法院裁定受理重整、和解或破产清算申请；

（二）重整、和解或破产清算程序的重大进展或法院审理裁定；

（三）法院裁定批准公司破产重整计划、和解协议或者清算；

（四）破产重整计划、和解协议的执行情况。

进入破产程序的上市公司，除应当及时披露上述信息外，还应当及时披露定期报告和临时公告。

8.2.8 上市公司破产采取破产管理人管理或者监督运作模式的，破产管理人及其成员、董事、监事和高级管理人员应当按照《证券法》、最高人民法院、中国证监会和本所有关规定，及时、公平地向所有债权人和股东披露信息，并保证信息披露内容的真实、准确、完整。

第九章 应当披露的其他重大事项

第一节 异常波动和传闻澄清

9.1.1 上市公司股票交易出现本所业务规则规定或者本所认定的异常波动的，本所可以根据异常波动程度和监管需要，采取下列措施：

（一）要求上市公司披露股票交易异常波动公告；

（二）要求上市公司停牌核查并披露核查公告；

（三）向市场提示异常波动股票投资风险；

（四）本所认为必要的其他措施。

9.1.2 上市公司股票交易出现本所业务规则规定的异常波动的，公司应当于次一交易日披露股票交易异常波动公告。本所可以根据需要安排公司在非交易日公告。

股票交易异常波动的计算从披露之日起重新起算。

9.1.3 上市公司股票交易出现本所业务规则规定的严重异常波动的，应当按照第9.1.4条的规定于次一交易日披露核查公告；无法披露的，应当申请其股票自次一交易日起停牌核查，直至披露核查公告后复牌。

9.1.4 上市公司股票出现前条规定情形的，公司或相关信息披露义务人应当核查下列事项：

（一）是否存在导致股价严重异常波动的未披露事项；

（二）股价是否严重偏离同行业上市公司合理估值；

（三）是否存在重大风险事项；

（四）其他可能导致股价严重异常波动的事项。

上市公司应当及时披露核查结果公告，充分提示公司股价严重异常波动的交易风险；存在未披露重大事项的，应当召开投资者说明会。

上市公司股票应当自披露核查结果公告、投资者说明会公告（如有）之日起复牌。披露日为非交易日的，自次一交易日起复牌。

保荐机构和保荐代表人应当督促上市公司按照本节规定及时进行核查，履行相应信息披露义务。

9.1.5　上市公司股票交易出现严重异常波动，经公司核查后无应披露未披露重大事项，也无法对异常波动原因作出合理解释的，本所可以向市场公告，提示股票交易风险，并视情况实施特别停牌。

9.1.6　上市公司和相关信息披露义务人应当密切关注公共媒体关于公司的重大报道、市场传闻（以下统称传闻）。相关传闻可能对投资决策或者公司股票交易产生较大影响的，公司应当及时核实，并视情况披露或者澄清。

本所认为相关传闻可能对公司股票交易价格产生较大影响的，可以要求公司予以核实、澄清。公司应当在本所要求的期限内核实，及时披露传闻澄清公告。

第二节　股份质押

9.2.1　上市公司控股股东应当审慎质押所持公司股份，合理使用融入资金，维持上市公司控制权和生产经营稳定。

9.2.2　上市公司控股股东及其一致行动人质押股份占其所持股份的比例达到50%以上，以及之后质押股份的，应当及时通知公司，并披露下列信息：

（一）本次质押股份数量、累计质押股份数量以及占其所持公司股份的比例；

（二）本次质押期限、质押融资款项的最终用途及资金偿还安排；

（三）控股股东及实际控制人的经营状况、财务状况、偿债能力、近一年对外投资情况，以及是否存在债务逾期或其他资信恶化的情形；

（四）控股股东及其关联方与上市公司之间的关联交易、资金往来、担保、共同投资，以及控股股东、实际控制人是否占用上市公司资源；

（五）股份质押对上市公司控制权的影响；

（六）本所要求披露的其他信息。

9.2.3　上市公司控股股东及其一致行动人质押股份占其所持股份的比例达到50%以上，且出现债务逾期或其他资信恶化情形的，应当及时通知公司并披露下列信息：

（一）债务逾期金额、原因及应对措施；

（二）是否存在平仓风险以及可能被平仓的股份数量和比例；

（三）第9.2.2条第三项至第五项规定的内容；

（四）本所要求披露的其他信息。

9.2.4 控股股东及其一致行动人出现质押平仓风险的，应当及时通知上市公司，披露是否可能导致公司控制权发生变更、拟采取的措施，并充分提示风险。

控股股东及其一致行动人质押股份被强制平仓或平仓风险解除的，应当持续披露进展。

9.2.5 上市公司持股5%以上股东质押股份，应当在2个交易日内通知上市公司，并披露本次质押股份数量、累计质押股份数量以及占公司总股本比例。

第三节 其他

9.3.1 上市公司应当及时披露下列重大诉讼、仲裁：

（一）涉案金额超过1000万元，且占公司最近一期经审计总资产或者市值（按照第7.1.5条规定计算）1%以上；

（二）股东大会、董事会决议被申请撤销或者宣告无效；

（三）董事会认为可能对公司控制权稳定、生产经营或股票交易价格产生较大影响的其他诉讼、仲裁。

9.3.2 上市公司应当履行承诺。未履行承诺的，应当及时披露原因及解决措施。

上市公司应当督促相关方履行承诺。相关方未履行承诺的，上市公司应当及时披露董事会拟采取的措施。

9.3.3 上市公司应当建立完善募集资金的存储、使用、变更、决策、监督和责任追究等制度，披露募集资金重点投向科技创新领域的具体安排，并持续披露募集资金使用情况。

9.3.4 上市公司出现下列情形之一的，应当及时披露：

（一）变更公司名称、股票简称、公司章程、注册资本、注册地址、主要办公地址和联系电话等；

（二）经营方针和经营范围发生重大变化；

（三）变更会计政策或者会计估计；

（四）公司法定代表人、经理、董事（含独立董事）或者三分之一以上的监事提出辞职或者发生变动；

（五）聘任或者解聘为公司定期报告出具审计意见的会计师事务所；

（六）法院裁定禁止公司控股股东转让其所持本公司股份；

（七）持股5%以上股东的股份被冻结、司法拍卖、托管、设定信托或者被依法限制表决权；

（八）发生可能对公司资产、负债、权益或者经营成果产生重大影响的其他事项；

（九）本所或者公司认定的其他情形。

上述事项涉及具体金额的，比照适用第7.1.2条的规定或本所其他规定。

第十章　股权激励

10.1　上市公司以本公司股票为标的，采用限制性股票、股票期权或者本所认可的其他方式，对董事、高级管理人员及其他员工进行长期性激励的，应当遵守本章规定，履行相应审议程序和信息披露义务。

10.2　上市公司实行股权激励计划，应当设置合理的公司业绩和个人绩效等考核指标，有利于公司持续发展，不得损害公司利益。

董事、监事和高级管理人员在实行股权激励计划中，应当诚实守信、勤勉尽责，维护公司和全体股东的利益。

10.3　上市公司实行股权激励计划的，应当按照有关规定履行信息披露义务。

上市公司应当在年度报告中披露报告期内股权激励计划的实施情况。

10.4　激励对象可以包括上市公司的董事、高级管理人员、核心技术人员或者核心业务人员，以及公司认为应当激励的对公司经营业绩和未来发展有直接影响的其他员工，独立董事和监事除外。

单独或合计持有上市公司5%以上股份的股东、上市公司实际控制人及其配偶、父母、子女以及上市公司外籍员工，在上市公司担任董事、高级管理人员、核心技术人员或者核心业务人员的，可以成为激励对象。科创公司应当充分说明前述人员成为激励对象的必要性、合理性。

激励对象不得具有《上市公司股权激励管理办法》第八条第二款第一项至第六项规定的情形。

10.5　上市公司授予激励对象限制性股票，包括下列类型：

（一）激励对象按照股权激励计划规定的条件，获得的转让等部分权利受到限制的本公司股票；

（二）符合股权激励计划授予条件的激励对象，在满足相应获益条件后分次获得并登记的本公司股票。

10.6 上市公司授予激励对象限制性股票的价格，低于股权激励计划草案公布前1个交易日、20个交易日、60个交易日或者120个交易日公司股票交易均价的50%的，应当说明定价依据及定价方式。

出现前款规定情形的，上市公司应当聘请独立财务顾问，对股权激励计划的可行性、相关定价依据和定价方法的合理性、是否有利于公司持续发展、是否损害股东利益等发表意见。

10.7 上市公司授予激励对象第10.5条第二项所述限制性股票，应当就激励对象分次获益设立条件，并在满足各次获益条件时分批进行股份登记。当次获益条件不满足的，不得进行股份登记。

公司应当在股权激励计划中明确披露分次授予权益的数量、获益条件、股份授予或者登记时间及相关限售安排。

获益条件包含12个月以上的任职期限的，实际授予的权益进行登记后，可不再设置限售期。

10.8 上市公司可以同时实施多项股权激励计划。上市公司全部在有效期内的股权激励计划所涉及的标的股票总数，累计不得超过公司股本总额的20%。

第十一章　重大资产重组

11.1 上市公司应当依照《上市公司重大资产重组管理办法》（以下简称《重组办法》）及中国证监会其他相关规定、本规则及本所其他规定，实施重大资产重组。

11.2 上市公司重大资产重组、发行股份购买资产（以下统称重大资产重组）的，标的资产应当与上市公司主营业务具有协同效应，有利于促进主营业务整合升级和提高上市公司持续经营能力。

11.3 上市公司实施发行股份购买资产、合并、分立等涉及发行股票的并购重组，由本所审核，并经中国证监会注册后方可实施。

构成《重组办法》第十三条规定交易情形，但不涉及发行股票的，参照适用前款规定。

11.4 上市公司应当确保能够对购买的标的资产实施有效控制，保证标的资产合规运行，督促重大资产重组交易对方履行承诺。

11.5 上市公司实施重大资产重组的，应当按照《企业会计准则》的有关规定确认商誉，并结合宏观环境、行业环境、实际经营状况及未来经营规划等因素，谨慎实施后续计量、列报和披露，及时进行减值测试，足额计提减值损失，并披露能够公允反映商誉价值的相关信息。

11.6 上市公司应当聘请独立财务顾问就重大资产重组出具意见。

独立财务顾问应当就重大资产重组的协同性和上市公司控制标的资产的能力发表明确意见，并在持续督导期间督促上市公司有效控制并整合标的资产。

第十二章 退市

第一节 一般规定

12.1.1 上市公司触及本规则规定的退市情形，导致其股票存在被终止上市风险的，本所对该公司股票启动退市程序。

12.1.2 上市公司股票被实施退市风险警示的，在公司股票简称前冠以"*ST"字样，以区别于其他股票。

上市公司股票被实施退市风险警示期间，不进入风险警示板交易，不适用风险警示板交易的相关规定。

12.1.3 上市公司出现两项以上退市风险警示、终止上市情形的，按照先触及先适用的原则实施退市风险警示、终止上市。

上市公司存在两项以上退市风险警示情形的，须满足全部退市风险警示的撤销条件，方可申请撤销风险警示。但已满足撤销条件退市风险警示情形，不再适用其对应的终止上市程序。

12.1.4 上市公司申请撤销退市风险警示的，应当聘请保荐机构就公司是否符合撤销退市风险警示的条件进行核查并发表明确意见。

12.1.5 上市公司股票被终止上市的，不得申请重新上市。

第二节 重大违法强制退市

12.2.1 本规则所称重大违法强制退市，包括下列情形：

（一）上市公司存在欺诈发行、重大信息披露违法或者其他严重损害证券市场秩序的重大违法行为，且严重影响上市地位，其股票应当被终止上市的情形；

（二）上市公司存在涉及国家安全、公共安全、生态安全、生产安全和公众健康安全等领域的违法行为，情节恶劣，严重损害国家利益、社会公共利益，或者严重影响上市地位，其股票应当被终止上市的情形。

12.2.2　上市公司涉及第12.2.1条第一项规定的重大违法行为，存在下列情形之一的，其股票应当被终止上市：

（一）上市公司首次公开发行股票申请或者披露文件存在虚假记载、误导性陈述或重大遗漏，被中国证监会依据《证券法》第一百八十九条作出行政处罚决定，或者被人民法院依据《刑法》第一百六十条作出有罪生效判决；

（二）上市公司发行股份购买资产并构成重组上市，申请或者披露文件存在虚假记载、误导性陈述或者重大遗漏，被中国证监会依据《证券法》第一百八十九条作出行政处罚决定，或者被人民法院依据《刑法》第一百六十条作出有罪生效判决；

（三）上市公司披露的年度报告存在虚假记载、误导性陈述或者重大遗漏，根据中国证监会行政处罚决定认定的事实，导致其相关财务指标已实际触及本规则规定的退市标准；

（四）本所根据上市公司违法行为的事实、性质、情节及社会影响等因素认定的其他严重损害证券市场秩序的情形。

12.2.3　上市公司涉及第12.2.1条第二项规定的重大违法行为，存在下列情形之一的，其股票应当被终止上市：

（一）上市公司或其主要子公司被依法吊销营业执照、责令关闭或者被撤销；

（二）上市公司或其主要子公司被依法吊销主营业务生产经营许可证，或者存在丧失继续生产经营法律资格的其他情形；

（三）本所根据上市公司重大违法行为损害国家利益、社会公共利益的严重程度，结合公司承担法律责任类型、对公司生产经营和上市地位的影响程度等情形，认为公司股票应当终止上市的。

12.2.4　本所上市委员会依据相关行政机关行政处罚决定、人民法院生效裁判认定的事实，按照本规则规定的标准，就是否对上市公司股票实施重大违法强制退市进行审议，作出独立的专业判断并形成审核意见。

重大违法强制退市的认定程序、信息披露要求、停复牌和听证等事宜，按照《上海证券交易所上市公司重大违法强制退市实施办法》的规定执行。

12.2.5　本所根据上市委员会对公司股票是否实施重大违法强制退市的审核意见，在5个交易日内作出是否终止公司股票上市的决定。

12.2.6　本所在作出终止上市决定之日起2个交易日内，通知公司并发布相关公告，同时报中国证监会备案。

公司应当在收到本所关于终止其股票上市决定之日起的次一交易日，披露股票终止上市公告。

公司可以在收到终止上市决定之日起5个交易日内，按照本章第六节的规定申请复核。

12.2.7　上市公司因重大违法强制退市情形，其股票被终止上市后，作为上市公司重大违法强制退市认定依据的行政处罚决定、司法裁判被依法撤销、确认无效或被依法变更的，公司可以在知道相关行政机关决定或者人民法院生效司法裁判后的10个交易日内，向本所申请撤销对公司股票作出的终止上市决定。

12.2.8　本所自收到上市公司按照前条规定提出的撤销申请之日起的15个交易日内，召开上市委员会会议，根据相关行政机关决定或者人民法院生效司法裁判，审议是否撤销对公司股票作出的终止上市决定，并形成审核意见。

本所根据上市委员会的审核意见，作出是否撤销对公司股票作出的终止上市决定的决定。

12.2.9　本所撤销终止上市决定的，公司股票相应还原上市地位。公司股票同时具有其他退市风险警示或者终止上市情形的，本所对其股票实施相应退市风险警示或者终止上市。

本所在作出撤销决定之日起2个交易日内，通知公司并发布相关公告，同时报中国证监会备案。

12.2.10　公司可以在收到本所撤销决定之日起20个交易日内，向本所申请还原上市地位。公司股份已经转入全国中小企业股份转让系统或者本所认可的其他转让场所挂牌转让的，本所在公司办理完毕其股份的重新确认、登记、托管等相关手续后安排其股票上市交易。

公司应当在其股票还原上市地位前与本所重新签订上市协议，明确双方的权利、义务及其他有关事项。公司控股股东、实际控制人、董事、监事和高级管理人员等应当签署并提交相应声明与承诺。

公司股票还原上市地位首日不设涨跌幅，不进入风险警示板交易。

第三节 交易类强制退市

12.3.1 上市公司出现下列情形之一的，本所决定终止其股票上市：

（一）通过本所交易系统连续120个交易日实现的累计股票成交量低于200万股；

（二）连续20个交易日股票收盘价均低于股票面值；

（三）连续20个交易日股票市值均低于3亿元；

（四）连续20个交易日股东数量均低于400人；

（五）本所认定的其他情形。

前款规定的交易日，不包含公司股票停牌日和公司首次公开发行股票上市之日起的20个交易日。

证券市场出现重大异常波动等情形的，本所可以根据实际情况调整本条第一款规定的交易指标。

12.3.2 上市公司出现连续90个交易日（不包含公司股票停牌日）通过本所交易系统实现的累计股票成交量低于150万股的，应当在次一交易日发布公司股票可能被终止上市的风险提示公告，其后每个交易日披露一次，直至自上述起算时点起连续120个交易日（不包含公司股票停牌日）内通过本所交易系统实现的累计成交量达到200万股以上或者本所作出公司股票终止上市的决定之日止（以先达到的日期为准）。

12.3.3 上市公司连续10个交易日（不包含公司股票停牌日）出现下列情形之一的，应当在次一交易日发布公司股票可能被终止上市的风险提示公告，其后每个交易日披露一次，直至相应的情形消除或者本所作出公司股票终止上市的决定之日（以先达到的日期为准）：

（一）每日股票收盘价均低于股票面值；

（二）每日股票市值均低于3亿元；

（三）每日股东数量均低于400人。

12.3.4 上市公司出现第12.3.1条情形之一的，其股票自情形出现的次一交易日起停牌。

本所自公司股票停牌之日起5个交易日内，向公司发出拟终止其股票上市的事先告知书，上市公司应当及时披露。

12.3.5 上市公司收到终止上市事先告知书后，可以根据本章第六节的规定提出听证、陈述和申辩。

本所上市委员会在前款规定的有关期限届满或者听证程序结束后15个交易日内，就是否终止其股票上市事宜进行审议，作出独立的专业判断并形成审核意见。

本所根据上市委员会的审核意见，作出是否终止股票上市的决定。

12.3.6 本所在作出终止股票上市的决定之日起2个交易日内，通知公司并发布相关公告，同时报中国证监会备案。

公司应当在收到本所关于终止其股票上市决定后，及时披露股票终止上市公告。

公司可以在收到终止上市决定之日起5个交易日内，按照本章第六节的规定申请复核。

第四节　财务类强制退市

12.4.1 上市公司出现下列情形之一，明显丧失持续经营能力，达到本规则规定标准的，本所将对其股票启动退市程序：

（一）主营业务大部分停滞或者规模极低；

（二）经营资产大幅减少导致无法维持日常经营；

（三）营业收入或者利润主要来源于不具备商业实质的关联交易；

（四）营业收入或者利润主要来源于与主营业务无关的贸易业务；

（五）其他明显丧失持续经营能力的情形。

12.4.2 上市公司出现下列情形之一的，本所对其股票实施退市风险警示：

（一）最近一个会计年度经审计的扣除非经常性损益之前或者之后的净利润（含被追溯重述）为负值，且最近一个会计年度经审计的营业收入（含被追溯重述）低于1亿元；

（二）最近一个会计年度经审计的净资产（含被追溯重述）为负值；

（三）本所认定的其他情形。

上市公司营业收入主要来源于与主营业务无关的贸易业务或者不具备商业实质的关联交易，公司明显丧失持续经营能力的，本所可以提交上市委员会认定在计算前款规定的营业收入指标时是否扣除前述收入，并通知上市公司。

根据本规则第2.1.2条第五项市值及财务指标上市的公司（以下简称研发型上市公司）自上市之日起第4个完整会计年度起适用本条规定。

本所可以根据实际情况调整本条第一款规定的退市指标。

12.4.3　研发型上市公司主要业务、产品或者所依赖的基础技术研发失败或者被禁止使用，且公司无其他业务或者产品符合本规则第2.1.2条第五项规定要求的，本所将对其股票实施退市风险警示。

12.4.4　上市公司预计将出现第12.4.2条规定情形的，应当在相应的会计年度结束后一个月内，发布股票可能被实施退市风险警示的风险提示公告，并在披露年度报告前至少再发布两次风险提示公告。

12.4.5　上市公司出现第12.4.2条规定情形的，应当在董事会审议通过年度报告或者财务会计报告更正事项后及时向本所报告，披露年度报告或者财务会计报告更正公告，并向本所提交董事会的书面意见。公司股票自年度报告或者财务会计报告更正公告披露日起停牌。披露日为非交易日的，于次一交易日起停牌。

公司未及时披露的，本所可以在获悉相关情况后对公司股票实施停牌，并向市场公告。

本所在公司股票停牌之日起5个交易日内，根据实际情况，对公司股票实施退市风险警示。公司应当按照本所要求在其股票被实施退市风险警示前及时发布公告。

公司股票自公告披露后的次一交易日起复牌。公告披露日为非交易日的，于披露后的第二个交易日起复牌。自复牌之日起，本所对公司股票实施退市风险警示。

12.4.6　研发型上市公司主要产品、业务或者所依赖的基础技术宣告研发失败或者被禁止使用的，公司应当自相关事实发生之日起申请股票停牌，并发布股票可能被实施退市风险警示的风险提示公告。

公司应当在股票停牌之日起的10个交易日内，核查公司其他产品或者业务是否符合第2.1.2条第五项规定要求、公司是否出现第12.4.3条规定情形，并提交报告及披露。公司应当聘请保荐机构出具专项意见。除第12.4.7条规定情形外，公司股票于前述报告披露日起复牌。

12.4.7　研发型上市公司未在规定期限内提交报告，或者核查后认为未出现第12.4.3条规定情形的，本所可以提请上市委员会对公司是否出现第12.4.3条规定情形作出认定，并通知上市公司。

公司及保荐机构核查后认为或者本所认定公司出现第12.4.3条规定情形

的，本所自收到公司提交的相关报告或者作出认定后5个交易日内，对公司股票实施退市风险警示。公司应当按照本所要求在其股票被实施退市风险警示前及时发布公告。

公司股票自公告披露后的次一交易日起复牌。公告披露日为非交易日的，于披露后的第二个交易日起复牌。自复牌之日起，本所对公司股票实施退市风险警示。

12.4.8　上市公司因12.4.2条规定的标准，其股票被实施退市风险警示的，应当在其股票被实施退市风险警示当年的会计年度结束后一个月内，发布股票可能被终止上市的风险提示公告，并在披露该年年度报告前至少再发布两次风险提示公告。

上市公司因12.4.3条规定的标准，其股票被实施退市风险警示的，在其股票被实施退市风险警示期间，上市公司应当每个月披露一次风险提示公告，提示其股票可能被终止上市的风险。

12.4.9　上市公司最近一个会计年度审计结果表明第12.4.2条规定情形已经消除的，公司可以在年度报告披露后5个交易日内，向本所申请撤销对其股票实施的退市风险警示。

研发型上市公司自股票被实施退市风险警示之日起6个月内，公司市值及相关产品、业务等指标符合本规则第2.1.2条第五项规定要求的，应当在符合条件时及时披露，并说明是否向本所申请撤销退市风险警示。公司可以在披露之日起的5个交易日内，向本所申请撤销对其股票实施的退市风险警示。

12.4.10　上市公司向本所提交撤销对其股票实施退市风险警示的申请后，应当在次一交易日作出公告。

本所于收到上市公司申请之日后的15个交易日内，根据实际情况，作出是否撤销退市风险警示的决定。

12.4.11　本所决定撤销退市风险警示的，上市公司应当按照本所要求在撤销退市风险警示之前一个交易日作出公告。

公司股票在公告披露日停牌一天，公告披露日为非交易日的，于披露日次一交易日停牌一天。本所自复牌之日起撤销对公司股票实施的退市风险警示。

12.4.12　本所决定不予撤销退市风险警示的，上市公司应当在收到本所有关书面通知的次一交易日作出公告。公司未按规定公告的，本所可以交易所公告的形式予以公告。公司股票自公告之日起停牌。

上市公司虽满足第12.4.9条规定的退市风险警示的撤销条件，但具有其他退市风险警示情形的，按其他退市风险警示的程序执行，不予撤销退市风险警示。

12.4.13 上市公司未满足第12.4.9条第一款规定的撤销退市风险警示条件，应当自董事会审议通过年度报告或者财务会计报告更正事项后，及时披露年度报告或者更正公告，同时发布公司股票可能被终止上市的风险提示公告。本所自年度报告或者财务会计报告更正公告披露之日起，对公司股票实施停牌。披露日为非交易日的，自披露后的第一个交易日起停牌。

研发型上市公司在被实施退市风险警示后6个月内未满足第12.4.9条第二款规定的退市风险警示撤销条件的，应当在该期限届满日次一交易日发布公司股票可能被终止上市的风险提示公告。本所自公告披露之日起，对公司股票实施停牌。

上市公司虽满足第12.4.9条规定的退市风险警示撤销条件，但未在该条规定的相应期限内向本所申请撤销退市风险警示的，本所自相应期限届满的次一交易日起对公司股票实施停牌。

12.4.14 本所根据第12.4.12条和第12.4.13条对公司股票实施停牌的，自停牌之日起5个交易日内，向公司发出拟终止其股票上市的事先告知书，上市公司应当及时披露。

12.4.15 上市公司收到终止上市事先告知书后，可以根据本章第六节的规定提出听证、陈述和申辩。

本所上市委员会在前款规定的有关期限届满或者听证程序结束后15个交易日内，就是否终止公司股票上市事宜进行审议，作出独立的专业判断并形成审核意见。

本所根据上市委员会的审核意见，作出是否终止股票上市的决定。

12.4.16 本所在作出终止股票上市的决定之日起2个交易日内，通知公司并发布相关公告，同时报中国证监会备案。

公司应当在收到本所关于终止其股票上市决定后，及时披露股票终止上市公告。

公司可以在收到终止上市决定之日起5个交易日内，按照本章第六节的规定申请复核。

第五节　规范类强制退市

12.5.1 上市公司出现下列情形之一的，本所对其股票实施退市风险警示：

（一）因财务会计报告存在重大会计差错或者虚假记载，被中国证监会责令改正但公司未在规定期限内改正，此后公司在股票停牌2个月内仍未改正；

（二）未在法定期限内披露年度报告或者半年度报告，此后公司在股票停牌2个月内仍未披露；

（三）因信息披露或者规范运作等方面存在重大缺陷，被本所责令改正但公司未在规定期限内改正，此后公司在股票停牌2个月内仍未改正；

（四）因公司股本总额或股权分布发生变化，导致连续20个交易日不再具备上市条件，此后公司在股票停牌1个月内仍未解决；

（五）最近一个会计年度的财务会计报告被会计师事务所出具无法表示意见或者否定意见的审计报告；

（六）公司可能被依法强制解散；

（七）法院依法受理公司重整、和解和破产清算申请；

（八）本所认定的其他情形。

前款规定的第三项情形，由本所提请上市委员会审议，并根据上市委员会的审核意见作出认定。

12.5.2 上市公司出现第12.5.1条第一项至第三项规定的未在规定期限改正或者法定期限内披露相关定期报告情形的，公司股票自责令改正期限或者法定期限届满之日起停牌。

上市公司在股票停牌后2个月内完成改正或者披露相关定期报告的，应当及时公告，公司股票自公告披露当日起复牌。披露日为非交易日的，于次一交易日起复牌。

上市公司在股票停牌后2个月内仍未完成改正或者披露的，公司股票自停牌2个月届满的次一交易日起复牌。自复牌之日起，本所对公司股票实施退市风险警示。上市公司应当按照本所要求，在其股票被实施退市风险警示前及时发布公告。

12.5.3 上市公司出现第12.5.1条第四项规定的股本总额或者股权分布连续20个交易日不具备上市条件的，股票自前述情形出现的次一交易日起停牌。公司应当于停牌之日起1个月内披露解决方案并提示相关风险。

公司在股票停牌后1个月内披露解决股本总额或者股权分布问题的方案，或者公司未在股票停牌后1个月内披露解决方案的，公司股票自方案披露或者期限届满的次一交易日起复牌。自复牌之日起，本所对公司股票实施退市风险警示。

上市公司应当按照本所要求，在其股票被实施退市风险警示前及时公告。

停牌期间股本总额或者股权分布重新具备上市条件的，公司应当及时披露并申请股票复牌。

12.5.4　上市公司出现第12.5.1条第五项至第八项规定情形之一的，公司股票自该情形出现的次一交易日起停牌。本所在停牌之日起5个交易日内，决定对公司股票实施退市风险警示。

上市公司应当按照本所要求在其股票被实施退市风险警示前及时发布公告。公司股票自公告披露日后的次一交易日起复牌。公告披露日为非交易日的，于披露后的第二个交易日起复牌。自复牌之日起，本所对公司股票实施退市风险警示。

12.5.5　除因第12.5.1条第五项情形被实施退市风险警示外，股票被实施退市风险警示期间，上市公司应当每5个交易日披露一次风险提示公告，提示其股票可能终止上市的风险。

上市公司因12.5.1条第五项规定的标准，其股票被实施退市风险警示的，应当在其股票被实施退市风险警示当年的会计年度结束后一个月内，发布股票可能被终止上市的风险提示公告，并在披露该年年度报告前至少再发布两次风险提示公告。

12.5.6　上市公司股票因第12.5.1条第七项情形被实施退市风险警示的，公司应当分阶段及时披露法院裁定批准公司重整计划、和解协议或者终止重整、和解程序等重整事项的进展，并充分提示相关风险。

上市公司破产重整的停复牌应当遵守本所相关规定。

12.5.7　上市公司股票因第12.5.1条第一项至第六项情形被实施退市风险警示后，符合下列对应条件的，可以向本所申请撤销对其股票实施的退市风险警示：

（一）因第12.5.1条第一项情形被实施退市风险警示之日起的2个月内，披露经改正的财务会计报告；

（二）因第12.5.1条第二项情形被实施退市风险警示之日起的2个月内，披露相关年度报告或者半年度报告；

（三）因第12.5.1条第三项情形被实施退市风险警示之日起2个月内，公司已按要求完成整改，具备健全的公司治理结构，运作规范，公司信息披露和内控制度无重大缺陷；

（四）因第12.5.1条第四项情形被实施退市风险警示之日起的6个月内，解决股本总额或股权分布问题，且其股本总额或股权分布重新具备上市条件；

（五）因第12.5.1条第五项情形被实施退市风险警示后，会计师事务所对其下一个会计年度的财务会计报告出具标准无保留审计意见；

（六）因第12.5.1条第六项情形被实施退市风险警示后，公司可能被依法强制解散的情形已消除。

前款规定的第三项情形，由本所提请上市委员会审议，并根据上市委员会审核意见作出是否撤销退市风险警示的决定。

12.5.8　上市公司股票因第12.5.1条第七项情形被实施退市风险警示后，符合下列条件之一的，公司可以向本所申请撤销对其股票实施的退市风险警示：

（一）重整计划执行完毕；

（二）和解协议执行完毕；

（三）法院受理破产申请后至破产宣告前，依据《中华人民共和国企业破产法》（以下简称《企业破产法》）作出驳回破产申请的裁定，且申请人在法定期限内未提起上诉；

（四）因公司已清偿全部到期债务、第三人为公司提供足额担保或者清偿全部到期债务，法院受理破产申请后至破产宣告前，依据《企业破产法》作出终结破产程序的裁定。

公司因前款第一项、第二项情形向本所申请撤销对其股票实施的退市风险警示，应当提交法院指定管理人出具的监督报告、律师事务所出具的对公司重整计划或和解协议执行情况的法律意见书，以及本所要求的其他说明文件。

12.5.9　上市公司符合第12.5.7条、第12.5.8条规定条件的，应当于相关情形出现后及时披露，并说明是否将向本所申请撤销退市风险警示。公司可以在披露之日起的5个交易日内，向本所提交撤销退市风险警示申请并披露。

本所于收到上市公司申请之日起的15个交易日内，根据实际情况，作出是否撤销退市风险警示的决定。

12.5.10　本所决定撤销退市风险警示的，上市公司应当按照本所要求在撤销退市风险警示之前一个交易日作出公告。公司股票在公告披露日停牌一天，公告披露日为非交易日的，于披露日次一交易日停牌一天。本所自复牌之日起撤销对公司股票的退市风险警示。

12.5.11　本所决定不予撤销退市风险警示的，上市公司应当在收到本所有关书面通知之日作出公告；公司未按规定公告的，本所可以交易所公告的形式予以公告。公司股票自公告之日起停牌。

上市公司虽满足第12.5.7条、第12.5.8条规定的退市风险警示撤销条件，但具有其他退市风险警示情形的，按其他退市风险警示的程序执行，不予撤销退市风险警示。

12.5.12 上市公司未满足第12.5.7条、第12.5.8条规定的撤销退市风险警示条件，或者未在第12.5.9条规定的期限内向本所申请撤销退市风险警示的，本所自相应期限届满的次一交易日起，对公司股票实施停牌。

上市公司股票因第12.5.1条第五项情形被实施退市风险警示，会计师事务所对其下一个会计年度的财务会计报告出具无法表示意见或者否定意见的审计意见的，本所自该审计意见披露之日起对公司股票实施停牌。披露日为非交易日的，自披露日次一交易日起停牌。

上市公司股票因第12.5.1条第六项、第七项情形被实施退市风险警示后，应当最迟于知道公司依法被吊销营业执照、被责令关闭或者被撤销等强制解散条件成就，或者收到法院宣告公司破产的裁定书的次一交易日披露，公司股票自披露之日起停牌。

12.5.13 本所根据第12.5.11条、第12.5.12条对公司股票实施停牌的，自停牌之日起5个交易日内，向公司发出拟终止其股票上市的事先告知书，公司应当及时披露。

12.5.14 上市公司收到终止上市事先告知书后，可以根据本章第六节的规定提出听证、陈述和申辩。

本所上市委员会在前款规定的有关期限届满或者听证程序结束后15个交易日内，就是否终止其股票上市事宜进行审议，作出独立的专业判断并形成审核意见。

本所根据上市委员会的审核意见，作出是否终止股票上市的决定。

12.5.15 本所在作出终止股票上市的决定之日后2个交易日内，通知公司并发布相关公告，同时报中国证监会备案。

公司应当在收到本所关于终止其股票上市的决定后，及时披露股票终止上市公告。

公司可以在收到终止上市决定之日起5个交易日内，按照本章第六节的规定申请复核。

第六节　听证与复核

12.6.1　上市公司收到本所发出的终止上市事先告知书后，可以在5个交易日内，以书面形式向本所提出听证要求，并载明具体事项及理由。

上市公司对终止上市有异议的，可以在前款规定期限内，向本所提交相关书面陈述和申辩，并提供相关文件。

上市公司未在本条规定期限内提出听证要求、书面陈述或者申辩的，视为放弃相应权利。

上市公司在本条规定期限内提出听证要求的，由本所上市委员会按照有关规定组织召开听证会。

12.6.2　上市委员会组织召开听证和审议期间，可以要求上市公司、保荐机构和证券服务机构提供补充材料，提供补充材料期间不计入听证及审议期限。

公司和相关机构提供补充材料的期限累计不得超过30个交易日。公司和相关机构未按本所要求在规定期限内提交补充材料的，本所上市委员会继续进行听证或者审议。

本所可以自行或委托相关机构就公司有关情况进行调查核实，并将核查结果提交上市委员会审议。调查核实期间不计入审议期限。

12.6.3　上市公司可以在收到终止上市决定之日起5个交易日内，以书面形式向本所申请复核。

公司应当在向本所提出复核申请之日的次一交易日披露有关内容。

12.6.4　上市公司根据前条规定向本所申请复核，应当提交下列文件：

（一）复核申请书；

（二）保荐机构就申请复核事项出具的意见书；

（三）律师事务所就申请复核事项出具的法律意见书；

（四）本所要求的其他文件。

12.6.5　本所在收到申请人提交的复核申请文件之日后的5个交易日内，作出是否受理的决定并通知申请人。

未能按照前条规定提交复核申请文件的，本所不受理其复核申请。

申请人应当在收到本所是否受理其复核申请的决定后，及时披露决定的有关内容并提示相关风险。

12.6.6　本所复核委员会根据《上海证券交易所复核实施办法》的规定进

行复核。

复核委员会审议期间，可以要求上市公司、保荐机构和证券服务机构提供补充材料，提供补充材料期间不计入听证及审议期限。

公司和相关机构提供补充材料的期限累计不得超过30个交易日。公司和相关机构未按本所要求在规定期限内提交补充材料的，本所复核委员会继续进行听证或者审议。

本所可以自行或委托相关机构就公司有关情况进行调查核实，并将核查结果提交复核委员会审议。调查核实期间不计入审议期限。

12.6.7　本所依据复核委员会的审核意见，作出是否维持终止上市的决定。

申请人应当在收到本所的复核决定后，及时披露决定的有关内容。

第七节　退市整理期

12.7.1　上市公司股票被本所根据本章第二节至第五节的规定作出终止上市决定后，自公告终止上市决定之日起5个交易日后的次一交易日复牌，进入退市整理期交易。

12.7.2　退市整理股票的简称前冠以"退市"标识，不进入本所风险警示板交易，不适用本所风险警示板股票交易的相关规定。

12.7.3　退市整理期的交易期限为30个交易日。公司股票在退市整理期内全天停牌的，停牌期间不计入退市整理期，但停牌天数累计不得超过5个交易日。

累计停牌达到5个交易日后，本所不再接受公司的停牌申请；公司未在累计停牌期满前申请复牌的，本所于停牌期满后的次一交易日恢复公司股票交易。

12.7.4　上市公司股票进入退市整理期的，公司及相关信息披露义务人仍应当遵守法律法规、本规则及本所有关规定，履行信息披露及相关义务。

12.7.5　上市公司应当于退市整理期的第一天，发布公司股票已被本所作出终止上市决定的风险提示公告，说明公司股票进入退市整理期的起始日和终止日等事项。

上市公司应当在退市整理期前25个交易日内，每5个交易日发布一次股票将被终止上市的风险提示公告，在最后5个交易日内每日发布一次股票将被终止上市的风险提示公告。

12.7.6　退市整理期届满后5个交易日内，本所对公司股票予以摘牌，公司股票终止上市，并转入股份转让场所挂牌转让。

12.7.7　上市公司应当在本所作出终止其股票上市决定后，立即安排股票转入全国中小企业股份转让系统或者本所认可的其他转让场所挂牌转让的相关事宜，保证公司股票在摘牌之日起45个交易日内可以挂牌转让。

公司将其股票转入股份转让场所挂牌转让，应当聘请具有主办券商业务资格的证券公司（以下简称代办机构）并与其签订相关协议。公司未聘请或无代办机构接受其聘请的，本所在作出终止其股票上市的决定后，可以为其临时指定代办机构，通知公司和代办机构，并于2个交易日内就上述事项发布相关公告（公司不再具备法人资格的情形除外）。

12.7.8　上市公司股票退市整理期的其他事宜，参照适用《上海证券交易所退市整理期业务实施细则》的有关规定。

第八节　主动终止上市

12.8.1　上市公司出现下列情形之一的，可以向本所申请主动终止上市：

（一）上市公司股东大会决议主动撤回其股票在本所的交易，并决定不再在本所交易；

（二）上市公司股东大会决议主动撤回其股票在本所的交易，并转而申请在其他交易场所交易或转让；

（三）上市公司向所有股东发出回购全部股份或部分股份的要约，导致公司股本总额、股权分布等发生变化不再具备上市条件；

（四）上市公司股东向所有其他股东发出收购全部股份或部分股份的要约，导致公司股本总额、股权分布等发生变化不再具备上市条件；

（五）除上市公司股东外的其他收购人向所有股东发出收购全部股份或部分股份的要约，导致公司股本总额、股权分布等发生变化不再具备上市条件；

（六）上市公司因新设合并或者吸收合并，不再具有独立法人资格并被注销；

（七）上市公司股东大会决议公司解散；

（八）中国证监会和本所认可的其他主动终止上市情形。

12.8.2　前条第一项、第二项规定的股东大会决议事项，除须经出席会议的全体股东所持有效表决权的三分之二以上通过外，还须经出席会议的除下列股东以外的其他股东所持有效表决权的三分之二以上通过：

（一）上市公司的董事、监事、高级管理人员；

（二）单独或者合计持有上市公司5%以上股份的股东。

12.8.3　上市公司应当在第12.8.1条第一项、第二项规定的股东大会召开通知发布之前，充分披露主动终止上市方案、退市原因及退市后的发展战略，包括并购重组安排、经营发展计划、异议股东保护的专项说明等。

独立董事应当就上述事项是否有利于公司长远发展和全体股东利益充分征询中小股东意见，在此基础上发表独立意见，独立董事意见应当与股东大会召开通知一并公告。

上市公司应当聘请财务顾问和律师事务所为主动终止上市提供专业服务，发表专业意见并与股东大会召开通知一并公告。

股东大会对主动终止上市事项进行审议后，上市公司应当及时披露股东大会决议公告，说明议案的审议及通过情况。

12.8.4　上市公司因第12.8.1条第三项至第七项规定的回购、收购、公司合并以及自愿解散等情形引发主动终止上市的，应当遵守《公司法》《证券法》《上市公司收购管理办法》《重组办法》等有关规定及本所相关业务规则，严格履行决策、实施程序和信息披露义务，并及时向本所申请公司股票停牌或复牌。

上市公司以自愿解散形式申请主动终止上市的，除遵守法律法规等有关规定外，还应遵守第12.8.2条和第12.8.3条的规定。

12.8.5　上市公司因收购人履行要约收购义务，或收购人以终止公司上市地位为目的而发出全面要约的，要约收购期满至要约收购结果公告前，公司股票应当停牌。

根据收购结果，被收购上市公司股权分布不具备上市条件，上市公司应当按照下列情形分别处理：

（一）收购人以终止上市公司上市地位为目的的，按照第12.8.1条第四项或者第五项情形相应的退市程序执行，公司股票应当于要约结果公告日继续停牌，直至本所终止其股票上市；

（二）收购人不以终止上市公司上市地位为目的的，按照第12.5.1条第四项情形相应的程序执行。

12.8.6　上市公司根据第12.8.1条第一项、第二项规定的情形，申请主动终止上市的，应当向本所申请其股票自股东大会股权登记日的次一交易日起停牌，并于股东大会作出终止上市决议后的15个交易日内，向本所提交主动终止上市申请。

上市公司因第12.8.1条第三项至第七项规定的回购、收购、公司合并以及自愿解散等情形引发主动终止上市的，公司应当按照相关规定，及时向本所提交主动终止上市申请。

公司应当在提出申请后，及时发布相关公告。

12.8.7　上市公司向本所提出主动终止上市申请的，应当提交下列文件：

（一）主动终止上市申请书；

（二）董事会决议及独立董事意见（如适用）；

（三）股东大会决议（如适用）；

（四）主动终止上市的方案；

（五）主动终止上市后去向安排的说明；

（六）异议股东保护的专项说明；

（七）财务顾问出具的关于公司主动终止上市的专项意见；

（八）律师出具的关于公司主动终止上市的专项法律意见；

（九）本所要求的其他材料。

12.8.8　上市公司主动终止上市事项未获股东大会审议通过的，公司应当及时向本所申请其股票自股东大会决议公告之日起复牌。

12.8.9　本所在收到上市公司提交的主动终止上市申请文件之日后5个交易日内，作出是否受理的决定并通知公司。公司应当在收到决定后及时披露，并提示其股票是否存在可能终止上市的风险。

12.8.10　本所在受理上市公司主动终止上市申请之日后的15个交易日内，作出是否同意其股票终止上市的决定。在此期间，本所要求公司提供补充材料的，公司提供补充材料期间不计入上述作出有关决定的期限，但累计不得超过30个交易日。

因全面要约收购上市公司股份、实施以上市公司为对象的公司合并、上市公司全面回购股份，导致公司股票退出市场交易的，除另有规定外，本所在公司公告回购或者收购结果、完成合并交易之日起15个交易日内，作出是否终止其股票上市的决定。

12.8.11　本所上市委员会对上市公司股票主动终止上市事宜进行审议，重点从保护投资者特别是中小投资者权益的角度，在审查上市公司决策程序合规性的基础上，作出独立的专业判断并形成审核意见。

本所根据上市委员会的审核意见，作出是否终止股票上市的决定。

12.8.12 本所在作出终止股票上市的决定之日起2个交易日内通知公司并发布相关公告。

公司应当在收到本所关于终止其股票上市决定之日的次一交易日，披露股票终止上市公告。公司股票不进入退市整理期交易。

12.8.13 上市公司主动终止上市的，本所在公司公告股票终止上市决定之日起5个交易日内对其予以摘牌，公司股票终止上市。

12.8.14 上市公司主动终止上市的，公司及相关各方应当对公司股票退市后的转让或者交易、异议股东保护措施等作出妥善安排，保护投资者特别是中小投资者的合法权益。

12.8.15 主动终止上市公司可以选择在股份转让场所转让其股票，或者依法作出其他安排。

12.8.16 本所在作出同意或者不同意上市公司主动终止上市决定之日起15个交易日内，以及上市公司退出市场交易之日起15个交易日内，将上市公司主动终止上市的情况报告中国证监会。

第十三章　红筹企业和境内外事项的协调

第一节　红筹企业特别规定

13.1.1 红筹企业申请发行股票或者存托凭证并在科创板上市的，适用中国证监会、本所关于发行上市审核注册程序的规定。

13.1.2 红筹企业申请其在境内首次公开发行的股票上市的，应当根据《上海证券交易所科创板股票发行上市审核规则》的规定，取得本所出具的同意发行上市审核意见并由中国证监会作出同意注册决定。

红筹企业在境内发行存托凭证并上市的，还应当提交本次发行的存托凭证已经中国结算存管的证明文件、经签署的存托协议、托管协议文本以及托管人出具的存托凭证所对应基础证券的托管凭证等文件。

根据公司注册地公司法等法律法规和公司章程或者章程性文件（以下简称公司章程）规定，红筹企业无须就本次境内发行上市事宜提交股东大会审议的，其申请上市时可以不提交股东大会决议，但应当提交相关董事会决议。

13.1.3 红筹企业在境内发行股票或者存托凭证并在本所科创板上市，股权结构、公司治理、运行规范等事项适用境外注册地公司法等法律法规的，其投资者权益保护水平，包括资产收益、参与重大决策、剩余财产分配等权益，总体上应不低于境内法律法规规定的要求，并保障境内存托凭证持有人实际享有的权益与境外基础证券持有人的权益相当。

13.1.4　红筹企业提交的上市申请文件和持续信息披露文件，应当使用中文。

红筹企业和相关信息披露义务人应当按照中国证监会和本所规定，在中国证监会指定信息披露媒体和本所网站披露上市和持续信息披露文件。

13.1.5　红筹企业应当在境内设立证券事务机构，并聘任信息披露境内代表，负责办理公司股票或者存托凭证上市期间的信息披露和监管联络事宜。信息披露境内代表应当具备境内上市公司董事会秘书的相应任职能力，熟悉境内信息披露规定和要求，并能够熟练使用中文。

红筹企业应当建立与境内投资者、监管机构及本所的有效沟通渠道，按照规定保障境内投资者的合法权益，保持与境内监管机构及本所的畅通联系。

13.1.6　红筹企业具有协议控制架构或者类似特殊安排的，应当充分、详细披露相关情况，特别是风险、公司治理等信息，以及依法落实保护投资者合法权益规定的各项措施。

红筹企业应当在年度报告中披露协议控制架构或者类似特殊安排在报告期内的实施和变化情况，以及该等安排下保护境内投资者合法权益有关措施的实施情况。

前款规定事项出现重大变化或者调整，可能对公司股票、存托凭证交易价格产生较大影响的，公司和相关信息披露义务人应当及时予以披露。

13.1.7　红筹企业进行本规则规定需提交股东大会审议的重大交易、关联交易等事项，可以按照其已披露的境外注册地公司法等法律法规和公司章程规定的权限和程序执行，法律法规另有规定的除外。

公司按照前款规定将相关事项提交股东大会审议的，应当及时予以披露。

13.1.8　红筹企业注册地公司法等法律法规或者实践中普遍认同的标准对公司董事会、独立董事职责有不同规定或者安排，导致董事会、独立董事无法按照本所规定履行职责或者发表意见的，红筹企业应当详细说明情况和原因，并聘请律师事务所就上述事项出具法律意见。

13.1.9　红筹企业在本所上市存托凭证的，应当在年度报告和中期报告中披露存托、托管相关安排在报告期内的实施和变化情况以及报告期末前10名境内存托凭证持有人的名单和持有量。发生下列情形之一的，公司应当及时披露：

（一）存托人、托管人发生变化；

（二）存托的基础财产发生被质押、挪用、司法冻结或者其他权属变化；

（三）对存托协议、托管协议作出重大修改；

（四）存托凭证与基础证券的转换比例发生变动；

（五）中国证监会和本所要求披露的其他情形。

红筹企业变更存托凭证与基础证券的转换比例的，应当经本所同意。

发生第一款第一项、第二项规定的情形，或者托管协议发生重大修改的，存托人应当及时告知红筹企业，公司应当及时进行披露。

13.1.10　红筹企业、存托人应当合理安排存托凭证持有人权利行使的时间和方式，保障其有足够时间和便利条件行使相应权利，并根据存托协议的约定及时披露存托凭证持有人权利行使的时间、方式、具体要求和权利行使结果。

公司、存托人通过本所或者本所子公司提供的网络系统征集存托凭证持有人投票意愿的，具体业务流程按照本所相关规定或者业务协议的约定办理，并由公司或者存托人按照存托协议的约定向市场公告。

13.1.11　红筹企业和相关信息披露义务人适用本规则相关信息披露要求和持续监管规定，可能导致其难以符合公司注册地、境外上市地有关规定及市场实践中普遍认同的标准的，可以向本所申请调整适用，但应当说明原因和替代方案，并聘请律师事务所出具法律意见。本所认为依法不应调整适用的，红筹企业和相关信息披露义务人应当执行本规则相关规定。

第二节　境内外事项的协调

13.2.1　在本所上市的公司同时有证券在境外证券交易所上市的，应当保证将境外证券交易所要求披露的信息，及时向本所报告，并同时在指定媒体上按照本规则规定披露。

13.2.2　上市公司就同一事件向境外证券交易所提供的报告和公告应当与向本所提供的内容一致。出现重大差异时，公司应当向本所作出专项说明，并按照本所要求披露更正或补充公告。

13.2.3　上市公司股票及其衍生品种被境外证券交易所停牌的，应当及时向本所报告停牌的事项和原因，并提交是否需要向本所申请停牌的书面说明。

13.2.4 本章未尽事宜，适用有关法律法规和本所与其他证券交易所签署的监管合作备忘录以及其他相关规定。

第十四章 日常监管和违反本规则的处理

第一节 日常监管

14.1.1 本所可对本规则第1.4条、第1.5条规定的机构及其相关人员（以下统称监管对象），单独或者合并采取下列日常工作措施：

（一）要求对有关问题作出解释和说明；

（二）要求提供相关备查文件或材料；

（三）要求聘请保荐机构、相关证券服务机构发表意见；

（四）约见有关人员；

（五）调阅、查看工作底稿、证券业务活动记录及相关资料；

（六）发出规范运作建议书；

（七）向中国证监会报告有关情况；

（八）向有关单位通报相关情况；

（九）其他措施。

14.1.2 本所可以对上市公司、保荐机构、证券服务机构等主体（以下统称检查对象）进行现场检查，相关主体应当积极配合。

前款所述现场检查，是指本所在检查对象的生产、经营、管理场所以及其他相关场所，采取查阅、复制文件和资料、查看实物、谈话及询问等方式，对检查对象的信息披露、公司治理等规范运作情况或者履职情况进行监督检查的行为。

14.1.3 本所认为必要的，可以公开对监管对象采取的日常工作措施，上市公司应当按照本所要求及时披露有关事项。

第二节 违反本规则的处理

14.2.1 监管对象违反本规则的，本所可以视情节轻重，对其单独或者合并采取监管措施或者实施纪律处分。

14.2.2 本所可以根据本规则及本所其他有关规定，视情节轻重对监管对象采取下列监管措施：

（一）口头警示；

（二）书面警示；

（三）监管谈话；

（四）要求限期改正；

（五）要求公开更正、澄清或说明；

（六）要求公开致歉；

（七）要求聘请保荐机构、证券服务机构进行核查并发表意见；

（八）要求限期参加培训或考试；

（九）要求限期召开投资者说明会；

（十）要求上市公司董事会追偿损失；

（十一）对未按要求改正的上市公司股票实施停牌；

（十二）对未按要求改正的上市公司暂停适用信息披露直通车业务；

（十三）建议上市公司更换相关任职人员；

（十四）向相关主管部门出具监管建议函；

（十五）本所规定的其他监管措施。

14.2.3　发行人、上市公司、相关信息披露义务人及相关人员未能履行信息披露义务，或者信息披露不符合真实、准确、完整、及时、公平要求，或者存在违反本规则、向本所作出的承诺的其他情形的，本所可以视情节轻重实施下列纪律处分：

（一）通报批评；

（二）公开谴责；

（三）收取惩罚性违约金。

14.2.4　上市公司控股股东、实际控制人存在下列情形之一的，本所可以视情节轻重实施第14.2.5条规定的纪律处分：

（一）拒不履行或者拒不配合上市公司履行信息披露义务；

（二）违反法律法规、本规则及本所其他规定、公司章程，直接或间接干预公司决策和经营活动；

（三）利用控股、控制地位，侵害上市公司财产权利，谋取上市公司商业机会，损害上市公司和中小股东合法利益；

（四）违反向上市公司或者其他股东作出的承诺；

（五）违反本规则规定或者向本所作出的承诺的其他情形。

14.2.5　上市公司董事、监事、高级管理人员未能履行忠实、勤勉义务，或者存在违反本规则、向本所作出的承诺的其他情形的，本所可以视情节轻重实施下列纪律处分：

（一）通报批评；

（二）公开谴责；

（三）公开认定其3年以上不适合担任上市公司董事、监事、高级管理人员、董事会秘书；

（四）收取惩罚性违约金。

14.2.6　破产管理人和破产管理人成员违反本规则规定的，本所可以视情节轻重实施下列纪律处分：

（一）通报批评；

（二）公开谴责；

（三）建议法院更换破产管理人或破产管理人成员。

14.2.7　上市公司股东减持股份违反本规则，或者通过交易、转让或者其他安排规避本规则的，本所可以采取书面警示、通报批评、公开谴责、限制交易等监管措施或者纪律处分。

违规减持行为导致股价异常波动、严重影响市场交易秩序或者损害投资者利益的，本所从重予以处分。

14.2.8　保荐机构、保荐代表人、证券服务机构及其相关人员未按本规则履行职责，或者履行职责过程中未能诚实守信、勤勉尽责的，本所可以根据情节轻重，对其采取口头警示、书面警示、监管谈话、要求限期改正等相应监管措施或者实施通报批评、公开谴责等纪律处分。

前款规定的主体制作或者出具的文件存在虚假记载、误导性陈述或者重大遗漏的，本所可以采取3个月至3年内不接受保荐机构、证券服务机构提交的申请文件或信息披露文件，1年至3年内不接受保荐代表人及其他相关人员、证券服务机构相关人员签字的申请文件或者信息披露文件的纪律处分。

14.2.9　上市公司出现下列情形之一，保荐机构、保荐代表人未能诚实守信、勤勉尽责的，本所可以根据情节轻重，对相关机构及其人员采取前条规定的监管措施或者纪律处分：

（一）信息披露文件存在虚假记载、误导性陈述或者重大遗漏；

（二）控股股东、实际控制人或其他关联方违规占用上市公司资金；

（三）董事、监事、高级管理人员因侵害上市公司利益受到行政处罚或者被追究刑事责任；

（四）违规提供担保；

（五）违反规范运作和信息披露相关规定的其他情形。

14.2.10　纪律处分由本所根据纪律处分委员会的意见作出决定并实施，监管措施由本所或者本所公司监管部门根据相关规则的规定作出决定并实施。

14.2.11　纪律处分对象对本所纪律处分意向书有异议的，可以按照本所关于听证程序的相关规定，向本所提出听证要求。

14.2.12　纪律处分对象不服本所纪律处分决定的，可以按照本所关于复核程序的相关规定，向本所复核委员会申请复核。复核期间不停止该处分决定的执行。

14.2.13　本所建立监管对象诚信公示制度，公开对监管对象实施监管措施或纪律处分的情况，记入诚信档案，并向中国证监会报告。

本所可以要求监管对象在中国证监会指定媒体或本所网站就被实施监管措施或纪律处分的相关情况作出公告。

14.2.14　监管对象被本所实施监管措施或者纪律处分，本所要求其自查整改的，监管对象应当及时报送并按要求披露相关自查整改报告。

第十五章　释义

15.1　本规则下列用语含义如下：

（一）上市公司，指其股票、存托凭证及其衍生品种在本所科创板上市的股份有限公司。

（二）上市时未盈利，指公司上市前一个会计年度经审计扣除非经常性损益前后净利润孰低者为负。

（三）实现盈利，指上市时未盈利的科创企业上市后首次在一个完整会计年度实现盈利。

（四）协议控制架构，指红筹企业通过协议方式实际控制境内实体运营企业的一种投资结构。

（五）红筹企业，指注册地在境外，主要经营活动在境内的企业。

（六）相关信息披露义务人，指发行人、上市公司的董事、监事、高级管理人员、核心技术人员、股东或存托凭证持有人、实际控制人、收购人及其相关人员、重大资产重组交易对方及其相关人员、破产管理人及其成员等。

（七）及时，指自起算日起或触及本规则披露时点的2个交易日内。

（八）披露，指上市公司或相关信息披露义务人按法律法规、本规则及本所其他规定在本所网站和其他指定媒体上公告信息。

（九）直通车业务，指上市公司按照本规则的规定，通过本所信息披露系统自行登记和上传信息披露文件，并直接提交至本所网站及其他指定媒体进行披露的信息披露方式。

（十）高级管理人员，指公司经理、副经理、董事会秘书、财务负责人及公司章程规定的其他人员。

（十一）控股股东，指其持有的股份占公司股本总额50%以上的股东，或者持有股份的比例虽然不足50%，但依其持有的股份所享有的表决权已足以对股东大会的决议产生重大影响的股东。

（十二）实际控制人，指虽不是公司的股东，但通过投资关系、协议或者其他安排，能够实际支配公司行为的人。

（十三）上市公司控股子公司，指上市公司持有其50%以上的股份，或者能够决定其董事会半数以上成员的当选，或者通过协议或其他安排能够实际控制的公司。

（十四）上市公司的关联人，指具有下列情形之一的自然人、法人或其他组织：

1. 直接或者间接控制上市公司的自然人、法人或其他组织；

2. 直接或间接持有上市公司5%以上股份的自然人；

3. 上市公司董事、监事或高级管理人员；

4. 与本项第1目、第2目和第3目所述关联自然人关系密切的家庭成员，包括配偶、年满18周岁的子女及其配偶、父母及配偶的父母、兄弟姐妹及其配偶、配偶的兄弟姐妹、子女配偶的父母；

5. 直接持有上市公司5%以上股份的法人或其他组织；

6. 直接或间接控制上市公司的法人或其他组织的董事、监事、高级管理人员或其他主要负责人；

7. 由本项第1目至第6目所列关联法人或关联自然人直接或者间接控制的，或者由前述关联自然人（独立董事除外）担任董事、高级管理人员的法人或其他组织，但上市公司及其控股子公司除外；

8. 间接持有上市公司5%以上股份的法人或其他组织；

9. 中国证监会、本所或者上市公司根据实质重于形式原则认定的其他与上市公司有特殊关系，可能导致上市公司利益对其倾斜的自然人、法人或其他组织。

在交易发生之日前12个月内，或相关交易协议生效或安排实施后12个月内，具有前款所列情形之一的法人、其他组织或自然人，视同上市公司的关联方。

上市公司与本项第1目所列法人或其他组织直接或间接控制的法人或其他组织受同一国有资产监督管理机构控制的，不因此而形成关联关系，但该法人或其他组织的法定代表人、总经理、负责人或者半数以上董事兼任上市公司董事、监事或者高级管理人员的除外。

（十五）上市公司的关联董事包括下列董事或者具有下列情形之一的董事：

1. 为交易对方；

2. 为交易对方的直接或者间接控制人；

3. 在交易对方任职，或者在能够直接或者间接控制该交易对方的法人或其他组织、该交易对方直接或者间接控制的法人或者其他组织任职；

4. 为与本项第1目和第2目所列自然人关系密切的家庭成员（具体范围参见前项第4目的规定）；

5. 为与本项第1目和第2目所列法人或者组织的董事、监事或高级管理人员关系密切的家庭成员（具体范围参见前项第4目的规定）；

6. 中国证监会、本所或者上市公司基于实质重于形式原则认定的其独立商业判断可能受到影响的董事。

（十六）上市公司的关联股东包括下列股东或者具有下列情形之一的股东：

1. 为交易对方；

2. 为交易对方的直接或者间接控制人；

3. 被交易对方直接或者间接控制；

4. 与交易对方受同一自然人、法人或者其他组织直接或者间接控制；

5. 因与交易对方或者其关联人存在尚未履行完毕的股权转让协议或者其他协议而使其表决权受到限制或影响的股东；

6. 中国证监会或者本所认定的可能造成上市公司利益对其倾斜的股东。

（十七）股权分布不具备上市条件，指社会公众股东持有的股份连续20个交易日低于公司总股本的25%；公司股本总额超过人民币4亿元的，低于公司总股本的10%。

上述社会公众股东指不包括下列股东的上市公司其他股东：

1. 持有上市公司10%以上股份的股东及其一致行动人；

2. 上市公司的董事、监事、高级管理人员及其关联人。

（十八）证券服务机构，指为证券发行、上市、交易等证券业务活动制作、出具审计报告、资产评估报告、法律意见书、财务顾问报告、资信评级报告等文件的会计师事务所、资产评估机构、律师事务所、财务顾问机构、资信评级机构。

（十九）净资产，指归属于母公司所有者的期末净资产，不包括少数股东权益金额。

（二十）净利润，指归属于母公司所有者的净利润，不包括少数股东损益金额。

（二十一）每股收益，指根据中国证监会有关规定计算的基本每股收益。

（二十二）净资产收益率，指根据中国证监会有关规定计算的全面摊薄净资产收益率。

（二十三）回购股份，指上市公司收购本公司发行的股份。

（二十四）破产程序，指《企业破产法》所规范的重整、和解或破产清算程序。

（二十五）破产管理人管理或监督运作模式，指根据《企业破产法》，经法院裁定由破产管理人负责管理上市公司财产和营业事务的运作模式或者由公司在破产管理人的监督下自行管理公司财产和营业事务的运作模式。

（二十六）追溯重述，指因财务会计报告存在重大会计差错或者虚假记载，公司主动改正或者被中国证监会责令改正后，对此前披露的年度财务会计报告进行的调整。

（二十七）公司股票停牌日，指本所对公司股票全天予以停牌的交易日。

（二十八）本规则所称以上、以内含本数，超过、少于、低于、以下不含本数。

本规则未定义的用语的含义，依照有关法律法规和本所有关业务规则确定。

第十六章　附则

16.1　可转换公司债券的上市和持续监管等事宜参照适用本规则关于股票

的有关规定。

16.2　本规则经本所理事会审议通过并报中国证监会批准后生效，修订时亦同。

16.3　本规则由本所负责解释。

16.4　本规则自发布之日起施行。

关于发布《科创板创新试点红筹企业财务报告信息披露指引》的通知

(上证发〔2019〕32 号　2019 年 3 月 15 日)

各市场参与人：

为了规范在科创板公开发行证券并上市的创新试点红筹企业（以下简称红筹企业）的财务信息披露行为，保护红筹企业和投资者的合法权益，根据《公开发行证券的公司信息披露编报规则第24号——科创板创新试点红筹企业财务报告信息特别规定》及相关法律法规，上海证券交易所就红筹企业补充财务信息涉及的财务指标及其调节信息、调节过程的披露事项制定了《科创板创新试点红筹企业财务报告信息披露指引》（详见附件），经中国证监会同意，现予以发布，并自发布之日起施行。

特此通知。

附件：科创板创新试点红筹企业财务报告信息披露指引

科创板创新试点红筹企业财务报告信息披露指引

第一条　为了规范在科创板公开发行证券并上市的创新试点红筹企业（以下简称红筹企业）的财务信息披露行为，保护红筹企业和投资者的合法权益，根据《公开发行证券的公司信息披露编报规则第24号——科创板创新试点红筹企业财务报告信息特别规定》（以下简称《特别规定》）及相关法律法规，上海证券交易所（以下简称本所）制定本指引。

第二条　在境内公开发行股票或存托凭证并上市的红筹企业，采用等效会计准则或境外会计准则编制首次发行股票或存托凭证的申报财务报告，披露年度财务报告及按照相关规定需要参照年度财务报告披露有关财务信息时，适用本指引。

本指引所称等效会计准则，是指经财政部认可与中国企业会计准则等效的会计准则。

本指引所称境外会计准则，是指国际财务报告准则或美国会计准则。

第三条　采用等效会计准则编制财务报告的红筹企业，应当根据《特别规定》的要求，披露按照中国企业会计准则调节的关键财务指标。

采用境外会计准则编制财务报告的红筹企业，应当根据《特别规定》的要求，披露按照中国企业会计准则调节的重述财务报表（合并资产负债表、合并利润表、合并现金流量表和合并所有者权益变动表）。

采用等效会计准则或者境外会计准则编制财务报告的红筹企业，应当以表格形式披露归属于母公司所有者权益和归属于母公司净利润按照中国企业会计准则调节的情况，包括：

（一）调节前金额、调节项目的性质及其金额；

（二）调节后中国企业会计准则下的相应金额；

（三）对主要调节项目的解释说明，包括红筹企业实际采用的原会计准则下的会计政策与中国企业会计准则的准则差异、影响金额等；

（四）本所或者会计师认为应当说明的其他事项。

第四条　红筹企业应当分类披露主要流动资产的期初、期末余额和资产减值准备于报告期内变动情况、计提减值准备的方法。

对于存货，应当披露主要的存货类别金额，如产成品、半成品、原材料等，并披露发出存货的计价方法。

对于与收入相关的应收款项，应当披露其账龄情况并汇总披露按欠款方归集的期末余额前5大应收款项情况。报告期末存在与收入无关的应收款项且金额较大的，应当说明形成的原因及对回收风险的判断情况。

第五条　红筹企业应当分类披露生产用长期资产成本、累计折旧、累计摊销和减值准备的期初、期末余额和报告期内变动情况，并披露计提资产减值准备的方法。

存在租入生产用长期资产的，应当披露租入资产的类别（按用途分类）及会计处理方法。

第六条　红筹企业应当披露生物资产的类别及分类标准，并分类披露生物资产的期初、期末余额。采用公允价值计量的，应当披露公允价值的确定方法。

第七条　红筹企业应当披露报告期内研发活动费用化与资本化情况。对于资本化的开发支出，应当披露资本化的起始时点、依据及截至报告期末的研发进度情况。

第八条　红筹企业应当按被投资单位披露对外权益投资（纳入合并范围的子公司和由金融工具准则规范的除外）的持股比例，会计核算方法，期初、期末余额和报告期内变动情况。对于重要的对外权益投资，应当披露被投资单位基本信息，包括企业名称、主要经营地及注册地、业务性质；还应当披露被投资单位的主要财务信息，包括净资产、净利润和营业收入等。

第九条　红筹企业应当披露所持各类金融资产的期初、期末余额。按公允价值计量的金融资产，应当披露其公允价值的确定方法；按摊余成本计量的金融资产和以公允价值计量且其变动计入其他综合收益的债务工具，应当披露减值准备的计提方法。

对发行的金融工具，如单项金额重大的，应当披露其基本条款特征，并披露作为金融负债和权益工具确认的依据以及所确认金融负债，权益工具的期初、期末余额。

第十条　红筹企业应当披露因抵押、质押或冻结等导致权利受到限制，以及存放在境外且资金汇回境内受限的资产情况，主要包括资产类别、金额及相关受限情况，并充分提示风险。

第十一条　红筹企业应当披露报告期内股份支付计划的基本情况、报告期内确认的股份支付费用金额及相关会计处理所涉及公允价值的确定方法。

第十二条　红筹企业应当分类列示预计负债期初、期末余额及形成原因，并披露资产负债表日存在的未确认预计负债的重大或有事项。

第十三条　红筹企业应当根据产生收入的具体业务类型分别披露相关收入确认的会计政策，披露各类业务在报告期内确认收入的金额。报告期内存在来源于关联方销售收入的，应当披露来源于关联方的销售收入金额及其占比。

第十四条　红筹企业应当分类披露经营活动、投资活动、筹资活动的现金流量情况。

第十五条　红筹企业应当披露重要子公司的基本信息，包括但不限于公司名称、主要经营地及注册地、业务性质、红筹企业的持股比例、取得方式；子公司的持股比例不同于表决权比例的，应当说明表决权比例及存在差异的原因；子公司的少数股东权益对红筹企业影响重大的，应当披露相关子公司的主要财务信息，包括净利润、净资产、资产总额和营业收入等。

第十六条　报告期内发生的重大企业合并交易，红筹企业应当披露其会计处理方法及对财务报表的影响。

红筹企业应当按被投资单位披露商誉的期初、期末余额和报告期内增减变动情况。商誉金额重大的，应当披露减值测试方法、所采用的重要假设、参数。如存在减值的，还应当披露减值准备的期初、期末余额和报告期内增减变动情况。

第十七条　红筹企业应当披露资产负债表日后发生的重大非调整事项，分析其对财务状况、经营成果的影响。

第十八条　前述第四条至第十七条规定的相关信息，红筹企业若已在其按照等效会计准则或境外会计准则编制的财务报告附注中披露的，无须另行披露。

第十九条　红筹企业应当按照中国企业会计准则和中国证监会的有关规定界定关联方，披露关联方情况，并分类披露销售、采购、租赁等关联方交易情况以及报告期末存在的与关联方应收应付款项余额。

第二十条　红筹企业应当根据中国证监会的有关规定，识别非经常性损益项目并披露按中国企业会计准则调节的非经常性损益项目及金额。

第二十一条　红筹企业应当根据中国证监会的有关规定计算和披露按中国企业会计准则调节的净资产收益率和每股收益。

第二十二条　红筹企业按照本指引编制补充财务信息或差异调节信息，存在实际困难导致不切实可行的，可向本所申请调整适用，但应当说明原因和替代方案。本所认为不应当调整适用的，红筹企业应当执行本指引相关规定。

第二十三条　除本指引规定事项外，如存在其他对投资者决策有影响的重要事项的，红筹企业应当披露具体交易事项、判断依据及相关会计处理。

第二十四条　本指引由本所负责解释。

第二十五条　本指引自发布之日起施行。

附件：合并财务报表中归属于母公司所有者权益、归属于母公司净利润的差异调节信息附件：

合并财务报表中归属于母公司所有者权益、
归属于母公司净利润的差异调节信息

	归属于母公司所有者权益		归属于母公司净利润	
	××年××月××日	××年××月××日	××年	××年
按等效会计准则或境外会计准则调增净资产/净利润的调节项目：				
1.				
2.				
……				
调减净资产/净利润的调节项目：				
1.				
2.				
……				
小计	————	————	————	————
少数股东权益/损益影响额				
按中国企业会计准则	════	════	════	════

调节项目的说明如下：

1.

2.

……

关于发布科创板证券上市公告书内容与格式指引的通知

（上证发〔2019〕65号　2019年6月8日）

各市场参与人：

为了规范首次公开发行股票或存托凭证的公司在上海证券交易所科创板上市的信息披露行为，保护投资者合法权益，根据《上海证券交易所科创板股票上市规则》等有关规定，上海证券交易所根据证券品种分别制定了《上海证券交易所科创板股票上市公告书内容与格式指引》和《上海证券交易所科创板存托凭证上市公告书内容与格式指引》（详见附件），现予发布，自发布之日起施行。

境内科创公司、红筹企业应按照发行上市的证券品种，适用相应的上市公告书。

特此通知。

附件：1. 上海证券交易所科创板股票上市公告书内容与格式指引

　　　2. 上海证券交易所科创板存托凭证上市公告书内容与格式指引

上海证券交易所科创板股票上市公告书内容与格式指引

第一章　总则

第一条　为了规范首次公开发行股票公司在上海证券交易所（以下简称本所）科创板上市的信息披露行为，保护投资者合法权益，根据《上海证券交易所科创板股票上市规则》（以下简称《科创板上市规则》）等有关规定，制定本指引。

第二条　发行人在中华人民共和国境内首次公开发行股票并申请在本所科创板上市的，应当按照本指引编制和披露上市公告书。

第三条　发行人及其全体董事、监事、高级管理人员应当保证上市公告书所披露信息的真实、准确、完整，承诺不存在虚假记载、误导性陈述或重大遗漏，并依法承担法律责任。

第四条 本指引的规定是对上市公告书信息披露的最低要求。除本指引规定事项外，凡在招股意向书披露日至上市公告书刊登日期间所发生的对投资者作出投资决策有重大影响的信息，发行人均应当披露。

本指引的某些具体要求对发行人确实不适用的，或者依照本指引披露可能导致其难以符合注册地有关规定、境外上市地规则要求的，发行人可以根据实际情况，在不影响披露内容完整性的前提下作适当修改，但应当在上市公告书中说明具体原因及修改情况。

第五条 发行人应当在其首次公开发行股票上市前，将上市公告书全文刊登在本所网站和中国证监会指定信息披露媒体。

发行人可以将上市公告书刊载于其他报刊和网站，但其发布信息的时间不得先于本所网站或中国证监会指定信息披露媒体。

上市公告书披露前，任何当事人不得泄露有关信息，或者利用有关信息谋取利益。

第六条 上市公告书应使用事实描述性语言，保证其内容简明扼要、通俗易懂，不得有祝贺、广告、恭维或诋毁等性质的词句。上市公告书应当符合以下一般要求：

（一）封面应标有"××××公司首次公开发行股票科创板上市公告书"的字样，并载明发行人、保荐机构、主承销商的名称和住所、公告日期等，可载有发行人的英文名称、徽章或其他标记、图案等；

（二）引用的数据应有充分、客观的依据，并注明资料来源；

（三）引用的数字应当采用阿拉伯数字，货币金额除特别说明外，应指人民币金额，并以元、千元、万元或亿元为单位；

（四）发行人可根据有关规定或其他需求，编制上市公告书外文译本，但应当保证中、外文文本的一致性，并在外文文本上注明："本上市公告书分别以中、英（或日、法等）文编制，在对中外文文本的理解上发生歧义时，以中文文本为准"。

在不影响信息披露的完整性和不致引起阅读不便的前提下，发行人可采用相互引证的方法，对各相关部分的内容进行适当的技术处理，避免不必要的重复，保持文字简洁。

第七条　红筹企业及其控股股东、实际控制人、董事、监事和高级管理人员等相关各方，按照中国证监会及本所有关规定在上市公告书中作出承诺、声明与提示的，在不改变实质内容的前提下，可以结合境外注册地法律、境外上市地的规则或者实践中普遍认可的标准，对相关承诺、声明与提示的表述作出适当调整。

第八条　发行人上市公告书拟披露的信息符合《科创板上市规则》规定的暂缓或者豁免披露情形的，可以按照本所相关规定暂缓或者豁免披露，但应当在上市公告书的相关章节说明未按本指引要求进行披露的原因。

第二章　上市公告书

第一节　重要声明与提示

第九条　发行人的上市公告书扉页应当载有如下声明：

（一）"本公司及全体董事、监事、高级管理人员保证上市公告书所披露信息的真实、准确、完整，承诺上市公告书不存在虚假记载、误导性陈述或重大遗漏，并依法承担法律责任"；

（二）"上海证券交易所、有关政府机关对本公司股票上市及有关事项的意见，均不表明对本公司的任何保证"；

（三）"本公司提醒广大投资者认真阅读刊载于××网站的本公司招股说明书'风险因素'章节的内容，注意风险，审慎决策，理性投资"；

（四）"本公司提醒广大投资者注意，凡本上市公告书未涉及的有关内容，请投资者查阅本公司招股说明书全文"。

第十条　发行人应当在上市公告书显要位置，就首次公开发行股票（以下简称新股）上市初期的投资风险作特别提示，提醒投资者充分了解交易风险、理性参与新股交易。风险提示应结合涨跌幅限制放宽、流通股数量较少、市盈率高于同行业平均水平（如适用）、股票上市首日即可作为融资融券标的等因素，有针对性地作出描述。

第十一条　发行人上市时未盈利或存在累计未弥补亏损的，发行人应当在上市公告书显要位置就公司未来一定期间无法盈利或者无法进行利润分配等风险作特别提示。

第十二条　发行人具有表决权差异、协议控制架构或者类似特殊安排的，应当披露相关情况，特别是风险事项和公司治理等信息，提醒投资者结合自身风险认知和承受能力，审慎判断是否参与交易。

第十三条　红筹企业股权结构、公司治理、运行规范等事项适用境外注册地公司法等法律法规的，应当说明其投资者权益保护水平是否在总体上不低于境内法律法规规定的要求，并由保荐机构和律师事务所发表结论性意见。

红筹企业应当说明，投资者能否依据境内法律或者发行人注册地法律向发行人及相关主体提起民事诉讼程序，以及相关民事判决、裁定的可执行性；投资者在合法权益受到损害时，是否能够获得与境外投资者相当的赔偿，以及相应保障性措施。

第十四条　红筹企业应当充分披露与境外发行人相关的下列风险因素，包括但不限于：

（一）投资者持有的发行人依据境外注册地公司法律发行的股份在股东法律地位、享有权利、分红派息、行使表决权等方面存在较大差异及其可能引发的风险；

（二）发行人依据境外注册地公司法律发行股份，其股票持有人名册登记机构、持股信息变动记载方式、股份登记及托管要求、与境内市场股份登记及托管方式存在差异及其可能引发的风险；

（三）因发行人多地上市、证券交易规则差异、基础股票价格波动等，造成境内发行股票价格波动的风险；

（四）在境外增发证券可能导致投资者权益被摊薄的风险；

（五）已在境外上市的发行人，在持续信息披露监管方面与境内可能存在差异的风险；

（六）境内外法律制度、监管环境差异可能引发的其他风险。

第十五条　发行人及相关信息披露义务人因经营活动的实际情况、行业监管要求或者公司注册地有关规定，申请调整适用中国证监会、本所相关规定的，应披露调整适用情况，由律师事务所发表意见并作重要提示。

第二节　股票上市情况

第十六条　发行人应当披露股票注册及上市审核情况，主要包括：

（一）中国证监会同意注册的决定及其主要内容；

（二）本所同意股票上市的决定及其主要内容。

第十七条 发行人应当披露股票上市的相关信息，主要包括：

（一）上市地点及上市板块；

（二）上市时间；

（三）股票简称；

（四）股票代码；

（五）本次公开发行后的总股本（采用超额配售选择权的，应当分别披露未行使超额配售选择权及全额行使超额配售选择权的发行后总股本）；

（六）本次公开发行的股票数量（采用超额配售选择权的，应当分别披露未行使超额配售选择权及全额行使超额配售选择权拟发行股票的具体数量）；

（七）本次上市的无流通限制及限售安排的股票数量；

（八）本次上市的有流通限制或限售安排的股票数量；

（九）战略投资者在首次公开发行中获得配售的股票数量；

（十）发行前股东所持股份的流通限制及期限；

（十一）发行前股东对所持股份自愿锁定的承诺；

（十二）本次上市股份的其他限售安排；

（十三）股票登记机构；

（十四）上市保荐机构。

第十八条 发行人应当披露申请首次公开发行并上市时选择的具体上市标准，公开发行后达到所选定的上市标准及其说明。

第三节 发行人、实际控制人及股东持股情况

第十九条 发行人应当披露其基本情况，包括中英文名称、注册资本、法定代表人、住所、经营范围、主营业务、所属行业、电话、传真、电子邮箱、董事会秘书（境内证券事务机构及其负责人）等。

第二十条 发行人应当披露控股股东、实际控制人的基本情况，以及本次发行后与控股股东、实际控制人的股权结构控制关系图。

第二十一条 发行人应当披露其全体董事、监事、高级管理人员的姓名、任职起止日期、直接或者间接持有发行人境内外股票和债券的数量及相关限售安排。

第二十二条 发行人应当披露核心技术人员的姓名、职务、直接或者间接持有发行人境内外股票的数量及相关限售安排。

第二十三条　发行人在本次公开发行申报前已经制定或实施股权激励计划的，应当明确披露分次授予权益的对象、数量、未行权数量、授予或者登记时间及相关行权、限售安排等内容。

第二十四条　发行人在本次公开发行申报前实施员工持股计划的，应当披露员工持股计划的人员构成、限售安排等内容。

第二十五条　发行人应当以列表形式披露本次发行前后的股本结构变动情况（具体格式见附件1）。

发行人控股股东、持股5%以上的其他股东以及在首次公开发行股票时向投资者公开发售股份的股东持有的股份，应当分股东列明所持股份变动情况。

第二十六条　发行人应当披露本次发行后持股数量前10名股东的名称或者姓名、持股数量、持股比例及限售期限（具体格式见附件2）。

发行人具有表决权差异安排的，应当披露本次发行后持有表决权数量前10名股东的名称或者姓名、持股数量、持有表决权数量及比例（具体格式见附件3）。

第二十七条　发行人的高级管理人员与核心员工设立专项资产管理计划参与本次发行战略配售的，发行人应当披露前述专项资产管理计划获配的股票数量、占首次公开发行股票数量的比例以及本次获得配售股票的持有期限。发行人应当披露专项资产管理计划管理人、实际支配主体、参与人姓名、职务及比例等事宜。

第二十八条　发行人、主承销商向其他战略投资者配售股票的，应当披露有关战略投资者名称、获配股数及限售安排。

发行人的保荐机构相关子公司参与本次发行战略配售的，应当披露保荐机构相关子公司名称、与保荐机构的关系、获配股数、占首次公开发行股票数量的比例以及限售安排。

第四节　股票发行情况

第二十九条　发行人应当披露首次公开发行股票的情况，主要包括：

（一）发行数量；

（二）发行价格；

（三）每股面值；

（四）标明计算基础和口径的市盈率（如适用）；

（五）标明计算基础和口径的市净率；

（六）发行后每股收益；

（七）发行后每股净资产；

（八）募集资金总额及注册会计师对资金到位的验证情况；

（九）发行费用总额及明细构成（以列表形式披露）；

（十）募集资金净额；

（十一）发行后股东户数。

本条所指的首次公开发行股票，既包括公开发行新股，也包括公司股东公开发售股份。

第三十条 发行人和主承销商在发行方案中采用超额配售选择权的，应当披露其相关情况，包括全额行使超额配售选择权拟发行股票的具体数量及占首次公开发行股票数量的比例、实施期限、与参与本次配售的投资者达成的延期交付股份安排及具体实施方案等。

第五节 财务会计情况

第三十一条 在定期报告披露期间刊登上市公告书的发行人，未在招股说明书中披露当期报告的主要会计数据及财务指标的，可以在上市公告书中披露，或者在上市后按照中国证监会及本所的有关规定披露当期定期报告。

在非定期报告披露期间刊登上市公告书的发行人，未在招股说明书中披露最近一期定期报告的主要会计数据及财务指标的，应当在上市公告书中披露，或者将当期定期报告与上市公告书一并披露。

发行人在上市公告书刊登前，在境外市场披露了当期定期报告或者当期定期报告的主要会计数据及财务指标，且未在招股说明书中披露的，应当在上市公告书中披露，或者将当期定期报告与上市公告书一并披露。

发行人上述定期报告、主要会计数据及财务指标编制采用的会计准则，应当符合中国证监会及本所的有关规定。

第三十二条 发行人如预计年初至上市后的第一个报告期期末的累计净利润以及扣除非经常性损益后孰低的净利润可能较上年同期发生重大变动的，应分析并披露可能出现的情况及主要原因。

第三十三条 发行人在上市公告书中披露当期定期报告的主要会计数据及财务指标的，应当以表格形式（具体格式见附件4）列明，并简要说明报告期的经营情况、财务状况及影响经营业绩的主要因素。对于变动幅度在30%以上的项目，应当说明变动的主要原因。

发行人在上市公告书中披露定期报告的主要会计数据及财务指标的，应当在提交上市申请文件时提供经现任法定代表人、主管会计工作的负责人、总会计师（如有）、会计机构负责人（会计主管人员）签字并盖章的以下文件，并与上市公告书同时披露：

（一）报告期及上年度期末的比较式资产负债表；

（二）报告期与上年同期的比较式利润表；

（三）报告期的现金流量表。

第六节　其他重要事项

第三十四条　发行人在招股意向书披露日至上市公告书刊登前，发生《证券法》《上市公司信息披露管理办法》规定的重大事件，投资者尚未得知的，发行人应当在上市公告书中披露事件的起因、目前的状态和可能产生的影响及法律后果。

招股意向书中披露的事项，在上市公告书刊登前发生重大变化的，发行人应当在上市公告书中详细披露相关变化情况及其对公司的影响。

第七节　上市保荐机构及其意见

第三十五条　发行人应当披露保荐机构对本次股票上市的推荐意见。

第三十六条　发行人应当披露保荐机构的基本信息、保荐代表人及联系人的姓名、联系方式。

第三十七条　发行人应当披露为其提供持续督导工作的保荐代表人的具体情况，包括姓名、职位及主要经历。

第八节　重要承诺事项

第三十八条　发行人、主承销商、参与网下配售的投资者及相关利益方存在维护公司股票上市后价格稳定的协议或约定的，发行人应当在上市公告书中予以披露。

第三十九条　发行人控股股东、持有发行人股份的董事和高级管理人员应当在上市公告书中公开承诺，遵守相关法律法规、中国证监会有关规定、《科创板上市规则》及本所其他业务规则就股份的限售与减持作出的规定。对于已作出承诺的董事、高级管理人员，应当明确不因其职务变更、离职等原因而放弃履行承诺。

第四十条　发行人及其控股股东、公司董事及高级管理人员应当在上市公告书中提出在上市后3年内公司股价低于每股净资产（根据最近一期经审计的财务报告计算）时稳定公司股价的预案，预案应包括启动股价稳定措施的具体条件、可能采取的具体措施等。具体措施可以包括发行人回购公司股票，控股股东、公司董事、高级管理人员增持公司股票等。

发行人未来新聘的公司董事、高级管理人员，也应明确要求其受到上述稳定公司股价预案的约束。上述人员在启动股价稳定措施时应提前公告具体实施方案。

第四十一条　发行人及其控股股东、实际控制人应当在上市公告书中公开承诺，发行人存在欺诈发行的，发行人及其控股股东、实际控制人将按规定购回已上市的股份。

第四十二条　发行人及全体董事、监事、高级管理人员、发行人的控股股东、实际控制人以及保荐机构、承销商承诺因发行人招股说明书及其他信息披露资料有虚假记载、误导性陈述或者重大遗漏，致使投资者在证券发行和交易中遭受损失的，将依法赔偿投资者损失。

第四十三条　保荐机构及证券服务机构承诺因其为发行人本次公开发行制作、出具的文件有虚假记载、误导性陈述或者重大遗漏，给投资者造成损失的，将依法赔偿投资者损失。

第四十四条　红筹企业及其控股股东、实际控制人、董事、监事、高级管理人员等信息披露义务人应当在上市公告书中公开承诺，因发行人在境内发行股票并在科创板上市发生的纠纷适用中国法律，并由中国境内有管辖权的人民法院管辖。

第四十五条　发行人及其控股股东、实际控制人、董事、监事、高级管理人员等责任主体，就本指引规定的事项或其他事项作出公开承诺的，承诺内容应当具体、明确，并同时披露未能履行承诺时的约束措施，接受社会监督。

保荐机构应当对公开承诺内容以及未能履行承诺时的约束措施的合法性、合理性、有效性等发表意见。发行人律师应对上述承诺及约束措施的合法性发表意见。

第三章 附则

第四十六条 本指引中红筹企业、董事、监事、高级管理人员、表决权差异安排、协议控制架构等用语适用《科创板上市规则》中的相关规定。

第四十七条 本指引由本所负责解释，并自发布之日起施行。

附件：1. 本次发行前后公司股本结构变动情况

2. 本次发行后公司前10名股东持股情况

3. 本次发行后公司表决权数量前10名股东情况

4. 主要会计数据及财务指标

附件 1

本次发行前后公司股本结构变动情况

股东名称	本次发行前		本次发行后（未行使超额配售选择权）		本次发行后（全额行使超额配售选择权）		限售期限	备注
	数量（股）	占比（%）	数量（股）	占比（%）	数量（股）	占比（%）		
一、限售流通股								
小计								
二、无限售流通股								
小计								
三、境外上市股份（如有）								
小计								
合计								

注1：发行人应单独列示保荐机构相关子公司，以及高级管理人员与核心员工设立的专项资产管理计划参与本次发行战略配售的情况。

注2：发行人如有表决权差异安排的，应单独列示特别表决权股份相关情况。

注3：公司股东在首次公开发行股票时向投资者发售股份的，应说明股东公开发售股份情况。

附件 2

本次发行后公司前 10 名股东持股情况

序号	股东名称	持股数量	持股比例	限售期限
1				
2				
3				
4				
5				
6				
7				
8				
9				
10				
合计				

附件 3

本次发行后公司表决权数量前 10 名股东情况

序号	股东名称	持股数量		表决权数量	表决权比例
		普通股	特别表决权股份		
1					
2					
3					
4					
5					
6					
7					
8					
9					
10					
合计					

附件 4

主要会计数据及财务指标

项目	本报告期末	上年度期末	本报告期末比上年度期末增减（%）
流动资产（万元）			
流动负债（万元）			
总资产（万元）			
资产负债率（母公司）（%）			
资产负债率（合并报表）（%）			
归属于母公司股东的净资产（万元）			
归属于母公司股东的每股净资产（元/股）			
项目	本报告期	上年同期	本报告期比上年同期增减（%）
营业总收入（万元）			
营业利润（万元）			
利润总额（万元）			
归属于母公司股东的净利润（万元）			
归属于母公司股东的扣除非经常性损益后的净利润（万元）			
基本每股收益（元/股）			
扣除非经常性损益后的基本每股收益（元/股）			
加权平均净资产收益率（%）			
扣除非经常性损益后的加权净资产收益率（%）			
经营活动产生的现金流量净额（万元）			
每股经营活动产生的现金流量净额（元）			

注：涉及百分比指标的，增减百分比为两期数的差值。

上海证券交易所科创板存托凭证
上市公告书内容与格式指引

第一章　总则

第一条　为了规范红筹企业（以下简称发行人）在境内首次公开发行存托凭证并在上海证券交易所（以下简称本所）科创板上市的信息披露行为，保护投资者合法权益，根据《上海证券交易所科创板股票上市规则》（以下简称《科创板上市规则》）等有关规定，制定本指引。

第二条　发行人在中华人民共和国境内首次公开发行存托凭证并申请在本所科创板上市的，应当按照本指引编制和披露上市公告书。

第三条　发行人及其全体董事、监事、高级管理人员应当保证上市公告书所披露信息的真实、准确、完整，承诺不存在虚假记载、误导性陈述或重大遗漏，并依法承担法律责任。

第四条　本指引的规定是对上市公告书信息披露的最低要求。除本指引规定事项外，凡在招股意向书披露日至上市公告书刊登日期间所发生的对投资者作出投资决策有重大影响的信息，发行人均应当披露。

本指引的某些具体要求对发行人确实不适用的，或者依照本指引披露可能导致其难以符合注册地有关规定、境外上市地规则要求的，发行人可以根据实际情况，在不影响披露内容完整性的前提下作适当修改，但应当在上市公告书中说明具体原因及修改情况。

第五条　发行人应当在其首次公开发行的存托凭证上市前，将上市公告书全文刊登在本所网站和中国证监会指定信息披露媒体。

发行人可以将上市公告书刊载于其他报刊和网站，但其发布信息的时间不得先于本所网站或中国证监会指定信息披露媒体。

上市公告书披露前，任何当事人不得泄露有关信息，或者利用有关信息谋取利益。

第六条　上市公告书应使用事实描述性语言，保证其内容简明扼要、通俗易懂，不得有祝贺、广告、恭维或诋毁等性质的词句。上市公告书应当符合以下一般要求：

（一）封面应标有"××××公司境内公开发行存托凭证科创板上市公告

书"的字样，并载明发行人、存托人、托管人、保荐机构、主承销商的名称和住所、公告日期等，可载有发行人的英文名称、徽章或其他标记、图案等；

（二）引用的数据应有充分、客观的依据，并注明资料来源；

（三）引用的数字应当采用阿拉伯数字，货币金额除特别说明外，应指人民币金额，并以元、千元、万元或亿元为单位；

（四）发行人可根据有关规定或其他需求，编制上市公告书外文译本，但应当保证中、外文文本的一致性，并在外文文本上注明："本上市公告书分别以中、英（或日、法等）文编制，在对中外文文本的理解上发生歧义时，以中文文本为准"。

在不影响信息披露的完整性和不致引起阅读不便的前提下，发行人可采用相互引证的方法，对各相关部分的内容进行适当的技术处理，避免不必要的重复，保持文字简洁。

第七条 发行人及其控股股东、实际控制人、董事、监事和高级管理人员等相关各方，按照中国证监会及本所有关规定在上市公告书中作出承诺、声明与提示的，在不改变实质内容的前提下，可以结合境外注册地法律、境外上市地的规则或者实践中普遍认可的标准，对相关承诺、声明与提示的表述作出适当调整。

第八条 发行人上市公告书拟披露的信息符合《科创板上市规则》规定的暂缓或者豁免披露情形的，可以按照本所相关规定暂缓或者豁免披露，但应当在上市公告书的相关章节说明未按本指引要求进行披露的原因。

第二章　上市公告书

第一节　重要声明与提示

第九条 发行人的上市公告书扉页应当载有如下声明：

（一）"本公司及全体董事、监事、高级管理人员保证上市公告书所披露信息的真实、准确、完整，承诺上市公告书不存在虚假记载、误导性陈述或重大遗漏，并依法承担法律责任"；

（二）"上海证券交易所、有关政府机关对本公司存托凭证上市及有关事项的意见，均不表明对本公司的任何保证"；

（三）"本存托凭证系由存托人签发、以本公司境外证券为基础在中国境内发行、代表境外基础证券权益的证券"；

（四）"存托凭证的发行、上市、交易和相关行为，适用《证券法》《关于开展创新企业境内发行股票或存托凭证试点的若干意见》《关于在上海证券交易所设立科创板并试点注册制的实施意见》《存托凭证发行与交易管理办法（试行）》和中国证监会的其他有关规定，以及上海证券交易所有关业务规则。本公司作为境外基础证券发行人参与存托凭证发行，依法履行《证券法》下发行人、上市公司的义务，接受中国证监会、上海证券交易所依照上市公司日常监管相关规定，对本公司进行的日常监管"；

（五）"存托人、托管人遵守中国证监会相关规定及上海证券交易所有关业务规则，按照存托协议、托管协议的约定，签发存托凭证，忠实、勤勉履行各项职责和义务"；

（六）"本公司提醒广大投资者认真阅读刊载于××网站的本公司招股说明书'风险因素'章节的内容，注意风险，审慎决策，理性投资"；

（七）"本公司提醒广大投资者注意，凡本上市公告书未涉及的有关内容，请投资者查阅本公司招股说明书全文"。

第十条　发行人应当在上市公告书显要位置，就首次公开发行存托凭证上市初期的投资风险作特别提示，提醒投资者充分了解风险、理性参与新发行的存托凭证交易。风险提示应结合涨跌幅限制放宽、流通数量较少、市盈率高于同行业平均水平（如适用）等因素，有针对性地作出描述。

第十一条　发行人上市时未盈利或存在累计未弥补亏损的，发行人应当在上市公告书显要位置就公司未来一定期间无法盈利或者无法进行利润分配等风险作特别提示。

第十二条　发行人具有表决权差异、协议控制架构或者类似特殊安排的，应当披露相关情况，特别是风险事项和公司治理等信息，提醒投资者结合自身风险认知和承受能力，审慎判断是否参与交易。

第十三条　发行人股权结构、公司治理、运行规范等事项适用境外注册地公司法等法律法规的，应当说明其投资者权益保护水平是否在总体上不低于境内法律法规规定的要求，并由保荐机构和律师事务所发表结论性意见。

发行人应当说明，投资者能否依据境内法律或者发行人注册地法律向发行人及相关主体提起民事诉讼程序，以及相关民事判决、裁定的可执行性；投资者在合法权益受到损害时，是否能够获得与境外投资者相当的赔偿，以及相应保障性措施。

第十四条 发行人应当充分披露与存托凭证相关的下列风险因素，包括但不限于：

（一）投资者作为存托凭证持有人与基础股票股东在股东（持有人）法律地位、享有权利、分红派息、行使表决权等方面存在较大差异及其可能引发的风险；

（二）因发行人多地上市、证券交易规则差异、基础股票价格波动等，造成境内发行存托凭证价格波动的风险；

（三）在境外增发证券可能导致投资者权益被摊薄的风险；

（四）已在境外上市的发行人，在持续信息披露监管方面与境内可能存在差异的风险；

（五）境内外法律制度、监管环境差异可能引发的其他风险。

第十五条 发行人及相关信息披露义务人因经营活动的实际情况、行业监管要求或者公司注册地有关规定，申请调整适用中国证监会、本所相关规定的，应披露调整适用情况，由律师事务所发表意见并作重要提示。

第二节 存托凭证上市情况

第十六条 发行人应当披露存托凭证注册及上市审核情况，主要包括：

（一）中国证监会同意注册的决定及其主要内容；

（二）本所同意存托凭证上市的决定及其主要内容。

第十七条 发行人应当披露存托凭证上市的相关信息，主要包括：

（一）上市地点及上市板块；

（二）上市时间；

（三）存托凭证简称；

（四）存托凭证代码；

（五）存托凭证面值（如有）、存托凭证所对应的基础股票面值（如有）；

（六）本次上市的存托凭证与基础股票的转换比例，每份存托凭证所代表的基础股票的类别及数量；

（七）本次上市的存托凭证数量，所代表的基础股票数量及占公司总股本的比例（采用超额配售选择权的，应当分别披露未行使超额配售选择权以及全额行使超额配售选择权拟发行存托凭证的具体数量）；

（八）本次上市的无流通限制及限售安排的存托凭证数量；

（九）本次上市的有流通限制或限售安排的存托凭证数量；

（十）战略投资者在首次公开发行中获得配售的存托凭证数量；

（十一）境内存托凭证持有人对所持存托凭证自愿锁定的承诺；

（十二）本次上市存托凭证的其他限售安排；

（十三）存托凭证与基础股票之间的转换安排及限制；

（十四）存托凭证登记机构；

（十五）上市保荐机构。

第十八条　发行人应当披露申请首次公开发行并上市时选择的具体上市标准，公开发行后达到所选定的上市标准及其说明。

第三节　发行人、实际控制人及股东情况

第十九条　发行人应当披露其基本情况，包括中英文名称、注册资本、法定代表人、住所、经营范围、主营业务、所属行业、电话、传真、电子邮箱、董事会秘书（境内证券事务机构及其负责人）等。

第二十条　发行人应当披露控股股东、实际控制人的基本情况，以及本次发行后与控股股东、实际控制人的股权结构控制关系图。

第二十一条　发行人应当披露其全体董事、监事、高级管理人员的姓名、任职起止日期、直接或者间接持有发行人境内外股票、存托凭证和债券的数量及相关限售安排。

第二十二条　发行人应当披露核心技术人员的姓名、职务、直接或者间接持有发行人境内外股票、存托凭证的数量及相关限售安排。

第二十三条　发行人在本次公开发行申报前已经制定或实施股权激励计划的，应当明确披露分次授予权益的对象、数量、未行权数量、授予或者登记时间及相关行权、限售安排等内容。

第二十四条　发行人在本次公开发行申报前实施员工持股计划的，应当披露员工持股计划的人员构成、限售安排等内容。

第二十五条　发行人应当以列表形式披露本次发行前后的存托凭证结构、股本结构变动情况（具体格式见附件1、2），逐项列明本次发行前后各证券品种的数量及占比，本次上市前的境内存托凭证持有人数等。

第二十六条　发行人应当披露本次上市前控股股东、持有5%以上权益的其他股东或者存托凭证持有人，以及持有境内存托凭证5%以上的持有人的名称、持有的证券品种及其持有数量、持有比例。

发行人应当披露本次发行后境内持有存托凭证数量前10名持有人的名称或者姓名、持有数量、持有比例及限售期限（具体格式见附件3）。

发行人具有表决权差异安排的，还应当逐项列明本次发行前后各种类别股份的数量、比例，以及持有表决权数量、比例。

第二十七条　发行人的高级管理人员与核心员工设立专项资产管理计划参与本次发行战略配售的，发行人应当披露前述专项资产管理计划获配的存托凭证数量、占首次公开发行存托凭证数量的比例以及获得本次配售的存托凭证持有期限。发行人应当披露专项资产管理计划管理人、实际支配主体、参与人姓名、职务及比例等事宜。

第二十八条　发行人、主承销商向其他战略投资者配售存托凭证的，应当披露有关战略投资者名称、获配数量及限售安排。

发行人的保荐机构相关子公司参与本次发行战略配售的，应当披露保荐机构相关子公司名称、与保荐机构的关系、获配数量、占首次公开发行存托凭证数量的比例以及限售安排。

第四节　存托凭证发行情况

第二十九条　发行人应当披露首次公开发行存托凭证的情况，主要包括：

（一）发行数量；

（二）发行价格；

（三）本次公开发行的存托凭证所代表的基础股份数量、类别及占公司总股本的比例；

（四）本次公开发行前后公司的总股本、境内外存托凭证数量；

（五）标明计算基础和口径的市盈率（如适用）；

（六）标明计算基础和口径的市净率；

（七）发行后每份存托凭证对应的收益；

（八）发行后每份存托凭证对应的净资产；

（九）募集资金总额及注册会计师对资金到位的验证情况；

（十）发行费用总额及明细构成（以列表形式披露）；

（十一）募集资金净额；

（十二）发行后存托凭证持有人户数。

第三十条　发行人应当披露存托人、托管人的基本情况，包括名称、住所及有关经办人员的姓名、联系方式等。

第三十一条　发行人和主承销商在发行方案中采用超额配售选择权的，应当披露其相关情况，包括全额行使超额配售选择权拟发行存托凭证的具体数量及占首次公开发行存托凭证数量的比例、实施期限、与参与本次配售的投资者达成的延期交付存托凭证安排及具体实施方案等。

第五节　财务会计情况

第三十二条　在定期报告披露期间刊登上市公告书的发行人，未在招股说明书中披露当期报告的主要会计数据及财务指标的，可以在上市公告书中披露，或者在上市后按照中国证监会及本所的有关规定披露当期定期报告。

在非定期报告披露期间刊登上市公告书的发行人，未在招股说明书中披露最近一期定期报告的主要会计数据及财务指标的，应当在上市公告书中披露，或者将当期定期报告与上市公告书一并披露。

发行人在上市公告书刊登前，在境外市场披露了当期定期报告或者当期定期报告的主要会计数据及财务指标，且未在招股说明书中披露的，应当在上市公告书中披露，或者将当期定期报告与上市公告书一并披露。

发行人上述定期报告、主要会计数据及财务指标编制采用的会计准则，应当符合中国证监会及本所的有关规定。

第三十三条　发行人如预计年初至上市后的第一个报告期期末的累计净利润以及扣除非经常性损益后孰低的净利润可能较上年同期发生重大变动的，应分析并披露可能出现的情况及主要原因。

第三十四条　发行人在上市公告书中披露当期定期报告的主要会计数据及财务指标的，应当以表格形式（具体格式见附件4）列明，并简要说明报告期的经营情况、财务状况及影响经营业绩的主要因素。对于变动幅度在30%以上的项目，应当说明变动的主要原因。

发行人在上市公告书中披露定期报告的主要会计数据及财务指标的，应当在提交上市申请文件时提供经现任法定代表人、主管会计工作的负责人、总会计师（如有）、会计机构负责人（会计主管人员）签字并盖章的以下文件，并与上市公告书同时披露：

（一）报告期及上年度期末的比较式资产负债表；

（二）报告期与上年同期的比较式利润表；

（三）报告期的现金流量表。

第六节　其他重要事项

第三十五条　发行人在招股意向书披露日至上市公告书刊登前，发生《证券法》《上市公司信息披露管理办法》规定的重大事件，投资者尚未得知的，发行人应当在上市公告书中披露事件的起因、目前的状态和可能产生的影响及法律后果。

招股意向书中披露的事项，在上市公告书刊登前发生重大变化的，发行人应当在上市公告书中详细披露相关变化情况及其对公司的影响。

第七节　上市保荐机构及其意见

第三十六条　发行人应当披露保荐机构对本次存托凭证上市的推荐意见。

第三十七条　发行人应当披露保荐机构的基本信息、保荐代表人及联系人的姓名、联系方式。

第三十八条　发行人应当披露为其提供持续督导工作的保荐代表人的具体情况，包括姓名、职位及主要经历。

第八节　重要承诺事项

第三十九条　发行人、主承销商、参与网下配售的投资者及相关利益方存在维护公司存托凭证上市后价格稳定的协议或约定的，发行人应当在上市公告书中予以披露。

第四十条　发行人控股股东、持有发行人存托凭证的董事和高级管理人员应当在上市公告书中公开承诺，遵守相关法律法规、中国证监会有关规定、《科创板上市规则》及本所其他业务规则就存托凭证的限售与减持作出的规定。对于已作出承诺的董事、高级管理人员，应当明确不因其职务变更、离职等原因而放弃履行承诺。

第四十一条　发行人及其控股股东、公司董事及高级管理人员应当在上市公告书中提出在上市后3年内公司存托凭证价格低于每份存托凭证对应的净资产（根据最近一期经审计的财务报告计算）时稳定公司存托凭证价格的预案，预案应包括启动价格稳定措施的具体条件、可能采取的具体措施等。具体措施可以包括发行人回购公司存托凭证，控股股东、公司董事、高级管理人员增持公司存托凭证等。

发行人未来新聘的公司董事、高级管理人员，也应明确要求其受到上述稳定公司存托凭证价格预案的约束。上述人员在启动价格稳定措施时应提前公告具体实施方案。

第四十二条 发行人及其控股股东、实际控制人应当在上市公告书中公开承诺，发行人存在欺诈发行的，发行人及其控股股东、实际控制人将按规定购回已上市的存托凭证。

第四十三条 发行人及全体董事、监事、高级管理人员、发行人的控股股东、实际控制人以及保荐机构、承销商承诺因发行人招股说明书及其他信息披露资料有虚假记载、误导性陈述或者重大遗漏，致使投资者在证券发行和交易中遭受损失的，将依法赔偿投资者损失。

第四十四条 保荐机构及证券服务机构承诺因其为发行人本次公开发行制作、出具的文件有虚假记载、误导性陈述或者重大遗漏，给投资者造成损失的，将依法赔偿投资者损失。

第四十五条 发行人及其控股股东、实际控制人、董事、监事、高级管理人员等信息披露义务人应当在上市公告书中公开承诺，因发行人在境内发行存托凭证并在科创板上市发生的纠纷适用中国法律，并由中国境内有管辖权的人民法院管辖。

第四十六条 发行人及其控股股东、实际控制人、董事、监事、高级管理人员等责任主体，就本指引规定的事项或其他事项作出公开承诺的，承诺内容应当具体、明确，并同时披露未能履行承诺时的约束措施，接受社会监督。

保荐机构应当对公开承诺内容以及未能履行承诺时的约束措施的合法性、合理性、有效性等发表意见。发行人律师应对上述承诺及约束措施的合法性发表意见。

第三章　附则

第四十七条 本指引中红筹企业、董事、监事、高级管理人员、表决权差异安排、协议控制架构等用语适用《科创板上市规则》中的相关规定。

第四十八条 本指引由本所负责解释，并自发布之日起施行。

附件：1. 本次存托凭证发行上市情况

2. 本次发行前后公司股本结构变动情况

3. 本次发行后公司前10名境内存托凭证持有人情况

4. 主要会计数据及财务指标

附件 1

本次存托凭证发行上市情况

一、本次境内存托凭证发行情况					
发行总量					
对应的基础股票数量					
上市前存托凭证持有人的人数					
持有人名称	持有数量	占本次发行数量比例（%）	对应的基础股票数量	可上市交易日期	备注
二、限售流通的境内存托凭证					
小计					
三、无限售流通的境内存托凭证					
小计					

注：发行人应单独列示保荐机构相关子公司，以及高级管理人员与核心员工设立的专项资产管理计划参与本次发行战略配售的情况。

附件 2

本次发行前后公司股本结构变动情况

证券品种	与基础股票转换比例	本次发行前对应的基础股票		本次发行后对应的基础股票（未行使超额配售选择权）		本次发行后对应的基础股票（全额行使超额配售选择权）	
		数量（股）	占比（%）	数量（股）	占比（%）	数量（股）	占比（%）
1. 境内存托凭证							
2. 境外存托凭证							
3. 境外未上市基础股票	——						
合计							
股份类别		本次发行前		本次发行后（未行使超额配售选择权）		本次发行后（全额行使超额配售选择权）	
		数量（股）	占比（%）	数量（股）	占比（%）	数量（股）	占比（%）
1. 普通股							
2. 特别表决权股份（如有）							
3. 其他类别股份（如有）							
股份合计							

附件 3

本次发行后公司前 10 名境内存托凭证持有人情况

序号	持有人名称	持有境内存托凭证数量	对应的基础股票数量	持有境内存托凭证比例	限售期限
1					
2					
3					
4					
5					
6					
7					
8					
9					
10					
合计					

附件 4

主要会计数据及财务指标

项目	本报告期末	上年度期末	本报告期末比上年度期末增减（%）
流动资产（万元）			
流动负债（万元）			
总资产（万元）			
资产负债率（母公司）（%）			
资产负债率（合并报表）（%）			
归属于母公司股东的净资产（万元）			
归属于母公司股东的每股净资产（元/股）			
项目	本报告期	上年同期	本报告期比上年同期增减（%）
营业总收入（万元）			
营业利润（万元）			
利润总额（万元）			
归属于母公司股东的净利润（万元）			
归属于母公司股东的扣除非经常性损益后的净利润（万元）			
基本每股收益（元/股）			
每份境内存托凭证收益（元/份）			
扣除非经常性损益后的基本每股收益（元/股）			
扣除非经常性损益后的每份境内存托凭证收益（元/份）			
加权平均净资产收益率（%）			
扣除非经常性损益后的加权净资产收益率（%）			
经营活动产生的现金流量净额（万元）			
每股经营活动产生的现金流量净额（元）			

注：涉及百分比指标的，增减百分比为两期数的差值。

关于发布科创板公司董事（监事、高级管理人员、控股股东、实际控制人）声明及承诺书的通知

（上证函〔2019〕934号　2019年6月8日）

各市场参与人：

根据《上海证券交易所科创板股票上市规则》等有关规定，上海证券交易所（以下简称本所）针对境内科创公司和红筹企业，分别制定了《科创板上市公司董事（监事、高级管理人员、控股股东、实际控制人）声明及承诺书》和《科创板红筹企业董事（监事、高级管理人员、控股股东、实际控制人）声明及承诺书》，现予正式发布，并自发布之日起施行。境内科创公司、红筹企业及相关方，应按照规定适用相应的声明及承诺书。

科创板上市公司的董事、监事、高级管理人员应当在公司股票或存托凭证首次上市前，新任董事、监事、高级管理人员应当在任职后1个月内，控股股东、实际控制人应当在公司股票或存托凭证首次上市前或者控制权变更完成后1个月内，签署一式3份声明及承诺书，并向本所和公司董事会备案。相关董事、监事、高级管理人员、控股股东、实际控制人确实无法按时签署并提交的，需向本所说明原因并明确延期后的具体提交时间。

上述董事（监事、高级管理人员、控股股东、实际控制人）声明及承诺书全文可至本所网站（http://www.sse.com.cn）"法律规则"下的"本所业务指南与流程"栏目查询。

特此通知。

附件：科创板红筹企业董事声明及承诺书
科创板上市公司董事声明及承诺书

科创板红筹企业董事声明及承诺书

第一部分　声明

一、基本情况

1. 上市公司名称：_____

2. 上市公司股票或者存托凭证简称：_____

上市公司股票或者存托凭证代码：_____

3. 本人姓名：_____职务：_____

4. 别名：_____

5. 曾用名：_____

6. 出生日期：_____

7. 联系地址：_____

8. 国籍：_____

9. 专业资格（如适用）：_____

10. 中国身份证号码（如适用）：_____

11. 护照号码（如适用）：_____

12. 最近五年的工作经历：_____

_____

_____

二、是否在其他公司任职？

是□　否□

如是，请填报各公司的名称以及任职情况。

三、是否持有上市公司特别表决权股份？

是□　否□

如是，请详细说明。

四、是否被中国证监会或者证券交易所认定为上市公司董事、监事、高级管理人员的不合适人选？是否曾因违反证券交易场所业务规则或者其他相关规定而受到处分？

是□　否□

如是，请详细说明。

五、过去十年中是否曾因违反境内外证券市场法律、法规或因涉及金融问题（如贪污、贿赂、诈骗、侵占等）而受到刑事、行政处罚或者正处于有关调查、诉讼程序中？

是□　否□

如是，请详细说明。

六、是否已明确知悉作为上市公司的董事，就公司向股东、存托凭证持有人和其他社会公众提供虚假或者隐瞒重要事实的财务会计报告，或者对依法应当披露的其他重要信息不按照规定披露，严重损害股东、存托凭证持有人或者其他人利益，或者有其他严重情节的，对其负有直接责任的主管人员和其他直接责任人员，将被追究刑事责任？

是□　否□

七、是否已明确知悉作为上市公司的董事，违背对公司的忠实义务，利用职务便利，操纵上市公司从事下列行为之一，致使上市公司利益遭受特别重大损失的，将被追究刑事责任：

（一）无偿向其他单位或者个人提供资金、商品、服务或者其他资产的；

（二）以明显不公平的条件，提供或者接受资金、商品、服务或者其他资产的；

（三）向明显不具有清偿能力的单位或者个人提供资金、商品、服务或者其他资产的；

（四）向明显不具有清偿能力的单位或者个人提供担保，或者无正当理由为其他单位或者个人提供担保的；

（五）无正当理由放弃债权、承担债务的；

（六）采用其他方式损害上市公司利益的。

是□　否□

八、除上述问题所涉及的信息外，是否有需要声明的其他事项，而不声明该等事项可能影响您对上述问题回答的真实性、完整性或者准确性？

是□　否□

如是，请详细说明。

本人_____（正楷体）郑重声明：上述回答是真实、准确和完整的，保证不存在任何虚假记载、误导性陈述或者重大遗漏。本人完全明白作出虚假声明可能导致的后果。

声明人（签名）：

日　期：

此项声明于＿＿＿＿年＿＿月＿＿日在＿＿＿＿（地点）作出。

见证律师：

日　　期：

第二部分　承诺

本人＿＿＿＿（正楷体）向上海证券交易所承诺：

一、本人在履行上市公司董事的职责时，将遵守并促使本公司和本人的授权人遵守适用的法律、法规和规章等有关规定；

二、本人在履行上市公司董事的职责时，将遵守并促使本公司和本人的授权人遵守中国证监会发布的相关规章、规定和通知等有关要求；

三、本人在履行上市公司董事的职责时，将遵守并促使本公司和本人的授权人遵守《上海证券交易所科创板股票上市规则》和上海证券交易所发布的其他业务规则、规定和通知等；

四、本人在履行上市公司董事的职责时，将遵守并促使本公司和本人的授权人遵守公司章程；

五、本人作为上市公司董事接受上海证券交易所的监管，包括及时、如实地答复上海证券交易所向本人提出的任何问题，及时提供《上海证券交易所科创板股票上市规则》规定应当报送的资料及要求提供的其他文件的正本或者副本，并出席本人被要求出席的任何会议，接受上海证券交易所采取的监管措施和纪律处分等；

六、本人授权上海证券交易所将本人提供的声明与承诺资料向中国证监会报告；

七、本人将按要求参加中国证监会和上海证券交易所组织的专业培训；

八、本人如违反上述承诺，愿意承担由此引起的一切法律责任；

九、本人在执行职务过程中，如果与上海证券交易所发生争议提起诉讼时，由上海证券交易所住所地有管辖权的法院管辖；

十、本人在执行职务过程中，与上海证券交易所以外的主体因发行人（上市公司）在境内发行股票或者存托凭证并在科创板上市发生争议提起诉讼的，适用中国法律，并由中国境内有管辖权的人民法院管辖。

承诺人（签名）：

日　　期：

此项承诺于＿＿＿＿＿年＿＿月＿＿日在＿＿＿＿＿＿（地点）作出。

见证律师：

日　　期：

科创板红筹企业监事声明及承诺书

第一部分　声　明

一、基本情况

1. 上市公司名称：＿＿＿＿＿＿＿＿＿＿＿＿＿＿＿＿＿

2. 上市公司股票或者存托凭证简称：＿＿＿＿＿＿＿＿＿

上市公司股票或者存托凭证代码：＿＿＿＿＿＿＿＿＿＿

3. 本人姓名：＿＿＿＿＿＿＿＿＿＿职务：＿＿＿＿＿＿

4. 别名：＿＿＿＿＿＿＿＿＿＿＿＿＿＿＿＿＿＿＿＿＿

5. 曾用名：＿＿＿＿＿＿＿＿＿＿＿＿＿＿＿＿＿＿＿＿

6. 出生日期：＿＿＿＿＿＿＿＿＿＿＿＿＿＿＿＿＿＿＿

7. 联系地址：＿＿＿＿＿＿＿＿＿＿＿＿＿＿＿＿＿＿＿

8. 国籍：＿＿＿＿＿＿＿＿＿＿＿＿＿＿＿＿＿＿＿＿＿

9. 专业资格（如适用）： _____

10. 中国身份证号码（如适用）： _____

11. 护照号码（如适用）： _____

12. 最近五年的工作经历： _____

_____

_____

二、是否在其他公司任职？

是□　否□

如是，请填报各公司的名称以及任职情况。

三、是否被中国证监会或者证券交易所认定为上市公司董事、监事、高级管理人员的不合适人选？是否曾因违反证券交易场所业务规则或者其他相关规定而受到处分？

是□　否□

如是，请详细说明。

四、过去十年中是否曾因违反境内外证券市场法律、法规或因涉及金融问题（如贪污、贿赂、诈骗、侵占等）而受到刑事、行政处罚或者正处于有关调查、诉讼程序中？

是□　否□

如是，请详细说明。

五、是否已明确知悉作为上市公司的监事，就公司向股东、存托凭证持有人和其他社会公众提供虚假或者隐瞒重要事实的财务会计报告，或者对依法应当披露的其他重要信息不按照规定披露，严重损害股东、存托凭证持有人或者其他人利益，或者有其他严重情节的，对其负有直接责任的主管人员和其他直接责任人员，将被追究刑事责任？

是□　否□

六、是否已明确知悉作为上市公司的监事，违背对公司的忠实义务，利用职务便利，操纵上市公司从事下列行为之一，致使上市公司利益遭受特别重大损失的，将被追究刑事责任：

（一）无偿向其他单位或者个人提供资金、商品、服务或者其他资产的；

（二）以明显不公平的条件，提供或者接受资金、商品、服务或者其他资产的；

（三）向明显不具有清偿能力的单位或者个人提供资金、商品、服务或者其他资产的；

（四）向明显不具有清偿能力的单位或者个人提供担保，或者无正当理由为其他单位或者个人提供担保的；

（五）无正当理由放弃债权、承担债务的；

（六）采用其他方式损害上市公司利益的。

是□　否□

七、除上述问题所涉及的信息外，是否有需要声明的其他事项，而不声明该等事项可能影响您对上述问题回答的真实性、完整性或者准确性？

是□　否□

如是，请详细说明。

本人＿＿＿＿＿＿＿（正楷体）郑重声明：上述回答是真实、准确和完整的，保证不存在任何虚假记载、误导性陈述或者重大遗漏。本人完全明白作出虚假声明可能导致的后果。

声明人（签名）：

日　期：

此项声明于＿＿＿＿＿＿年＿＿月＿＿日在＿＿＿＿＿＿＿（地点）作出。

见证律师：

日　期：

第二部分　承诺

本人＿＿＿＿＿＿＿（正楷体）向上海证券交易所承诺：

一、本人在履行上市公司监事的职责时，将遵守并促使本公司及其董事和高级管理人员遵守适用的法律、法规和规章等有关规定；

二、本人在履行上市公司监事的职责时，将遵守并促使本公司及其董事和高级管理人员遵守中国证监会发布的相关规章、规定和通知等有关要求；

三、本人在履行上市公司监事的职责时，将遵守并促使本公司及其董事和高级管理人员遵守《上海证券交易所科创板股票上市规则》和上海证券交易所发布的其他业务规则、规定和通知等；

四、本人在履行上市公司监事的职责时，将遵守并促使本公司及其董事和高级管理人员遵守公司章程；

五、本人在履行上市公司监事的职责时，将监督本公司董事和高级管理人员认真履行职责并严格遵守在《董事（高级管理人员）声明及承诺书》中作出的承诺；

六、本人作为上市公司监事接受上海证券交易所的监管，包括及时、如实地答复上海证券交易所向本人提出的任何问题，及时提供《上海证券交易所科创板股票上市规则》规定应当报送的资料及要求提供的其他文件的正本或者副本，并出席本人被要求出席的任何会议，接受上海证券交易所采取的监管措施和纪律处分等；

七、本人授权上海证券交易所将本人提供的声明与承诺资料向中国证监会报告；

八、本人将按要求参加中国证监会和上海证券交易所组织的专业培训；

九、本人如违反上述承诺，愿意承担由此引起的一切法律责任；

十、本人在执行职务过程中，如果与上海证券交易所发生争议提起诉讼时，由上海证券交易所住所地有管辖权的法院管辖；

十一、本人在执行职务过程中，与上海证券交易所以外的主体因发行人（上市公司）在境内发行股票或者存托凭证并在科创板上市发生争议提起诉讼的，适用中国法律，并由中国境内有管辖权的人民法院管辖。

承诺人（签名）：

日　　期：

此项承诺于_____年___月___日在_____（地点）作出。

见证律师：

日　　期：

科创板红筹企业高级管理人员声明及承诺书

第一部分　声明

一、基本情况

1.上市公司名称：_____

2.上市公司股票或者存托凭证简称：_____

上市公司股票或者存托凭证代码：_____

3.本人姓名：_____职务：_____

4.别名：_____

5.曾用名：_____

6.出生日期：_____

7.联系地址：_____

8.国籍：_____

9.专业资格（如适用）：_____

10.中国身份证号码（如适用）：_____

11.护照号码（如适用）：_____

12.最近五年的工作经历：_____

_____

_____

二、是否在其他公司任职？

是□　否□

如是，请填报各公司的名称以及任职情况。

三、是否被中国证监会或者证券交易所认定为上市公司董事、监事、高级管理人员的不合适人选？是否曾因违反证券交易场所业务规则或者其他相关规定而受到处分？

是□　否□

如是，请详细说明。

四、过去十年中是否曾因违反境内外证券市场法律、法规或因涉及金融问题（如贪污、贿赂、诈骗、侵占等）而受到刑事、行政处罚或者正处于有关调查、诉讼程序中？

是□ 否□

如是，请详细说明。

五、是否已明确知悉作为上市公司的高级管理人员，就公司向股东、存托凭证持有人和其他社会公众提供虚假或者隐瞒重要事实的财务会计报告，或者对依法应当披露的其他重要信息不按照规定披露，严重损害股东、存托凭证持有人或者其他人利益，或者有其他严重情节的，对其负有直接责任的主管人员和其他直接责任人员，将被追究刑事责任？

是□ 否□

六、是否已明确知悉作为上市公司的高级管理人员，违背对公司的忠实义务，利用职务便利，操纵上市公司从事下列行为之一，致使上市公司利益遭受特别重大损失的，将被追究刑事责任：

（一）无偿向其他单位或者个人提供资金、商品、服务或者其他资产的；

（二）以明显不公平的条件，提供或者接受资金、商品、服务或者其他资产的；

（三）向明显不具有清偿能力的单位或者个人提供资金、商品、服务或者其他资产的；

（四）向明显不具有清偿能力的单位或者个人提供担保，或者无正当理由为其他单位或者个人提供担保的；

（五）无正当理由放弃债权、承担债务的；

（六）采用其他方式损害上市公司利益的。

是□ 否□

七、除上述问题所涉及的信息外，是否有需要声明的其他事项，而不声明该等事项可能影响您对上述问题回答的真实性、完整性或者准确性？

是□ 否□

如是，请详细说明。

本人_____（正楷体）郑重声明：上述回答是真实、准确和完整的，保证不存在任何虚假记载、误导性陈述或者重大遗漏。本人完全明白作出虚假声明可能导致的后果。

声明人（签名）：

日 期：

此项声明于＿＿＿＿年＿＿月＿＿日在＿＿＿＿＿（地点）作出。

见证律师：

日　　期：

第二部分　承诺

本人＿＿＿＿＿（正楷体）向上海证券交易所承诺：

一、本人在履行上市公司高级管理人员的职责时，将遵守并促使本公司遵守适用的法律、法规和规章等有关规定；

二、本人在履行上市公司高级管理人员的职责时，将遵守并促使本公司遵守中国证监会发布的相关规章、规定和通知等有关要求；

三、本人在履行上市公司高级管理人员的职责时，将遵守并促使本公司遵守《上海证券交易所科创板股票上市规则》和上海证券交易所发布的其他业务规则、规定和通知等；

四、本人在履行上市公司高级管理人员的职责时，将遵守并促使本公司遵守公司章程；

五、本人作为上市公司高级管理人员接受上海证券交易所的监管，包括及时、如实地答复上海证券交易所向本人提出的任何问题，及时提供《上海证券交易所科创板股票上市规则》规定应当报送的资料及要求提供的其他文件的正本或者副本，并出席本人被要求出席的任何会议，接受上海证券交易所的监管措施和纪律处分等；

六、本人授权上海证券交易所将本人提供的声明与承诺资料向中国证监会报告；

七、本人将按要求参加中国证监会和上海证券交易所组织的专业培训；

八、本人如违反上述承诺，愿意承担由此引起的一切法律责任；

九、本人在执行职务过程中，如果与上海证券交易所发生争议提起诉讼时，由上海证券交易所住所地有管辖权的法院管辖；

十、本人在执行职务过程中，与上海证券交易所以外的主体因发行人（上市公司）在境内发行股票或者存托凭证并在科创板上市发生争议提起诉讼的，适用中国法律，并由中国境内有管辖权的人民法院管辖。

承诺人（签名）：

日　　期：

此项承诺于_____年___月___日在_____（地点）作出。

见证律师：

日　　期：

科创板红筹企业控股股东、实际控制人声明及承诺书（法人及其他组织版本）

第一部分　声明

一、基本情况

1. 上市公司名称：_____

2. 上市公司股票或者存托凭证简称：_____

上市公司股票或者存托凭证代码：_____

3. 本单位名称：_____

4. 本单位联系地址：_____

二、是否负有数额较大的到期未清偿债务？

是□　否□

如是，请详细说明。

三、是否存在占用上市公司资金或者要求上市公司违规提供担保的情形？

是□　否□

如是，请详细说明。

四、本单位及本单位控制的其他单位是否存在对上市公司构成重大不利影响的同业竞争？

是□　否□

如是，请详细说明。

五、本单位及本单位控制的其他单位是否与上市公司存在严重影响其独立性或者显失公平的关联交易？

是□ 否□

如是，请详细说明。

六、是否存在贪污、贿赂、侵占财产、挪用财产或者破坏社会主义市场经济秩序的刑事犯罪行为？

是□ 否□

如是，请详细说明。

七、是否存在欺诈发行、重大信息披露违法或者其他涉及国家安全、公共安全、生态安全、生产安全、公众健康安全等领域的重大违法行为？

是□ 否□

如是，请详细说明。

八、是否曾因违反《证券法》等证券市场法律、行政法规、部门规章而受到行政处罚？

是□ 否□

如是，请详细说明。

九、除第六至八条以外，是否曾因违反其他法律、行政法规受到刑事处罚、行政处罚或者正处于有关诉讼程序中？

是□ 否□

如是，请详细说明。

十、是否因涉嫌违反证券市场法律、行政法规、部门规章的规定正受到中国证监会的调查或者涉及有关行政程序？是否曾因违反证券交易场所业务规则或者其他相关规定而受到处分？

是□ 否□

如是，请详细说明。

十一、是否已明确知悉作为上市公司的控股股东、实际控制人，指使上市公司董事、监事、高级管理人员违背对上市公司的忠实义务，利用职务便利，操纵上市公司从事下列行为之一，致使上市公司利益遭受重大或者特别重大损失的，将被追究刑事责任：

（一）无偿向其他单位或者个人提供资金、商品、服务或者其他资产的；

（二）以明显不公平的条件，提供或者接受资金、商品、服务或者其他资产的；

（三）向明显不具有清偿能力的单位或者个人提供资金、商品、服务或者其他资产的；

（四）向明显不具有清偿能力的单位或者个人提供担保，或者无正当理由为其他单位或者个人提供担保的；

（五）无正当理由放弃债权、承担债务的；

（六）采用其他方式损害上市公司利益的。

是□　否□

十二、除上述问题所披露的信息外，是否有需要声明的其他事项，而不声明该等事项可能影响本单位对上述问题回答的真实性、准确性或者完整性？

是□　否□

如是，请详细说明。

_____（正楷体）郑重声明，上述回答是真实、准确和完整的，保证不存在任何虚假记载、误导性陈述或者重大遗漏。本单位完全明白作出虚假声明可能导致的法律后果。

声明人（盖章）：

法定代表人（签名）：

日　　期：

此项声明于_____年____月____日在_____（地点）作出。

见证律师：

日　　期：

第二部分　承诺

_____（正楷体）作为_____股份有限公司/有限责任公司（以下简称上市公司）的控股股东（或者实际控制人），向上海证券交易所承诺：

一、本单位保证严格遵守并促使上市公司严格遵守适用的法律、法规和规章等有关规定。

二、本单位保证严格遵守并促使上市公司严格遵守中国证监会发布的相关规章、规定和通知等有关要求。

三、本单位保证严格遵守并促使上市公司严格遵守《上海证券交易所科创板股票上市规则》和上海证券交易所发布的其他业务规则、规定和通知等。

四、本单位保证严格遵守并促使上市公司严格遵守公司章程。

五、本单位保证依法行使股东权利，不滥用股东权利，不损害并促使本单位控制的其他单位不损害上市公司或者其他股东的利益，包括但不限于：

（一）不以任何方式违规占用上市公司资金及要求上市公司违规提供担保；

（二）不通过关联交易、利润分配、资产重组、对外投资等方式损害上市公司利益，侵害上市公司财产权利，谋取上市公司商业机会和核心技术；

（三）不利用上市公司未公开重大信息谋取利益，不以任何方式泄露有关上市公司的未公开重大信息，不从事内幕交易、短线交易和操纵市场等违法违规行为；

（四）不以任何方式影响上市公司的独立性，保证上市公司资产完整、业务及人员独立、财务独立和机构独立；

（五）遵守法律法规和公司章程，不以任何方式直接或间接干预公司决策和经营活动；

（六）配合上市公司履行信息披露义务，不以任何方式要求或者协助上市公司隐瞒重要信息。

六、本单位承诺促使上市公司严格遵守科学伦理规范，尊重科学精神，恪守应有的价值观念、社会责任和行为规范，发挥科学技术的正面效应。

七、本单位保证严格履行本单位作出的与上市公司相关的各项承诺，不擅自变更或者解除。

八、本单位保证严格按照法律、行政法规、部门规章、规范性文件、《上海证券交易所科创板股票上市规则》和上海证券交易所其他相关规定履行信息披露义务，并配合上市公司做好信息披露工作。

九、本单位接受上海证券交易所的监管，包括及时、如实地答复上海证券交易所向本单位提出的任何问题，及时提供《上海证券交易所科创板股票上市规则》规定应当报送的资料及要求提供的其他文件的正本或者副本，并出席本人被要求出席的任何会议，接受上海证券交易所采取的监管措施和纪律处分等。

十、本单位授权上海证券交易所将本单位提供的声明与承诺资料向中国证监会报告。

十一、本单位如违反上述承诺和保证，愿意承担由此引起的一切法律责任。

十二、本单位因履行本承诺而与上海证券交易所发生争议提起诉讼时，由上海证券交易所住所地有管辖权的法院管辖。

十三、本单位与上海证券交易所以外的主体因发行人（上市公司）在境内发行股票或者存托凭证并在科创板上市发生争议提起诉讼的，适用中国法律，并由中国境内有管辖权的人民法院管辖。

承诺人（盖章）：

法定代表人（签名）：

日　　期：

此项承诺于_____年____月____日在_____（地点）作出。

见证律师：

日　　期：

科创板红筹企业控股股东、实际控制人声明及承诺书（自然人版本）

第一部分　声明

一、基本情况

1.上市公司名称：_____

2. 上市公司股票或者存托凭证简称：_____

上市公司股票或者存托凭证代码：_____

3. 本人姓名：_____

4. 别名：_____

5. 曾用名：_____

6. 出生日期：_____

7. 联系地址：_____

8. 国籍：_____

9. 专业资格（如适用）：_____

10. 中国身份证号码（如适用）：_____

11. 护照号码（如适用）：_____

12. 最近五年的工作经历：_____

_____

_____

二、是否在其他公司任职？

是□　否□

如是，请填报各公司的名称以及任职情况。

三、是否负有数额较大的到期未清偿债务？

是□　否□

如是，请详细说明。

四、是否存在占用上市公司资金或者要求上市公司违规提供担保的情形？

是□　否□

如是，请详细说明。

五、本人控制的其他单位是否存在对上市公司构成重大不利影响的同业竞争？

是□　否□

如是，请详细说明。

六、本人控制的其他单位是否与上市公司存在严重影响其独立性或者显失公平的关联交易？

是□　否□

如是，请详细说明。

七、是否存在贪污、贿赂、侵占财产、挪用财产或者破坏社会主义市场经济秩序的刑事犯罪行为？

是□　否□

如是，请详细说明。

八、是否存在欺诈发行、重大信息披露违法或者其他涉及国家安全、公共安全、生态安全、生产安全、公众健康安全等领域的重大违法行为？

是□　否□

如是，请详细说明。

九、是否曾因违反《证券法》等证券市场法律、行政法规、部门规章而受到行政处罚？

是□　否□

如是，请详细说明。

十、除第七至九条以外，是否曾因违反其他法律、行政法规受到刑事处罚、行政处罚或者正处于有关诉讼程序中？

是□　否□

如是，请详细说明。

十一、是否因涉嫌违反证券市场法律、行政法规、部门规章的规定正受到中国证监会的调查或者涉及有关行政程序？是否曾因违反证券交易场所业务规则或者其他相关规定而受到处分？

是□　否□

如是，请详细说明。

十二、是否已明确知悉作为上市公司的控股股东、实际控制人，指使上市公司董事、监事、高级管理人员违背对上市公司的忠实义务，利用职务便利，操纵上市公司从事下列行为之一，致使上市公司利益遭受重大或者特别重大损失的，将被追究刑事责任：

（一）无偿向其他单位或者个人提供资金、商品、服务或者其他资产的；

（二）以明显不公平的条件，提供或者接受资金、商品、服务或者其他资产的；

（三）向明显不具有清偿能力的单位或者个人提供资金、商品、服务或者其他资产的；

（四）向明显不具有清偿能力的单位或者个人提供担保，或者无正当理由为其他单位或者个人提供担保的；

（五）无正当理由放弃债权、承担债务的；

（六）采用其他方式损害上市公司利益的。

是□　否□

十三、除上述问题所披露的信息外，是否有需要声明的其他事项，而不声明该等事项可能影响本人对上述问题回答的真实性、准确性或者完整性？

是□　否□

如是，请详细说明。

本人_____（正楷体）郑重声明，上述回答是真实、准确和完整的，保证不存在任何虚假记载、误导性陈述或者重大遗漏。本人完全明白作出虚假声明可能导致的法律后果。

声明人（签名）：

日　　期：

此项声明于_____年___月___日在_____（地点）作出。

见证律师：

日　　期：

第二部分　承诺

本人_____（正楷体）作为_____股份有限公司/有限责任公司（以下简称上市公司）的控股股东（或者实际控制人），向上海证券交易所郑重承诺：

一、本人保证严格遵守并促使上市公司严格遵守适用的法律、法规和规章等有关规定。

二、本人保证严格遵守并促使上市公司严格遵守中国证监会发布的相关规章、规定和通知等有关要求。

三、本人保证严格遵守并促使上市公司严格遵守《上海证券交易所科创板股票上市规则》和上海证券交易所发布的其他业务规则、规定和通知等。

四、本人保证严格遵守并促使上市公司严格遵守公司章程。

五、本人保证依法行使股东权利，不滥用股东权利，不损害并促使本人控制的其他单位不损害上市公司或者其他股东的利益，包括但不限于：

（一）不以任何方式违规占用上市公司资金及要求上市公司违规提供担保；

（二）不通过关联交易、利润分配、资产重组、对外投资等方式损害上市公司利益，侵害上市公司财产权利，谋取上市公司商业机会和核心技术；

（三）不利用上市公司未公开重大信息谋取利益，不以任何方式泄露有关上市公司的未公开重大信息，不从事内幕交易、短线交易和操纵市场等违法违规行为；

（四）不以任何方式影响上市公司的独立性，保证上市公司资产完整、业务及人员独立、财务独立和机构独立；

（五）遵守法律法规和公司章程，不以任何方式直接或间接干预公司决策和经营活动；

（六）配合上市公司履行信息披露义务,不以任何方式要求或者协助上市公司隐瞒重要信息。

六、本人承诺促使上市公司严格遵守科学伦理规范，尊重科学精神，恪守应有的价值观念、社会责任和行为规范，发挥科学技术的正面效应。

七、本人保证严格履行本人作出的与上市公司相关的各项承诺，不擅自变更或者解除。

八、本人保证严格按照法律、行政法规、部门规章、规范性文件、《上海证券交易所科创板股票上市规则》和上海证券交易所其他相关规定履行信息披露义务，并配合上市公司做好信息披露工作。

九、本人同意接受上海证券交易所的监管，包括及时、如实地答复上海证券交易所向本人提出的任何问题，及时提供《上海证券交易所科创板股票上市规则》规定应当报送的资料及要求提供的其他文件的正本或者副本，并出席本人被要求出席的任何会议，接受上海证券交易所的监管措施和纪律处分等。

十、本人授权上海证券交易所将本人提供的声明与承诺资料向中国证监会报告。

十一、本人如违反上述承诺和保证，愿意承担由此引起的一切法律责任。

十二、本人因履行本承诺而与上海证券交易所发生争议提起诉讼时，由上海证券交易所住所地有管辖权的法院管辖。

十三、本人与上海证券交易所以外的主体因发行人（上市公司）在境内发行股票或者存托凭证并在科创板上市发生争议提起诉讼的，适用中国法律，并由中国境内有管辖权的人民法院管辖。

承诺人（签名）：

日　　期：

此项承诺于_____年___月___日在_____（地点）作出。

见证律师：

日　　期：

说明：

1. 按照《上海证券交易所科创板股票上市规则》的规定必须向本所呈报《董事（监事、高级管理人员、控股股东、实际控制人）声明及承诺书》的人士，均必须填写第一部分声明和第二部分承诺。控股股东、实际控制人为法人或者其他组织的，按照《控股股东、实际控制人声明及承诺书（法人或者其他组织版本）》规定的格式填写。控股股东、实际控制人为自然人的，按照《控股股东、实际控制人声明及承诺书（自然人版本）》规定的格式填写。

2. 请回答所有的问题，若回答问题的空格不够填写，请另附纸张填写，并装订在后。

3. 未真实、完整、准确、及时地填写声明部分和承诺部分，或者未遵守承诺的，则属违反《上海证券交易所科创板股票上市规则》的情形，本所将根据《上海证券交易所科创板股票上市规则》予以相应处分。

4. 若对填写事项有疑问，请咨询本所或者律师。

科创板上市公司董事声明及承诺书

第一部分　声明

一、基本情况

1. 上市公司名称：＿＿＿＿＿＿＿＿＿＿＿＿＿＿＿＿＿

2. 上市公司股票简称：＿＿＿＿＿＿＿＿股票代码：＿＿＿＿＿＿＿＿

3. 本人姓名：＿＿＿＿＿＿＿＿＿＿＿职务：＿＿＿＿＿＿＿＿

4. 别名：＿＿＿＿＿＿＿＿＿＿＿＿＿＿＿＿＿＿＿＿

5. 曾用名：＿＿＿＿＿＿＿＿＿＿＿＿＿＿＿＿＿＿

6. 出生日期：＿＿＿＿＿＿＿＿＿＿＿＿＿＿＿＿＿

7. 联系地址：＿＿＿＿＿＿＿＿＿＿＿＿＿＿＿＿＿

8. 国籍：＿＿＿＿＿＿＿＿＿＿＿＿＿＿＿＿＿＿＿

9. 拥有哪些国家或者地区的长期居留权（如适用）：＿＿＿＿＿＿＿＿

10. 专业资格（如适用）：＿＿＿＿＿＿＿＿＿＿＿＿＿＿

11. 身份证号码：＿＿＿＿＿＿＿＿＿＿＿＿＿＿＿＿＿

12. 护照号码（如适用）：＿＿＿＿＿＿＿＿＿＿＿＿＿＿

13. 最近五年的工作经历：＿＿＿＿＿＿＿＿＿＿＿＿＿＿＿

＿＿＿＿＿＿＿＿＿＿＿＿＿＿＿＿＿＿＿＿＿＿＿＿＿＿＿＿＿＿＿

＿＿＿＿＿＿＿＿＿＿＿＿＿＿＿＿＿＿＿＿＿＿＿＿＿＿＿＿＿＿＿

二、是否在其他公司任职？

是□　否□

如是，请填报各公司的名称以及任职情况。

三、是否持有上市公司特别表决权股份？

是□　否□

如是，请详细说明。

四、您及您的配偶、父母、子女及其配偶是否持有本公司股票及其衍生品种？

是□　否□

如是，请详细说明。

五、是否负有数额较大的到期未清偿债务，或者未偿还经法院判决、裁定应当偿付的债务，或者被法院采取强制措施，或者受到仍然有效的法院判决、裁定所限制？

是□　否□

如是，请详细说明。

六、是否曾担任破产清算、关停并转或有类似情况的公司、企业的董事或者厂长、经理，并对该公司、企业破产负有个人责任？

是□　否□

如是，请说明具体情况。

七、是否曾担任因违法而被吊销营业执照、责令关闭的公司、企业的法定代表人，并负有个人责任？

是□　否□

如是，请说明具体情况。

八、是否曾因贪污、贿赂、侵占财产、挪用财产或者破坏社会主义市场经济秩序被判处刑罚？是否曾因犯罪被剥夺政治权利？

是□　否□

如是，请详细说明。

九、是否曾因违反《证券法》等证券市场法律、行政法规、部门规章而受到行政处罚？

是□　否□

如是，请详细说明。

十、是否存在《公司法》《公务员法》等有关法律、行政法规、部门规章和其他规范性文件规定的不得担任公司董事的其他情形？

是□　否□

如是，请详细说明。

十一、是否被中国证监会或者证券交易所认定为上市公司董事、监事、高级管理人员的不合适人选？

是□　否□

如是，请详细说明。

十二、除第八、九条以外，是否曾因违反其他法律、法规而受到刑事、行政处罚或者正在处于有关诉讼程序中？

是□　否□

如是，请详细说明。

十三、是否因涉嫌违反证券市场法律、行政法规、部门规章的规定正受到中国证监会的调查或者涉及有关行政程序？是否曾因违反证券交易场所业务规则或者其他相关规定而受到处分？

是□　否□

如是，请详细说明。

十四、是否已明确知悉作为上市公司的董事，就公司向股东和社会公众提供虚假或者隐瞒重要事实的财务会计报告，或者对依法应当披露的其他重要信息不按照规定披露，严重损害股东或者其他人利益，或者有其他严重情节的，对其负有直接责任的主管人员和其他直接责任人员，将被追究刑事责任？

是□　否□

十五、是否已明确知悉作为上市公司的董事，违背对公司的忠实义务，利用职务便利，操纵上市公司从事下列行为之一，致使上市公司利益遭受特别重大损失的，将被追究刑事责任：

（一）无偿向其他单位或者个人提供资金、商品、服务或者其他资产的；

（二）以明显不公平的条件，提供或者接受资金、商品、服务或者其他资产的；

（三）向明显不具有清偿能力的单位或者个人提供资金、商品、服务或者其他资产的；

（四）向明显不具有清偿能力的单位或者个人提供担保，或者无正当理由为其他单位或者个人提供担保的；

（五）无正当理由放弃债权、承担债务的；

（六）采用其他方式损害上市公司利益的。

是□　否□

十六、除上述问题所涉及的信息外，是否有需要声明的其他事项，而不声明该等事项可能影响您对上述问题回答的真实性、完整性或者准确性？

是□　否□

如是，请详细说明。

本人＿＿＿＿＿＿＿（正楷体）郑重声明：上述回答是真实、准确和完整的，保证不存在任何虚假记载、误导性陈述或者重大遗漏。本人完全明白作出虚假声明可能导致的后果。上海证券交易所可依据上述回答所提供的资料，评估本人是否适合担任上市公司的董事。

声明人（签名）：

日　　期：

此项声明于＿＿＿＿＿年＿＿月＿＿日在＿＿＿＿＿（地点）作出。

见证律师：

日　　期：

第二部分　承诺

本人＿＿＿＿＿＿（正楷体）向上海证券交易所承诺：

一、本人在履行上市公司董事的职责时，将遵守并促使本公司和本人的授权人遵守国家法律、法规和规章等有关规定，履行忠实义务和勤勉义务；

二、本人在履行上市公司董事的职责时，将遵守并促使本公司和本人的授权人遵守中国证监会发布的规章、规定和通知等有关要求；

三、本人在履行上市公司董事的职责时，将遵守并促使本公司和本人的授权人遵守《上海证券交易所科创板股票上市规则》和上海证券交易所发布的其他业务规则、规定和通知等；

四、本人在履行上市公司董事的职责时，将遵守并促使本公司和本人的授权人遵守公司章程；

五、本人作为上市公司董事接受上海证券交易所的监管，包括及时、如实地答复上海证券交易所向本人提出的任何问题，及时提供《上海证券交易所科创板股票上市规则》规定应当报送的资料及要求提供的其他文件的正本或者副本，并出席本人被要求出席的任何会议，接受上海证券交易所采取的监管措施和纪律处分等；

六、本人授权上海证券交易所将本人提供的声明与承诺资料向中国证监会报告；

七、本人将按要求参加中国证监会和上海证券交易所组织的专业培训；

八、本人如违反上述承诺，愿意承担由此引起的一切法律责任；

九、本人在执行职务过程中，如果与上海证券交易所发生争议提起诉讼时，由上海证券交易所住所地有管辖权的法院管辖。

承诺人（签名）：

日　　期：

此项承诺于_____年____月____日在_____（地点）作出。

见证律师：

日　　期：

科创板上市公司监事声明及承诺书

第一部分　声明

一、基本情况

1. 上市公司名称：_____

2. 上市公司股票简称：_____股票代码：_____

3. 本人姓名：_____职务：_____

4. 别名：_____

5. 曾用名：_____

6. 出生日期：_____

7. 联系地址：_____

8. 国籍：_____

9. 拥有哪些国家或者地区的长期居留权（如适用）：_____

10. 专业资格（如适用）：_____

11. 身份证号码：_____

12. 护照号码（如适用）：_____

13. 最近五年的工作经历：＿＿＿＿＿＿＿＿＿＿＿＿＿＿

＿＿＿＿＿＿＿＿＿＿＿＿＿＿＿＿＿＿＿＿＿＿＿＿

＿＿＿＿＿＿＿＿＿＿＿＿＿＿＿＿＿＿＿＿＿＿＿＿

二、是否在其他公司任职？

是□　否□

如是，请填报各公司的名称以及任职情况。

三、您及您的配偶、父母、子女及其配偶是否持有本公司股票及其衍生品种？

是□　否□

如是，请详细说明。

四、是否负有数额较大的到期未清偿债务，或者未偿还经法院判决、裁定应当偿付的债务，或者被法院采取强制措施，或者受到仍然有效的法院判决、裁定所限制？

是□　否□

如是，请详细说明。

五、是否曾担任破产清算、关停并转或有类似情况的公司、企业的董事或者厂长、经理，并对该公司、企业破产负有个人责任？

是□　否□

如是，请说明具体情况。

六、是否曾担任因违法而被吊销营业执照、责令关闭的公司、企业的法定代表人，并负有个人责任？

是□　否□

如是，请说明具体情况。

七、是否曾因贪污、贿赂、侵占财产、挪用财产或者破坏社会主义市场经济秩序被判处刑罚？是否曾因犯罪被剥夺政治权利？

是□　否□

如是，请详细说明。

八、是否曾因违反《证券法》等证券市场法律、行政法规、部门规章而受到行政处罚？

是□　否□

如是，请详细说明。

九、是否存在《公司法》《公务员法》等有关法律、行政法规、部门规章和其他规范性文件规定的不得担任公司监事的其他情形？

是□　否□

如是，请详细说明。

十、是否被中国证监会或者证券交易所认定为上市公司董事、监事、高级管理人员的不合适人选？

是□　否□

如是，请详细说明。

十一、除第七、八条以外，是否曾因违反其他法律、法规而受到刑事、行政处罚或者正在处于有关诉讼程序中？

是□　否□

如是，请详细说明。

十二、是否因涉嫌违反证券市场法律、行政法规、部门规章的规定正受到中国证监会的调查或者涉及有关行政程序？是否曾因违反证券交易场所业务规则或者其他相关规定而受到处分？

是□　否□

如是，请详细说明。

十三、是否已明确知悉作为上市公司的监事，就公司向股东和社会公众提供虚假或者隐瞒重要事实的财务会计报告，或者对依法应当披露的其他重要信息不按照规定披露，严重损害股东或者其他人利益，或者有其他严重情节的，对其负有直接责任的主管人员和其他直接责任人员，将被追究刑事责任？

是□　否□

十四、是否已明确知悉作为上市公司的监事，违背对公司的忠实义务，利用职务便利，操纵上市公司从事下列行为之一，致使上市公司利益遭受特别重大损失的，将被追究刑事责任：

（一）无偿向其他单位或者个人提供资金、商品、服务或者其他资产的；

（二）以明显不公平的条件，提供或者接受资金、商品、服务或者其他资产的；

（三）向明显不具有清偿能力的单位或者个人提供资金、商品、服务或者其他资产的；

（四）向明显不具有清偿能力的单位或者个人提供担保，或者无正当理由为其他单位或者个人提供担保的；

（五）无正当理由放弃债权、承担债务的；

（六）采用其他方式损害上市公司利益的。

是□　否□

十五、除上述问题所涉及的信息外，是否有需要声明的其他事项，而不声明该等事项可能影响您对上述问题回答的真实性、完整性或者准确性？

是□　否□

如是，请详细说明。

本人_____（正楷体）郑重声明：上述回答是真实、准确和完整的，保证不存在任何虚假记载、误导性陈述或者重大遗漏。本人完全明白作出虚假声明可能导致的后果。上海证券交易所可依据上述回答所提供的资料，评估本人是否适合担任上市公司的监事。

声明人（签名）：

日　　期：

此项声明于_____年___月___日在_____（地点）作出。

见证律师：

日　　期：

第二部分　承诺

本人_____（正楷体）向上海证券交易所承诺：

一、本人在履行上市公司监事的职责时，将遵守并促使本公司及其董事和高级管理人员遵守国家法律、法规和规章等有关规定，履行忠实义务和勤勉义务；

二、本人在履行上市公司监事的职责时，将遵守并促使本公司及其董事和高级管理人员遵守中国证监会发布的规章、规定和通知等有关要求；

三、本人在履行上市公司监事的职责时，将遵守并促使本公司及其董事和高级管理人员遵守《上海证券交易所科创板股票上市规则》和上海证券交易所发布的其他业务规则、规定和通知等；

四、本人在履行上市公司监事的职责时，将遵守并促使本公司及其董事和高级管理人员遵守公司章程；

五、本人作为上市公司监事接受上海证券交易所的监管，包括及时、如实地答复上海证券交易所向本人提出的任何问题，及时提供《上海证券交易所科创板股票上市规则》规定应当报送的资料及要求提供的其他文件的正本或者副本，并出席本人被要求出席的任何会议，接受上海证券交易所采取的监管措施和纪律处分等；

六、本人授权上海证券交易所将本人提供的声明与承诺资料向中国证监会报告；

七、本人在履行上市公司监事的职责时，将监督本公司董事和高级管理人员认真履行职责并严格遵守在《董事（高级管理人员）声明及承诺书》中作出的承诺；

八、本人将按要求参加中国证监会和上海证券交易所组织的专业培训；

九、本人如违反上述承诺，愿意承担由此引起的一切法律责任；

十、本人在执行职务过程中，如果与上海证券交易所发生争议提起诉讼时，由上海证券交易所住所地有管辖权的法院管辖。

承诺人（签名）：

日　　期：

此项承诺于＿＿＿＿＿年＿＿月＿＿日在＿＿＿＿＿（地点）作出。

见证律师：

日　　期：

科创板上市公司高级管理人员声明及承诺书

第一部分　声明

一、基本情况

1. 上市公司名称：＿＿＿＿＿＿＿＿＿＿＿＿＿＿＿＿＿＿＿＿＿＿＿＿＿

2. 上市公司股票简称：＿＿＿＿＿＿＿＿股票代码：＿＿＿＿＿＿＿＿＿＿

3. 本人姓名：＿＿＿＿＿＿＿＿＿＿＿职务：＿＿＿＿＿＿＿＿＿＿＿＿＿

4. 别名：＿＿＿＿＿＿＿＿＿＿＿＿＿＿＿＿＿＿＿＿＿＿＿＿＿＿＿＿＿

5. 曾用名：＿＿＿＿＿＿＿＿＿＿＿＿＿＿＿＿＿＿＿＿＿＿＿＿＿＿＿＿

6. 出生日期：＿＿＿＿＿＿＿＿＿＿＿＿＿＿＿＿＿＿＿＿＿＿＿＿＿＿＿

7. 联系地址：＿＿＿＿＿＿＿＿＿＿＿＿＿＿＿＿＿＿＿＿＿＿＿＿＿＿＿

8. 国籍：＿＿＿＿＿＿＿＿＿＿＿＿＿＿＿＿＿＿＿＿＿＿＿＿＿＿＿＿＿

9. 拥有哪些国家或者地区的长期居留权（如适用）：＿＿＿＿＿＿＿＿＿＿

10. 专业资格（如适用）：＿＿＿＿＿＿＿＿＿＿＿＿＿＿＿＿＿＿＿＿＿＿

11. 身份证号码：＿＿＿＿＿＿＿＿＿＿＿＿＿＿＿＿＿＿＿＿＿＿＿＿＿＿

12. 护照号码（如适用）：＿＿＿＿＿＿＿＿＿＿＿＿＿＿＿＿＿＿＿＿＿＿

13. 最近五年的工作经历：＿＿＿＿＿＿＿＿＿＿＿＿＿＿＿＿＿＿＿＿＿＿

＿＿＿＿＿＿＿＿＿＿＿＿＿＿＿＿＿＿＿＿＿＿＿＿＿＿＿＿＿＿＿＿＿＿＿

＿＿＿＿＿＿＿＿＿＿＿＿＿＿＿＿＿＿＿＿＿＿＿＿＿＿＿＿＿＿＿＿＿＿＿

二、是否在其他公司任职？

是□　否□

如是，请填报各公司的名称以及任职情况。

三、您及您的配偶、父母、子女及其配偶是否持有本公司股票及其衍生品种？

是□　否□

如是，请详细说明。

四、是否负有数额较大的到期未清偿债务，或者未偿还经法院判决、裁定应当偿付的债务，或者被法院采取强制措施，或者受到仍然有效的法院判决、裁定所限制？

是□　否□

如是，请详细说明。

五、是否曾担任破产清算、关停并转或有类似情况的公司、企业的董事或者厂长、经理，并对该公司、企业破产负有个人责任？

是□　否□

如是，请说明具体情况。

六、是否曾担任因违法而被吊销营业执照、责令关闭的公司、企业的法定代表人，并负有个人责任？

是□　否□

如是，请说明具体情况。

七、是否曾因贪污、贿赂、侵占财产、挪用财产或者破坏社会主义市场经济秩序被判处刑罚？是否曾因犯罪被剥夺政治权利？

是□　否□

如是，请详细说明。

八、是否曾因违反《证券法》等证券市场法律、行政法规、部门规章而受到行政处罚？

是□　否□

如是，请详细说明。

九、是否存在《公司法》《公务员法》等有关法律、行政法规、部门规章和其他规范性文件规定的不得担任公司高级管理人员的其他情形？

是□　否□

如是，请详细说明。

十、是否被中国证监会或者证券交易所认定为上市公司董事、监事、高级管理人员的不合适人选？

是□　否□

如是，请详细说明。

十一、除第七、八条以外，是否曾因违反其他法律、法规而受到刑事、行政处罚或者正在处于有关诉讼程序中？

是□　否□

如是，请详细说明。

十二、是否因涉嫌违反证券市场法律、行政法规、部门规章的规定正受到中国证监会的调查或者涉及有关行政程序？是否曾因违反证券交易场所业务规则或者其他相关规定而受到处分？

是□　否□

如是，请详细说明。

十三、是否已明确知悉作为上市公司的高级管理人员，就公司向股东和社会公众提供虚假或者隐瞒重要事实的财务会计报告，或者对依法应当披露的其他重要信息不按照规定披露，严重损害股东或者其他人利益，或者有其他严重情节的，对其负有直接责任的主管人员和其他直接责任人员，将被追究刑事责任？

是□　否□

十四、是否已明确知悉作为上市公司的高级管理人员，违背对公司的忠实义务，利用职务便利，操纵上市公司从事下列行为之一，致使上市公司利益遭受特别重大损失的，将被追究刑事责任：

（一）无偿向其他单位或者个人提供资金、商品、服务或者其他资产的；

（二）以明显不公平的条件，提供或者接受资金、商品、服务或者其他资产的；

（三）向明显不具有清偿能力的单位或者个人提供资金、商品、服务或者其他资产的；

（四）向明显不具有清偿能力的单位或者个人提供担保，或者无正当理由为其他单位或者个人提供担保的；

（五）无正当理由放弃债权、承担债务的；

（六）采用其他方式损害上市公司利益的。

是□　否□

十五、除上述问题所涉及的信息外，是否有需要声明的其他事项，而不声明该等事项可能影响您对上述问题回答的真实性、完整性或者准确性？

是□　否□

如是，请详细说明。

本人＿＿＿＿＿＿（正楷体）郑重声明：上述回答是真实、准确和完整的，保证不存在任何虚假记载、误导性陈述或者重大遗漏。本人完全明白作出虚假声明可能导致的后果。上海证券交易所可依据上述回答所提供的资料，评估本人是否适合担任上市公司的高级管理人员。

声明人（签名）：

日　　期：

此项声明于_____年___月___日在_____（地点）作出。

见证律师：

日　　期：

第二部分　承诺

本人_____（正楷体）向上海证券交易所承诺：

一、本人在履行上市公司高级管理人员的职责时，将遵守并促使本公司遵守国家法律、法规和规章等有关规定，履行忠实义务和勤勉义务；

二、本人在履行上市公司高级管理人员的职责时，将遵守并促使本公司遵守中国证监会发布的规章、规定和通知等有关要求；

三、本人在履行上市公司高级管理人员的职责时，将遵守并促使本公司遵守《上海证券交易所科创板股票上市规则》和上海证券交易所发布的其他业务规则、规定和通知等；

四、本人在履行上市公司高级管理人员的职责时，将遵守并促使本公司遵守公司章程；

五、本人在履行上市公司高级管理人员的职责时，将及时向董事会和董事会秘书报告公司经营和财务等方面出现的可能对公司股票及其衍生品种交易价格产生较大影响的事项和《上海证券交易所科创板股票上市规则》规定的其他重大事项；

六、本人作为上市公司高级管理人员接受上海证券交易所的监管，包括及时、如实地答复上海证券交易所向本人提出的任何问题，及时提供《上海证券交易所科创板股票上市规则》规定应当报送的资料及要求提供的其他文件的正本或者副本，并出席本人被要求出席的任何会议，接受上海证券交易所采取的监管措施和纪律处分等；

七、本人授权上海证券交易所将本人提供的声明与承诺资料向中国证监会报告；

八、本人将按要求参加中国证监会和上海证券交易所组织的业务培训；

九、本人如违反上述承诺，愿意承担由此引起的一切法律责任；

十、本人在执行职务过程中，如果与上海证券交易所发生争议提起诉讼时，由上海证券交易所住所地有管辖权的法院管辖。

承诺人（签名）：

日　　期：

此项承诺于＿＿＿＿＿年＿＿月＿＿日在＿＿＿＿＿（地点）作出。

见证律师：

日　　期：

科创板上市公司控股股东、实际控制人声明及承诺书（法人及其他组织版本）

第一部分　声明

一、基本情况

1. 上市公司名称：＿＿＿＿＿＿＿＿＿＿＿＿＿＿＿＿＿＿＿＿＿＿＿

2. 上市公司股票简称：＿＿＿＿＿＿＿＿＿股票代码：＿＿＿＿＿＿＿＿

3. 本单位名称：＿＿＿＿＿＿＿＿＿＿＿＿＿＿＿＿＿＿＿＿＿＿＿＿

4. 本单位住所：＿＿＿＿＿＿＿＿＿＿＿＿＿＿＿＿＿＿＿＿＿＿＿＿

二、是否负有数额较大的到期未清偿债务？

是□　否□

如是，请详细说明。

三、是否存在占用上市公司资金或者要求上市公司违规提供担保的情形？

是□　否□

如是，请详细说明。

四、本单位及本单位控制的其他单位是否存在对上市公司构成重大不利影响的同业竞争？

是□　否□

如是，请详细说明。

五、本单位及本单位控制的其他单位是否与上市公司存在严重影响其独立性或者显失公平的关联交易？

是□　否□

如是，请详细说明。

六、是否存在贪污、贿赂、侵占财产、挪用财产或者破坏社会主义市场经济秩序的刑事犯罪行为？

是□　否□

如是，请详细说明。

七、是否存在欺诈发行、重大信息披露违法或者其他涉及国家安全、公共安全、生态安全、生产安全、公众健康安全等领域的重大违法行为？

是□　否□

如是，请详细说明。

八、是否曾因违反《证券法》等证券市场法律、行政法规、部门规章而受到行政处罚？

是□　否□

如是，请详细说明。

九、除第六至八条以外，是否曾因违反其他法律、行政法规受到刑事处罚、行政处罚或者正在处于有关诉讼程序中？

是□　否□

如是，请详细说明。

十、是否因涉嫌违反证券市场法律、行政法规、部门规章的规定正受到中国证监会的调查或者涉及有关行政程序？是否曾因违反证券交易场所业务规则或者其他相关规定而受到处分？

是□　否□

如是，请详细说明。

十一、是否已明确知悉作为上市公司的控股股东、实际控制人，指使上市公司董事、监事、高级管理人员违背对上市公司的忠实义务，利用职务便利，操纵上市公司从事下列行为之一，致使上市公司利益遭受重大或者特别重大损失的，将被追究刑事责任：

（一）无偿向其他单位或者个人提供资金、商品、服务或者其他资产的；

（二）以明显不公平的条件，提供或者接受资金、商品、服务或者其他资产的；

（三）向明显不具有清偿能力的单位或者个人提供资金、商品、服务或者其他资产的；

（四）向明显不具有清偿能力的单位或者个人提供担保，或者无正当理由为其他单位或者个人提供担保的；

（五）无正当理由放弃债权、承担债务的；

（六）采用其他方式损害上市公司利益的。

是□　否□

十二、除上述问题所披露的信息外，是否有需要声明的其他事项，而不声明该等事项可能影响本单位对上述问题回答的真实性、准确性或者完整性？

是□　否□

如是，请详细说明。

_____（正楷体）郑重声明，上述回答是真实、准确和完整的，保证不存在任何虚假记载、误导性陈述或者重大遗漏。本单位完全明白作出虚假声明可能导致的法律后果。

声明人（盖章）：

法定代表人（签名）：

日　　期：

此项声明于_____年____月____日在_____（地点）作出。

见证律师：

日　　期：

第二部分　承诺

_____（正楷体）作为_____股份有限公司（以下简称上市公司）的控股股东（或者实际控制人），向上海证券交易所承诺：

一、本单位保证严格遵守并促使上市公司严格遵守国家法律、法规和规章等有关规定。

二、本单位保证严格遵守并促使上市公司严格遵守中国证监会发布的规章、规定和通知等有关要求。

三、本单位保证严格遵守并促使上市公司严格遵守《上海证券交易所科创板股票上市规则》和上海证券交易所发布的其他业务规则、规定和通知等。

四、本单位保证严格遵守并促使上市公司严格遵守公司章程。

五、本单位保证依法行使股东权利，不滥用股东权利，不损害并促使本单位控制的其他单位不损害上市公司或者其他股东的利益，包括但不限于：

（一）不以任何方式违规占用上市公司资金及要求上市公司违规提供担保；

（二）不通过关联交易、利润分配、资产重组、对外投资等方式损害上市公司利益，侵害上市公司财产权利，谋取上市公司商业机会和核心技术；

（三）不利用上市公司未公开重大信息谋取利益，不以任何方式泄露有关上市公司的未公开重大信息，不从事内幕交易、短线交易和操纵市场等违法违规行为；

（四）不以任何方式影响上市公司的独立性，保证上市公司资产完整、业务及人员独立、财务独立和机构独立；

（五）遵守法律法规和公司章程，不以任何方式直接或间接干预公司决策和经营活动；

（六）配合上市公司履行信息披露义务，不以任何方式要求或者协助上市公司隐瞒重要信息。

六、本单位承诺促使上市公司严格遵守科学伦理规范，尊重科学精神，恪守应有的价值观念、社会责任和行为规范，发挥科学技术的正面效应。

七、本单位保证严格履行本单位作出的与上市公司相关的各项承诺，不擅自变更或者解除。

八、本单位保证严格按照法律、行政法规、部门规章、规范性文件、《上海证券交易所科创板股票上市规则》和上海证券交易所其他相关规定履行信息披露义务，并配合上市公司做好信息披露工作。

九、本单位接受上海证券交易所的监管，包括及时、如实地答复上海证券交易所向本单位提出的任何问题，及时提供《上海证券交易所科创板股票上市规则》规定应当报送的资料及要求提供的其他文件的正本或者副本，并出席本单位被要求出席的任何会议，接受上海证券交易所采取的监管措施和纪律处分等。

十、本单位授权上海证券交易所将本单位提供的声明与承诺资料向中国证监会报告。

十一、本单位如违反上述承诺和保证，愿意承担由此引起的一切法律责任。

十二、本单位因履行本承诺而与上海证券交易所发生争议提起诉讼时，由上海证券交易所住所地有管辖权的法院管辖。

承诺人（盖章）：

法定代表人（签名）：

日　　期：

此项承诺于_____年___月___日在_____（地点）作出。

见证律师：

日　　期：

科创板上市公司控股股东、实际控制人声明及承诺书（自然人版本）

第一部分　声明

一、基本情况

1. 上市公司名称：_____

2. 上市公司股票简称：_____股票代码：_____

3. 本人姓名：_____职务：_____

4. 别名：＿＿＿＿＿＿＿＿＿＿＿＿＿＿＿＿＿＿

5. 曾用名：＿＿＿＿＿＿＿＿＿＿＿＿＿＿＿＿

6. 出生日期：＿＿＿＿＿＿＿＿＿＿＿＿＿＿＿

7. 联系地址：＿＿＿＿＿＿＿＿＿＿＿＿＿＿＿

8. 国籍：＿＿＿＿＿＿＿＿＿＿＿＿＿＿＿＿＿

9. 拥有哪些国家或者地区的长期居留权（如适用）：＿＿＿＿＿＿＿＿

10. 专业资格（如适用）：＿＿＿＿＿＿＿＿＿＿

11. 身份证号码：＿＿＿＿＿＿＿＿＿＿＿＿＿＿

12. 护照号码（如适用）：＿＿＿＿＿＿＿＿＿

13. 最近五年的工作经历：＿＿＿＿＿＿＿＿＿

＿＿＿＿＿＿＿＿＿＿＿＿＿＿＿＿＿＿＿＿＿＿

＿＿＿＿＿＿＿＿＿＿＿＿＿＿＿＿＿＿＿＿＿＿

二、是否在其他公司任职？

是□　否□

如是，请填报各公司的名称以及任职情况。

三、是否负有数额较大的到期未清偿债务？

是□　否□

如是，请详细说明。

四、是否存在占用上市公司资金或者要求上市公司违规提供担保的情形？

是□　否□

如是，请详细说明。

五、本人控制的其他单位是否存在对上市公司构成重大不利影响的同业竞争？

是□　否□

如是，请详细说明。

六、本人控制的其他单位是否与上市公司存在严重影响其独立性或者显失公平的关联交易？

是□　否□

如是，请详细说明。

七、是否存在贪污、贿赂、侵占财产、挪用财产或者破坏社会主义市场经济秩序的刑事犯罪行为？

是□　否□

如是，请详细说明。

八、是否存在欺诈发行、重大信息披露违法或者其他涉及国家安全、公共安全、生态安全、生产安全、公众健康安全等领域的重大违法行为？

是□　否□

如是，请详细说明。

九、是否曾因违反《证券法》等证券市场法律、行政法规、部门规章而受到行政处罚？

是□　否□

如是，请详细说明。

十、除第七至九条以外，是否曾因违反其他法律、行政法规受到刑事处罚、行政处罚或者正在处于有关诉讼程序中？

是□　否□

如是，请详细说明。

十一、是否因涉嫌违反证券市场法律、行政法规、部门规章的规定正受到中国证监会的调查或者涉及有关行政程序？是否曾因违反证券交易场所业务规则或者其他相关规定而受到处分？

是□　否□

如是，请详细说明。

十二、是否已明确知悉作为上市公司的控股股东、实际控制人，指使上市公司董事、监事、高级管理人员违背对上市公司的忠实义务，利用职务便利，操纵上市公司从事下列行为之一，致使上市公司利益遭受重大或者特别重大损失的，将被追究刑事责任：

（一）无偿向其他单位或者个人提供资金、商品、服务或者其他资产的；

（二）以明显不公平的条件，提供或者接受资金、商品、服务或者其他资产的；

（三）向明显不具有清偿能力的单位或者个人提供资金、商品、服务或者其他资产的；

（四）向明显不具有清偿能力的单位或者个人提供担保，或者无正当理由为其他单位或者个人提供担保的；

（五）无正当理由放弃债权、承担债务的；

（六）采用其他方式损害上市公司利益的。

是□　否□

十三、除上述问题所披露的信息外，是否有需要声明的其他事项，而不声明该等事项可能影响本人对上述问题回答的真实性、准确性或者完整性？

是□　否□

如是，请详细说明。

本人_____（正楷体）郑重声明，上述回答是真实、准确和完整的，保证不存在任何虚假记载、误导性陈述或者重大遗漏。本人完全明白作出虚假声明可能导致的法律后果。

声明人（签名）：

日　　期：

此项声明于_____年___月___日在_____（地点）作出。

见证律师：

日　　期：

第二部分　承诺

本人_____（正楷体）作为_____股份有限公司（以下简称上市公司）的控股股东（或者实际控制人），向上海证券交易所郑重承诺：

一、本人保证严格遵守并促使上市公司严格遵守国家法律、法规和规章等有关规定。

二、本人保证严格遵守并促使上市公司严格遵守中国证监会发布的规章、规定和通知等有关要求。

三、本人保证严格遵守并促使上市公司严格遵守《上海证券交易所科创板股票上市规则》和上海证券交易所发布的其他业务规则、规定和通知等。

四、本人保证严格遵守并促使上市公司严格遵守公司章程。

五、本人保证依法行使股东权利，不滥用股东权利，不损害并促使本人控制的其他单位不损害上市公司或者其他股东的利益，包括但不限于：

（一）不以任何方式违规占用上市公司资金及要求上市公司违规提供担保；

（二）不通过关联交易、利润分配、资产重组、对外投资等方式损害上市公司利益，侵害上市公司财产权利，谋取上市公司商业机会和核心技术；

（三）不利用上市公司未公开重大信息谋取利益，不以任何方式泄露有关上市公司的未公开重大信息，不从事内幕交易、短线交易和操纵市场等违法违规行为；

（四）不以任何方式影响上市公司的独立性，保证上市公司资产完整、业务及人员独立、财务独立和机构独立；

（五）遵守法律法规和公司章程，不以任何方式直接或间接干预公司决策和经营活动；

（六）配合上市公司履行信息披露义务,不以任何方式要求或者协助上市公司隐瞒重要信息。

六、本人承诺促使上市公司严格遵守科学伦理规范，尊重科学精神，恪守应有的价值观念、社会责任和行为规范，发挥科学技术的正面效应。

七、本人保证严格履行本人作出的与上市公司相关的各项承诺，不擅自变更或者解除。

八、本人保证严格按照法律、行政法规、部门规章、规范性文件、《上海证券交易所科创板股票上市规则》和上海证券交易所其他相关规定履行信息披露义务，并配合上市公司做好信息披露工作。

九、本人接受上海证券交易所的监管，包括及时、如实地答复上海证券交易所向本人提出的任何问题，及时提供《上海证券交易所科创板股票上市规则》规定应当报送的资料及要求提供的其他文件的正本或者副本，并出席本人被要求出席的任何会议，接受上海证券交易所采取的监管措施和纪律处分等。

十、本人授权上海证券交易所将本人提供的声明与承诺资料向中国证监会报告。

十一、本人如违反上述承诺和保证，愿意承担由此引起的一切法律责任。

十二、本人因履行本承诺而与上海证券交易所发生争议提起诉讼时，由上海证券交易所住所地有管辖权的法院管辖。

承诺人（签名）：

日　　期：

此项承诺于＿＿＿＿年＿＿月＿＿日在＿＿＿＿＿（地点）作出。

见证律师：

日　　期：

说明：

1. 按照《上海证券交易所科创板股票上市规则》的规定必须向本所呈报《董事（监事、高级管理人员、控股股东、实际控制人）声明及承诺书》的人士，均必须填写第一部分声明和第二部分承诺。控股股东、实际控制人为法人或者其他组织的，按照《控股股东、实际控制人声明及承诺书（法人或者其他组织版本）》规定的格式填写。控股股东、实际控制人为自然人的，按照《控股股东、实际控制人声明及承诺书（自然人版本）》规定的格式填写。

2. 请回答所有的问题，若回答问题的空格不够填写，请另附纸张填写，并装订在后。

3. 未真实、完整、准确、及时地填写声明部分和承诺部分，或者未遵守承诺的，则属违反《上海证券交易所科创板股票上市规则》的情形，本所将根据《上海证券交易所科创板股票上市规则》予以相应处分。

4. 若对填写事项有疑问，请咨询本所或者律师。

关于发布科创板上市公司持续监管通用业务规则及业务指南目录的通知

(上证发〔2019〕79号 2019年7月12日)

各市场参与人：

为了进一步明确上海证券交易所（以下简称本所）科创板上市公司持续监管业务规则适用范围，本所就科创板上市公司持续监管中需遵照适用的通用业务规则及业务指南形成目录（详见附件），现予公布，并就相关事项通知如下：

一、科创板上市公司除适用《上海证券交易所科创板股票上市规则》及其他仅适用于科创板上市公司的业务规则和业务指南（以下统称科创板专用业务规则）外，还应当适用本通知附件所列适用于本所上市公司持续监管的业务规则和业务指南（以下统称通用业务规则）。

二、本通知附件所列通用业务规则内容与科创板专用业务规则规定不一致的，以科创板专用规则的规定为准；通用业务规则内容确无法适用的，经本所认可，可不适用于科创板上市公司。

三、本所将根据科创板上市公司业务规则体系变化情况，及时调整科创板上市公司持续监管通用业务规则和业务指南目录，并向市场公告。

四、本通知自发布之日起施行。

特此通知。

附件：科创板上市公司持续监管适用通用业务规则及业务指南目录

科创板上市公司持续监管适用通用业务规则及业务指南目录

一、业务规则类

序号	规则名称	文号
1	关于发布《上海证券交易所上市公司重大违法强制退市实施办法》的通知	上证发〔2018〕98号
2	上海证券交易所退市整理期业务实施细则	上证发〔2015〕21号
3	关于发布《上市公司信息披露暂缓与豁免业务指引》的通知	上证发〔2016〕20号
4	关于发布《上海证券交易所上市公司募集资金管理办法（2013年修订）》的通知	上证公字〔2013〕13号
5	关于发布《上海证券交易所上市公司现金分红指引》的通知	上证公字〔2013〕1号
6	关于发布《上海证券交易所上市公司高送转信息披露指引》的通知	上证发〔2018〕100号
7	关于发布《上海证券交易所上市公司回购股份实施细则》的通知	上证发〔2019〕4号
8	关于发布《上海证券交易所上市公司股东及董事、监事、高级管理人员减持股份实施细则》的通知	上证发〔2017〕24号
9	关于发布《上海证券交易所上市公司创业投资基金股东减持股份实施细则》的通知	上证发〔2018〕9号
10	关于发布《上海证券交易所上市公司筹划重大事项停复牌业务指引》的通知	上证发〔2018〕117号
11	关于发布《上市公司重大资产重组信息披露及停复牌业务指引》的通知	上证发〔2015〕5号
12	上海证券交易所上市公司信息披露事务管理制度指引	上证上字〔2007〕59号
13	关于发布《上市公司重组上市媒体说明会指引》的通知	上证发〔2016〕27号
14	关于修订《上市公司股东及其一致行动人增持股份行为指引》的通知	上证公字〔2012〕14号

续表

序号	规则名称	文号
15	关于发布《上海证券交易所上市公司员工持股计划信息披露工作指引》的通知	上证发〔2014〕58号
16	上海证券交易所上市公司内部控制指引	上证上字〔2006〕460号
17	关于发布《上海证券交易所上市公司董事会议事示范规则》和《上海证券交易所上市公司监事会议事示范规则》的通知	上证上字〔2006〕325号
18	关于发布《上海证券交易所上市公司董事会审计委员会运作指引》的通知	上证发〔2013〕22号
19	关于发布《上海证券交易所上市公司董事选任与行为指引（2013年修订）》的通知	上证公字〔2013〕21号
20	关于发布《上海证券交易所上市公司控股股东、实际控制人行为指引》的通知	上证公字〔2010〕46号
21	上海证券交易所上市公司董事会秘书管理办法（2015年修订）	上证发〔2015〕40号
22	关于修订《上海证券交易所上市公司独立董事备案及培训工作指引》的通知	上证发〔2016〕48号
23	关于发布《上市公司变更证券简称业务指引》的通知	上证发〔2016〕49号
24	关于发布《上市公司与私募基金合作投资事项信息披露业务指引》的通知	上证发〔2015〕76号
25	关于新网络投票系统上线及发布《上市公司股东大会网络投票实施细则（2015年修订）》的通知	上证发〔2015〕12号
26	关于加强上市公司社会责任承担工作暨发布《上海证券交易所上市公司环境信息披露指引》的通知	
27	关于沪市上市公司股东及其一致行动人、董事、监事和高级管理人员增持本公司股票相关事项的通知	上证发〔2015〕66号
28	关于进一步加强上市公司投资者关系管理工作的通知	上证公字〔2012〕22号
29	关于启用"上证e互动"网络平台相关事项的通知	上证公字〔2013〕30号

二、业务指南与流程类

序号	规则名称
1	上市公司定期报告工作备忘录（2011年度报告)——第二号　股票交易实施退市风险警示公司披露业绩预告需由注册会计师出具专项说明
2	上市公司定期报告工作备忘录　第七号　关于年报工作中与现金分红相关的注意事项（2014年1月修订）
3	上市公司业务操作申请常见问题（2016年11月修订）
4	上市公司信息披露监管问答（汇编版，2017年6月16日）
5	沪市新上市公司信息披露上岗手册
6	关于推进上市公司召开投资者说明会工作的通知

四、交易

关于发布《上海证券交易所科创板股票交易特别规定》的通知

（上证发〔2019〕23号　2019年3月1日）

各市场参与人：

为了规范上海证券交易所（以下简称本所）科创板股票交易行为，维护证券市场秩序，保护投资者合法权益，根据《中华人民共和国证券法》《关于在上海证券交易所设立科创板并试点注册制的实施意见》《证券交易所管理办法》等法律法规及《上海证券交易所交易规则》等业务规则，本所制定了《上海证券交易所科创板股票交易特别规定》（以下简称《交易特别规定》，详见附件），现予以发布，自发布之日起施行，并将有关事项通知如下：

一、本所每个交易日接受科创板股票大宗交易成交申报的时间为9:30至11:30、13:00至15:30。

二、科创板股票大宗交易不适用《上海证券交易所交易规则》中关于固定价格申报相关规定。

三、《交易特别规定》第二十二条第一款第一项所称"基准指数"，在科创板指数发布前为上证综指。

特此通知。

附件：上海证券交易所科创板股票交易特别规定

上海证券交易所科创板股票交易特别规定

第一章 总则

第一条 为了规范上海证券交易所（以下简称本所）科创板股票交易行为，维护证券市场秩序，保护投资者合法权益，根据《中华人民共和国证券法》《关于在上海证券交易所设立科创板并试点注册制的实施意见》《证券交易所管理办法》等法律法规及《上海证券交易所交易规则》（以下简称《交易规则》）等业务规则，制定本规定。

第二条 在本所科创板上市的股票和存托凭证的交易，适用本规定。本规定未作规定的，适用《交易规则》及本所其他有关规定。

第二章 投资者适当性管理

第三条 科创板股票交易实行投资者适当性管理制度。

会员应当制定科创板股票投资者适当性管理的相关工作制度，对投资者进行适当性管理。

参与科创板股票交易的投资者应当符合本所规定的适当性管理要求，个人投资者还应当通过会员组织的科创板股票投资者适当性综合评估。

第四条 个人投资者参与科创板股票交易，应当符合下列条件：

（一）申请权限开通前20个交易日证券账户及资金账户内的资产日均不低于人民币50万元（不包括该投资者通过融资融券融入的资金和证券）；

（二）参与证券交易24个月以上；

（三）本所规定的其他条件。

机构投资者参与科创板股票交易，应当符合法律法规及本所业务规则的规定。

本所可根据市场情况对上述条件作出调整。

第五条 会员应当对投资者是否符合科创板股票投资者适当性条件进行核查，并对个人投资者的资产状况、投资经验、风险承受能力和诚信状况等进行综合评估。

会员应当重点评估个人投资者是否了解科创板股票交易的业务规则与流程，以及是否充分知晓科创板股票投资风险。

会员应当动态跟踪和持续了解个人投资者交易情况，至少每两年进行一次风险承受能力的后续评估。

第六条 会员应当全面了解参与科创板股票交易的投资者情况，提出明确的适当性匹配意见，不得接受不符合适当性管理要求的投资者参与科创板股票交易。

第七条 会员应当通过适当方式，向投资者充分揭示科创板股票交易风险事项，提醒投资者关注投资风险，引导其理性、规范地参与科创板股票交易。

会员应当要求首次委托买入科创板股票的客户，以纸面或电子形式签署科创板股票交易风险揭示书，风险揭示书应当充分揭示科创板的主要风险特征。客户未签署风险揭示书的，会员不得接受其申购或者买入委托。

第八条 投资者应当充分知悉和了解科创板股票交易风险事项、法律法规和本所业务规则，结合自身风险认知和承受能力，审慎判断是否参与科创板股票交易。

第三章　交易特别规定

第一节　交易一般事项

第九条 投资者参与科创板股票交易，应当使用沪市A股证券账户。

第十条 投资者通过以下方式参与科创板股票交易：

（一）竞价交易；

（二）盘后固定价格交易；

（三）大宗交易。

盘后固定价格交易，指在收盘集合竞价结束后，本所交易系统按照时间优先顺序对收盘定价申报进行撮合，并以当日收盘价成交的交易方式。盘后固定价格交易的具体事宜由本所另行规定。

第十一条 科创板股票申报价格最小变动单位适用《交易规则》相关规定。本所可以依据股价高低，实施不同的申报价格最小变动单位，具体事宜由本所另行规定。

第十二条 科创板股票交易实行竞价交易，条件成熟时引入做市商机制，做市商可以为科创板股票提供双边报价服务。

做市商应当根据本所业务规则和做市协议，承担为科创板股票提供双边持续报价、双边回应报价等义务。

科创板股票做市商的条件、权利、义务以及监督管理等事宜，由本所另行规定，并经中国证监会批准后生效。

第十三条 科创板股票自上市首日起可作为融资融券标的。

证券公司可以按规定借入科创板股票，具体事宜另行规定。

第十四条 科创板存托凭证在本所上市交易，以份为单位，以人民币为计价货币，计价单位为每份存托凭证价格。

科创板存托凭证交易的其他相关事宜，按照本规定、《交易规则》以及本所关于股票交易的其他相关规定执行。

第十五条 本所可以通过适当方式，对上市时尚未盈利以及具有表决权差异安排的发行人的股票或者存托凭证作出相应标识。

第二节 竞价交易

第十六条 根据市场需要，本所可以接受下列方式的市价申报：

（一）最优五档即时成交剩余撤销申报；

（二）最优五档即时成交剩余转限价申报；

（三）本方最优价格申报，即该申报以其进入交易主机时，集中申报簿中本方最优报价为其申报价格；

（四）对手方最优价格申报，即该申报以其进入交易主机时，集中申报簿中对手方最优报价为其申报价格；

（五）本所规定的其他方式。

本方最优价格申报进入交易主机时，集中申报簿中本方无申报的，申报自动撤销。

对手方最优价格申报进入交易主机时，集中申报簿中对手方无申报的，申报自动撤销。

第十七条 市价申报适用于有价格涨跌幅限制股票与无价格涨跌幅限制股票连续竞价期间的交易。

第十八条 本所对科创板股票竞价交易实行价格涨跌幅限制，涨跌幅比例为20%。

科创板股票涨跌幅价格的计算公式为：涨跌幅价格=前收盘价×（1±涨跌幅比例）。

首次公开发行上市的股票，上市后的前5个交易日不设价格涨跌幅限制。

第十九条 本所可以对科创板股票的有效申报价格范围和盘中临时停牌情形等另行作出规定，并根据市场情况进行调整。

第二十条 通过限价申报买卖科创板股票的，单笔申报数量应当不小于200股，且不超过10万股；通过市价申报买卖的，单笔申报数量应当不小于200股，且不超过5万股。卖出时，余额不足200股的部分，应当一次性申报卖出。

第三节 其他交易事项

第二十一条 有价格涨跌幅限制的股票竞价交易出现下列情形之一的，本所公布当日买入、卖出金额最大的5家会员营业部的名称及其买入、卖出金额：

（一）日收盘价格涨跌幅达到±15%的各前5只股票；

（二）日价格振幅达到30%的前5只股票，价格振幅的计算公式为：价格振幅=（当日最高价格−当日最低价格）/当日最低价格×100%；

（三）日换手率达到30%的前5只股票，换手率的计算公式为：换手率=成交股数/无限售流通股数×100%。

收盘价格涨跌幅、价格振幅或换手率相同的，依次按成交金额和成交量选取。

第二十二条 股票竞价交易出现下列情形之一的，属于异常波动，本所公告该股票交易异常波动期间累计买入、卖出金额最大5家会员营业部的名称及其买入、卖出金额：

（一）连续3个交易日内日收盘价格涨跌幅偏离值累计达到±30%；

收盘价格涨跌幅偏离值为单只股票涨跌幅与对应基准指数涨跌幅之差。基准指数由本所向市场公告。

（二）中国证监会或者本所认定属于异常波动的其他情形。

异常波动指标自公告之日起重新计算。

无价格涨跌幅限制的股票不纳入异常波动指标的计算。

本所可以根据市场情况，调整异常波动的认定标准。

第二十三条 投资者应当按照本所相关规定，审慎开展股票交易，不得滥用资金、持股等优势进行集中交易，影响股票交易价格正常形成机制。

可能对市场秩序造成重大影响的大额交易，投资者应当选择适当的交易方式，根据市场情况分散进行。

第二十四条　会员应当建立有效的客户交易监控系统，设定相应的监控指标和预警参数，对客户的交易行为进行监督和管理，确保申报的价格、数量等符合本所规定，且不对市场价格产生不适当的影响。

对可能严重影响交易秩序的异常交易行为，会员应当根据与客户的协议拒绝接受其委托，并及时向本所报告。

投资者存在严重异常交易行为的，或者会员未按规定对客户交易行为进行管理的，本所可以根据《交易规则》《上海证券交易所会员管理规则》等规则实施相关纪律处分或者监管措施。涉嫌违法的，依法将相关线索上报中国证监会。

第四章　附则

第二十五条　本规定经本所理事会审议通过，报中国证监会批准后生效，修改时亦同。

第二十六条　本规定由本所负责解释。

第二十七条　本规定自发布之日起施行。

关于发布《上海证券交易所科创板股票盘后固定价格交易指引》的通知

(上证发〔2019〕26号　2019年3月1日)

各市场参与人：

为了规范上海证券交易所（以下简称本所）科创板股票盘后固定价格交易行为，维护证券市场秩序，保护投资者合法权益，根据《上海证券交易所交易规则》《上海证券交易所科创板股票交易特别规定》等业务规则，本所制定了《上海证券交易所科创板股票盘后固定价格交易指引》（详见附件），现予以发布，并自发布之日起施行。

特此通知。

附件：上海证券交易所科创板股票盘后固定价格交易指引

上海证券交易所科创板股票盘后固定价格交易指引

第一条　为了规范上海证券交易所（以下简称本所）科创板股票盘后固定价格交易行为，维护证券市场秩序，保护投资者合法权益，根据《上海证券交易所交易规则》（以下简称《交易规则》）《上海证券交易所科创板股票交易特别规定》（以下简称《交易特别规定》）等业务规则，制定本指引。

第二条　在本所科创板上市的股票和存托凭证（以下统称股票）的盘后固定价格交易，适用本指引。本指引未作规定的，适用《交易规则》《交易特别规定》及本所其他有关规定。

第三条　盘后固定价格交易，指在收盘集合竞价结束后，本所交易系统按照时间优先顺序对收盘定价申报进行撮合，并以当日收盘价成交的交易方式。

每个交易日的15:05至15:30为盘后固定价格交易时间，当日15:00仍处于停牌状态的股票不进行盘后固定价格交易。

第四条 本所接受交易参与人收盘定价申报的时间为每个交易日9:30至11:30、13:00至15:30。

开市期间停牌的，停牌期间可以继续申报。停牌当日复牌的，已接受的申报参加当日该股票复牌后的盘后固定价格交易。当日15:00仍处于停牌状态的，本所交易主机后续不再接受收盘定价申报，当日已接受的收盘定价申报无效。

接受申报的时间内，未成交的申报可以撤销。撤销指令经本所交易主机确认方为有效。

第五条 客户通过盘后固定价格交易买卖科创板股票的，应当向会员提交收盘定价委托指令。

收盘定价委托指令应当包括证券账户号码、证券代码、买卖方向、限价、委托数量等内容。

第六条 本所盘后固定价格交易接受交易参与人的收盘定价申报。

收盘定价申报指令应当包括证券账号、证券代码、营业部代码、买卖方向、限价、数量等内容。

若收盘价高于收盘定价买入申报指令的限价，则该笔买入申报无效；若收盘价低于收盘定价卖出申报指令的限价，则该笔卖出申报无效。

第七条 通过收盘定价申报买卖科创板股票的，单笔申报数量应当不小于200股，且不超过100万股。

卖出时，余额不足200股的部分，应当一次性申报卖出。

第八条 收盘定价申报当日有效。

第九条 盘后固定价格交易阶段，本所以收盘价为成交价、按照时间优先原则对收盘定价申报进行逐笔连续撮合。

第十条 每个交易日9:30至15:05，收盘定价申报不纳入即时行情；15:05至15:30，盘后固定价格交易阶段的申报及成交纳入即时行情。

即时行情内容包括证券代码、证券简称、收盘价、盘后固定价格交易当日累计成交数量、盘后固定价格交易当日累计成交金额以及买入或卖出的实时申报数量。

第十一条 盘后固定价格交易量、成交金额在盘后固定价格交易结束后计入该股票当日总成交量、总成交金额。

第十二条　通过盘后固定价格交易减持股份的，视同竞价交易执行股份减持的相关规定。

第十三条　本指引由本所负责解释。

第十四条　本指引自发布之日起施行。

关于发布《上海证券交易所科创板股票交易风险揭示书必备条款》的通知

(上证发〔2019〕27号　2019年3月1日)

各市场参与人:

为了规范证券公司开展上海证券交易所(以下简称本所)科创板业务,使投资者充分了解科创板股票和存托凭证(以下统称科创板股票)交易的相关风险,本所制定了《上海证券交易所科创板股票交易风险揭示书必备条款》(以下简称《必备条款》,详见附件)。现予以发布,并自发布之日起施行,请遵照执行。

证券公司应当根据《必备条款》,制定《科创板股票交易风险揭示书》,并严格按照《上海证券交易所科创板股票交易特别规定》等相关规定,制定科创板股票投资者适当性管理相关工作制度,向投资者充分揭示科创板股票交易风险事项,提醒投资者关注投资风险,切实做好适当性管理工作,并切实采取措施了解投资者对风险的认知程度。

特此通知。

附件:上海证券交易所科创板股票交易风险揭示书必备条款

上海证券交易所科创板股票交易风险揭示书必备条款

为了使投资者充分了解上海证券交易所(以下简称上交所)科创板股票或存托凭证(以下统称科创板股票)交易(含发行申购)的相关风险,开展科创板股票经纪业务的证券公司应当制定《科创板股票交易风险揭示书》(以下简称《风险揭示书》),向参与科创板股票交易的投资者充分揭示风险。《风险揭示书》应当至少包括下列内容:

一、科创板企业所处行业和业务往往具有研发投入规模大、盈利周期长、技术迭代快、风险高以及严重依赖核心项目、核心技术人员、少数供应商等特点，企业上市后的持续创新能力、主营业务发展的可持续性、公司收入及盈利水平等仍具有较大不确定性。

二、科创板企业可能存在首次公开发行前最近3个会计年度未能连续盈利、公开发行并上市时尚未盈利、有累计未弥补亏损等情形，可能存在上市后仍无法盈利、持续亏损、无法进行利润分配等情形。

三、科创板新股发行价格、规模、节奏等坚持市场化导向，询价、定价、配售等环节由机构投资者主导。科创板新股发行全部采用询价定价方式，询价对象限定在证券公司等七类专业机构投资者，而个人投资者无法直接参与发行定价。同时，因科创板企业普遍具有技术新、前景不确定、业绩波动大、风险高等特征，市场可比公司较少，传统估值方法可能不适用，发行定价难度较大，科创板股票上市后可能存在股价波动的风险。

四、初步询价结束后，科创板发行人预计发行后总市值不满足其在招股说明书中明确选择的市值与财务指标上市标准的，将按规定中止发行。

五、科创板股票网上发行比例、网下向网上回拨比例、申购单位、投资风险特别公告发布等与目前上交所主板股票发行规则存在差异，投资者应当在申购环节充分知悉并关注相关规则。

六、首次公开发行股票时，发行人和主承销商可以采用超额配售选择权，不受首次公开发行股票数量条件的限制，即存在超额配售选择权实施结束后，发行人增发股票的可能性。

七、科创板退市制度较主板更为严格，退市时间更短，退市速度更快；退市情形更多，新增市值低于规定标准、上市公司信息披露或者规范运作存在重大缺陷导致退市的情形；执行标准更严，明显丧失持续经营能力，仅依赖与主业无关的贸易或者不具备商业实质的关联交易维持收入的上市公司可能会被退市。

八、科创板制度允许上市公司设置表决权差异安排。上市公司可能根据此项安排，存在控制权相对集中，以及因每一特别表决权股份拥有的表决权数量大于每一普通股份拥有的表决权数量等情形，而使普通投资者的表决权利及对公司日常经营等事务的影响力受到限制。

九、出现《上海证券交易所科创板股票上市规则》以及上市公司章程规定的情形时，特别表决权股份将按1∶1的比例转换为普通股份。股份转换自相关情形发生时即生效，并可能与相关股份转换登记时点存在差异。投资者需及时关注上市公司相关公告，以了解特别表决权股份变动事宜。

十、相对于主板上市公司，科创板上市公司的股权激励制度更为灵活，包括股权激励计划所涉及的股票比例上限和对象有所扩大、价格条款更为灵活、实施方式更为便利。实施该等股权激励制度安排可能导致公司实际上市交易的股票数量超过首次公开发行时的数量。

十一、科创板股票竞价交易设置较宽的涨跌幅限制，首次公开发行上市的股票，上市后的前5个交易日不设涨跌幅限制，其后涨跌幅限制为20%，投资者应当关注可能产生的股价波动的风险。

十二、科创板在条件成熟时将引入做市商机制，请投资者及时关注相关事项。

十三、投资者需关注科创板股票交易的单笔申报数量、最小价格变动单位、有效申报价格范围等与上交所主板市场股票交易存在差异，避免产生无效申报。

十四、投资者需关注科创板股票交易方式包括竞价交易、盘后固定价格交易及大宗交易，不同交易方式的交易时间、申报要求、成交原则等存在差异。科创板股票大宗交易，不适用上交所主板市场股票大宗交易中固定价格申报的相关规定。

十五、科创板股票上市首日即可作为融资融券标的，与上交所主板市场存在差异，投资者应注意相关风险。

十六、科创板股票交易盘中临时停牌情形和严重异常波动股票核查制度与上交所主板市场规定不同，投资者应当关注与此相关的风险。

十七、符合相关规定的红筹企业可以在科创板上市。红筹企业在境外注册，可能采用协议控制架构，在信息披露、分红派息等方面可能与境内上市公司存在差异。红筹公司注册地、境外上市地等地法律法规对当地投资者提供的保护，可能与境内法律为境内投资者提供的保护存在差异。

十八、红筹企业可以发行股票或存托凭证在科创板上市。存托凭证由存托人签发、以境外证券为基础在中国境内发行，代表境外基础证券权益。红筹公司存托凭证持有人实际享有的权益与境外基础证券持有人的权益虽然基本相当，但并不能等同于直接持有境外基础证券。投资者应当充分知悉存托协议和相关规则的具体内容，了解并接受在交易和持有红筹公司股票或存托凭证过程中可能存在的风险。

十九、科创板股票相关法律、行政法规、部门规章、规范性文件（以下简称法律法规）和交易所业务规则，可能根据市场情况进行修改，或者制定新的法律法规和业务规则，投资者应当及时予以关注和了解。

《风险揭示书》应当以醒目的文字载明：

本《风险揭示书》的揭示事项仅为列举性质，未能详尽列明科创板股票交易的所有风险，投资者在参与交易前，应当认真阅读有关法律法规和交易所业务规则等相关规定，对其他可能存在的风险因素也应当有所了解和掌握，并确信自己已做好足够的风险评估与财务安排，避免因参与科创板股票交易遭受难以承受的损失。

投资者在本《风险揭示书》上签字，即表明投资者已经理解并愿意自行承担参与科创板股票交易的风险和损失。

关于科创板投资者教育与适当性管理
相关事项的通知

(上证发〔2019〕33 号 2019 年 3 月 19 日)

各会员单位：

为了规范上海证券交易所（以下简称本所）科创板投资者教育与适当性管理工作，保护投资者合法权益，根据《上海证券交易所科创板股票交易特别规定》（以下简称《交易特别规定》）《上海证券交易所投资者适当性管理办法》等业务规则，现就科创板投资者教育与适当性管理相关事项通知如下：

一、会员应当严格按照《交易特别规定》的相关规定，制定科创板股票投资者适当性管理的相关工作制度，对投资者进行适当性管理。参与科创板股票交易（含发行申购）的投资者应当符合本所规定的适当性管理要求，会员不得接受不符合投资者适当性条件的投资者参与科创板股票交易。

二、会员为个人投资者开通科创板股票交易权限的，个人投资者应当符合下列条件：

（一）申请权限开通前 20 个交易日证券账户及资金账户内的资产日均不低于人民币 50 万元（不包括该投资者通过融资融券融入的资金和证券）；

（二）参与证券交易 24 个月以上；

（三）本所规定的其他条件。

机构投资者参与科创板股票交易，应当符合法律法规及本所业务规则的规定。

本所可根据市场情况对上述条件作出调整。

三、会员为个人投资者开通科创板股票交易权限前，应当对个人投资者是否符合投资者适当性条件进行核查，具体认定标准如下：

（一）证券账户及资金账户内资产的认定：

1. 可用于计算个人投资者资产的证券账户，应为中国证券登记结算有限责任公司（以下简称中国结算）开立的证券账户，以及个人投资者在会员开立的账户。中国结算开立的账户包括A股账户、B股账户、封闭式基金账户、开放式基金账户、衍生品合约账户及中国结算根据业务需要设立的其他证券账户。

可用于计算个人投资者资产的资金账户，包括客户交易结算资金账户、股票期权保证金账户等。

2．中国结算开立的证券账户内，可计入个人投资者资产的资产包括股票（包括A股、B股、优先股、通过港股通买入的港股和全国中小企业股份转让系统挂牌股票）、公募基金份额、债券、资产支持证券、资产管理计划份额、股票期权合约（其中权利仓合约按照结算价计增资产，义务仓合约按照结算价计减资产）、本所认定的其他证券资产。

3．在会员开立的账户内，可计入个人投资者资产的资产包括公募基金份额、私募基金份额、银行理财产品、贵金属资产等。

4．资金账户内，可计入个人投资者资产的资产包括客户交易结算资金账户内的交易结算资金、股票期权保证金账户内的交易结算资金（包括义务仓对应的保证金）、本所认定的其他资金资产。

5．计算个人投资者各类融资类业务相关资产时，应按照净资产计算，不包括融入的证券和资金。

投资者应当遵守证券账户实名制要求，不得出借自己的证券账户，不得借用他人的证券账户。

（二）参与证券交易经验的认定：

个人投资者参与A股、B股和全国中小企业股份转让系统挂牌股票交易的，均可计入其参与证券交易的时间。相关交易经历自个人投资者本人一码通账户下任一证券账户在本所、深圳证券交易所及全国中小企业股份转让系统发生首次交易起算。首次交易日期可通过会员向中国结算查询。

本所可根据市场情况对上述认定标准作出调整。

四、会员应当对个人投资者的资产状况、投资经验、风险承受能力和诚信状况等进行综合评估，并将评估结果及适当性匹配意见告知个人投资者。

会员应当对上述评估结果和告知情况进行记录、留存。

五、会员应当根据《上海证券交易所科创板股票交易风险揭示书必备条款》，制定《科创板股票交易风险揭示书》，提醒投资者关注投资风险。

会员为投资者开通科创板股票交易权限前，应当要求投资者签署《科创板股票交易风险揭示书》。

六、会员应当制定本公司科创板投资者教育工作制度，统筹组织分公司、证券营业部等分支机构开展投资者教育工作，并根据投资者的不同特点和需求，对科创板投资者教育工作的形式和内容作出具体安排。

会员应当按照本所要求，及时向投资者转发或推送本所提供的有关科创板投资者教育的相关资料。

七、会员应当通过公司官方网站、手机APP、微信公众号等互联网平台，实体及互联网投资者教育基地，营业场所的投资者园地、公告栏，交易系统客户端及客服中心电话或短信等交易服务渠道，向投资者全面客观介绍参与科创板股票交易的法律法规、业务规则和主要交易风险，提示其关注科创板上市公司披露的信息、科创板股票在退市制度安排和涨跌幅限制等交易制度上与本所主板市场存在的差异事项，审慎参与科创板股票交易。

八、会员应当在总部配备科创板业务培训讲师。培训讲师在参加本所组织的培训后，承担培训公司内部工作人员的职责，面向公司总部及分支机构工作人员开展业务培训。

九、会员应当通过公司官方网站、手机APP、营业场所的投资者园地、公告栏等多种渠道向投资者公示投诉渠道和处理流程，妥善处理纠纷，引导投资者依法维护自身权益。

会员应当完整记录投资者投诉受理、调查和处理的过程，并形成纸面或者电子档案。会员应当建立重大投诉或交易纠纷的报告和后续处理的持续跟踪机制。

十、本所可以采用现场和非现场的方式对会员落实科创板投资者教育与适当性管理工作相关规定的情况进行监督检查，会员应积极做好相关配合工作。

十一、对违反科创板投资者教育与适当性管理相关规定的会员，本所可根据《上海证券交易所会员管理规则》《上海证券交易所投资者适当性管理办法》等规则，对其采取相应的监管措施或纪律处分。

特此通知。

关于发布《上海证券交易所　中国证券金融股份有限公司中国证券登记结算有限责任公司科创板转融通证券出借和转融券业务实施细则》的通知

(上证发〔2019〕54 号　2019 年 4 月 30 日)

各市场参与人：

为促进科创板转融通证券出借及科创板转融券业务的顺利开展，防范业务风险，根据《转融通业务监督管理试行办法》和《科创板首次公开发行股票注册管理办法（试行）》等部门规章，以及《上海证券交易所转融通证券出借交易实施办法（试行）》《中国证券金融股份有限公司转融通业务规则（试行）》《中国证券登记结算有限责任公司证券出借及转融通登记结算业务规则（试行）》等业务规则，上海证券交易所、中国证券金融股份有限公司、中国证券登记结算有限责任公司共同制定了《上海证券交易所　中国证券金融股份有限公司　中国证券登记结算有限责任公司科创板转融通证券出借和转融券业务实施细则》（详见附件），经中国证监会批准，现予以发布，并自发布之日起施行。

特此通知。

附件：上海证券交易所　中国证券金融股份有限公司　中国证券登记结算有限责任公司科创板转融通证券出借和转融券业务实施细则

上海证券交易所　中国证券金融股份有限公司
中国证券登记结算有限责任公司
科创板转融通证券出借和转融券业务实施细则

第一章　总则

第一条　为促进科创板转融通证券出借及科创板转融券业务的顺利开展，防范业务风险，根据《转融通业务监督管理试行办法》和《科创板首次公开发行股票注册管理办法（试行）》等部门规章，以及《上海证券交易所转融通证券出借交易实施办法（试行）》（以下简称《证券出借实施办法》）、《中国证券金融股份有限公司转融通业务规则（试行）》（以下简称《转融通业务规则》）、《中国证券登记结算有限责任公司证券出借及转融通登记结算业务规则（试行）》（以下简称《证券出借及转融通登记结算业务规则》）等业务规则，制定本细则。

第二条　本细则所称科创板转融通证券出借（以下简称科创板证券出借），是指证券出借人（以下简称出借人）以一定的费率通过上海证券交易所（以下简称上交所）综合业务平台向中国证券金融股份有限公司（以下简称中国证券金融公司）出借科创板证券，中国证券金融公司到期归还所借证券及相应权益补偿并支付费用的业务。

本细则所称科创板转融券业务，是指中国证券金融公司将自有或者依法筹集的科创板证券出借给科创板转融券借入人（以下简称借入人），供其办理融券的业务。

第三条　科创板证券出借、科创板转融券业务以及相关登记结算业务适用本细则。本细则未作规定的，适用《证券出借实施办法》《转融通业务规则》《证券出借及转融通登记结算业务规则》等其他有关规定。

第四条　科创板证券出借以及科创板转融券业务，均接受约定申报和非约定申报。

中国证券金融公司分别与出借人、借入人进行科创板证券出借、科创板转融券业务。通过约定申报方式参与科创板证券出借以及科创板转融券业务的，由出借人、借入人协商确定约定申报的数量、期限、费率等要素，但应符合本细则及其他有关业务规则的规定。

第五条 中国证券金融公司提供信息交互平台，出借人、借入人可以通过信息交互平台发布出借意愿、借入意愿等信息。

第二章 科创板证券出借

第六条 符合条件的公募基金、社保基金、保险资金等机构投资者以及参与科创板发行人首次公开发行的战略投资者（以下简称战略投资者），可以作为出借人，通过约定申报和非约定申报方式参与科创板证券出借。

第七条 科创板证券出借的标的证券范围，与上交所公布的可融券卖出的科创板标的证券范围一致。

第八条 可通过约定申报和非约定申报方式参与科创板证券出借的证券类型包括：

（一）无限售流通股；

（二）战略投资者配售获得的在承诺的持有期限内的股票；

（三）符合规定的其他证券。

第九条 战略投资者在承诺的持有期限内，不得通过与关联方进行约定申报、与其他主体合谋等方式，锁定配售股票收益、实施利益输送或者谋取其他不当利益。

战略投资者出现前款规定的情形的，上交所可以视情节轻重，对其单独或者合并采取要求限期改正、口头或者书面警示、通报批评、公开谴责等监管措施和纪律处分，并通报中国证券业协会。

第十条 通过约定申报方式参与科创板证券出借的，证券出借期限可在1天至182天的区间内协商确定。

第十一条 上交所接受约定申报方式下出借人的出借申报时间为每个交易日的9:30至11:30、13:00至15:00。

约定申报当日有效。未成交的申报，15:00前可以撤销。

第十二条 通过约定申报方式参与科创板证券出借的，申报数量应当符合以下规定：

（一）单笔申报数量应当为100股（份）的整数倍；

（二）最低单笔申报数量不得低于1000股（份），最大单笔申报数量不得超过1000万股（份）。

通过非约定申报方式参与科创板证券出借的，申报数量应当符合以下规定：

（一）单笔申报数量应当为100股（份）的整数倍；

（二）出借人最低单笔申报数量不得低于1000股（份），最大单笔申报数量不得超过1000万股（份）；

（三）中国证券金融公司最低单笔申报数量不得低于1000股（份），最大单笔申报数量不得超过1亿股（份）。

上交所可以根据市场情况，对科创板证券出借申报数量进行调整。

第十三条　上交所对科创板证券出借约定申报进行实时撮合成交，生成成交数据，并对中国证券金融公司和出借人的账户可交易余额进行实时调整。

第十四条　当日交易结束后，中国证券登记结算有限责任公司（以下简称中国结算）根据上交所的成交数据，对通过约定申报方式达成的科创板证券出借以多边净额结算方式进行清算交收。

第十五条　上交所可以根据市场状况，暂停单只或全部科创板证券参与科创板证券出借。

出借人在开展科创板证券出借过程中发生重大风险事件的，上交所可暂停或终止为其提供科创板证券出借服务。

第三章　科创板转融券业务

第十六条　符合以下条件的证券公司，可以作为借入人通过约定申报和非约定申报方式参与科创板转融券业务：

（一）具有融资融券业务资格，并已开通转融通业务权限；

（二）业务管理制度和风险控制制度健全，具有切实可行的业务实施方案；

（三）技术系统准备就绪；

（四）参与科创板转融券业务应当具备中国证券金融公司规定的其他条件。

第十七条　战略投资者在承诺的持有期限内，可以按本细则向中国证券金融公司借出获得配售的股票。中国证券金融公司可以根据市场需求，将借入的战略投资者配售股票出借给证券公司，供其办理融券业务。

借出期限届满后，中国证券金融公司应当将借入的股票返还给战略投资者。该部分股票归还至战略投资者后，继续按战略投资者获配取得的股份管理。

第十八条　中国证券金融公司根据市场状况，确定可以参与科创板转融券业务的标的证券名单，在每一交易日开市前公布。

第十九条　证券公司向中国证券金融公司借入证券用于融资融券业务的，需使用证券公司融券专用证券账户。

第二十条　借入人以约定申报方式和非约定申报方式提交的科创板转融券申报指令应当符合以下规定：

（一）单笔申报数量应当为100股（份）的整数倍；

（二）最低单笔申报数量不得低于1000股（份），最大单笔申报数量不得超过1000万股（份）。

第二十一条　中国证券金融公司接受借入人科创板转融券约定申报指令的时间为每个交易日9:30至11:30、13:00至15:00。

科创板转融券约定申报指令未成交的，借入人可在15:00前撤销。

第二十二条　通过约定申报方式参与科创板转融券业务的，转融券期限可在1天至182天的区间内协商确定。

第二十三条　通过约定申报方式参与科创板转融券业务的，转融券费率应符合以下要求：

（一）借入人申报的费率=出借人申报的费率+科创板转融券费率差；

（二）借入人申报的费率不得低于或等于科创板转融券费率差。

科创板转融券费率差按中国证券金融公司公布的标准执行。中国证券金融公司可以根据市场供求等因素调整科创板转融券费率差。

第二十四条　中国证券金融公司可根据借入人资信情况和转融通担保证券、资金明细账户的资产情况，按照一定的综合比例，确定对借入人开展科创板转融券业务应收取的保证金。

前款应收取的保证金比例可低于20%，其中货币资金占应收取保证金的比例不得低于15%。

第二十五条　中国证券金融公司按照一一对应原则，对科创板转融券约定申报实时撮合成交，生成科创板转融券约定申报成交数据，并实时发送上交所。

上交所接受科创板转融券约定申报成交数据的时间为每个交易日9:30至11:30、13:00至15:10。科创板转融券约定申报成交数据当日有效。

对科创板转融券非约定申报，仍按照现有规定执行，采用盘中申报、盘后一次性按比例撮合成交，中国结算日终根据中国证券金融公司直接发送的成交数据进行证券划转。

第二十六条　上交所接受中国证券金融公司发送的科创板转融券约定申报成交数据后，对中国证券金融公司和借入人的账户可交易余额进行实时调整确认，并向中国证券金融公司反馈调整结果。

前款科创板转融券约定申报成交数据要素包括：中国证券金融公司证券账户、中国证券金融公司交易单元代码、借入人证券账户、借入人交易单元代码、证券代码、划转方向、划转数量等。

中国证券金融公司接受前款调整结果后，实时向借入人发送科创板转融券约定申报成交结果和账户可交易余额调整结果。

第二十七条　上交所根据本细则第二十六条对中国证券金融公司和借入人的账户可交易余额完成调整的，当日交易结束后上交所将中国证券金融公司该部分科创板转融券约定申报成交数据发送中国结算，中国结算据此对科创板转融券约定申报的成交以多边净额结算方式进行清算交收。

第二十八条　因特殊原因，导致中国证券金融公司和借入人账户可交易余额未做实时调整的，当日交易结束后，中国证券金融公司就该部分科创板转融券约定申报成交数据，向中国结算发送证券划转指令。

中国结算在日终对符合要求的证券划转指令进行划转处理，且只对已完成证券交收或净应付证券交收锁定之后的证券进行划出处理。如果委托划出的证券数量大于该证券账户中可划出的该种证券的数量，则对该笔证券划转指令不做划转处理。

第二十九条　借入人和出借人协商一致，可申请科创板转融券约定申报的展期、提前了结，经中国证券金融公司同意后可以展期或提前了结。

借入人和出借人应在原合约到期日前的同一交易日向中国证券金融公司提交展期指令；在商定的归还日前的同一交易日提交提前了结指令。

提交展期或提前了结指令的时间为每个交易日9:30至11:30、13:00至15:00。展期或提前了结指令当日有效，在15:00前可撤销。

第三十条　科创板转融券展期的，展期数量、期限、费率由借入人和出借人按照本细则协商确定。

借入人和出借人协商提前了结的，应一次性全部提前了结该笔转融券业务。提前了结时，双方可以协商调整原费率。

第三十一条　科创板转融券业务提前了结的，相关权益补偿一并提前了结。权益补偿日需重新计算，其中原转融券归还日为出借人和借入人商定的归还日。

转融券展期的，相关权益补偿不进行展期。

第三十二条 通过约定申报进行科创板转融券业务，以及相关展期、提前了结等过程中，借入人和出借人应当合理确定费率、期限、实际出借天数等要素，不得违反中国证券金融公司相关规定，禁止任何形式的利益输送。

第三十三条 证券公司向中国证券金融公司归还所借证券的，证券公司通过中国结算从证券公司融券专用证券账户将归还证券划付至中国证券金融公司转融通专用证券账户。

第三十四条 中国证券金融公司可以根据市场状况，暂停单只或全部科创板证券参与科创板转融券业务。

借入人在开展科创板转融券业务过程中发生重大风险事件的，中国证券金融公司可暂停或终止为其提供科创板转融券服务。

第四章 附则

第三十五条 对于非约定申报方式的科创板证券出借与科创板转融券业务，本细则未做规定的，按照《证券出借实施办法》《转融通业务规则》及《证券出借及转融通登记结算业务规则》等有关规定执行。

第三十六条 经中国证监会批准，中国证券金融公司可将自有或依法筹集的证券出借给证券公司，供其用于做市与风险对冲，相关事项另行规定。

第三十七条 本细则报中国证监会批准后生效，修改时亦同。

第三十八条 本细则由上交所、中国证券金融公司、中国结算负责解释。

第三十九条 本细则自发布之日起施行。

关于发布《上海证券交易所科创板股票异常交易实时监控细则（试行）》的通知

（上证发〔2019〕68号　2019年6月14日）

各市场参与人：

为维护科创板股票交易秩序，保护投资者合法权益，防范交易风险，根据《上海证券交易所交易规则》《上海证券交易所科创板股票交易特别规定》《上海证券交易所科创板股票上市规则》等业务规则，上海证券交易所（以下简称本所）制定了《上海证券交易所科创板股票异常交易实时监控细则（试行）》（详见附件），现予以发布，并自发布之日起施行。现将有关事项通知如下：

一、科创板股票不适用《关于新股上市初期交易监管有关事项的通知》（上证发〔2018〕63号）的规定。

二、科创板指数发布前，以全部已上市科创板股票（剔除无价格涨跌幅股票及全天停牌股票）当日收盘价涨跌幅的算术平均值作为基准指数涨跌幅，计算收盘价格涨跌幅偏离值，并据此认定异常波动和严重异常波动情形；该期间内不使用上证综指作为对应基准指数。

自科创板指数发布之日起，以科创板指数作为基准指数，计算收盘价格涨跌幅偏离值，并据此认定异常波动和严重异常波动情形。

三、本所此前相关规定与本通知不一致的，以本通知为准。

特此通知。

附件：上海证券交易所科创板股票异常交易实时监控细则（试行）

上海证券交易所科创板股票异常交易实时监控细则
（试行）

第一章　总则

第一条　为了维护上海证券交易所（以下简称本所）科创板股票和存托凭证（以下统称科创板股票）交易秩序，保护投资者合法权益，防范交易风险，根据《上海证券交易所交易规则》（以下简称《交易规则》）、《上海证券交易所科创板股票交易特别规定》（以下简称《交易特别规定》）、《上海证券交易所科创板股票上市规则》（以下简称《上市规则》）等规定，制定本细则。

第二条　科创板股票交易申报要求、异常波动处理、异常交易行为监控及监督管理等事宜，适用本细则。本细则未作规定的，适用《上海证券交易所证券异常交易实时监控细则》及其他有关规定。

第三条　投资者参与科创板股票交易，应当遵守法律法规、本所业务规则的规定和证券交易委托协议的约定，不得实施异常交易行为，影响股票交易正常秩序。

第四条　会员应当加强对客户科创板股票交易行为的管理，事前了解客户、事中监控交易，及时发现、制止和报告客户异常交易行为，维护科创板股票交易秩序。

第五条　本所对科创板股票交易实行实时监控和自律管理，对违反本细则的投资者、会员采取相应监管措施或者纪律处分，对涉嫌内幕交易、市场操纵等违法违规行为，依法上报中国证监会查处。

第二章　股票交易申报要求

第六条　买卖科创板股票，申报价格应当符合价格涨跌幅限制相关规定及本细则要求，否则为无效申报。

第七条　买卖科创板股票，在连续竞价阶段的限价申报，应当符合下列要求：

（一）买入申报价格不得高于买入基准价格的102%；

（二）卖出申报价格不得低于卖出基准价格的98%。

前款所称买入（卖出）基准价格，为即时揭示的最低卖出（最高买入）申报价格；无即时揭示的最低卖出（最高买入）申报价格的，为即时揭示的最高买入（最低卖出）申报价格；无即时揭示的最高买入（最低卖出）申报价格的，为最新成交价；当日无成交的，为前收盘价。

开市期间临时停牌阶段的限价申报，不适用本条前两款规定。

根据市场情况，本所可以调整科创板股票的有效申报价格范围。

第八条　买卖科创板股票，在连续竞价阶段的市价申报，申报内容应当包含投资者能够接受的最高买价（以下简称买入保护限价）或者最低卖价（以下简称卖出保护限价）。

本所交易系统处理前款规定的市价申报时，买入申报的成交价格和转为限价申报的申报价格不高于买入保护限价，卖出申报的成交价格和转为限价申报的申报价格不低于卖出保护限价。

第三章　股票交易异常波动

第九条　科创板股票竞价交易出现下列情形之一的，属于盘中异常波动，本所实施盘中临时停牌：

（一）无价格涨跌幅限制的股票盘中交易价格较当日开盘价格首次上涨或下跌达到或超过30%的；

（二）无价格涨跌幅限制的股票盘中交易价格较当日开盘价格首次上涨或下跌达到或超过60%的；

（三）中国证监会或者本所认定属于盘中异常波动的其他情形。

第十条　根据前条规定实施盘中临时停牌的，按照下列规定执行：

（一）单次盘中临时停牌的持续时间为10分钟；

（二）停牌时间跨越14:57的，于当日14:57复牌；

（三）盘中临时停牌期间，可以继续申报，也可以撤销申报。复牌时对已接受的申报实行集合竞价撮合。

第十一条　实施盘中临时停牌后，本所将通过官方网站（www.sse.com.cn）和卫星传输系统对外发布公告。

具体停复牌时间，以本所公告为准。

第十二条　科创板股票竞价交易出现下列情形之一的，属于异常波动，本所公告该股票交易异常波动期间累计买入、卖出金额最大5家会员营业部的名称及其买入、卖出金额：

（一）连续3个交易日内日收盘价格涨跌幅偏离值累计达到±30%；

（二）中国证监会或者本所认定属于异常波动的其他情形。

异常波动指标自本所公告之日起重新计算。

第十三条　科创板股票竞价交易出现下列情形之一的，属于严重异常波动，本所公告严重异常波动期间的投资者分类交易统计等信息：

（一）连续10个交易日内3次出现第十二条规定的同向异常波动情形；

（二）连续10个交易日内日收盘价格涨跌幅偏离值累计达到+100%（-50%）；

（三）连续30个交易日内日收盘价格涨跌幅偏离值累计达到+200%（-70%）；

（四）中国证监会或者本所认定属于严重异常波动的其他情形。

科创板股票交易出现严重异常波动的多种情形的，本所一并予以公告。

严重异常波动指标自本所公告之日起重新计算。

第十四条　科创板股票交易出现严重异常波动情形的，上市公司应当按照《上市规则》规定及时予以核查并采取相应措施。

经上市公司核查后无应披露未披露重大事项，也无法对异常波动原因作出合理解释的，除按照《上市规则》规定处理外，本所可根据市场情况，加强异常交易监控，并要求会员采取有效措施向客户提示风险。

第十五条　收盘价格涨跌幅偏离值为单只股票涨跌幅与对应基准指数涨跌幅之差。

基准指数由本所向市场公告。

无价格涨跌幅限制的股票不纳入异常波动及严重异常波动指标的计算。

第十六条　本所可以根据市场情况，调整异常波动和严重异常波动的认定标准。

第四章　投资者异常交易行为

第一节　一般规定

第十七条　本细则所称异常交易行为，包括下列类型：

（一）虚假申报，以引诱或者误导其他投资者的交易决策的；

（二）拉抬打压，导致股票交易价格明显上涨（下跌）的；

（三）维持股票交易价格或者交易量；

（四）自买自卖或者互为对手方交易，影响股票交易价格或者交易量的；

（五）严重异常波动股票申报速率异常；

（六）违反法律法规或者本所业务规则的其他异常交易行为。

第十八条 本所根据本细则规定的异常交易行为类型，结合申报数量和频率、股票交易规模、市场占比、价格波动情况、股票基本面、上市公司重大信息和市场整体走势等因素进行定性与定量分析，对投资者异常交易行为进行认定。

投资者的科创板股票交易行为虽未达到相关监控指标，但接近指标且反复多次实施的，本所可将其认定为相应类型的异常交易行为。

本所可以根据市场情况，调整科创板股票异常交易行为监控标准。

第十九条 投资者以本人名义开立或者由同一投资者实际控制的单个或者多个普通证券账户、信用证券账户以及其他涉嫌关联的证券账户（组）的申报金额、数量、成交量及占比等合并计算。

第二十条 投资者同时存在买、卖两个方向的申报或者成交时，按照单个方向分别计算相关申报数量、申报金额、成交数量、成交金额、全市场申报总量等指标。

第二节 虚假申报

第二十一条 虚假申报，是指不以成交为目的，通过大量申报并撤销等行为，引诱、误导或者影响其他投资者正常交易决策的异常交易行为。

第二十二条 开盘集合竞价阶段同时存在下列情形的，本所对有关交易行为予以重点监控：

（一）以偏离前收盘价5%以上的价格申报买入或者卖出；

（二）累计申报数量或者金额较大；

（三）累计申报数量占市场同方向申报总量的比例较高；

（四）累计撤销申报数量占累计申报数量的50%以上；

（五）以低于申报买入价格反向申报卖出或者以高于申报卖出价格反向申报买入；

（六）股票开盘集合竞价虚拟参考价涨（跌）幅5%以上。

第二十三条 连续竞价阶段多次同时存在下列情形且累计撤销申报数量占累计申报数量的50%以上的，本所对有关交易行为予以重点监控：

（一）最优5档内申报买入或者卖出；

（二）单笔申报后，在实时最优5档内累计剩余有效申报数量或者金额巨大，且占市场同方向最优5档剩余有效申报总量的比例较高；

（三）申报后撤销申报。

第二十四条　连续竞价阶段，股票交易价格处于涨（跌）幅限制状态，同时存在下列情形2次以上的，本所对有关交易行为予以重点监控：

（一）单笔以涨（跌）幅限制价格申报后，在该价格剩余有效申报数量或者金额巨大，且占市场该价格剩余有效申报总量的比例较高；

（二）单笔撤销以涨（跌）幅限制价格的申报后，在涨（跌）幅限制价格的累计撤销申报数量占以该价格累计申报数量的50%以上。

第三节　拉抬打压股价

第二十五条　拉抬打压股价，是指大笔申报、连续申报、密集申报或者明显偏离股票最新成交价的价格申报成交，期间股票交易价格明显上涨（下跌）的异常交易行为。

第二十六条　在有价格涨跌幅限制股票的开盘集合竞价阶段，同时存在下列情形的，本所对有关交易行为予以重点监控：

（一）成交数量或者金额较大；

（二）成交数量占期间市场成交总量的比例较高；

（三）股票开盘价涨（跌）幅5%以上。

第二十七条　连续竞价阶段任意3分钟内同时存在下列情形的，本所对有关交易行为予以重点监控：

（一）买入成交价呈上升趋势或者卖出成交价呈下降趋势；

（二）成交数量或者金额较大；

（三）成交数量占成交期间市场成交总量的比例较高；

（四）股票涨（跌）幅4%以上。

第二十八条　收盘集合竞价阶段同时存在下列情形的，本所对有关交易行为予以重点监控：

（一）成交数量或者金额较大；

（二）成交数量占期间市场成交总量的比例较高；

（三）股票涨（跌）幅3%以上。

第四节　维持涨（跌）幅限制价格

第二十九条　维持涨（跌）幅限制价格，是指通过大笔申报、连续申报、密集申报，维持股票交易价格处于涨（跌）幅限制状态的异常交易行为。

第三十条　连续竞价阶段同时存在下列情形的，本所对有关交易行为予以重点监控：

（一）股票交易价格处于涨（跌）幅限制状态；

（二）单笔以涨（跌）幅限制价格申报后，在该价格剩余有效申报数量或者金额巨大，占市场该价格剩余有效申报总量的比例较高，且持续10分钟以上。

第三十一条　收盘集合竞价阶段同时存在下列情形的，本所对有关交易行为予以重点监控：

（一）连续竞价结束时股票交易价格处于涨（跌）幅限制状态；

（二）连续竞价结束时和收盘集合竞价结束时，市场涨（跌）幅限制价格剩余有效申报数量或者金额巨大；

（三）收盘集合竞价结束时，收盘集合竞价阶段新增涨（跌）幅限制价格申报的剩余有效申报数量或者金额较大；

（四）收盘集合竞价结束时，涨（跌）幅限制价格剩余有效申报数量占市场该价格剩余有效申报总量的比例较高。

第五节　自买自卖和互为对手方交易

第三十二条　自买自卖和互为对手方交易，是指在自己实际控制的账户之间或者关联账户之间大量进行股票交易，影响股票交易价格或者交易量的异常交易行为。

第三十三条　股票交易同时存在下列情形的，本所对有关交易行为予以重点监控：

（一）在自己实际控制的账户之间频繁、大量交易；

（二）成交数量占股票全天累计成交总量的10%以上或者收盘集合竞价阶段成交数量占期间市场成交总量的30%以上。

第三十四条　股票交易同时存在下列情形的，本所对有关交易行为予以重点监控：

（一）两个或者两个以上涉嫌关联的证券账户之间互为对手方进行频繁、

大量交易；

（二）成交数量占股票全天累计成交总量的10%以上或者收盘集合竞价阶段成交数量占期间市场成交总量的30%以上。

第六节　严重异常波动股票申报速率异常

第三十五条　严重异常波动股票申报速率异常，是指违背审慎交易原则，在股票交易出现严重异常波动情形后的10个交易日内，利用资金优势、持股优势，在短时间内集中申报加剧股价异常波动的异常交易行为。

第三十六条　股票交易出现严重异常波动情形后10个交易日内，连续竞价阶段1分钟内单向申报买入（卖出）单只严重异常波动股票金额超过1000万元的，本所对有关交易行为予以重点监控。

第五章　投资者异常交易行为监管

第三十七条　投资者在科创板股票交易中实施异常交易行为的，本所可对其实施以下监管措施或者纪律处分：

（一）口头警示；

（二）书面警示；

（三）将账户列为重点监控账户；

（四）要求投资者提交合规交易承诺书；

（五）暂停投资者账户交易；

（六）限制投资者账户交易；

（七）认定为不合格投资者；

（八）本所规定的其他监管措施或者纪律处分。

本所对投资者采取监管措施或者给予纪律处分的，按照《交易规则》《交易特别规定》《上海证券交易所纪律处分和监管措施实施办法》等规定执行。

第三十八条　投资者实施异常交易行为具有下列情形之一的，本所从重实施监管措施或者纪律处分：

（一）在一定时间内反复、连续实施异常交易行为；

（二）对严重异常波动股票实施异常交易行为；

（三）实施异常交易行为的同时存在反向交易；

（四）实施异常交易行为涉嫌市场操纵；

（五）因异常交易行为受到过本所纪律处分，或者因内幕交易、市场操纵等证券违法行为受到过行政处罚或者刑事制裁；

（六）本所认定的其他情形。

第三十九条 会员及相关人员违反本细则规定，未适当履行客户交易行为管理职责的，本所可对其实施以下监管措施或者纪律处分：

（一）口头警示；

（二）书面警示；

（三）监管谈话；

（四）要求限期改正；

（五）暂停受理或者办理相关业务；

（六）通报批评；

（七）公开谴责；

（八）收取惩罚性违约金；

（九）暂停或者限制交易权限；

（十）取消交易权限；

（十一）取消会员资格；

（十二）本所规定的其他监管措施或者纪律处分。

本所对会员及相关人员采取监管措施或者给予纪律处分的，按照《上海证券交易所会员管理规则》《上海证券交易所会员客户证券交易行为管理实施细则》《上海证券交易所纪律处分和监管措施实施办法》等规定执行。

第六章 附则

第四十条 本细则下列用语具有如下含义：

（一）数量或者金额较大，是指数量在30万股以上或者金额在300万元以上；

（二）数量或者金额巨大，是指数量在100万股以上或者金额在1000万元以上；

（三）比例或者占比较高，是指比例或者占比30%以上；

（四）多次，是指3次以上；

（五）"以上""以下""内"含本数，"高于""低于"不含本数；

（六）实际控制，是指通过股权、协议、委托或者其他方式，直接或者间接拥有对某个账户的交易活动作出决策或者导致形成决策的权利；

（七）涉嫌关联，是指多个证券账户在开户信息、交易终端信息、交易行为趋同性或者交易资金来源等方面存在或者可能存在关联。

第四十一条　本细则由本所负责解释。

第四十二条　本细则自发布之日起施行。

关于启用科创板股票、科创板存托凭证业务相关代码段的通知

(上证函〔2019〕1014号　2019年6月18日)

各市场参与人：

为满足市场发展需要，上海证券交易所决定为科创板股票、科创板存托凭证分配以下代码段：

科创板股票业务相关代码段

代码段	用途
688000~688999	科创板股票
787000~787999	科创板股票网上申购
789000~789999	科创板股票网上申购配号
785000~785999	科创板股票配股
706600~706999	科创板公司要约收购、现金选择权

科创板存托凭证业务相关代码段

代码段	用途
689000~689999	科创板存托凭证
795000~795999	科创板存托凭证网上申购
796000~796999	科创板存托凭证网上申购配号

请各市场参与人做好相关准备工作。

特此通知。

关于科创板股票及存托凭证交易相关事项的通知

（上证发〔2019〕71 号　2019 年 6 月 21 日）

各市场参与人：

为规范科创板股票及存托凭证交易行为，维护证券市场秩序，保护投资者合法权益，根据《上海证券交易所科创板股票交易特别规定》等业务规则，上海证券交易所（以下简称本所）现就相关事项通知如下：

一、除现有证券简称外，科创板股票及存托凭证应同时提供扩位证券简称。扩位证券简称不少于4个汉字（6个字符），且不超过8个汉字（16个字符）。

发行人应在上市公告书中披露现有证券简称和扩位证券简称。扩位证券简称在本所行情信息的产品信息文件及本所网站相关内容中展示，会员单位、行情商及其他市场机构可根据实际需要增加展示。本所上市公司公告等信息披露文件仍以现有证券简称为准。

二、本所对在科创板上市时尚未盈利及具有表决权差异安排的发行人的股票或存托凭证作出相应标识：

（一）发行人尚未盈利的，其股票或存托凭证的特别标识为"U"；发行人首次实现盈利的，该特别标识取消。

（二）发行人具有表决权差异安排的，其股票或存托凭证的特别标识为"W"；上市后不再具有表决权差异安排的，该特别标识取消。

"U""W"特别标识在本所行情信息的产品信息文件中显示，并在本所网站展示。

三、科创板股票自上市首日起可作为融资买入及融券卖出标的证券，本所于每个交易日开市前公布当日科创板融资融券标的证券名单。科创板股票调出融资融券标的证券名单的相关安排按照《上海证券交易所融资融券交易实施细则》的相关规定执行。

科创板存托凭证开展融资融券业务的相关安排参照科创板股票有关规定

执行。

四、战略投资者配售获得的科创板股票、存托凭证，在承诺持有期内可以按规定参与转融通证券出借。

五、本所于每个交易日收市后公布科创板限售流通股票及存托凭证数量和无限售流通股票及存托凭证数量、战略配售股票及存托凭证可出借数量和已出借且尚未归还的数量。

特此通知。

关于科创板股票暂不作为股票质押回购及
约定购回交易标的证券的通知

（上证发〔2019〕77号　2019年7月5日）

各会员单位：

为了防范股票质押式回购交易（以下简称股票质押回购）、约定购回式证券交易（以下简称约定购回交易）业务风险，保障市场稳健运行，上海证券交易所（以下简称本所）现就科创板开板初期股票质押回购及约定购回交易相关事项通知如下：

一、科创板开板初期，科创板股票暂不作为股票质押回购及约定购回交易标的证券。后续如有调整，本所将另行通知。

二、会员应做好股票质押回购、约定购回交易前端的检查控制。如因不当操作导致相关交易完成的，会员应及时要求融入方提前购回。

三、对违反本通知要求的会员，本所可根据《上海证券交易所会员管理规则》及相关业务规则，采取相应的监管措施或纪律处分。

特此通知。

关于上海证券交易所科创板股票及
存托凭证收费事宜的通知

（上证发〔2019〕76号　2019年7月5日）

各市场参与人：

根据科创板股票和存托凭证的性质及相关制度创新安排，上海证券交易所（以下简称本所）现就科创板股票和存托凭证发行、上市、交易相关收费事宜通知如下：

一、本所主板股票收费项目、收费标准及相关减免政策适用于科创板股票。科创板股票盘后固定价格交易的经手费按照本所主板股票竞价交易经手费标准收取；科创板上市公司股东通过非公开转让、配售方式转让首发前股份的经手费按照本所主板上市公司股东股份协议转让经手费标准收取。

二、科创板股票收费项目、收费标准及相关减免政策适用于科创板存托凭证。科创板存托凭证上市初费、上市年费中的"总股本"按照科创板企业在本所上市的存托凭证总份数计算。

特此通知。

关于科创板战略投资者参与证券出借业务
有关事项的通知

(上证函〔2019〕1172号　2019年7月15日)

各市场参与人：

为进一步明确科创板战略投资者参与证券出借业务的具体要求，根据《上海证券交易所　中国证券金融股份有限公司　中国证券登记结算有限责任公司科创板转融通证券出借和转融券业务实施细则》（上证发〔2019〕54号，以下简称《科创板转融通细则》）等相关规定，上海证券交易所现就有关事项通知如下：

一、战略投资者应当严格遵守《科创板转融通细则》第九条的规定，在承诺持有期限内原则上不得与关联方进行约定申报，但通过约定申报方式将获配股票出借给证券公司、仅供该证券公司开展融资融券业务的除外。

二、战略投资者及其关联方在战略投资者承诺的上市公司获配股票持有期限内，不得融券卖出该上市公司股票。

特此通知。

IV

中国结算规则

关于修订并发布《中国证券登记结算有限责任公司证券登记规则》的通知

（中国证券登记结算有限责任公司　2019年3月1日）

各市场参与主体：

为配合科创板设立及注册制试点相关工作，经中国证监会批准，本公司对《中国证券登记结算有限责任公司证券登记规则》进行了修订，具体内容如下：

一、将第十至十三条合并为一条，修改为："证券发行人申请办理证券初始登记，应当根据本公司有关规定提交证券登记申请、证券登记数据及中国证监会出具的相关文件等申请材料"；

二、将第三条"协议范本见附件"删除。

上述修订条款自本通知发布之日起施行。修订后的《中国证券登记结算有限责任公司证券登记规则》重新公布。

特此通知。

附件：中国证券登记结算有限责任公司证券登记规则

中国证券登记结算有限责任公司证券登记规则

第一章　总则

第一条　为规范证券登记及相关服务业务，防范证券登记风险，保护投资者合法权益，根据《证券法》《公司法》《证券登记结算管理办法》等有关法律、行政法规和部门规章的规定，制定本规则。

第二条　证券交易所上市和已发行拟上市证券及证券衍生品种（以下统称证券）的初始登记、变更登记、退出登记及相关服务业务适用本规则；中国证券监督管理委员会（以下简称中国证监会）另有规定的，从其规定。

境内上市外资股以及经中国证监会批准纳入中国证券登记结算有限责任公司（以下简称本公司）证券登记簿记系统的其他证券的登记及相关服务业务参照本规则执行。

第三条　本公司依法受证券发行人的委托办理证券登记及相关服务业务，证券发行人应当与本公司签订证券登记及服务协议。

第四条　本公司设立电子化证券登记簿记系统，根据证券账户的记录，办理证券持有人名册的登记。

电子化证券登记簿记系统的记录采取整数位，记录证券数量的最小单位为壹股（份、元）。

第五条　证券应当登记在证券持有人本人名下，本公司出具的证券登记记录是证券持有人持有证券的合法证明。

符合法律、行政法规和中国证监会规定的，可以将证券登记在名义持有人名下。名义持有人依法享有作为证券持有人的相关权利，同时应当对其名下证券权益拥有人承担相应的义务，证券权益拥有人通过名义持有人实现其相关权利。名义持有人行使证券持有人相关权利时，应当事先征求其名下证券权益拥有人的意见，并按其意见办理，不得损害证券权益拥有人的利益。

本公司有权要求名义持有人提供其名下证券权益拥有人的相关明细资料，名义持有人应当保证其所提供的资料真实、准确、完整。名义持有人出具的证券权益拥有人的证券持有记录是证券权益拥有人持有证券的合法证明。

第六条　证券登记实行证券登记申请人申报制，本公司对证券登记申请人提供的登记申请材料进行形式审核，证券登记申请人应当保证其所提供的登记申请材料真实、准确、完整。

前款所称证券登记申请人包括证券发行人、证券持有人或其证券托管机构以及本公司认可的其他申请办理证券登记的主体。前款所称证券登记申请人提供的登记申请材料包括证券登记申请人直接向本公司提供或通过证券交易所及本公司认可的其他机构间接向本公司提供的书面文件和电文件。

第七条　本公司证券登记簿记系统内的证券登记信息包括但不限于以下内容：证券持有人姓名或名称、证券账户号码、有效身份证明文件号码、证券持有人通讯地址、持有证券名称、持有证券数量、证券托管机构以及限售情况、司法冻结、质押登记等证券持有状态。

第二章 初始登记

第八条 已发行的证券在证券交易所上市前，证券发行人应当在本公司规定的时间内申请办理证券的初始登记。

第九条 证券初始登记包括股票首次公开发行登记、权证发行登记、基金募集登记、企业债券和公司债券发行登记、记账式国债（以下简称国债）发行登记以及股票增发登记、配股登记、基金扩募登记等。

第十条 证券发行人申请办理证券初始登记，应当根据本公司有关规定提交证券登记申请、证券登记数据及中国证监会出具的相关文件等申请材料。

第十一条 国债通过招投标或其他方式发行后，本公司根据财政部和证券交易所相关文件确认的结果，建立证券持有人名册。国债在证券交易所挂牌分销或场外合同分销后，本公司根据证券交易所确认的分销结果，办理国债登记。

第十二条 本公司对证券发行人提供的证券登记申请材料审核通过后，根据其申报的证券登记数据，办理证券持有人名册的初始登记。通过证券交易所交易系统发行（以下称网上发行）的证券，证券交易所向本公司传送的认购结果视为证券发行人向本公司提供的初始登记申请材料之一，本公司根据网上发行认购结果，将证券登记到其持有人名下；通过网下发行的证券，本公司根据证券发行人提供的网下发行证券持有人名册，将证券登记到其持有人名下。本公司完成证券持有人名册初始登记后，向证券发行人出具证券登记证明文件。

第十三条 由于证券发行人提供的申请材料有误导致初始登记不实所致的一切法律责任由该证券发行人承担，本公司不承担任何责任；证券发行人申请对证券初始登记结果进行更正的，本公司依据生效的司法裁决或本公司认可的其他证明材料办理更正手续。

第三章 变更登记

第一节 证券过户登记

第十四条 证券过户登记包括证券交易所集中交易过户登记（以下简称集中交易过户登记）和非集中交易过户登记（以下简称非交易过户登记）。

第十五条 证券通过证券交易所集中交易的，本公司根据证券交易的交收结果，办理集中交易过户登记。

第十六条　证券因以下原因发生转让的，可以办理非交易过户登记：

（一）股份协议转让；

（二）司法扣划；

（三）行政划拨；

（四）继承、捐赠、依法进行的财产分割；

（五）法人合并、分立，或因解散、破产、被依法责令关闭等原因丧失法人资格；

（六）上市公司的收购；

（七）上市公司回购股份；

（八）上市公司实施股权激励计划；

（九）相关法律、行政法规、中国证监会规章及本公司业务规则规定的其他情形。

第十七条　股份协议转让或行政划拨双方取得证券交易所对股份转让的确认文件后，应当向本公司提出股份转让过户登记申请，本公司对过户登记申请材料审核通过后，办理过户登记手续，并向申请人出具过户登记证明文件。

第十八条　当事人因继承、捐赠、依法进行财产分割（如离婚、分家析产等情形），法人合并、分立，或因解散、破产、被依法责令关闭等原因丧失法人资格的，资产承继人申请办理过户登记时，应当向本公司提供有效的证券归属证明文件及本公司要求的其他材料，本公司对过户登记申请材料审核通过后，办理过户登记手续，并向申请人出具过户登记证明文件。

第十九条　在证券公司等机构托管的证券的司法扣划，由托管的证券公司等机构协助办理。证券公司等机构受理司法扣划要求后，应当对相关证券实施交易冻结，并在协助司法扣划当日将协助司法扣划的相关数据发送本公司，本公司根据证券公司等机构发送的数据办理过户登记。

第二十条　未在证券公司等机构托管的证券的司法扣划，由本公司协助办理。本公司受理司法扣划要求后，在受理日对应的交收日清算交收程序完成后对司法扣划涉及的持有人名下的证券进行核查，根据核查结果办理过户登记手续。

第二十一条　上市公司的收购、上市公司回购股份以及上市公司实施股权激励计划引起的非交易过户登记按照相关业务规定办理。

第二节　其他变更登记

第二十二条　其他变更登记包括证券司法冻结、质押、权证创设与注销、权证行权、可转换公司债券转股、可转换公司债券赎回或回售、交易型开放式指数基金（以下简称ETF）申购或赎回等引起的变更登记。

第二十三条　证券因被司法冻结、质押等原因导致其持有人权利受到限制的，本公司在证券持有人名册中予以相应标识。

债券质押式回购业务涉及的变更登记按本公司相关业务规定办理。

第二十四条　在证券公司等机构托管的证券的司法冻结，由托管的证券公司等机构协助办理。证券公司等机构受理司法冻结要求后，应当对相关证券实施交易冻结，并在协助司法冻结当日将协助司法冻结的相关数据发送本公司，本公司根据证券公司等机构发送的数据办理司法冻结登记。

第二十五条　未在证券公司等机构托管的证券的司法冻结，由本公司协助办理。本公司受理司法冻结要求后，在受理日对应的交收日清算交收程序完成后对司法冻结涉及的持有人名下的证券进行核查，根据核查结果办理司法冻结登记。

第二十六条　投资者证券质押，应当按照本公司证券质押登记业务相关规定办理证券质押登记。证券质押合同在质押双方办理质押登记后生效。证券一经质押登记，在解除质押登记前不得重复设置质押。已办理司法冻结登记的证券不得再申请办理质押登记。

第二十七条　权证创设人创设或注销权证的，本公司根据有效的创设或注销申报，办理权证创设或将相应权证予以注销。

第二十八条　权证行权期内，本公司根据有效的行权申报和交收结果办理权证行权的变更登记。

第二十九条　可转换公司债券转股期内，本公司根据有效的转股申报结果，办理转股登记，将相应股份登记到其持有人名下，同时注销其持有人名下的相应可转换公司债券。

第三十条　可转换公司债券发行人向本公司申请办理可转换公司债券赎回或回售登记的，本公司根据其申请以及公告约定的赎回方式或有效的回售申报，在确认其用于赎回或回售的资金已划至本公司指定银行账户后，将赎回或回售的可转换公司债券予以注销，并按照本公司有关业务规定办理资金划付手续。

第三十一条　申购或赎回ETF份额的，本公司根据有效的申购或赎回申报以及交收结果，办理ETF份额申购或赎回的变更登记。

第四章　退出登记

第三十二条　股票终止上市后，股票发行人或其代办机构应当及时到本公司办理证券交易所市场的退出登记手续，按规定进入代办股份转让系统挂牌转让的，应当办理进入代办股份转让系统的有关登记手续。

第三十三条　本公司在结清与股票发行人的债权债务或就债权债务问题达成协议后，与股票发行人或其代办机构签订证券登记数据资料移交备忘录，将股份持有人名册清单等证券登记相关数据和资料移交股票发行人或其代办机构。

前款所称持有人名册清单包括但不限于证券代码、持有人姓名或名称、证券账户号码、有效身份证明文件号码、持有人通讯地址、持有股份数量、股份托管机构、限售情况、司法冻结状态、质押登记情况、未领现金红利金额等内容。

第三十四条　股票发行人或其代办机构未按规定办理证券交易所市场退出登记手续的，本公司可将其证券登记数据和资料送达该股票发行人或其代办机构，并由公证机关进行公证，视同该股票发行人证券交易所市场退出登记手续办理完毕。

第三十五条　股票发行人证券交易所市场退出登记办理完毕后，本公司在中国证监会指定报刊上刊登关于终止为股票发行人提供证券交易所市场登记服务的公告。

第三十六条　债券提前赎回或到期兑付的，其证券交易所市场登记服务业务自动终止，视同债券发行人交易所市场退出登记手续办理完毕。

第三十七条　其他证券的退出登记手续参照第三十二条至第三十六条的规定办理。

第五章　证券登记相关服务

第一节　证券持有人名册服务

第三十八条　本公司定期向证券发行人提供证券持有人名册。

发生证券初始登记、召开股东大会、召开基金持有人大会、权益分派、股权结构发生重大变化、证券交易异常波动等情形时，本公司根据证券发行人的申请提供相应的证券持有人名册。

第三十九条 本公司提供的证券持有人名册主要内容包括证券持有人姓名或名称、证券账户号码、持有证券数量、证券持有人通讯地址等。如证券发行人还需本公司提供与证券持有人名册相关的增值服务，可以向本公司提出申请，本公司审核同意后予以提供。

第四十条 同一持有人持有多个证券账户的，本公司在提供证券持有人名册时，对该持有人通过多个证券账户持有的同一证券可以予以合并统计后再行提供。

第四十一条 证券发行人可以通过本公司提供的上市公司网络服务系统、邮寄、现场办理等方式获取证券持有人名册。

第四十二条 证券发行人应当妥善保管证券持有人名册，并在法律、行政法规和部门规章许可的范围内使用。因证券发行人不当使用证券持有人名册导致的一切法律责任由证券发行人承担，本公司不承担任何责任。

第四十三条 上市公司监事会或股东自行召集股东大会的，召集人可以持召集股东大会通知的相关公告，向本公司申请获取其公告的股权登记日的证券持有人名册。召集人不得将所获取的证券持有人名册用于除召开股东大会以外的其他用途。

第二节 权益派发服务

第四十四条 证券发行人委托本公司派发股份股利及公积金转增股本，应当向本公司提供派发股份股利及公积金转增股本申请、股东大会决议以及本公司要求的其他材料。

本公司对证券发行人的申请材料审核通过后，根据其申请派发相应股份。

第四十五条 证券发行人委托本公司派发股票或基金的现金红利或债券本息，应当向本公司提出申请，并在本公司规定的时间内将用于派发现金红利或债券本息的资金划至本公司指定银行账户；本公司确认证券发行人的相应款项到账后，根据本公司有关业务规定办理资金划付手续。

第四十六条 国债派息兑付的，本公司根据财政部关于国债派息兑付的有关规定，办理本息划付手续。

第四十七条 证券发行人委托本公司派发现金红利或债券本息，不能在本公司规定期限内划入相关款项的，应当及时通知本公司，并在中国证监会指定媒体上公告，说明原因。因证券发行人未履行及时通知及公告义务所致的一切法律责任由该证券发行人承担，本公司不承担任何责任。

第三节　查询服务

第四十八条　证券发行人和证券持有人可以通过本公司提供的电子网络服务系统、现场办理等方式向本公司申请查询证券登记信息。

证券持有人通过本公司网络查询服务系统获得的查询结果不作为其持有证券的法律依据，证券持有人如需取得具有法律效力的证券持有及变动记录证明，应当按本公司有关业务规定申请办理。

第四十九条　证券发行人可以向本公司申请查询关联人、董事、监事和高级管理人员等知悉内幕信息当事人持有该证券及变更登记等情况。

第五十条　证券持有人可以向本公司申请查询持有人本人证券持有及变更登记等情况。

第五十一条　证券交易所依法履行职责，可以向本公司查询证券登记相关数据和资料。

第五十二条　人民法院、人民检察院、公安机关和中国证监会等依照法定条件和程序，可以向本公司查询证券登记相关数据和资料。

第四节　网络投票服务

第五十三条　本公司设立上市公司股东大会网络投票系统（以下简称网络投票系统），为上市公司及其股东提供网络投票服务。

第五十四条　上市公司使用本公司网络投票系统，应当向本公司提出申请，经本公司审核通过后，可以按照本公司网络投票业务操作程序的规定办理股东大会网络投票业务。

第五十五条　上市公司股东通过网络投票系统进行投票，应当按照本公司投资者身份验证业务操作程序的规定办理身份验证后，方可进行网络投票。

第五节　股份持有人类别标识服务

第五十六条　本公司根据国家有权部门的相关规定，提供有限售条件股份的持有人类别标识服务。

第五十七条 前条所称持有人类别包括"国家""国有法人""境内非国有法人""境内自然人""境外法人""境外自然人"等。

第五十八条 本公司根据证券发行人或持有人的申报，进行必要的形式审核后，加设、变更相应持有人类别标识。证券发行人或持有人申报加设、变更"国家""国有法人"标识的，应当提供国有资产监督管理部门的界定文件。

第五十九条 本公司以证券账户为单位加设、变更持有人类别标识。同一持有人持有多个证券账户且持有人类别标识存在不一致的，本公司有权要求相关证券发行人、持有人重新核定。

第六节 其他服务

第六十条 上市公司股权激励计划涉及的证券登记相关服务，按照本公司有关业务规定办理。

第六十一条 本公司依法提供与证券登记服务有关的信息、咨询和培训服务。

第六章 附则

第六十二条 证券登记申请人应当按照本公司规定的收费标准缴纳证券登记及相关服务费用。证券登记及相关服务业务涉及税收的，按国家有关规定执行。

第六十三条 证券登记申请人违反本规则以及本公司相关业务细则、指引等规定的，本公司可以暂停或终止为其提供证券登记及相关服务。

第六十四条 证券登记申请人向本公司申请办理证券登记及相关服务过程中，存在违反国家法律、行政法规和部门规章行为的，应当对其行为所产生的后果承担责任；本公司有权暂停或终止为其提供证券登记及相关服务。

第六十五条 本规则要求提供的材料以中文文本为准，凡用外文书写的，应当附有经公证的中文译本。

第六十六条 本规则经中国证监会批准后生效，修订时亦同。

第六十七条 原由本公司颁布的涉及证券登记及相关服务的规则、细则、指南、指引及通知等，内容与本规则相抵触的，以本规则为准。

第六十八条 本规则由本公司负责解释。

第六十九条 本规则自发布之日起实施。

关于发布《中国证券登记结算有限责任公司科创板股票登记结算业务细则（试行）》的通知

（中国证券登记结算有限责任公司 2019年3月1日）

各市场参与主体：

为落实在上交所设立科创板并试点注册制的决策部署，规范科创板股票登记结算业务，本公司制定了《中国证券登记结算有限责任公司科创板股票登记结算业务细则（试行）》，经履行向中国证监会报告程序，现予以发布，并自发布之日起实施。

附件：中国证券登记结算有限责任公司科创板股票登记结算业务细则（试行）

中国证券登记结算有限责任公司科创板
股票登记结算业务细则（试行）

第一章 总则

第一条 为规范科创板股票登记结算业务，保护投资者合法权益，根据《证券法》《关于在上海证券交易所设立科创板并试点注册制的实施意见》《证券登记结算管理办法》《科创板首次公开发行股票注册管理办法（试行）》《科创板上市公司持续监管办法（试行）》等有关法律、行政法规、部门规章、规范性文件（以下统称法律法规），以及中国证券登记结算有限责任公司（以下简称本公司）相关业务规则，制定本细则。

第二条 在科创板上市和已发行拟上市的股票涉及的登记、存管、结算相关业务，适用本细则。

本细则未作规定的，原则上适用本公司关于人民币普通股票的相关规定，本公司另有规定的除外。

第三条　发行人、投资者、结算参与人等主体参与本公司科创板股票登记结算相关业务的，应当遵守相关法律法规和本公司业务规则。

本公司对科创板股票登记结算业务实行行业自律管理。

第二章　证券账户、登记与存管

第四条　投资者参与科创板股票的认购和交易等，应当使用人民币普通股票账户。

第五条　在证券交易所上市的科创板股票应当全部存管在本公司。

本公司设立电子化证券登记簿记系统，根据证券账户的记录，办理科创板股票持有人名册的登记。

第六条　本公司登记的科创板股票信息包括证券代码、证券类别、流通类型、权益类别等内容。

第七条　科创板股票登记实行登记申请人申报制。本公司对科创板股票登记申请人提供的登记申请材料进行形式审核，登记申请人应当保证其所提供的登记申请材料真实、准确、完整。

前款所称登记申请人包括科创板股票的发行人、持有人或者其托管机构，以及本公司认可的其他申请办理登记的主体。

第八条　科创板股票应当登记在持有人本人名下。本公司出具的证券登记记录，是持有人持有科创板股票的合法证明。

符合法律法规规定的，可以将科创板股票登记在名义持有人名下。

本公司有权要求名义持有人提供其名下科创板股票权益拥有人的相关明细资料，名义持有人应当保证其所提供的资料真实、准确、完整。

第九条　发行人在申请办理科创板股票初始登记前，应当与本公司签订证券登记及服务协议，明确双方的权利义务关系。

第十条　科创板股票在证券交易所上市交易前，发行人应当按照本公司相关规定提交初始登记材料，并在规定时间内申请办理科创板股票初始登记。

科创板股票初始登记包括股票首次公开发行登记，以及增发登记、配股登记等。

第十一条 发行人申请办理科创板股票初始登记的，应当提供以下申请材料：

（一）证券登记申请；

（二）证券登记数据；

（三）中国证监会同意注册的决定；

（四）本公司要求提供的其他材料。

第十二条 发行人具有表决权差异安排的，本公司根据发行人的申请，按照规定程序对特别表决权股份进行登记并加以标识。

第十三条 本公司根据发行人的申请，按照规定程序对每份特别表决权股份拥有的表决权数量与每份普通股份拥有的表决权数量的比例进行登记和相应调整。

第十四条 出现特别表决权股份须转换为普通股份情形的，发行人应当及时向本公司提出申请，由本公司按照规定程序予以办理。法律法规、业务规则另有规定的，从其规定。

第十五条 主承销商行使超额配售选择权要求发行人增发新股的，本公司将根据发行人的申请办理相应股票初始登记。

主承销商使用超额配售股票募集的资金在二级市场购回股票的，本公司将根据主承销商的申请办理相应股票变更登记。

第十六条 对于通过证券交易所集中交易的科创板股票，本公司根据交易的交收结果办理集中交易过户登记。

因协议转让、继承、离婚、法人资格丧失、向基金会捐赠、司法扣划等情形涉及的科创板股票非交易过户登记业务，按照本公司相关业务规则的规定办理；其中涉及特别表决权股份的，本公司在受理后先办理特别表决权股份转换为普通股份业务，再办理非交易过户登记业务，并将转换结果通知发行人和证券交易所。

因质押、司法冻结等引起的其他变更登记，按照本公司相关业务规则的规定办理。

第十七条 本公司根据发行人的申请，按照相关规定和证券登记及服务协议的约定，提供科创板股票现金红利派发、送股、配股、股权激励、投票等服务。

第十八条 本公司根据相关业务规则规定，向发行人提供持有人名册服务。持有人名册包含普通股份股东、特别表决权股份股东及持有明细等信息。

本公司根据相关业务规则规定，向发行人和持有人提供科创板股票登记信息查询服务。

第十九条　科创板股票终止上市后，发行人或其代办机构应当在终止上市后的10个工作日内到本公司办理证券交易所市场的退出登记手续。

本公司在结清与发行人的债权债务或就债权债务问题达成协议后，将科创板股票持有人名册等证券登记相关数据发送发行人或其代办机构。

如发行人或其代办机构未在规定时间内办理退出登记手续，本公司在发行人终止上市10个工作日后，将科创板股票持有人名册等证券登记相关数据发送发行人，并由公证机关进行公证，视同发行人退出登记手续办理完毕。

退出登记手续办理完毕后，本公司不再承担维护科创板股票持有人名册等职责。股票持有人应当通过发行人等相关主体主张相应权利。

第三章　清算交收及风险管理

第二十条　科创板股票以人民币结算。

第二十一条　本公司作为结算参与人的共同对手方，为科创板股票的交易提供多边净额结算服务。

第二十二条　科创板的股票和资金结算，实行分级结算原则。

本公司根据清算结果，按照相关结算业务规则，办理与结算参与人之间的科创板股票和资金交收。结算参与人应当就交易达成时确定由其承担的交收义务，对本公司履行最终交收责任。

结算参与人负责办理与其客户之间的科创板股票和资金清算交收。结算参与人与其客户之间的科创板股票划付，应当根据有关规定，委托本公司代为办理。

第二十三条　结算参与人应当通过在本公司开立的结算备付金账户与本公司完成科创板股票交易等业务的资金交收。

第二十四条　对于科创板股票交易，结算参与人应当按照本公司《结算备付金管理办法》《证券结算保证金管理办法》等规定，存放结算备付金并缴纳结算保证金。

第二十五条　本公司有权根据科创板股票市场风险状况、结算参与人风险情况等因素，对结算参与人采取相应的风险管理措施。

第二十六条　结算参与人未能履行股票或资金交收义务的，本公司根据有关法律法规及本公司相关业务规则进行违约处置。

第四章　附则

第二十七条　科创板股票登记结算业务相关费用，按照本公司费用标准收取。中国证监会、证券交易所、发行人等单位授权或委托本公司代为收取费用的，本公司按照相关授权或委托办理。

科创板股票相关税收安排和证券结算风险基金计提，按照国家有关规定执行。

第二十八条　因人为差错、技术系统故障、不可抗力等原因导致科创板股票登记结算数据发生错误的，本公司与相关机构核对一致后进行更正。

因不可抗力、不可预测或无法控制的系统故障、设备故障、通信故障、停电等突发事故给有关当事人造成损失的，本公司不承担责任。

第二十九条　在科创板上市和已发行拟上市的存托凭证涉及的证券登记、存管、结算相关业务，适用《存托凭证登记结算业务规则（试行）》，并比照适用本细则。

第三十条　本细则由本公司负责解释和修订。

第三十一条　本细则自发布之日起施行。

关于发布《中国证券登记结算有限责任公司上海分公司科创板股票登记结算业务指南》的通知

（中国证券登记结算有限责任公司上海分公司　2019年6月21日）

各市场参与人：

为进一步规范科创板股票登记结算业务，根据《证券登记规则》《科创板股票登记结算业务细则（试行）》等规定，本公司制定了《科创板股票登记结算业务指南》，现予以发布。

此外，经综合考虑，本公司对科创板股票（含存托凭证）暂不提供流通证券不限制卖出冻结服务，如有调整，另行通知。

特此通知。

附件：中国证券登记结算有限责任公司上海分公司科创板股票登记结算业务指南

中国证券登记结算有限责任公司上海分公司科创板股票登记结算业务指南

修订说明

更新日期	业务名称	修订说明
2019-06-19	科创板股票登记结算业务指南	首次发布

目　录

第一章　总则

一、为规范科创板股票的登记结算业务，根据《证券登记结算管理办法》《科创板首次公开发行股票注册管理办法（试行）》《科创板上市公司持续监管办法（试行）》《中国证券登记结算有限责任公司证券登记规则》《中国证券登记结算有限责任公司科创板股票登记结算业务细则（试行）》等相关规定，制定本指南。

二、在上海证券交易所（以下简称交易所）上市和已发行拟上市的科创板股票的账户管理、登记存管、清算交收、公司行为、风险管理等业务，适用本指南。本指南未规定的，原则上按照中国证券登记结算有限责任公司上海分公司（以下简称本公司）关于沪市人民币普通股票（以下简称A股）的相关规定，本公司另有规定的除外。

在交易所上市和已发行拟上市的科创板存托凭证涉及的证券登记、存管、结算相关业务，适用本指南。本指南未作规定的，适用《中国证券登记结算有限责任公司上海分公司创新企业境内发行存托凭证登记结算业务指南》，本公司另有规定的除外。

第二章　发行人业务

科创板股票的初始登记、退出登记、送股（或转增股本）登记、代理发放现金红利、持有人名册查询等业务，实行发行人申报制。业务办理前，发行人应与本公司签订证券登记及服务协议。发行人办理上述业务，应当提供符合本公司业务规则要求的申请材料，并保证其所提供的申请材料真实、准确、完整。

本公司对发行人提供的申请材料进行形式审核。因发行人提交的申请材料存在虚假记载、误导性陈述、遗漏以及其他由于发行人原因导致证券登记出现差错的，发行人应当承担由此产生的一切法律责任。

第一节　初始登记业务

一、概述

科创板股票发行完成后，发行人应向本公司申请办理初始登记业务。通过交易所系统发行的科创板股票，本公司根据发行人有效送达的登记数据及相关申请材料，办理科创板股票的初始登记；通过交易所系统以外途径发行的科创板股票，本公司根据发行人或授权主承销商有效送达的登记数据及相关申请材料，办理科创板股票的初始登记。

二、保荐机构子公司参与战略配售专用证券账户开立

科创板发行人的保荐机构通过依法设立的另类投资子公司或者实际控制该保荐机构的证券公司依法设立的另类投资子公司参与发行人首次公开发行战略配售，需要新开立账户的，相关申请人可到中国结算北京、上海或深圳分公司任意一地临柜申请开立一个专用证券账户，也可以通过中国结算证券账户在线业务平台提交申请，所需材料如下：

1.《证券账户开立申请表（机构）》（在备注栏中注明：开立行使战略配售专用证券账户，需加盖申请人公章）；

2. 保荐机构子公司新版营业执照复印件（即加载了统一社会信用代码的营业执照，需加盖申请人公章）；

3. 经办人所在单位法定代表人证明书及法定代表人有效身份证明文件复印件（需加盖申请人公章）；

4. 经办人所在单位法定代表人对经办人授权委托书（需加盖申请人公章及法定代表人签章）；

5. 经办人有效身份证明文件及复印件。

三、办理流程

（一）发行人在首次公开发行股票申请获得有权部门同意后，应在本公司网站下载《证券登记及服务协议》，于T-4日前（T日为发行日）将已签署的协议原件递交本公司，并提交参与人远程操作平台（以下简称PROP）用户权限开通申请。

（二）发行人应在规定时间内向本公司提交科创板股票发行登记申请材料，支付相应证券登记费；

（三）本公司对证券登记申请材料形式审核通过后，办理科创板股票初始登记；

（四）登记完成后的下一个交易日，本公司向发行人提供证券登记证明及前十大持有人名册。

四、所需材料

（一）对于首次公开发行初始登记，发行人应于T+4日前通过PROP向本公司提交以下申请材料：

1. 证券登记申请表；

2. 首次公开发行前的证券持有人名册及通过网下发行的证券持有人名册（即通过交易所系统以外途径）；

3. 中国证监会同意注册的决定；

4. 首次公开发行前国家或国有法人持股的，需提供国有资产监督管理部门的批准文件；

5. 首次公开发行前存在自然人股东的，需提供会计师事务所或税务师事务所出具的有关个人股东成本原值的鉴证报告，对于无法提供有关成本原值资料和鉴证报告的，应提供相关情况说明及承诺；

6. 涉及司法冻结或质押登记的，需提供司法协助执行、质押登记相关申请材料。

（二）对于公开增发、配股登记，发行人应于T+4日前通过书面形式提交以下材料：

1. 证券登记申请表；

2. 通过网下发行的证券持有人名册（即通过交易所系统以外途径）；

3. 中国证监会同意注册的决定；

4. 涉及司法冻结或质押登记的，需提供司法协助执行、质押登记相关申请材料；

5. 指定联络人授权委托书及联络人有效身份证明文件。

（三）对于非公开增发登记，发行人应通过书面形式提交以下材料：

1. 证券登记申请表；

2. 拟登记的证券持有人名册；

3. 中国证监会同意注册的决定；

4. 发行人出具的关于募集资金或所购买资产全部到位的说明；

5. 涉及司法冻结或质押登记的，需提供司法协助执行、质押登记相关申请材料；

6. 指定联络人授权委托书及联络人有效身份证明文件。

五、注意事项

（一）由于发行人提供的申请材料有误导致初始登记不实，发行人申请对科创板股票初始登记结果进行登记错误调整的，本公司依据下列任一证明材料办理登记错误调整：①生效的司法裁决；②本公司认可的其他证明材料。

（二）以纸质形式提交的申报材料需加盖发行人的公章、骑缝章。发行人也可出具加盖发行人公章的授权委托书，授权发行人的其他用章可用于向本公司申请办理初始登记业务。发行人通过PROP认证用户提交的所有电子材料，均视为发行人提交的有效材料，与纸质材料具有相同法律效力。

（三）持有人名册数据格式及说明

科创板股票未通过交易所系统发行的，发行人在办理相关科创板股票初始登记时，应按以下要求制作持有人名册数据：

序号	字段名称	字段描述	字段长度
1	股东代码	沪市A股证券账户	10
2	证券代码	交易所挂牌交易的科创板股票对应6位数字代码	6
3	证券类型	有限售条件流通股为XL，无限售条件流通股为PT	2
4	登记数量	为发行人申报登记的投资者持有股票数量，单位为股；存托凭证的单位为份	12
5	身份证号	详见《中国证券登记结算有限责任公司证券账户业务指南》及《中国证券登记结算有限责任公司特殊机构及产品证券账户业务指南》	20
6	流通类型	XL对应为"A"、"B"、"C"、"D"、"E"、"F"、"G"、"H"，PT对应为"N"："A"表示股改股份；"B"表示首次公开发行前股份；"C"表示股权激励股份；"D"表示网下发行新股；"E"表示其他限售股份；"F"表示非公开发行股份；"G"表示特别表决权股份；"H"表示科创板战略投资者配售股份；"N"表示限售或非流通	1
7	登记标志	表示有限售条件流通股的限售期限，单位为月	5
8	权益类别	空	2

（四）本公司审核发行人提交的持有人名册数据中证券账户是否为合格账户且账户状态正常、证件代码准确。对于审核不通过，本公司退回发行人要求修改确认后重新提交。

（五）本公司形式审核要点

1. 首发前股份中个人股东应且仅申报一个成本原值，每个成本原值最多保留2位小数，初始登记完成后，不再受理发行人申报限售股成本原值登记；

2. 对于首次公开发行初始登记中首发前股东申报证券账户总数超过1000个

的，发行人应通过书面申请的方式进行初始登记申报，申请材料需增加指定联络人授权委托书及联络人有效身份证明文件，相关的申请表单可通过"中国结算官方网站—服务支持—业务资料—业务表格—上海市场—中国结算上海分公司发行人业务部业务申请表格"下载。

（六）指定联络人授权委托书内容（如指定联络人、授权期限、联系电话等）发生变化，发行人应在变更之日起五个交易日内书面通知本公司。指定联络人授权期限到期后，发行人应及时向本公司提供新的授权委托书。

（七）发行人全称发生变化，发行人应在更名公告之日起五个交易日内书面通知本公司。

第二节　超额配售选择权登记

一、行使超额配售选择权专用账户开立

主承销商应当在行使超额配售选择权前，通过赴本公司柜台的方式，向本公司申请开立专门用于行使超额配售选择权的账户，并提交以下材料：

（1）《证券账户开立申请表（机构）》（名称填写"主承销公司全称+行使超额配售选择权专用证券账户"，一码通号填写主承销商自营账户的一码通编号，并在备注栏中注明主承销商的自营清算编号，需加盖主承销商公章）；

（2）主承销商新版营业执照复印件（即加载了统一社会信用代码的营业执照，需加盖主承销商公章）；

（3）经办人所在单位法定代表人证明书及法定代表人有效身份证明文件复印件（需加盖法人公章）；

（4）经办人所在单位法定代表人对经办人授权委托书（需加盖法人公章及法定代表人签章）；

（5）经办人有效身份证明文件及复印件。

二、超额配售选择权行使结果登记

1. 对于主承销商选择要求发行人增发科创板股票，分配给对超额发售部分提出认购申请投资者的，主承销商应及时将分配结果告知发行人，发行人应于超额配售选择权行使期届满的3个交易日内，向本公司提交超额配售股份登记申请，并提交以下材料：

（1）证券登记申请表；

（2）超额配售证券登记申请表；

（3）超额配售证券持有人名册；

（4）与其达成预售拟行使超额配售选择权所对应股份的协议；

（5）指定联络人授权委托书及联络人有效身份证明文件；

（6）本公司要求的其他材料。

2. 对于主承销商选择从集中竞价交易市场购买科创板股票，分配给对此超额发售部分提出认购申请投资者的，主承销商应于超额配售选择权行使期届满或者累计行使数额达到采用超额配售选择权发行股票数量限额的3个交易日内，向本公司提交超额配售股份登记申请，并提交以下材料：

（1）证券登记申请表；

（2）超额配售证券登记申请表；

（3）超额配售证券持有人名册；

（4）与其达成预售拟行使超额配售选择权所对应股份的协议；

（5）发行人授予主承销商行使超额配售选择权的相关证明材料；

（6）指定联络人授权委托书及联络人有效身份证明文件；

（7）本公司要求的其他材料。

第三节　其他登记业务

一、有限售条件的科创板流通股股票解除限售业务

发行人办理有限售条件的科创板流通股解除限售业务，按照《中国证券登记结算有限责任公司上海分公司证券发行人业务指南》关于A股"有限售条件的流通股解除限售"的相关规定办理。

二、特别表决权股份业务

特别表决权股份业务包括特别表决权股份转换为普通股份业务、特别表决权比例登记和调整业务。本公司可根据发行人的申请办理以下特别表决权股份业务。

本指南中特别表决权比例指的是每份特别表决权股份拥有的表决权数量与每份普通股份拥有的表决权数量的比例。

（一）特别表决权股份转换为普通股份业务

1. 所需材料

a. 对于股东向发行人申请特别表决权股份转换为普通股份的，发行人应向本公司提交以下材料，用于申请办理特别表决权股份转换为普通股份业务：

（1）经交易所确认的科创板特别表决权转换业务申请表；

（2）特别表决权股份转换为普通股份登记申请表；

（3）特别表决权股份转换为普通股份清单；

（4）相关特别表决权股份对应股东的申请；

（5）指定联络人授权委托书及联络人有效身份证明文件；

（6）本公司要求的其他材料。

b. 对于发行人因股份回购等原因导致特别表决权比例提高，以及控制权变更等原因，需将相应数量特别表决权股份转换为普通股份的，发行人应向本公司提交以下材料：

（1）经交易所确认的科创板特别表决权转换业务申请表；

（2）特别表决权股份转换为普通股份登记申请表；

（3）特别表决权股份转换为普通股份清单；

（4）申请特别表决权股份转换为普通股份登记的情况说明；

（5）指定联络人授权委托书及联络人有效身份证明文件；

（6）本公司要求的其他材料。

2. 办理流程

（1）根据经交易所确认的文件和发行人的申请，本公司对申请材料形式审核通过后，予以办理；

（2）完成特别表决权股份转换为普通股份业务后的下一个交易日，本公司通知发行人。

（二）特别表决权比例登记和调整业务

1. 所需材料

发行人在向本公司申请办理特别表决权登记和调整时，应提交以下材料：

（1）特别表决权登记或调整申请；

（2）股东大会审议通过的决议或决议公告；

（3）指定联络人授权委托书及联络人有效身份证明文件；

（4）本公司要求的其他材料。

2. 办理流程

（1）发行人须在股东大会审议通过后，及时提交申请材料；

（2）本公司对申请材料形式审核通过后，予以办理。

第四节 公司行为业务

一、送股或公积金转增股本登记业务

发行人办理科创板股票送股或公积金转增股本登记业务，按照《中国证券登记结算有限责任公司上海分公司证券发行人业务指南》关于A股"送股（公积金转增本）登记"的相关规定办理。

二、代发现金红利业务

发行人办理科创板股票代发现金红利业务，按照《中国证券登记结算有限责任公司上海分公司证券发行人业务指南》关于A股"代发股票、基金现红利"的相关规定办理。

三、股权激励业务

股权激励业务包括股权激励计划限制性股票授予登记、股权激励计划限制性股票解除限售、股权激励计划限制性股票注销、股权激励计划股票期权（以下简称期权）授予登记、股票期权变更登记、股票期权批量行权、股票期权自主行权等。

（一）股权激励计划限制性股票授予登记

发行人制订的股权激励计划经股东大会审议通过并向主管机构备案后，可向本公司申请办理股权激励计划限制性股票授予登记。

1. 所需材料

a. 对于激励对象按照股权激励计划规定条件获得部分权利受到限制股票的，发行人向本公司申请办理限制性股票授予登记时应提交以下材料：

（1）经交易所审批通过的上市公司股权激励计划限制性股票授予申请表；

（2）证券登记申请表；

（3）股份网下登记数据清单或股份过户清单；

（4）授权委托书和授权经办人身份证明（如通过PROP提交申请，则无须提供）。

b. 对于激励对象符合股权激励计划授予条件，并在满足相应获益条件后分次获得并登记股票的，发行人向本公司申请办理股票授予登记时应提交以下材料：

（1）经交易所审批通过的上市公司股权激励计划限制性股票归属申请表；

（2）证券登记申请表；

（3）股份网下登记数据清单或股份过户清单；

（4）授权委托书和授权经办人身份证明（如通过PROP提交申请，则无须提供）。

2. 办理流程

a. 对于激励对象按照股权激励计划规定条件获得部分权利受到限制股票的，股权激励计划经股东大会审议通过后，发行人即可申请办理。

b. 对于激励对象符合股权激励计划授予条件，并在满足相应获益条件后分次获得并登记股票的，股权激励计划经股东大会审议通过，且在满足相应获益条件后，发行人即可申请办理。

其他办理流程按照《中国结算上海分公司股权激励计划登记结算业务指南》等相关规定办理。

3. 收费标准和注意事项按照《中国结算上海分公司股权激励计划登记结算业务指南》等相关规定办理。

（二）股票期权授予登记

发行人制订的股权激励计划经股东大会审议通过后，可向本公司申请办理股权激励计划股票期权授予登记。

1. 所需材料

发行人在向本公司申请办理股票期权授予登记时应提交以下材料：

（1）经交易所审批通过的上市公司股权激励计划股票期权授予申请表；

（2）股票期权登记申请表；

（3）股票期权持有人名册电子文件；

（4）授权委托书（原件）和授权经办人身份证明文件（复印件）（如通过PROP提交申请，则无须提供）。

2. 办理流程

科创板股票期权授予登记，股权激励计划经股东大会审议通过后，发行人即可申请办理。

其他办理流程按照《中国结算上海分公司股权激励计划登记结算业务指南》等相关规定办理。

3. 收费标准和注意事项按照《中国结算上海分公司股权激励计划登记结算业务指南》等相关规定办理。

（三）股票期权批量行权

根据股权激励计划方案，进入股票期权行权期后如激励对象选择行权，发行人集中批量向本公司申请办理股票期权行权登记。

1. 所需材料

发行人向本公司申请办理股票期权行权时应提交以下材料：

（1）经交易所确认的股票期权行权申请表；

（2）股票期权变更申请表；

（3）证券登记申请表；

（4）股权激励计划股票期权行权名册清单；

（5）因股票期权行权而新增股份的网下托管数据清单；

（6）授权委托书和经办人身份证复印件（通过电子方式提交申请则无须提供）。

2. 办理流程、收费标准和注意事项按照《中国结算上海分公司股权激励计划登记结算业务指南》等相关规定办理。

（四）其他股权激励业务

除限制性股票和股票期权授予登记、股票期权批量行权外，发行人办理科创板其他股权激励业务，按照《中国结算上海分公司股权激励计划登记结算业务指南》等相关规定办理。

第五节　发行人查询业务

发行人可向本公司申请办理科创板股票的查询业务。查询业务类别、查询业务的规范要求、查询业务的申请方式、查询数据的使用、查询费用缴纳和发票获取等，均按照《中国证券登记结算有限责任公司上海分公司证券发行人业务指南》关于A股"证券发行人查询业务"的相关规定办理。

第六节　退出登记业务

本公司在收到交易所发送的科创板股票终止上市通知后，发行人或其代办机构应当在终止上市后的10个交易日内到本公司办理交易所市场的退出登记手续。

本公司在结清与发行人的债权债务或就债权债务问题达成协议后，将科创板股票持有人名册清单等证券登记相关数据发送发行人或其代办机构。

如发行人或其代办机构未在规定时间内办理退出登记手续，本公司在发行人终止上市后的10个交易日后，将科创板股票持有人名册清单等证券登记相关数据发送发行人，并由公证机关进行公证，视同发行人退出登记手续办理完毕。退出登记手续办理完毕后，证券持有人名册维护等相应职责由发行人直接承担，证券持有人应当通过发行人主张相应权利。

科创板股票退出登记相关业务流程、申请材料以及未发放红利款退款的注意事项，按照《中国证券登记结算有限责任公司上海分公司证券发行人业务指南》关于A股"股票退登记"的相关规定办理。

第三章 结算业务

第一节 结算账户管理及资金结算

本公司为科创板股票的交易提供多边净额结算服务，使用现有担保交收账户完成资金交收。科创板股票以人民币结算。

一、结算原则

科创板的股票和资金结算，实行分级结算原则。

本公司根据清算结果，按照相关结算业务规则，办理与结算参与人之间的科创板股票和资金交收。结算参与人应当就交易达成时确定由其承担的交收义务，对本公司履行最终交收责任。

结算参与人负责办理与其客户之间的科创板股票和资金清算交收。结算参与人与其客户之间的科创板股票划付，应当根据有关规定，委托本公司代为办理。

二、清算

对于纳入净额提供担保交收的交易品种（含科创板股票交易），本公司在清算日将当日全部净额担保交收的品种的资金清算结果，以备付金账户为单位进行轧差汇总，最终形成结算参与人在交收日净应收或净应付资金净额。

本公司在每一交易日提供按既定的计算公式向结算参与人提供预清算数据查询服务，结算参与人可通过PROP和通用接口于每个交易日分三个批次查询当日净额结算品种的预清算结果。其中第一批次预清算结果的可查询时间为14:30，第二批次预清算结果的可查询时间一般为15:30前后。第三批次预清算结果的可查询时间一般为15:45之后。科创板股票盘后固定价格交易、大宗交易数据不纳入预清算。

三、交收

科创板股票交收纳入净额担保交收，本公司以结算参与人的清算编号为单位生成有关清算数据，并通过在结算参与人的结算备付金账户上直接贷（借）记完成其与本公司间不可撤销的资金交收。科创板股票日间交易数据纳入结算明细第二批次文件，科创板股票盘后固定价格交易、大宗交易纳入结算明细第三批次文件。

其他相关业务按照《中国证券登记结算有限责任公司上海分公司结算账户管理及资金结算业务指南》的相关规定进行办理。

第二节 结算风险管理

结算参与人参与科创板股票交易结算的结算风险管理，包括但不限于结算最低备付金、结算保证金的缴纳等，按照《中国证券登记结算有限责任公司上海分公司结算账户管理及资金结算业务指南》第三篇"结算风险管理"和《中国结算上海分公司结算保证金业务指南》关于A股的相关规定办理。

证券结算风险基金的计提，按照《证券结算风险基金管理办法》执行。

第三节 首次公开发行股票网下发行资金结算

科创板首次公开发行股票资金结算适用本指南，本指南未作规定的，按照《上海市场首次公开发行股票登记结算业务指南》等相关规定办理。

一、主承销商

主承销商应通过交易所网下申购平台（以下简称申购平台），及时向本公司提供配售对象信息、网下获配数据、最终配售结果数据，并可通过PROP及时查询配售对象认购款到账情况。

（一）T-1日提供配售对象信息

T-1日15:00前，主承销商将剔除不得参与累计投标询价或定价申购（以下统称申购）后的网下投资者所管理的配售对象信息（包括配售对象名称、配售对象证券账户、银行收付款账户以及股票代码等相关信息），通过申购平台向本公司提供。一个配售对象只能对应一个银行收付款账户。

（二）T日接收配售对象信息核查结果

T日，本公司对配售对象证券账户的代码有效性进行核查，并将核查结果反馈主承销商。

主承销商可于T日17:00后，通过PROP信箱接收新股网下发行账户关系结果文件（wxzhgxjg文件）。

（三）T+1日提供网下获配数据

T+1日15:00前，主承销商将各配售对象网下获配应缴款情况上传至申购平台，并由申购平台将对应配售对象网下获配情况，包括发行价格、获配股数、佣金费率、证券账户、配售对象证件代码等数据发送至本公司。

（四）T+2日公告网下获配应缴款情况及查询网下认购款到账情况

主承销商于T+2日向市场公告网下获配应缴款情况。

T+2日9:00—16:30，主承销商可通过PROP实时查询各配售对象认购款到账明细情况，并可据此提醒投资者按规定时间足额缴款（包括新股配售经纪佣金）。T+2日17:30后，主承销商可通过其PROP信箱接收配售对象资金到账通知文件（psdxzjdztz），获取各配售对象最终的认购资金到账情况。

（五）T+3日提交最终配售结果

T+3日14:00前，主承销商将最终确定的配售结果数据发送至申购平台，并由申购平台将最终确定的配售结果数据，包括发行价格、配售股数、配售金额（包含新股配售经纪佣金）、证券账户、配售股份限售期限、配售对象证件代码等发送至本公司。

（六）T+4日收取网下发行募集款

T+4日10:00前，本公司根据申购平台发送的最终配售结果数据，将主承销商承销证券网下发行募集款总金额（包含新股配售经纪佣金），以及各配售对象多余或无效认购认购款应退款金额（如有），以各配售对象认购款缴款银行为单位，提供给相关结算银行。

二、配售对象

配售对象应根据其网下获配应缴款情况，通过其在中国证券业协会备案的配售对象账户信息中的银行收付款账户，及时向本公司在结算银行开立的网下发行专户办理网下认购资金的划付。

（一）网下投资者需在初步询价开始日前一交易日12:00前完成在中国证券业协会备案。

（二）获配数据的查询

各配售对象可于T+1日15:00后，通过申购平台查询其网下获配应缴款情况

（包含新股配售经纪佣金），或T+2日通过主承销商发布的公告查询其网下获配应缴款情况（包含新股配售经纪佣金），并准备相应认购资金。

（三）T+2日划付认购款

T+2日8:30—16:00，各配售对象应根据获配应缴款情况（包含新股配售经纪佣金），全额缴纳新股认购资金。

配售对象在办理认购资金划入时，应将获配股票对应的认购资金划入本公司在结算银行开立的网下发行专户。

配售对象划款时，须在付款凭证备注栏中注明认购所对应的证券账户及股票代码，若没有注明或备注信息错误将导致划款失败。配售对象必须通过其在中国证券业协会备案的银行账户划出认购款，不得通过其他银行账户进行付款，否则结算银行将予以原路退回。

配售对象认购资金划出后，应通过申购平台及时跟踪资金到账情况，确保认购资金于T+2日16:00前记入本公司网下发行专户。

（四）T+4日查收多余或无效认购款

T+4日10:00前，本公司根据申购平台提供的最终配售结果数据（包含新股配售经纪佣金），将各配售对象的应退款金额，以各配售对象认购款缴款银行为单位，通过PROP提供给相关结算银行，结算银行据此办理退款。

第四章　投资者业务

第一节　证券账户业务

投资者参与科创板股票的认购和交易等，使用A股证券账户。

办理证券账户开立、信息变更、注销等账户业务，按照《中国证券登记结算有限责任公司证券账户业务指南》和《中国证券登记结算有限责任公司特殊机构及产品证券账户业务指南》等相关规定办理。

各证券公司应通过本公司统一账户平台实时接口，将新开通科创板交易权限的投资者沪市证券账户，于开通当日16:00前报送给本公司总部，16:00后开通权限的于次一交易日16:00前报送。所报送证券账户包括证券公司的自营、资管、经纪及租用其交易单元的客户的证券账户。对于关闭科创板交易权限的账户，证券公司应及时通过统一账户平台实时接口向本公司总部报送。

第二节 证券查询业务

办理科创板股票持有余额、持有变更等查询业务，按照《中国证券登记结算有限责任公司投资者证券查询业务指南》和《中国证券登记结算有限责任公司上海分公司协助执法业务指南》等相关规定办理。

第三节 证券非交易过户变更登记业务

科创板股票相关非交易过户登记业务，按照《中国证券登记结算有限责任公司上海分公司参与人证券托管业务指南》《中国证券登记结算有限责任公司上海分公司营业大厅业务指南》《中国证券登记结算有限责任公司上海分公司上市公司收购及现金选择权登记结算业务指南》和《中国证券登记结算有限责任公司上海分公司协助执法业务指南》等相关规定办理。

其中涉及特别表决权股份的，本公司在受理后先办理特别表决权股份转换为普通股份业务，再办理非交易过户变更登记业务，并将转换结果通知发行人和交易所。

第四节 其他证券变更登记业务

办理科创板股票司法冻结与解冻（包括轮候冻结、续冻、轮候解冻）等业务，按照《中国证券登记结算有限责任公司上海分公司协助执法业务指南》《中国结算上海分公司参与人证券托管业务指南》等相关规定办理。

办理科创板证券质押登记、解除质押登记及质押物处置等业务，按照《中国证券登记结算有限责任公司上海分公司营业大厅业务指南》相关规定办理。

第五章 科创板证券出借及转融券业务

第一节 科创板证券出借及转融券的一般规定

科创板证券（含股票及存托凭证）出借、科创板转融券业务以及相关登记结算业务适用本指南。本指南未作规定的，适用《中国证券登记结算有限责任公司上海分公司证券出借及转融通登记结算业务指南》等其他有关规定。

科创板证券出借的标的证券范围，由交易所统一公布、与可融券卖出的科创板标的证券范围一致，且不存在司法冻结、质押等其他权利瑕疵。

第二节　科创板证券出借及转融券约定申报

一、新增证券出借及转融券约定申报相关业务类型

（一）出借人向中国证金融公司出借无限售流通股约定申报

出借人通过约定申报方式向中国证券金融股份有限公司（以下简称中国证券金融公司）出借证券的，本公司根据交易所发送的科创板无限售流通股转融券实时交易证金融入出借交易成交数据，在出借人证券账户记减相应股份、在中国证券金融公司转融通专用证券账户记增相应股份。

（二）战略投资者向中国证券金融公司出借战略配售股份约定申报

战略投资者通过约定申报方式向中国证券金融公司出借配售获得的在承诺持有期限内股票的，本公司根据交易所发送的科创板战略配售股份转融券实时交易证金融入出借交易成交数据，在出借人证券账户记减获配战略配售股份，记增中国证券金融公司转融通专用证券账户相应股份，并将该部分股份变更为无限售条件流通股。

（三）中国证券金融公司向证券公司转融券约定申报

中国证券金融公司通过约定申报方式向证券公司转融券的，本公司根据交易所发送的科创板转融券实时交易证金融出交易成交数据，在中国证券金融公司转融通专用证券账户记减相应股份、在证券公司融券专用证券账户记增相应股份。

二、结算模式

（一）证券出借约定申报

交易所对科创板证券出借约定申报进行实时撮合成交，生成成交数据，并对中国证券金融公司和出借人的账户可交易余额进行实时调整。

当日交易结束后，本公司根据交易所的成交数据，对通过约定申报方式达成的科创板证券出借以多边净额结算方式进行清算交收。

（二）转融券约定申报

交易所根据中国证券金融公司发送的科创板转融券约定申报成交数据，对中国证券金融公司和借入人的账户可交易余额完成调整的，当日交易结束后，交易所将中国证券金融公司该部分科创板转融券约定申报成交数据发送本公司，本公司据此对科创板转融券约定申报的成交数据以多边净额结算方式进行清算交收。

中国证券金融公司向证券公司转融券约定申报业务中，如因特殊原因，导致中国证券金融公司和借入人账户可交易余额未做实时调整的，当日交易结束后，中国证券金融公司就该部分科创板转融券约定申报成交数据，向本公司发送证券划转指令，具体按照《中国证券登记结算有限责任公司上海分公司证券出借及转融通登记结算业务指南》关于证券出借非约定申报业务的处理方式办理。

第三节 科创板证券出借非约定申报

一、新增证券出借非约定申报相关业务类型

（一）战略投资者向中国证券金融公司出借战略配售股份非约定申报

战略投资者通过非约定申报方式向中国证券金融公司出借配售获得的在承诺持有期限内股票的，本公司根据交易所发送的科创板战略配售股份转融券非实时交易证金融入出借划转成交数据，在可划出股份足额的前提下，将相应股份从战略投资者证券账户划转至中国证券金融公司转融通专用证券账户，并将该部分股份变更为无限售流通股。

二、证券划转

上述业务涉及的证券划转，按照《中国证券登记结算有限责任公司上海分公司证券出借及转融通登记结算业务指南》关于证券出借非约定申报业务的处理方式办理。

第四节 科创板证券出借归还证券划转

一、新增证券出借归还证券划转相关业务类型

（一）中国证券金融公司向战略投资者归还战略配售股份证券划转

中国证券金融公司向战略投资者归还配售获得的在承诺持有期限内股票的，应当通过本公司PROP提交科创板战略配售股份转融券证金融入归还证券划转指令，本公司根据该指令，在可划出股份足额的前提下，将中国证券金融公司转融通专用证券账户中相应股份变更为战略配售股份后，将该部分股份从中国证券金融公司转融通专用证券账户划转至战略投资者证券账户。

（二）中国证券金融公司向战略投资者交付战略配售股份权益补偿证券划转

中国证券金融公司向战略投资者交付配售获得的在承诺持有期限内股票权益补偿的，应当通过本公司PROP提交证金公司科创板战略配售股份补偿支付证券划转指令，本公司根据该指令，在可划出股份足额的前提下，将中

国证券金融公司转融通专用证券账户内相应股份变更为战略配售股份后，将该部分股份从中国证券金融公司转融通专用证券账户划转至战略投资者证券账户。

二、证券划转

上述业务涉及的证券划转，按照《中国证券登记结算有限责任公司上海分公司证券出借及转融通登记结算业务指南》关于转融券证券划转业务的处理方式办理。

第五节　证券出借及转融券交易指令、证券划转指令申报方式

证券出借交易指令、转融券业务交易指令、证券划转指令根据申报方式，可分为通过交易所交易指令申报和通过PROP申报两种方式。

一、交易所交易指令申报

"科创板无限售流通股转融券实时交易证金融入""科创板战略配售股份转融券实时交易证金融入""科创板转融券实时交易证金融出"三类业务指令由出借人、中国证券金融公司在交易所交易时间通过交易所交易系统申报。交易所进行实时撮合成交，生成成交数据，并对中国证券金融公司、出借人、证券公司的账户可交易余额进行实时调整。当日交易结束后，将对账户可交易余额完成调整的成交数据发送本公司。

"科创板战略配售股份转融券非实时证金融入"业务指令由出借人、中国证券金融公司在交易所交易时间通过交易所交易系统申报，交易所撮合成交后，当日交易结束后将成交结果发送本公司。

二、PROP申报

"科创板战略配售股份转融券证金融入归还""证金公司科创板战略配售股份补偿支付"两类转融通证券划转业务指令，由转出方于每个交易日15:30之前通过本公司PROP证券划转功能申报。在截止时间前，转出方可以撤销已经发出的证券划转指令。

因特殊原因，导致中国证券金融公司和借入人账户可交易余额未做实时调整的，当日交易结束后15:30之前，中国证券金融公司就该部分科创板转融券约定申报成交数据，通过PROP向本公司发送证券划转业务指令。

对于其他证券划转业务指令，按照《中国证券登记结算有限责任公司上海分公司证券出借及转融通登记结算业务指南》等有关规定办理。

第六节 科创板证券划转指令的处理

一、证券划转指令有效性检查

在证券划转指令申报日日终，本公司对符合要求的证券划转指令进行划转处理，对已进入交收程序未完成交收的证券或被交收锁定的应付证券不办理证券出借及转融券的证券划转。

"科创板战略配售股份转融券非实时证金融入""科创板战略配售股份转融券证金融入归还""证金公司科创板战略配售股份补偿支付"三类转融通证券划转业务指令须经有效性检查。出现以下情况之一的，划转指令无效：

（1）转入转出的证券账户不存在。

（2）转入转出的证券账户的账户状态不正常。

（3）转出的证券账户未指定交易在申请人的交易单元上。

（4）申请划出的证券数量大于该证券账户中可划出的该种证券的数量。

（5）划转证券需为科创板股份或存托凭证。

（6）"科创板战略配售股份转融券非实时证金融入证券划转"指令，转入账户应为中国证券金融公司转融通专用证券账户。

（7）"科创板战略配售股份转融券证金融入归还""证金公司科创板战略配售股份补偿支付"两类转融通证券划转指令，转出账户应为中国证券金融公司转融通专用证券账户。

二、证券划转指令处理顺序

对于证券出借及转融通的证券划转业务，本公司按照以下顺序分类办理证券出借及转融通的证券划转：

（1）转融通券源划转；

（2）战略投资者向中国证券金融公司出借战略配售证券非实时划转；

（3）出借人向中国证券金融公司出借无限售流通证券非实时划转；

（4）中国证券金融公司向证券公司出借证券非实时划转；

（5）证券公司向中国证券金融公司归还证券划转；

（6）证券公司向中国证券金融公司交付转融券权益补偿证券划转；

（7）战略配售股份转融券中国证券金融公司股份融入归还；

（8）中国证券金融公司科创板战略配售股份补偿支付；

（9）中国证券金融公司向战略投资者归还战略配售股份划转；

（10）中国证券金融公司向出借人交付权益补偿证券划转；

（11）中国证券金融公司向证券公司划付证券差错的调账划转；

（12）证券公司向中国证券金融公司划付证券差错的调账划转。

同一类证券的划转指令，本公司按照证券出借成交结果的成交序号或转融通的证券划转指令申报批次依次进行证券划转处理。同一批次的证券划转指令，本公司按照申报序号依次进行证券划转。

第六章　收费标准

科创板股票登记结算业务相关费用，同现有A股登记结算业务收费标准。

科创板证券出借及转融券业务等相关费用，同现有A股出借及转融券业务收费标准。

本公司按照相关规定和相关单位的委托，代扣代缴或代为收取科创板股票相关税费，包括证券交易印花税、证券非交易过户印花税、证券交易经手费、交易监管费等。

注：根据2016年8月19日发布的《关于继续暂免收取证券出借及转融通登记结算业务相关费用的通知》，上述收费标准中"证券出借及转融通证券划转""券源划转""调账划转""权益补偿划转""可充抵保证金证券划转"的相关收费项目全部暂免收取。

附　录

一、本业务指南提及的相关业务资金及费用，需划付至本公司指定的收款银行账户，账户信息可参见本公司网站公布的"中国证券登记结算有限责任公司上海分公司A股结算银行结算备付金专用存款账户一览表"（www.chinaclear.cn→服务支持→业务资料→银行账户信息表→中国结算上海分公司A股结算银行结算备付金专用存款账户一览表）。

二、本业务指南提及相关业务申请表单的格式，可参见本公司网站公布的相关业务表格（www.chinaclear.cn→服务支持→业务资料→业务表格→上海市场）。

三、本业务指南提及的业务操作可参见本公司网站公布的相关业务操作手册（www.chinaclear.cn→服务支持→操作手册）。

四、本业务指南涉及的材料均应以简体中文书写或附有简体中文译本（以简体中文译本为准）。

五、本业务指南由本公司负责解释。

关于修订《中国证券登记结算有限责任公司上海分公司创新企业境内发行存托凭证登记结算业务指南》的通知

（中国证券登记结算有限责任公司上海分公司　2019年7月3日）

各市场参与主体：

为配合创新企业境内发行存托凭证并在科创板上市，根据《存托凭证登记结算业务规则（试行）》《科创板股票登记结算业务细则（试行）》等规定，本公司修订了《创新企业境内发行存托凭证登记结算业务指南》，现予以发布，并就有关事项通知如下：

一、本次修订内容主要包括：

1. 根据注册制相关安排，修订了存托凭证的初始登记材料方面的要求；

2. 修订存托人申请存托服务费代收的方式；

3. 明确代收存托服务费手续费的收取标准。

二、本公司暂不提供存托凭证的质押登记业务服务，如有变化，另行通知。

特此通知。

附件：中国证券登记结算有限责任公司上海分公司创新企业境内发行存托凭证登记结算业务指南

中国证券登记结算有限责任公司上海分公司创新企业境内发行存托凭证登记结算业务指南

修订说明

更新日期	业务名称	修订说明
2019年7月	存托凭证登记结算业务	1. 根据注册制相关安排，修订了存托凭证的初始登记材料方面的要求； 2. 修订存托人申请存托服务费代收的方式； 3. 明确代收存托服务费手续费的收取标准。
2018年5月	存托凭证登记结算业务	首次发布

目　录

第一章　总则

一、为规范创新企业（以下简称发行人）境内发行存托凭证的登记结算业务，根据《存托凭证发行与交易管理办法（试行）》《证券发行与承销管理办法》《中国证券登记结算有限责任公司存托凭证登记结算业务规则（试行）》等相关规定，制定本指南。

二、上海证券交易所（以下简称交易所）上市和已发行拟上市的存托凭证涉及的登记存管、公司行为、清算、交收、风险管理等业务，适用本指南。存托人、结算参与人和存托凭证投资者可参照本指南办理相关业务。本指南未规定的，原则上参照中国证券登记结算有限责任公司上海分公司（以下简称本公司）关于人民币普通股票（以下简称A股）的相关规定，本公司另有规定的除外。

第二章　存托人业务

本公司依据国家法律、法规和业务规则，对交易所上市和已发行拟上市的存托凭证办理集中统一的证券登记并提供相关服务。

存托凭证的证券登记及相关服务由存托人向我公司申请办理，业务范围包括初始登记、退出登记、送股（或转增股本）登记、代理发放现金红利、持有人名册查询等，业务办理过程中涉及的资金均以人民币计价和收付。

存托凭证登记实行存托人申报制，本公司对存托人提供的登记申请材料和数据形式审核后，进行证券登记。存托人应当提供符合本公司业务规则要求的登记申请材料和数据，存托人应当保证其所提供的登记申请材料和数据真实、准确、完整。因存托人提交的业务材料存在虚假记载、误导性陈述、遗漏以及其他由于存托人原因导致证券登记出现差错的，存托人应当承担由此产生的一切损失和法律后果，本公司对此不承担任何责任。

存托人办理证券登记业务前应与本公司签订证券登记及服务协议。存托人应向本公司提供指定联络人授权委托书，授权相关人员全权负责办理证券登记业务及其他相关事宜。

第一节　初始登记业务

一、概述

存托凭证发行完成后，存托人应向本公司申请办理初始登记业务。通过交易所系统发行的存托凭证，本公司根据存托人有效送达的登记数据及相关申请材料，办理存托凭证的初始登记；通过交易所系统以外途径发行的存托凭证，本公司根据存托人或主承销商有效送达的登记数据及相关申请材料办理存托凭证的初始登记。

二、办理流程

（一）存托人在存托凭证首次公开发行申请获得同意后，应及时签订《证券登记及服务协议（适用于中国存托凭证）》《证券持有人大会网络投票服务协议》，并于发行日（T日）前4个交易日前将原件送交本公司。

存托人在存托凭证首次公开发行启动后，应尽早安装PROP系统，于T-4日前提交《PROP用户开通（或更名）申请书》和证监会关于核准存托人开展存托凭证存托业务的批复和营业执照复印件（加盖公章），本公司据此为存托人开通PROP用户权限。

存托人在办理第二只或更多的存托凭证发行登记时，若已经签订《证券登记及服务协议（适用于中国存托凭证）》，则仅需提交《PROP用户开通（或更名）申请书》，完成PROP用户存托凭证代码对应的信箱合并。

注：PROP是英文Participant Remote Operating Platform的缩写，中文含义为参与人远程操作平台。

（二）存托人在存托凭证首次公开发行启动后，应于T+4日前向本公司提交存托凭证发行登记申请材料并支付证券登记费；

（三）本公司对存托人提供的证券登记申请材料形式审核通过后，根据其申报的证券登记数据办理存托凭证初始登记；

（四）完成登记后的下一个工作日前，本公司向存托人提供登记证明材料及前十大持有人名册。

三、所需材料

存托人应于T+4日前向本公司申请办理存托凭证的初始登记，并提交以下材料：

1. 存托人与存托凭证发行人签订的存托协议；

2. 中国证监会核准发行存托凭证的批复文件或中国证监会同意注册的决定；

3. 证券登记申请表；

4. 授权委托书、指定联络人身份证原件及复印件；

5. 对通过交易所系统以外方式发行的存托凭证，存托人需提供存托凭证持有人名册清单（清单格式详见"五、注意事项（三）持有人名册数据格式及说明"）。如存托凭证持有人持有的存托凭证有限售条件，存托人还需申报有限售条件存托凭证的限售期限；

6. 本公司要求提供的其他材料。

四、超额配售选择权登记（如有）

对于存托凭证发行业务中主承销商行使超额配售选择权的，在初始登记时，延期交付的存托凭证暂不登记。

1. 主承销商选择要求发行人增发存托凭证，分配给对此超额发售部分提出认购申请的投资者的，发行人或主承销商应将分配结果告知存托人，存托人向本公司提交超额配售份额登记申请，并提交以下材料：

（1）证券登记申请表；

（2）超额配售证券登记表；

（3）超额配售证券登记申报书面清单；

（4）授权委托书、指定联络人身份证原件及复印件；

（5）主承销商与投资者达成预售拟行使超额配售选择权的协议；

（6）本公司要求的其他材料。

2. 主承销商选择从集中竞价交易市场购买存托凭证，分配给对此超额发售部分提出认购申请的投资者的，主承销商应向本公司提交超额配售份额登记申请，并提交以下材料：

（1）证券登记申请表；

（2）超额配售证券登记表；

（3）超额配售证券登记申报书面清单；

（4）发行人授予主承销商行使超额配售选择权的相关证明材料；

（5）主承销商与投资者达成预售拟行使超额配售选择权的协议；

（6）授权委托书、指定联络人身份证原件及复印件；

（7）本公司要求的其他材料。

五、注意事项

（一）由于存托人提供的申请材料有误导致初始登记不实，存托人申请对存托凭证初始登记结果进行更正的，本公司依据生效的司法裁决或本公司认可的其他证明材料办理更正手续。

（二）以纸质形式提交的申报材料需加盖存托人的公章，如材料页数较多，还需加盖骑缝章。存托人也可出具加盖存托人公章的授权委托书，授权存托人的其他用章可用于向本公司申请办理初始登记业务。存托人通过认证用户提交的所有电子材料，均视为存托人提交的有效材料，与纸质材料具有相同法律效力。

（三）持有人名册数据格式及说明

存托凭证未通过交易所系统发行的，存托人在办理相关存托凭证初始登记时，应按以下要求制作持有人名册数据：

序号	字段名称	字段描述	字段长度
1	股东代码	上海证券市场投资者开设的用于存托凭证交易的十位证券账户号	10
2	证券代码	上海证券市场发行存托凭证的六位交易代码	6
3	证券类型	有限售条件存托凭证为XL，无限售条件存托凭证为PT	2
4	登记数量	为存托人申报登记的投资者持有存托凭证数量，单位为份	12
5	身份证号	详见《中国证券登记结算有限责任公司证券账户业务指南》及《中国证券登记结算有限责任公司特殊机构及产品证券账户业务指南》	20
6	流通类型	XL对应为"B""D""E""F""G"，PT对应为"N"： "B"表示首次公开发行前存托凭证； "D"表示网下发行存托凭证； "E"表示其他限售存托凭证； "F"表示非公开发行存托凭证； "G"表示特别表决权存托凭证； "N"表示限售或非流通	1
7	登记标志	表示有限售条件存托凭证的限售期限，单位为月	5
8	权益类别	空	2

（四）存托人需确认持有人名册数据中的证券账户为非不合格账户且账户状态正常、证件代码准确。

（五）指定联络人授权委托书内容（如指定联络人、授权期限、联系电话等）发生变化，存托人应在变更之日起五个交易日内书面通知本公司。指定联络人授权期限到期后，存托人应及时向本公司提供新的授权委托书。

（六）存托人或存托凭证发行人全称发生变化，存托人应在更名公告之日起五个交易日内书面通知本公司。

（七）根据证监会发布的《证券发行与承销管理办法》的相关规定，存托凭证发行之前如果存在利润分配方案、公积金转增股本方案尚未实施的，存托人应当在方案实施后办理存托凭证发行登记业务。

第二节 有限售条件存托凭证解除限售业务

有限售条件存托凭证解除限售业务参照《中国证券登记结算有限责任公司上海分公司证券发行人业务指南》关于A股"有限售条件的流通股解除限售"的相关规定办理，存托人应参照上述规定中关于证券发行人的相关要求办理业务。

第三节 公司行为业务

一、送股（公积金转增股本）登记业务

存托凭证的送股（公积金转增股本）登记业务由存托人向本公司申请办理，需提交以下材料：

1. 送股（转增股本）登记申请表，该申请表可通过PROP系统提交，无法通过PROP系统提交的，可提交纸质申请；

2. 基础证券收妥说明，存托人应承诺已足额收到新增存托凭证对应的基础证券；

3. 承诺函，承诺权益登记日不得与配股、增发等发行业务的权益登记日重合，并确保自向本公司提交申请之日至新增份额上市日，不得因其他业务改变存托凭证总数量；

4. 本公司要求的其他材料。

存托人须确保所填报信息与发行人的股东大会决议及实施公告相关信息保持一致。因存托人提交的业务材料存在虚假记载、误导性陈述、遗漏以及其他由于存托人原因导致送股（公积金转增股本）登记出现差错的，存托人应当承担由此产生的一切损失和法律后果，本公司对此不承担任何责任。

业务办理流程和注意事项参照《中国证券登记结算有限责任公司上海分公司证券发行人业务指南》关于A股"送股（公积金转增股本）登记"的相关规定办理，存托人应参照上述规定中关于证券发行人的相关要求办理业务。

二、代发现金红利业务

存托凭证的代发现金红利业务由存托人向本公司申请办理，存托人提交代发现金红利业务申请时，应提交以下材料：

1. 委托发放现金红利申请表，该申请表可通过PROP系统提交，无法通过PROP系统提交的，可提交纸质申请;

2. 承诺函，承诺权益登记日不得与配股、增发等发行行为的权益登记日重合，并确保自向本公司提交申请之日至红利权益登记日期间，不得因其他业务改变存托凭证的总数量;

3. 本公司要求的其他材料。

三、公司行为其他注意事项

存托人须确保所填报信息与发行人的股东大会决议及实施公告相关信息保持一致。因存托人提交的业务材料存在虚假记载、误导性陈述、遗漏以及其他由于存托人原因导致送股（公积金转增股本）登记和代发现金红利业务出现差错的，存托人应当承担由此产生的一切损失和法律后果，本公司对此不承担任何责任。

送股（公积金转增股本）登记和代发现金红利业务的业务办理流程和注意事项参照《中国证券登记结算有限责任公司上海分公司证券发行人业务指南》关于A股"送股（公积金转增股本）登记"和"代发股票、基金现金红利"的相关规定办理，存托人应参照上述规定中关于证券发行人的相关要求办理业务。

送股（公积金转增股本）登记和代发现金红利业务涉及的股息红利差别化个人所得税业务办理流程和注意事项参照《中国证券登记结算有限责任公司上海分公司证券发行人业务指南》关于A股"股息红利差别化个人所得税"的相关规定办理。如存托凭证不设面值，技术系统对相关送股（公积金转增股本）涉及的股息个人所得税计税金额为零。

第四节　存托人查询业务

存托人可向本公司申请办理存托凭证的查询业务。查询业务类别、查询业务的规范要求、查询业务的申请方式、查询数据的阅读和使用、查询费用缴纳和发票获取等均参照《中国证券登记结算有限责任公司上海分公司证券发行人业务指南》关于A股"证券发行人查询业务"的相关规定办理，存托人应参照上述规定中关于证券发行人的相关要求办理业务。

存托人对查询信息的使用和提供应当符合国家法律法规、部门规章以及规范性文件的要求，并自行承担相应的法律责任。

第五节 存托凭证退出登记业务

本公司在收到交易所发送的存托凭证终止上市通知后，向存托人发送《关于办理终止上市后证券退出登记有关事宜的通知》（格式详见本指南附件一），存托人应根据上述通知的要求到本公司办理存托凭证退出登记手续。

本公司在结清与存托人的债权债务或就债权债务问题达成协议后，与存托人签订证券登记数据资料移交备忘录，将存托凭证持有人名册清单等证券登记相关数据和资料移交存托人。

存托人未按规定办理退出登记，本公司将其登记数据和资料送达存托人，并由公证机关进行公证的，视同退出登记手续办理完毕。

退出登记手续办理完毕后，本公司在中国证监会指定报刊上刊登《关于终止提供××公司存托凭证证券交易所市场登记服务的公告》（格式详见本指南附件二）。存托凭证退出登记后，存托凭证持有人名册维护等相应职责由存托人直接承担，存托凭证持有人应当通过存托人主张相应权利。

退出登记相关业务流程、申请材料以及注意事项参照《中国证券登记结算有限责任公司上海分公司证券发行人业务指南》关于A股"股票退登记"的相关规定进行办理，存托人应参照上述规定中关于证券发行人的相关要求办理业务。

第三章 结算参与人业务

第一节 结算账户管理及资金结算

存托凭证采取多边净额结算方式，沿用现有A股担保交收账户完成交收，无须另外开立资金账户，相关业务比照《中国证券登记结算有限责任公司上海分公司结算账户管理及资金结算业务指南》办理和执行。

第二节 结算风险管理

结算参与人参与存托凭证交易结算的结算风险管理，参照《中国证券登记结算有限责任公司上海分公司结算账户管理及资金结算业务指南》和《中国结算上海分公司结算保证金业务指南》关于A股的相关规定进行办理。证券结算风险基金的计提，按照《证券结算风险基金管理办法》执行。

第四章　投资者业务

第一节　证券查询业务

投资者办理存托凭证持有余额、持有变更等查询业务，所需提交的材料和办理流程参照本公司《中国证券登记结算有限责任公司投资者证券查询业务指南》关于证券查询相关业务的规定办理。

第二节　证券变更登记业务

因协议转让、法人资格丧失、继承、离婚、投资者向基金会捐赠、证券公司定向资产管理证券划转及经国家有权机关批准等情形涉及的存托凭证非交易过户及临时保管等业务，所需提交的材料和办理流程参照本公司《中国证券登记结算有限责任公司上海分公司参与人证券托管业务指南》和《中国证券登记结算有限责任公司上海分公司营业大厅业务指南》中关于相关业务的规定办理。

第三节　协助执行业务

协助人民法院、检察院、公安机关等有权机关因审理和执行案件需要，办理本公司存管的存托凭证的查询、冻结与解冻（包括轮候冻结、续冻、轮候解冻）、扣划等协助司法执行业务，所需提交的材料和办理流程参照本公司《中国证券登记结算有限责任公司上海分公司协助执法业务指南》中关于相关业务的规定办理。

第五章　存托服务费代收业务

第一节　存托服务费代收和调整申请

存托人委托本公司代为收取存托凭证持有人存托服务费，需于存托凭证初始发行上市日前三个交易日向本公司提交《关于委托代收存托凭证存托服务费的申请书》（详见本指南附件三）。存托人应确保委托本公司向存托凭证持有人收取的存托服务费的收费标准（包括年费率与日费率）与相关存托协议一致，并已经公告。

存托人可根据相关法律法规的规定，在履行必要程序后对存托服务费费率进行调整。存托服务费费率的调整频率原则上每半年不得超过一次。费率调整内容不得与存托协议相冲突，且需提前进行公告。

存托人需于存托服务费费率调整生效日前十个交易日，向本公司提交存托服务费费率调整申请。申请材料包括：

1.《关于存托凭证存托服务费费率协助调整的申请书》（详见本指南附件四）；

2. 本公司认为必要的其他材料。

本公司对照存托人费率调整公告等材料，审核通过后，完成费率调整操作。

第二节　存托服务费代收方式

本公司根据存托人的申请，通过结算参与人向中国存托凭证持有人代收存托服务费。

一、计费起始日期

存托服务费的计算起始日为初始发行上市日，最后计算日为存托凭证的最后交易日或最后委托交易日。

二、计费范围

计费范围包括存托凭证持有人证券账户中持有的无限售条件存托凭证和有限售条件存托凭证。

对于因存托凭证初始发行、送股、配股等产生的已登记但未上市的无限售条件存托凭证，自该部分存托凭证上市日起开始计费。

三、计费公式

对于单个证券账户持有的单只存托凭证的存托服务费按照以下公式计算：

T日计算的某证券账户的存托服务费=该证券账户T-1日该只存托凭证的日终持有数量×该只存托凭证存托服务费日费率×持有天数

其中：

1. 持有天数=T-1日至T日所间隔的自然日天数（算头不算尾）；

2. 存托服务费在按照上述公式计算得出后，四舍五入保留到分，不足0.01元的按0.01元收取；

3. 上述T日、T-1日均指上海证券交易所交易日。

举例：

某证券账户9月6日（周四）日终持有某只存托凭证10000份，9月7日（周五）日终持有该只存托凭证8000份，存托凭证日费率为0.00005元，计算结果如下：

T–1日终持有数量	持有天数	存托服务费（元）	清算日	交收日
10000	1天 （9月6日）	0.50（10000×0.00005×1）	9月7日 （周五）	9月10日 （周一）
8000	3天 （9月7~9日）	1.20（8000×0.00005×3）	9月10日 （周一）	9月11日 （周二）

四、收费方式

存托服务费纳入净额结算，在A股结算备付金账户完成交收：T日日终，本公司计算投资者应缴的存托服务费，并按清算路径生成各结算备付金账户应缴存托服务费的结算明细数据；T+1日，根据T日清算数据从各结算备付金账户计收存托服务费。存托凭证持有人证券账户未办理指定交易的，该证券账户存托服务费按交易日计算后暂不收取，自该证券账户办理指定交易后一并收取。

五、费用划付

本公司定期将代收的存托服务费扣除代收存托服务手续费后划付存托人，并向存托人提供各结算参与人缴纳的费用明细。

第六章　收费标准

存托凭证登记结算业务相关费用，按照本公司收费标准收取（具体收费标准详见附件五）。

本公司按照相关规定和相关单位的委托，代扣代缴或代为收取存托凭证相关税费，包括证券交易印花税、证券非交易过户印花税、证券交易经手费、存托服务费等。

附件一

关于办理终止上市后存托凭证退出登记有关事宜的通知

××××××股份有限公司（存托人）：

接上海证券交易所通知，你公司签发的××××××公司存托凭证将于××××年××月××日在上海证券交易所终止上市，根据《证券登记规则》相关规定及《证券登记及服务协议（适用于中国存托凭证）》相关约定，我公司将自××××年××月××日起终止提供该存托凭证的登记服务。

请你公司委派指定联络人于××××年××月××日前携本通知前来我公司办理终止上市后的退出登记事宜。

我公司将移交包括持有人名册、我公司办理的存托凭证冻结清单以及证券公司受理并申报的存托凭证冻结清单、未领现金红利清单、存托凭证在证券公司的托管情况等有关存托凭证登记数据。

如你公司未在我公司规定的时间内办理存托凭证退出登记手续，我公司将公证送达你公司相关存托凭证的登记数据资料，并视同××××××公司存托凭证退出登记手续办理完毕。

我公司业务联系人：×××

联系电话：021-××××××××　　传真：021-××××××××

联系地址：上海市陆家嘴东路166号中国保险大厦34楼（200120）。

特此通知。

××××年××月××日

附件二

<h2 style="text-align:center">关于终止提供××××××公司存托凭证证券交易所市场
登记服务的公告</h2>

××××××公司存托凭证已于××××年××月××日起在上海证券交易所终止上市，我公司根据中国证券登记结算有限责任公司《证券登记规则》规定及上海证券交易所《关于××××××公司存托凭证终止上市的决定》（上海证券交易所自律监管决定书[××××]×××号），自××××年××月××日起终止提供该存托凭证证券交易所市场的登记服务，我公司与存托人涉及的该只存托凭证证券交易所市场证券登记关系自同日起终止。

我公司已将相应的证券登记数据移交给存托人××××××公司，包括持有人名册、我公司办理的存托凭证冻结清单以及证券公司受理并申报的存托凭证冻结清单、未领现金红利清单、该存托凭证在证券公司的托管情况等。

原由证券公司受理的××××××公司存托凭证司法协助冻结等，证券公司应当及时将相关数据及书面材料移交该存托凭证的存托人××××××公司。因未及时移交相关数据而引起的一切法律责任由原受理的证券公司承担。

特此公告。

中国证券登记结算有限责任公司上海分公司
××××年××月××日

附件三

关于委托代收存托凭证存托服务费的申请书

中国证券登记结算有限责任公司上海分公司：

本公司委托贵公司：由贵公司代本公司向持有本公司签发的_____托凭证（证券代码：_____）的持有人收取存托服务费。存托服务费的计费起止日期、计费范围、计费公式以及收费方式按照贵公司发布的《中国证券登记结算有限责任公司上海分公司创新企业境内发行存托凭证登记结算业务指南》中的相关规定执行。

本公司承诺：本公司委托贵公司向存托凭证持有人收取存托服务费以及收费的标准和方式，与本公司和存托凭证发行人签订的存托协议中的约定一致，并已向市场公告。如需调整存托服务费费率的，本公司将于费率调整生效日十个交易日前，向贵公司提交存托服务费费率协助调整申请。

具体委托收费事项申请如下：

一、费用标准

本公司委托贵公司收取的该存托凭证的存托服务费，按照日费率____元人民币/份/天（即_____元人民币/份/年，最多可以保留小数点后9位）收取，单笔不足0.01元的，按0.01元收取。

二、费用划付

请贵公司于　每月初前　个交易日，将上月第一个交收日至当月最后一个交收日扣收的存托服务费（不计利息），扣除本公司需向贵公司缴付的代收手续费后，划付至我公司以下银行账户：

户名：_____

银行账号：_____

开户行：_____

上述收款银行账户如有变化，本公司将至少提前　十　个交易日发函，将最新账户信息通知贵公司。完成划付后，请贵公司提供按参与人汇总的代收金额明细数据，并以邮件形式发送给本公司指定接收人：_____

三、停止代收

本公司因不再担任该存托凭证的存托人等情形、需停止委托贵公司代收该存托凭证存托服务费的，本公司将在停止收取存托服务费前 十 个交易日书面通知贵公司，并告知截止代收的起始日。

本公司保证向贵公司提供的申请的真实、准确、完整与合法，因本公司申请贵公司代收存托凭证存托服务费事宜引起的一切法律责任均由本公司承担。

四、代收存托服务费手续费

本公司向贵公司支付存托服务费金额的 2% 作为代收手续费。

申请人：（盖章）

法定代表人或授权代表：

年　月　日

附件四

关于存托凭证存托服务费费率协助调整的申请书

中国证券登记结算有限责任公司上海分公司：

　　特申请贵公司协助将代本公司收取的＿＿＿＿＿＿存托凭证（证券代码：
＿＿＿＿＿＿）存托服务费日费率由＿＿＿＿＿元人民币/份/天（即＿＿＿＿元人民币/份/
年，最多可以保留小数点后9位），调整为＿＿＿＿＿元人民币/份/天（即＿＿＿＿元
人民币/份/年，最多可以保留小数点后9位），其他委托事项保持不变。调整
后的日费率生效日为＿＿＿年＿＿月＿＿日。

　　本公司承诺委托贵公司向存托凭证持有人收取的存托服务费的收费标准，
与本公司与存托凭证发行人签订存托协议中的存托服务费收费标准一致，并已
向市场公告。本公司保证向贵公司提供的申请的真实、准确、完整与合法，因
本公司申请调整服务费费率而引起的一切法律责任均由本公司承担。

　　附件：存托服务费费率调整相关公告

　　　　　　　　　　　　　　　申请人：（盖章）
　　　　　　　　　　　　　　　法定代表人或授权代表：
　　　　　　　　　　　　　　　　　　　　年　月　日

附件五

存托凭证登记结算业务收费一览表

收费项目	收费标准	收费对象
证券登记费 （包含首发、增发、配股、送股所产生的新增存托凭证份额登记收费）	按所登记份数为基础收取。5亿份（含）以下的费率为0.001元/份，超过5亿份的部分，费率为0.0001元/份，金额超过300万元以上部分予以免收	存托人
分红派息手续费	按派现总额的1‰收取，金额超过300万元以上部分予以免收	存托人
信息查询服务费	每只存托凭证6000元人民币/年；当年登记不足一年的，从登记当月开始按实际月份折算计收	存托人
代收存托服务费手续费	按代收金额的2%收取	存托人
交易过户费	按成交金额的0.02‰向买卖双方收取	投资者
非交易过户费	按过户份数×0.001元/份计收，最高10万元（双向收取）	投资者

注：其他业务如涉及收费事项，参照A股收费标准执行。原A股按面值收取的费用均调整为按照份额收取，单位相应调整为"元/份"，费率不变。

附件六

附 录

一、本业务指南提及的相关业务资金及费用，需划付至本公司指定的收款银行账户，账户信息可参见本公司网站公布的"中国证券登记结算有限责任公司上海分公司A股结算银行结算备付金专用存款账户一览表"（www.chinaclear.cn→服务支持→业务资料→银行账户信息表→中国结算上海分公司A股结算银行结算备付金专用存款账户一览表）。

二、本业务指南提及相关业务申请表单的格式，可参见本公司网站公布的相关业务表格（www.chinaclear.cn→服务支持→业务资料→业务表格→上海市场）。

三、本业务指南提及的业务操作可参见本公司网站公布的相关业务操作手册（www.chinaclear.cn→服务支持→操作手册）。

四、本业务指南涉及的材料均应以简体中文书写或附有简体中文译本（以简体中文译本为准）。

五、本业务指南由本公司负责解释。

V

中国注册会计师协会规则

中国注册会计师协会关于印发《科创板创新试点红筹企业财务报告差异调节信息和补充财务信息审计指引》的通知

（中国注册会计师协会　2019年3月28日）

各省、自治区、直辖市注册会计师协会：

为了服务红筹企业在科创板发行上市试点工作，指导会计师事务所提高相关审计业务质量，明确工作要求，我会制定了《科创板创新试点红筹企业财务报告差异调节信息和补充财务信息审计指引》，现予印发，自发布之日起实施。执行中有何问题，请及时反馈我会。

附件：科创板创新试点红筹企业财务报告差异调节信息和补充财务信息审计指引

科创板创新试点红筹企业财务报告差异调节信息和补充财务信息审计指引

第一章　总则

第一条　为了规范注册会计师执行科创板创新试点红筹企业财务报告差异调节信息和补充财务信息审计业务，明确工作要求，保证执业质量，根据中国注册会计师审计准则的规定，制定本指引。

第二条　本指引所称科创板创新试点红筹企业财务报告差异调节信息，是指科创板创新试点红筹企业（以下简称被审计单位）根据科创板创新试点红筹企业财务报告信息披露有关规定要求提供、按照中国企业会计准则调整的差异调节信息。

本指引所称科创板创新试点红筹企业财务报告补充财务信息，是指被审计单位根据科创板创新试点红筹企业财务报告信息披露有关规定要求提供、按照中国企业会计准则调节的补充财务信息。

根据科创板创新试点红筹企业财务报告信息披露有关规定，本指引所称等效会计准则是指经财政部认可与中国企业会计准则等效的会计准则，境外会计准则是指非等效国际财务报告准则或美国会计准则。

本指引所称差异调节信息审计，是指会计师事务所接受被审计单位委托，对差异调节信息是否在所有重大方面按照科创板创新试点红筹企业财务报告信息披露有关规定要求提供、按照中国企业会计准则调整进行审计，并出具审计报告的行为。

本指引所称补充财务信息审计，是指会计师事务所接受被审计单位委托，对补充财务信息是否在所有重大方面按照科创板创新试点红筹企业财务报告信息披露有关规定要求提供、按照中国企业会计准则调节进行审计，并出具审计报告的行为。

第三条　按照本指引的规定，在执行审计工作的基础上对差异调节信息或补充财务信息发表审计意见是注册会计师的责任。

第四条　注册会计师应当基于已审计的等效会计准则或境外会计准则财务报表对差异调节信息或补充财务信息进行审计。

第五条　注册会计师应当获取充分、适当的审计证据，以得出恰当的审计结论，作为出具审计报告的基础。

第六条　注册会计师的审计结论旨在合理保证差异调节信息或补充财务信息是否在所有重大方面按照科创板创新试点红筹企业财务报告信息披露有关规定要求提供、按照中国企业会计准则调整或调节。

第七条　注册会计师执行差异调节信息和补充财务信息审计业务，应当遵守中国注册会计师职业道德守则，遵循诚信、客观和公正原则，保持独立性，保持专业胜任能力和应有的关注，勤勉尽责，并对执业过程中获知的涉密信息保密。

第二章　接受业务委托

第八条　在承接差异调节信息或补充财务信息审计业务前，注册会计师应当了解下列基本情况，并考虑自身专业胜任能力和业务风险，以确定是否接受委托：

（一）等效会计准则、境外会计准则与中国企业会计准则；

（二）被审计单位的具体情况及可能适用于被审计单位的会计准则之间的差异；

（三）被审计单位管理层的胜任能力，包括是否充分了解会计准则之间的差异，是否有能力根据科创板创新试点红筹企业财务报告信息披露有关规定要求提供、按照中国企业会计准则调整差异调节信息或调节补充财务信息。

第九条　如接受委托，注册会计师应当就委托目的、审计范围、双方的责任、审计报告的用途、审计收费等事项与委托人沟通，并签订业务约定书。

第三章　审计计划与执行

第十条　注册会计师应当根据被审计单位的具体情况，确定重要性水平，包括差异调节信息或补充财务信息整体的重要性、实际执行的重要性以及明显微小错报临界值。差异调节信息或补充财务信息整体的重要性通常以按照中国企业会计准则调整后的某项关键财务指标（如利润总额）为基准。注册会计师应当考虑是否有必要确定适用于特定差异调节信息或补充财务信息的一个或多个重要性水平。注册会计师应当在审计过程中持续评价重要性金额的适当性，并考虑定性因素。

第十一条　注册会计师应当在对被审计单位等效会计准则或境外会计准则财务报表执行审计的基础上，对差异调节信息或补充财务信息实施本指引第十二条规定的程序。

注册会计师应当了解被审计单位管理层编制差异调节信息或补充财务信息的流程和内部控制，并评估差异调节信息或补充财务信息的重大错报风险。

注册会计师应当根据确定的重要性和评估的重大错报风险，确定审计程序的性质、时间安排和范围。

第十二条　注册会计师对差异调节信息或补充财务信息实施的程序应当包括：

（一）将被审计单位编制差异调节信息或补充财务信息过程中采用的等效会计准则或境外会计准则财务报表中的信息与被审计单位的已审计等效会计准则或境外会计准则财务报表中的相关信息进行核对；

（二）基于对中国企业会计准则与等效会计准则或境外会计准则差异及被审计单位情况的了解，评估管理层识别出的中国企业会计准则与等效会计准则或境外会计准则差异项目的完整性；

（三）对于存在中国企业会计准则与等效会计准则或境外会计准则差异的应调节项目，评估管理层在编制差异调节信息或补充财务信息时按照中国企业会计准则确定的会计政策的适当性和作出的会计估计的合理性；

（四）检查管理层编制的差异调节信息或补充财务信息工作底稿，并采用适当的选取测试项目的方法测试差异调节信息或补充财务信息的相关支持性文件和所依据的数据，包括会计账簿、会计凭证及原始凭证等；

（五）对上述管理层识别出的中国企业会计准则与等效会计准则或境外会计准则的差异调节项目在中国企业会计准则下的数据进行重新计算；

（六）评价差异调节信息或补充财务信息的总体列报、结构和内容，包括差异调节信息或补充财务信息中的披露内容，是否符合科创板创新试点红筹企业财务报告信息披露有关规定。

第十三条　注册会计师应当基于评估的重大错报风险以及通过实施本指引第十二条规定的程序所获取的审计证据，考虑是否有必要实施其他审计程序。

第十四条　错报包括差异调节信息或补充财务信息（包括相关披露）的遗漏、差异调节信息或补充财务信息包含的金额和描述不准确以及差异调节信息或补充财务信息的列报及披露不符合相关规定。注册会计师应当就审计中识别出的并非明显微小的错报要求管理层作出调整，并评价未更正错报是否重大及其对审计结论的影响。

第十五条　注册会计师应当获取被审计单位管理层的书面声明。书面声明的日期应当尽量接近审计报告日。书面声明至少应当包括以下内容：

（一）管理层确认已根据业务约定条款，履行了按照科创板创新试点红筹企业财务报告信息披露有关规定要求完整提供、按照中国企业会计准则真实准确调整差异调节信息或调节补充财务信息的责任；

（二）管理层确认已设计、执行和维护必要的内部控制，以使差异调节信息或补充财务信息不存在由于舞弊或错误导致的重大错报；

（三）按照审计业务约定条款，管理层已向注册会计师提供所有相关信息，并允许注册会计师不受限制地接触所有相关信息以及被审计单位内部人员和其他相关人员；

（四）管理层确认未更正错报（如有）对差异调节信息或补充财务信息整

体没有重大影响；

（五）注册会计师认为有必要获取的其他书面声明。

第十六条　注册会计师应当按照《中国注册会计师审计准则第1131号——审计工作底稿》的规定，对执行的差异调节信息或补充财务信息审计业务形成审计工作底稿，并予以归档和保存。

第四章　审计报告

第十七条　注册会计师应当基于已执行的审计工作，评价获取的审计证据的充分性和适当性，形成审计意见并出具审计报告。

第十八条　审计报告应当包括下列要素：

（一）标题；

（二）收件人；

（三）审计意见；

（四）形成审计意见的基础；

（五）对审计报告使用的说明；

（六）管理层和治理层对差异调节信息或补充财务信息的责任；

（七）注册会计师对差异调节信息或补充财务信息审计的责任；

（八）注册会计师的签名及盖章；

（九）会计师事务所的名称、地址及盖章；

（十）报告日期。

第十九条　审计报告的标题统一规范为"审计报告"。

第二十条　审计报告的收件人应当为审计业务的委托人。审计报告应当载明收件人全称。

第二十一条　审计报告的审计意见部分应当包括下列方面：

（一）指出被审计单位的名称；

（二）注册会计师已审计被审计单位等效会计准则或境外会计准则财务报表，并以此为基础，进一步审计被审计单位的差异调节信息或补充财务信息；

（三）指明差异调节信息或补充财务信息的日期或涵盖的期间。

如果对差异调节信息或补充财务信息发表无保留意见，审计意见应当使用"我们认为，后附的差异调节信息（或补充财务信息）在所有重大方面按照科创板创新试点红筹企业财务报告信息披露有关规定要求提供、按照中国企业会计准则调整（或调节）"的措辞。

第二十二条　审计报告的形成审计意见的基础部分应当包括下列方面：

（一）说明注册会计师按照中国注册会计师审计准则和本指引的规定执行了审计工作；

（二）提及审计报告中用于描述中国注册会计师审计准则和本指引规定的注册会计师责任的部分；

（三）声明注册会计师按照中国注册会计师职业道德守则独立于被审计单位，并履行了职业道德方面的其他责任；

（四）说明注册会计师是否相信获取的审计证据是充分、适当的，为发表审计意见提供了基础。

第二十三条　审计报告中对审计报告使用的说明部分应当提醒使用者关注，注册会计师对差异调节信息或补充财务信息出具的审计报告以其对被审计单位等效会计准则或境外会计准则财务报表出具的审计报告为基础，使用者应一并阅读。

第二十四条　审计报告的管理层和治理层对差异调节信息或补充财务信息的责任部分应当说明下列方面：

（一）被审计单位的管理层负责按照科创板创新试点红筹企业财务报告信息披露有关规定要求提供、按照中国企业会计准则调整差异调节信息或调节补充财务信息，并设计、执行和维护必要的内部控制，以使差异调节信息或补充财务信息不存在由于舞弊或错误导致的重大错报；

（二）治理层负责监督被审计单位的差异调节信息或补充财务信息编制过程。

第二十五条　审计报告的注册会计师对差异调节信息或补充财务信息审计的责任部分应当说明下列方面：

（一）说明注册会计师的目标是对差异调节信息或补充财务信息是否在所有重大方面按照科创板创新试点红筹企业财务报告信息披露有关规定要求提供、按照中国企业会计准则调整或调节获取合理保证，并出具包含审计意见的审计报告。

（二）说明合理保证是高水平的保证，但并不能保证按照中国注册会计师审计准则和本指引执行的审计在某一重大错报存在时总能发现。

（三）说明在按照中国注册会计师审计准则和本指引执行审计工作的过程

中，注册会计师运用职业判断，并保持职业怀疑。

（四）通过说明注册会计师的责任，对审计工作进行描述。这些责任包括：

1. 了解与编制差异调节信息或补充财务信息相关的内部控制，以设计恰当的审计程序，但目的并非对内部控制的有效性发表意见；

2. 实施本指引规定的各项审计程序。

第二十六条 审计报告应当由注册会计师签名并盖章，注明项目合伙人，载明会计师事务所的名称和地址，并加盖会计师事务所公章。

第二十七条 审计报告日期是指注册会计师完成审计工作的日期。审计报告日期不应早于被审计单位管理层签署差异调节信息或补充财务信息的日期，且不早于注册会计师对被审计单位等效会计准则或境外会计准则财务报表出具审计报告的日期。

第二十八条 注册会计师出具的审计报告应当后附已审计的并经被审计单位盖章及被审计单位相关人员签字的差异调节信息或补充财务信息。

第二十九条 如果对被审计单位按照等效会计准则或境外会计准则编制的财务报表发表了非无保留意见（包括保留意见、否定意见或无法表示意见），注册会计师应当考虑导致非无保留意见的事项对差异调节信息或补充财务信息的影响，并考虑是否应当对差异调节信息或补充财务信息发表非无保留意见。

第三十条 如果注册会计师根据《中国注册会计师审计准则第1502号——在审计报告中发表非无保留意见》的相关规定对差异调节信息或补充财务信息发表保留意见、否定意见或无法表示意见，应当根据该准则的规定对审计报告作出相应的修改。

第五章 附则

第三十一条 本指引自发布之日起施行。

附录一：

无保留意见审计报告示例

本示例设定背景：

1. ABC控股有限公司（以下简称ABC控股）是一家已经在美国上市的企业，采用国际财务报告准则编制其年度财务报表[①]；

2. XYZ会计师事务所（特殊普通合伙）（以下简称XYZ事务所）是一家中国境内具有证券期货相关业务资格的会计师事务所；

3. ABC控股2016年度、2017年度及2018年度按照国际财务报告准则编制的财务报表已经XYZ事务所审计；

4. ABC控股编制了对其国际财务报告准则报表按照中国企业会计准则调整的差异调节信息，并委托XYZ事务所执行审计。

审计报告

ABC控股有限公司全体股东：

一、审计意见

我们审计了ABC控股有限公司（以下简称ABC控股）2016年度、2017年度及2018年度按照国际财务报告准则编制的合并财务报表，并于××××年××月××日出具了编号为××××的无保留意见审计报告。

在对上述ABC控股按照国际财务报告准则编制的合并财务报表执行审计的基础上，我们审计了后附的ABC控股对其财务报表根据中国企业会计准则调整的2016年度、2017年度及2018年度差异调节信息。

我们认为，ABC控股2016年度、2017年度及2018年度的差异调节信息在所有重大方面按照科创板创新试点红筹企业财务报告信息披露有关规定要求提供、按照中国企业会计准则调整。

[①] 如果被审计单位采用等效会计准则编制其年度财务报表，本示例中的"差异调节信息"需要修改为"补充财务信息"，"按照中国企业会计准则调整"需要修改为"按照中国企业会计准则调节"。

二、形成审计意见的基础

我们按照中国注册会计师审计准则和《科创板创新试点红筹企业财务报告差异调节信息和补充财务信息审计指引》（以下简称审计指引）的规定对差异调节信息执行了审计工作。本报告的"注册会计师对差异调节信息审计的责任"部分进一步阐述了我们在中国注册会计师审计准则和审计指引下的责任。按照中国注册会计师职业道德守则，我们独立于ABC控股，并履行了职业道德方面的其他责任。我们相信，我们获取的审计证据是充分、适当的，为发表审计意见提供了基础。

三、对审计报告使用的说明

本报告以我们对ABC控股按照国际财务报告准则编制的合并财务报表出具的审计报告为基础，请使用者一并阅读。

四、管理层和治理层对差异调节信息的责任

ABC控股管理层（以下简称管理层）负责按照科创板创新试点红筹企业财务报告信息披露有关规定要求提供、按照中国企业会计准则调整差异调节信息，并设计、执行和维护必要的内部控制，以使差异调节信息不存在由于舞弊或错误导致的重大错报。

治理层负责监督ABC控股的差异调节信息编制过程。

五、注册会计师对差异调节信息审计的责任

我们的目标是对差异调节信息整体是否在所有重大方面按照科创板创新试点红筹企业财务报告信息披露有关规定要求提供、按照中国企业会计准则调整获取合理保证，并出具包含审计意见的审计报告。合理保证是高水平的保证，但并不能保证按照中国注册会计师审计准则和审计指引执行的审计在某一重大错报存在时总能发现。

在按照中国注册会计师审计准则和审计指引执行审计工作的过程中，我们运用职业判断，并保持职业怀疑。同时，我们也执行以下工作：

（一）了解与编制差异调节信息相关的内部控制，以设计恰当的审计程序，但目的并非对内部控制的有效性发表意见；

（二）将ABC控股编制差异调节信息过程中采用的国际财务报告准则财务报表中的信息与ABC控股已审计的按照国际财务报告准则编制的2016年度、2017年度及2018年度合并财务报表中的相关信息进行核对；

（三）基于对中国企业会计准则和国际财务报告准则差异及ABC控股情况

的了解，评估管理层识别出的中国企业会计准则和国际财务报告准则差异项目的完整性；

（四）对于存在中国企业会计准则和国际财务报告准则差异的应调节项目，评估管理层在编制差异调节信息时按照中国企业会计准则制定的会计政策的适当性和作出的会计估计的合理性；

（五）检查管理层编制的差异调节信息工作底稿，并采用适当的选取测试项目的方法测试差异调节信息的相关支持性文件和所依据的数据，包括会计账簿、会计凭证及原始凭证等；

（六）对管理层识别出的中国企业会计准则和国际财务报告准则差异调节项目在中国企业会计准则下的数据进行重新计算；

（七）评价差异调节信息的总体列报、结构和内容，包括差异调节信息中的披露。

我们与治理层就计划的审计范围、时间安排和重大审计发现等事项进行沟通，包括沟通我们在审计中识别出的值得关注的内部控制缺陷。

我们还就已遵守与独立性相关的职业道德要求向治理层提供声明，并与治理层沟通可能被合理认为影响我们独立性的所有关系和其他事项，以及相关的防范措施（如适用）。

XYZ会计师事务所　　　中国注册会计师：×××（项目合伙人）

（盖章）　　　　　　　　　（签名并盖章）

中国注册会计师：×××

（签名并盖章）

中国××市　　　　　　×××× 年 × 月 × 日

VI

中国证券业协会自律规则

关于发布《科创板首次公开发行股票承销业务规范》的通知

（中证协发〔2019〕148号　2019年5月31日）

各证券公司：

为规范证券公司承销上海证券交易所科创板首次公开发行股票行为，加强行业自律，保护投资者的合法权益，根据《关于在上海证券交易所设立科创板并试点注册制的实施意见》《证券发行与承销管理办法》《科创板首次公开发行股票注册管理办法（试行）》等相关法律法规、监管规定，中国证券业协会（以下简称"协会"）制定了《科创板首次公开发行股票承销业务规范》，经协会第六届常务理事会第十次会议表决通过，并向中国证监会备案，现予发布，自发布之日起施行。

附件：科创板首次公开发行股票承销业务规范

科创板首次公开发行股票承销业务规范

第一章　总则

第一条　为规范证券公司承销上海证券交易所（以下简称交易所）科创板首次公开发行股票行为，保护投资者的合法权益，根据《关于在上海证券交易所设立科创板并试点注册制的实施意见》《证券发行与承销管理办法》《科创板首次公开发行股票注册管理办法（试行）》等相关法律法规、监管规定制定本规范。

第二条　科创板首次公开发行股票的发行承销业务适用本规范，但交易所另有规定的除外。

第三条　中国证券业协会（以下简称协会）对科创板首次公开发行股票的承销商实施自律管理。

第四条　承销商应当按照《证券公司投资银行类业务内部控制指引》等相关规定的要求，建立健全承销业务制度和决策机制，制定严格的风险管理制度和内部控制制度。承销商应当充分发挥三道内部控制防线的作用，防范道德风险，加强定价和配售过程管理，落实承销责任，有效控制发行风险，确保合法合规开展承销业务。

未经内核程序，承销商不得就承销首次公开发行股票对外披露相关文件或对外提交备案材料。

承销商应当对承销业务决策人、执行人等信息知情人行为进行严格管理，不得泄露相关信息。

第五条　根据《证券期货经营机构及其工作人员廉洁从业规定》（以下简称《廉洁从业规定》），协会对承销商及其工作人员的廉洁从业情况进行自律管理。承销商及其工作人员在开展证券承销业务活动中，应当严格遵守《廉洁从业规定》及其他相关规定，不得谋取不正当利益或者向其他利益关系人输送不正当利益。承销商应当对其股东、客户等相关方做好辅导和宣传工作，告知相关方应当遵守廉洁从业要求。

第六条　承销商不得自行或与发行人及与本次发行有关的当事人共同以任何方式向投资者发放或变相发放礼品、礼金、礼券等，不得通过承销费用分成、返还或免除新股配售经纪佣金、签订抽屉协议或口头承诺等其他利益安排诱导投资者或向投资者输送不正当利益。

第七条　承销商在开展证券承销业务时，应当在综合评估项目执行成本基础上合理确定报价，不得存在违反公平竞争、破坏市场秩序等行为。承销商应当和发行人及拟公开发售股份的发行人股东合理确定本次发行承销费用分摊原则，不得损害投资者的利益。

第八条　主承销商应当聘请律师事务所对发行及承销全程进行见证，并出具专项法律意见书，对战略投资者和网下投资者资质及其与发行人和承销商的关联关系、路演推介、询价、定价、配售、资金划拨、信息披露等有关情况的合规有效性发表明确意见。

第九条　主承销商应当对律师事务所的独立性和专业性进行审慎调查，避免发生利益冲突，主承销商依法应当承担的责任不因委托律师事务所而免除。

第十条 证券发行由两家以上证券公司联合主承销的，所有担任主承销商的证券公司应当共同承担主承销责任，履行相关义务。

第二章 路演推介

第十一条 发行人和主承销商可以采用现场、电话、互联网等合法合规的方式进行路演推介。采用公开方式进行路演推介的，应当事先披露举行时间和参加方式。

路演推介期间，发行人和主承销商与投资者任何形式的见面、交谈、沟通，均视为路演推介。

第十二条 首次公开发行股票注册申请文件受理后至发行人发行申请经交易所审核通过、并获中国证券监督管理委员会（以下简称证监会）同意注册、依法刊登招股意向书前，主承销商不得自行或与发行人共同采取任何公开或变相公开方式进行与股票发行相关的推介活动，也不得通过其他利益关联方或委托他人等方式进行相关活动。

第十三条 在首次公开发行股票注册申请文件受理后，发行人和主承销商可以与拟参与战略配售的投资者进行一对一路演推介，介绍公司、行业基本情况，但路演推介内容不得超出证监会及交易所认可的公开信息披露范围。

路演开始前，发行人和主承销商应当履行事先告知程序，向战略投资者说明路演推介的纪律要求及事后签署路演推介确认书的义务，战略投资者对此无异议的，方可进行路演推介。路演结束后，发行人和主承销商应当与战略投资者签署路演推介确认书，确认路演推介内容符合相关法律法规、监管规定及自律规则的要求。路演推介确认书应由各方分别存档备查。

第十四条 首次公开发行股票招股意向书刊登后，发行人和主承销商可以向网下投资者进行路演推介和询价。

对网下投资者的路演推介，发行人和主承销商可以介绍公司、行业及发行方案等与本次发行相关的内容，但路演推介内容不得超出招股意向书及其他已公开信息范围，不得对股票二级市场交易价格作出预测。

主承销商的证券分析师路演推介应当与发行人路演推介分别进行。证券分析师路演推介内容不得超出投资价值研究报告及其他已公开信息范围，不得对股票二级市场交易价格作出预测。主承销商应当采取有效措施保障证券分析师路演推介活动的独立性。

第十五条　发行人和主承销商应当至少采用互联网方式向公众投资者进行公开路演推介。发行人和主承销商向公众投资者进行推介时，提供的发行人信息的内容及完整性应与向网下投资者提供的信息保持一致。在通过互联网等方式进行公开路演推介时，不得屏蔽公众投资者提出的与本次发行相关的问题。

采用现场方式路演时，除发行人、主承销商、投资者及见证律师之外，其他与路演推介工作无关的机构与个人不得进入路演现场，不得参与发行人和主承销商与投资者的沟通交流活动。

第十六条　主承销商应当以确切的事实为依据，不得夸大宣传或以虚假广告等不正当手段诱导、误导投资者；不得以任何方式发布报价或定价信息；不得阻止符合条件的投资者报价或劝诱投资者报高价；不得口头、书面向投资者或路演参与方透露未公开披露的信息，包括但不限于财务数据、经营状况、重要合同等重大经营信息及可能影响投资者决策的其他重要信息。

主承销商工作人员出现上述情形的，视为相应机构行为。

第十七条　主承销商应当对面向两家及两家以上投资者的路演推介过程进行全程录音。

第十八条　主承销商应当聘请参与网下发行与承销全程见证的律师事务所在路演推介活动前对发行人管理层、参与路演的工作人员和证券分析师等进行培训，强调发行人对外宣传资料的口径，包括宣传材料与发行人实际情况的一致性、不允许透露公开资料以外的信息、不允许存在夸张性描述等。主承销商应当要求律师事务所出具培训总结，并督促律师事务所勤勉尽责。

发行人和主承销商的相关路演推介材料应当由律师事务所进行事前审核，确保宣传材料的合法合规性，不能超出相关规定限定的公开信息的内容及范围。主承销商应当要求律师事务所对路演推介材料出具明确审核确认意见。

第十九条　主承销商应当在刊登招股意向书之前，将战略投资者一对一路演推介活动情况及其他路演推介活动的初步方案、律师事务所出具的培训总结等材料向协会报送。

第三章　发行与配售

第一节　发行定价

第二十条　首次公开发行股票应当向网下投资者以询价的方式确定股票发

行价格。

第二十一条　主承销商在与发行人协商制定网下投资者具体条件时，应当遵守协会相关自律规则，并在发行公告中预先披露。网下投资者报价时应当持有一定市值的非限售股份或非限售存托凭证（合并计算），网下投资者持有的市值应当以其管理的各个配售对象为单位单独计算。

主承销商应当对网下投资者是否符合公告的条件进行核查，对不符合条件的投资者，应当拒绝或剔除其报价。主承销商无正当理由不得拒绝符合条件的网下投资者参与询价。

第二十二条　承销商及其他知悉报价信息的工作人员不得出现以下行为：

（一）投资者报价信息公开披露前泄露投资者报价信息；

（二）操纵发行定价；

（三）劝诱网下投资者抬高报价，或干扰网下投资者正常报价和申购；

（四）以提供透支、回扣或者证监会和交易所认定的其他不正当手段诱使他人申购股票；

（五）以代持、信托持股等方式谋取不正当利益或向其他相关利益主体输送利益；

（六）直接或通过其利益相关方向参与认购的投资者提供财务资助或者补偿；

（七）以自有资金或者变相通过自有资金参与网下投资者配售；

（八）与网下投资者互相串通，协商报价和配售；

（九）接受投资者的委托为投资者报价；

（十）收取网下投资者回扣或其他相关利益；

（十一）未按事先披露的原则剔除报价和确定有效报价。

第二十三条　主承销商应当对网下投资者的报价进行簿记建档，记录网下投资者的申购价格和申购数量，并根据簿记建档结果确定发行价格或发行价格区间。主承销商不得擅自修改网下投资者的报价信息。

第二十四条　主承销商应当选定专门的场所用于簿记建档。簿记场所应当与其他业务区域保持相对独立，且具备完善可靠的通讯系统和记录系统，符合安全保密要求。

第二十五条　主承销商应当对簿记现场人员进行严格管理，维持簿记现场秩序：

（一）簿记建档开始前，主承销商应当明确可以进入簿记现场的工作人员范围，工作人员进入簿记现场应当签字确认。

（二）簿记建档期间，除主承销商负责本次发行簿记建档的工作人员、合规人员及对本次网下发行进行见证的律师外，其他人员不得进入簿记场所。簿记建档工作人员不得使用任何对外通讯工具，不得对外泄露报价信息，并应当向合规人员报备手机通讯号码。

簿记建档期间，投资者咨询工作应当集中管理，咨询电话应当全程录音。负责咨询工作的工作人员不得泄露报价信息。

（三）询价期间，簿记场所应当全程录音录像。簿记建档工作人员应当使用簿记专用电脑，其他人员不得携带电脑进入簿记现场，簿记专用电脑上不得安装任何通讯软件。

第二节　配售

第二十六条　主承销商应当建立健全组织架构和配售制度，加强配售过程管理，在相关制度中明确对配售工作的要求。配售制度包括决策机制、配售规则和业务流程，以及与配售相关的内部控制制度等。

第二十七条　主承销商可以设置负责配售决策的相关委员会（以下简称委员会）。委员会具体职责应当包括制定战略配售、网上与网下投资者配售工作规则，确定配售原则和方式，履行配售结果审议决策职责，执行配售制度和程序，确保配售过程和结果合法合规。

主承销商未设置委员会的，应当建立科学合理的集体决策机制。集体决策机制参照委员会的相关要求执行。

第二十八条　委员会应当以表决方式对配售相关事宜作出决议。表决结果应当制作书面或电子文件，由参与决策的委员确认，并存档备查。委员会委员应当依照规定履行职责，独立发表意见、行使表决权。

第二十九条　委员会组成人员应当包括合规负责人。主承销商的合规部门应当指派专人对配售制度、配售原则和方式、配售流程以及配售结果，特别是战略投资者和网下投资者的选取标准、配售资格以及是否存在相关法律法规、监管规定及自律规则规定的禁止性情形等进行合规性核查，其他内控部门应当与合规部门共同做好配售过程的内控管理。主承销商合规部门应当对合规性核查事项出具明确意见并提交委员会审议。

第三十条 网下投资者应当以其管理的配售对象为单位参与申购、缴款和配售。

第三十一条 在网下配售时，除满足相关规则确定的基本条件外，发行人和主承销商可以结合项目特点，合理设置配售对象的具体条件。配售对象条件应当在发行公告中事先披露。

第三十二条 在网下配售时，主承销商对配售对象进行分类的，应当明确配售对象分类机制，并按照相关规定事先披露。

第三十三条 在网下配售时，发行人和主承销商应当根据以下因素确定清晰、明确、合理、可预期的配售原则，证监会及交易所另有规定的除外：

（一）投资者条件，包括投资者类型、独立研究及评估能力、限售期安排和长期持股意愿等；

（二）报价情况，包括投资者报价、报价时间等；

（三）申购情况，包括投资者申购价格、申购数量等；

（四）行为表现，包括历史申购情况、网下投资者与发行人和主承销商的战略合作关系等；

（五）协会对网下投资者的评价结果。

第三十四条 主承销商应当按照事先披露的配售原则和配售方式，在有效申购的网下投资者中审慎选择股票配售对象。

第三十五条 向网下投资者配售股票时，发行人和主承销商应当保证发行人股权结构符合交易所规定的上市条件，并督促和提醒投资者确保其持股情况满足相关法律法规及主管部门的规定。

第三十六条 发行人和主承销商应当对获得配售的网下投资者进行核查，确保在网下发行中不向下列对象配售股票：

（一）发行人及其股东、实际控制人、董事、监事、高级管理人员和其他员工；发行人及其股东、实际控制人、董事、监事、高级管理人员能够直接或间接实施控制、共同控制或施加重大影响的公司，以及该公司控股股东、控股子公司和控股股东控制的其他子公司；

（二）主承销商及其持股比例5%以上的股东，主承销商的董事、监事、高级管理人员和其他员工；主承销商及其持股比例5%以上的股东、董事、监事、高级管理人员能够直接或间接实施控制、共同控制或施加重大影响的公司，以及该公司控股股东、控股子公司和控股股东控制的其他子公司；

（三）承销商及其控股股东、董事、监事、高级管理人员和其他员工；

（四）本条第（一）、（二）、（三）项所述人士的关系密切的家庭成员，包括配偶、子女及其配偶、父母及配偶的父母、兄弟姐妹及其配偶、配偶的兄弟姐妹、子女配偶的父母；

（五）过去6个月内与主承销商存在保荐、承销业务关系的公司及其持股5%以上的股东、实际控制人、董事、监事、高级管理人员，或已与主承销商签署保荐、承销业务合同或达成相关意向的公司及其持股5%以上的股东、实际控制人、董事、监事、高级管理人员；

（六）通过配售可能导致不当行为或不正当利益的其他自然人、法人和组织。

本条第（二）、（三）项规定的禁止配售的对象管理的通过公开募集方式设立且未参与本次战略配售的证券投资基金除外，但应当符合证监会的有关规定。

第三十七条 主承销商应当对参与本次配售的战略投资者的资质以及证监会、交易所规定的有关战略投资者配售禁止性情形进行核查，并要求其就以下事项出具承诺函：

（一）其为本次配售股票的实际持有人，不存在受其他投资者委托或委托其他投资者参与本次战略配售的情形（符合战略配售条件的证券投资基金等主体除外）；

（二）其资金来源为自有资金（符合战略配售条件的证券投资基金等主体除外），且符合该资金的投资方向；

（三）不通过任何形式在限售期内转让所持有本次配售的股票；

（四）与发行人或其他利益关系人之间不存在输送不正当利益的行为。

第三十八条 保荐机构相关子公司参与战略配售的，主承销商应当在本次发行的公告中披露保荐机构相关子公司参与战略配售的具体安排，并要求其就以下事项出具承诺函：

（一）依法设立的保荐机构另类投资子公司或者实际控制该保荐机构的证券公司依法设立的另类投资子公司，或证监会和交易所认可的其他主体，为本次配售股票的实际持有人，不存在受其他投资者委托或委托其他投资者参与本次战略配售的情形；

（二）其资金来源为自有资金（证监会另有规定的除外）；

（三）不通过任何形式在限售期内转让所持有本次配售的股票；

（四）与发行人或其他利益关系人之间不存在输送不正当利益的行为。

第三十九条　发行人和主承销商可以在发行方案中采用超额配售选择权。主承销商采用超额配售选择权，应当勤勉尽责，建立独立的投资决策流程及相关防火墙制度，严格执行内部控制制度，有效防范利益输送和利益冲突。主承销商及其工作人员不得利用内幕信息谋取任何不正当利益。

第三节　信息披露

第四十条　发行人和主承销商在首次公开发行股票过程中，应当按照证监会和交易所的相关规定编制信息披露文件，履行信息披露义务，确保披露的信息真实、准确、完整、及时，无虚假记载、误导性陈述或者重大遗漏。首次公开发行股票过程中发布的公告应当由主承销商和发行人共同落款。

第四十一条　公开披露的信息应当按照证监会的规定，刊登在指定的互联网网站及（或）一种指定的报刊，并置备于指定场所，供公众查阅。公开披露的信息也可以刊登于其他报刊和网站，但不得早于在上述指定报刊和网站的披露时间。

主承销商对信息披露的内容应当进行严格的质量控制，确保在不同载体上披露的信息保持一致性，并对可能出现的疏漏承担责任。

第四章　投资价值研究报告

第四十二条　主承销商应当向网下投资者提供投资价值研究报告，但不得以任何形式公开披露或变相公开投资价值研究报告或其内容，证监会及交易所另有规定的除外。

主承销商不得提供承销团以外的机构撰写的投资价值研究报告。

主承销商不得在刊登招股意向书之前提供投资价值研究报告或泄露报告内容。

第四十三条　主承销商的证券分析师应当独立撰写投资价值研究报告并署名。承销团其他成员的证券分析师可以根据需要撰写投资价值研究报告，但应保持独立性并署名。

因经营范围限制，主承销商无法撰写投资价值研究报告的，应委托具有证券投资咨询资格的母公司或子公司撰写投资价值研究报告，双方均应当对投资价值研究报告的内容和质量负责，并采取有效措施做好信息保密工作，同时应当在报告首页承诺本次报告的独立性。

主承销商无相关母公司或子公司的，可委托一家具有证券投资咨询资格和较强研究能力、研究经验的承销团成员独立撰写投资价值研究报告。

第四十四条 投资价值研究报告撰写应当遵守以下原则：

（一）独立、审慎、客观；

（二）资料来源具有权威性；

（三）无虚假记载、误导性陈述或重大遗漏。

第四十五条 投资价值研究报告所依据的与发行人有关的信息不得超出招股意向书及其他已公开信息的范围。

第四十六条 承销商应当从组织设置、人员职责及工作流程等方面保证证券分析师撰写投资价值研究报告的独立性。撰写投资价值研究报告相关人员的薪酬不得与相关项目的业务收入挂钩。

第四十七条 证券分析师撰写投资价值研究报告应当秉承专业的态度，采用专业、严谨的研究方法和分析逻辑，基于合理的数据基础和事实依据，审慎提出研究结论，分析与结论应当保持逻辑一致性。

第四十八条 投资价值研究报告使用的参数和估值方法应当客观、专业，并分析说明选择参数和估值方法的依据，不得随意调整参数和估值方法。

第四十九条 投资价值研究报告应当对影响发行人投资价值的因素进行全面分析，至少包括下列内容：

（一）发行人的行业分类、行业政策，发行人与主要竞争者的比较及其在行业中的地位；

（二）发行人商业模式、经营状况和发展前景分析；

（三）发行人盈利能力和财务状况分析；

（四）发行人募集资金投资项目分析；

（五）发行人与同行业可比上市公司（如有）的投资价值比较；

（六）其他对发行人投资价值有重要影响的因素。

第五十条 投资价值研究报告应当按照证监会有关上市公司行业分类指引中制定的行业分类标准确定发行人行业归属，并说明依据，不得随意选择行业归属。

第五十一条 投资价值研究报告应当对影响发行人投资价值的行业状况与

发展前景进行分析与预测，可以包括：发行人所属行业分类、行业的生命周期分析及其对发行人发展前景的影响、行业供给需求分析、行业竞争分析、行业主要政策分析、行业的发展前景预测以及证券分析师认为行业层面其他的重要因素。

第五十二条　投资价值研究报告应当对影响发行人投资价值的公司状况进行分析，可以包括：公司治理的分析与评价、公司战略的分析与评价、经营管理的分析与评价、研发技术的分析与评价、财务状况的分析与评价、募集资金投资项目分析以及证券分析师认为发行人层面其他的重要因素。公司分析必须建立在行业分析的基础上进行。

第五十三条　撰写投资价值研究报告应当制作发行人的盈利预测模型，包括但不限于资产负债表、利润表以及现金流量表三张报表的完整预测以及其他为完成预测而需要制作的辅助报表，从而预测公司未来的资产负债、利润和现金流量的相对完整的财务状况。在进行盈利预测前，证券分析师应当明确盈利预测的假设条件。盈利预测应谨慎、合理。

第五十四条　投资价值研究报告选择可比公司应当客观、全面，并说明选择可比公司的依据，不得随意选择可比公司。

第五十五条　证券分析师应当在投资价值研究报告中显著位置进行充分的风险提示，并特别说明如果盈利预测的假设条件不成立对公司盈利预测的影响以及对估值结论的影响。

证券分析师应当按照重要性原则，按顺序披露可能直接或者间接对发行人生产经营状况、财务状况和持续经营能力产生重大不利影响的主要因素，列出发行人经营过程中所有可能存在的潜在风险。

证券分析师应当对所披露的风险因素做定量分析，无法进行定量分析的，应当有针对性地作出定性描述。

证券分析师应当在投资价值研究报告醒目位置提示投资者自主作出投资决策并自行承担投资风险。

第五十六条　投资价值研究报告应当分别提供至少两种估值方法作为参考，合理给出发行人本次公开发行股票后整体市值区间以及在假设不采用超额配售选择权的情况下的每股估值区间。

投资价值研究报告应当列出所选用的每种估值方法的假设条件、主要参数、主要测算过程。

投资价值研究报告不得对股票二级市场交易价格作出预测。

第五十七条 证券分析师参与撰写投资价值研究报告相关工作，需事先履行跨墙审批手续。

（一）承销商实施跨墙管理时，应当保证跨墙人员的相对稳定，维护跨墙工作流程的严肃性，保证信息隔离制度的有效落实。参与跨墙的证券分析师一经确认，不得随意调整。

跨墙期间，证券分析师应当严格遵守信息保密的要求，将跨墙参与的工作与其他工作有效隔离。

（二）证券分析师撰写的投资价值研究报告，需事先经研究部门质量审核并经合规审查后方可提供给网下投资者。

证券分析师可以就投资价值研究报告涉及发行人的相关事实性信息向发行人及投资银行业务部门人员进行真实性、准确性的核实。证券分析师在进行事实性信息的核实时，不得向发行人及投资银行业务部门人员提供包括估值、盈利预测等投资分析内容的章节，相关需要核实的事实性内容应提交给公司专门负责股票发行与承销的业务部门或团队（以下简称"股票发行与承销部门"）人员，抄送合规审查人员，由股票发行与承销部门人员转给投资银行业务部门人员进行核实。

证券分析师应当保持独立性，除对事实性信息的真实性、准确性核实外，证券公司内部相关利益人员和部门、发行人等不得对投资价值研究报告的内容进行评判。

（三）承销商应当对投资价值研究报告事实性信息核实、质量审核、合规审查进行留痕存档管理。

第五十八条 证券分析师参与撰写投资价值研究报告相关工作，应当参照《发布证券研究报告暂行规定》《发布证券研究报告执业规范》等规则执行，并符合《证券分析师执业行为准则》《证券公司信息隔离墙制度指引》等相关规定，本规范另有规定的，从其规定。

第五十九条 证券公司应当根据本规范等相关规定制定专项内部制度，明确投资价值研究报告撰写、质量审核、合规审查以及出具流程等业务要求。

第五章　自律管理

第六十条 协会建立对承销商投资价值研究报告以及执业胜任能力的评价机制，并根据评价结果采取奖惩措施。具体评价规则由协会另行制定。

第六十一条　协会可以对发行人和承销商的路演过程、发行簿记过程、询价过程进行抽查，发现发行人和承销商在工作中存在违反相关规定的，协会将对其采取自律措施或移交有权机关处理。

第六十二条　主承销商应当在股票上市后及时将项目基本信息和网下投资者违规行为信息提交协会。主承销商应当保证其提交的信息真实、准确、完整。

第六十三条　主承销商应当认真履行报告义务，不得存在瞒报、欺报或应报未报等行为。

第六十四条　承销商应当保留承销过程中的相关资料并存档备查，相关资料至少保存三年，证监会及交易所另有规定的除外。

承销过程中的相关资料包括但不限于以下资料：

（一）路演推介活动及询价过程中的推介或宣传材料、投资价值研究报告、路演推介确认书、路演记录、路演录音、律师事务所出具的培训总结及路演推介材料审核确认意见书等；

（二）定价与配售过程中的投资者报价信息、申购信息、获配信息，获配信息包括但不限于投资者名称、获配数量、证券账户号码及身份证明文件等；

（三）战略投资者承诺函、跟投机构承诺函等；

（四）确定网下投资者条件、发行价格或发行价格区间、配售结果等的决策文件；

（五）信息披露文件与申报备案文件；

（六）其他和发行与承销过程相关的文件或承销商认为有必要保留的文件。

第六十五条　协会采取现场检查、非现场检查等方式加强对承销商询价、定价、配售行为的自律管理。检查内容包括：

（一）路演推介的时间、形式、参与人员及内容；

（二）询价、簿记、定价、配售的制度建立与实施；

（三）投资价值研究报告的撰写、提供及其信息隔离制度的建立与实施；

（四）信息披露内容的真实性、准确性、完整性和及时性；

（五）存档备查资料的完备性；

（六）协会认为有必要的其他内容。

承销商应当配合协会进行检查，不得以任何理由拒绝、拖延提供有关资料，或者提供不真实、不准确、不完整的资料。

第六十六条 承销商及其工作人员违反本规范规定的，协会视情节轻重采取自律措施，并记入证监会、协会诚信信息管理系统。

承销商及其工作人员违反法律、法规或有关主管部门规定的，协会依法移交证监会、交易所或其他有权机关处理。

发行人、战略投资者、律师事务所违反相关规定或未勤勉尽责的，协会依法移交证监会、交易所或其他有权机关处理。

第六章　附则

第六十七条 公民、法人或者其他组织发现承销商及其工作人员违反本规范的，可向协会举报或投诉。

第六十八条 承销商承销在科创板首次公开发行的存托凭证比照适用本规范中首次公开发行股票的相关规定。证监会及交易所另有规定的，从其规定。

第六十九条 本规范由协会负责解释。

第七十条 本规范自发布之日起施行。

关于发布《科创板首次公开发行股票网下投资者管理细则》的通知

（中证协发〔2019〕149 号　2019 年 5 月 31 日）

各证券公司、基金管理公司、信托公司、财务公司、保险公司、合格境外机构投资者、私募基金管理人：

为规范网下投资者参与科创板首次公开发行股票网下询价和申购业务，加强网下投资者自律管理，根据《关于在上海证券交易所设立科创板并试点注册制的实施意见》《证券发行与承销管理办法》《科创板首次公开发行股票注册管理办法（试行）》等相关法律法规、监管规定，中国证券业协会（以下简称协会）制定了《科创板首次公开发行股票网下投资者管理细则》，经协会第六届常务理事会第十次会议表决通过，并向中国证监会备案，现予发布，自发布之日起施行。

附件：科创板首次公开发行股票网下投资者管理细则

科创板首次公开发行股票网下投资者管理细则

第一条　为规范网下投资者参与科创板首次公开发行股票网下询价和申购业务，根据《关于在上海证券交易所设立科创板并试点注册制的实施意见》《证券发行与承销管理办法》《科创板首次公开发行股票注册管理办法（试行）》等相关法律法规、监管规定，制定本细则。

第二条　网下投资者参与科创板首次公开发行股票（以下简称首发股票）网下询价和申购业务、证券公司开展科创板网下投资者推荐工作、担任科创板首发股票主承销商的证券公司开展网下投资者管理工作等，适用本细则。本细则未作规定的，适用《首次公开发行股票网下投资者管理细则》及其他业务规则规定。

上述主体开展科创板首次公开发行存托凭证相关业务时，参照适用本细则。

第三条　证券公司、基金管理公司、信托公司、财务公司、保险公司、合格境外机构投资者以及符合一定条件的私募基金管理人等专业机构投资者，在中国证券业协会（以下简称协会）注册后，可以参与科创板首发股票网下询价。

第四条　私募基金管理人注册为科创板首发股票网下投资者，应符合以下条件：

（一）已在中国证券投资基金业协会完成登记。

（二）具备一定的证券投资经验。依法设立并持续经营时间达到两年（含）以上，从事证券交易时间达到两年（含）以上。

（三）具有良好的信用记录。最近12个月未受到相关监管部门的行政处罚、行政监管措施或相关自律组织的纪律处分。

（四）具备必要的定价能力。具有相应的研究力量、有效的估值定价模型、科学的定价决策制度和完善的合规风控制度。

（五）具备一定的资产管理实力。私募基金管理人管理的在中国证券投资基金业协会备案的产品总规模最近两个季度均为10亿元（含）以上，且近三年管理的产品中至少有一只存续期两年（含）以上的产品；申请注册的私募基金产品规模应为6000万元（含）以上、已在中国证券投资基金业协会完成备案，且委托第三方托管人独立托管基金资产。其中，私募基金产品规模是指基金产品资产净值。

（六）符合监管部门、协会要求的其他条件。

私募基金管理人参与科创板首发股票网下询价和申购业务，还应当符合相关监管部门及自律组织的规定。私募基金管理人已注销登记或其产品已清盘的，推荐该投资者注册的证券公司应及时向协会申请注销其科创板网下投资者资格或科创板配售对象资格。

第五条　网下投资者在申请科创板配售对象注册时，应当根据自身管理能力、人员配备数量、产品投资策略、产品风险承受能力等情况，合理确定参与科创板首发股票网下询价的产品范围及数量。

第六条　证券公司推荐私募基金管理人等专业机构投资者注册为科创板首发股票网下投资者的，应当制定明确的推荐标准，并对所推荐机构的投资经验、信用记录、定价能力、资产管理规模等情况进行审慎核查，对所推荐机构申请注册的产品数量与其管理能力是否匹配进行审慎核查，确保所推荐的机构及其产品符合协会规定的基本条件及本公司规定的推荐条件。证券公司应定期对其推荐的科创板首发股票网下投资者开展适当性自查，发现推荐的科创板网下投资者或配售对象不符合本细则第四条条件的，应当及时向协会报告并申请注销或暂停。

证券公司应告知其推荐的投资者认真阅读并熟悉本细则及其他相关业务规则的内容，并告知投资者不熟悉相关业务规则可能造成违规并被协会采取自律措施。

证券公司存在推荐不符合条件的机构或产品注册为科创板网下投资者或配售对象、未及时跟踪所推荐的投资者情况并主动报告等未认真履行推荐责任情形的，协会按照相关自律规则对证券公司采取自律措施。

第七条　网下投资者参与科创板首发股票网下询价和申购业务的，应建立完善的内部控制制度和业务操作流程：

（一）制定完善的内控制度，对业务各环节可能出现的风险进行识别，采取必要的内部控制措施，确保业务开展合法合规。

（二）制定专项业务操作流程，明确操作程序、岗位职责与权限分工。主要操作环节应设置A、B角，重要操作环节设置复核机制。

（三）加强相关工作人员管理。规范其工作人员参与科创板首发股票网下询价相关行为，避免在业务过程中发生谋取或输送不正当利益的行为；建立健全员工业务培训机制，开展有针对性的业务培训，持续提升执业水平。

（四）应坚持科学、独立、客观、审慎的原则开展科创板首发股票的研究工作，认真研读发行人招股说明书等信息，发挥专业的市场化定价能力，在充分、深入研究的基础上合理确定价格。

（五）应建立健全必要的投资决策机制，通过严格履行决策程序确定最终报价。

（六）应制定申购资金划付审批程序，根据申购计划安排足额的备付资金，确保资金在规定时间内划入结算银行账户。

（七）应针对科创板首发股票网下询价和申购业务的开展情况进行合规审查，对公司是否与项目发行人或主承销商存在相关规则规定的关联关系、报价与申购行为是否违反本细则规定以及公司内部制度要求等进行审查。

（八）应将相关业务制度汇编、工作底稿等存档备查。

第八条 网下投资者在参与科创板首发股票网下询价和申购业务前，应认真阅读本细则及相关业务规则、操作指引，熟悉操作流程，并对询价前准备工作进行自查，确保在协会注册的信息真实、准确、完整，在网下询价和申购过程中相关配售对象处于注册有效期、缴款渠道畅通，且上海证券交易所网下申购平台CA证书、备案银行卡等申购和缴款必备工具可正常使用。

网下投资者在参与科创板首发股票网下询价和申购期间，不得随意变更名称、银行卡号、证券账户号等注册信息，并应做好停电、网络故障等突发事件的应急预案，避免询价后无法申购或缴款。因未做好询价准备工作或未做好应急预案导致发生违规情形的，协会将按有关规定采取自律措施。

第九条 网下投资者在参与科创板首发股票网下询价时，应审慎选择参与项目，认真研读招股资料，深入分析发行人信息，发挥专业定价能力，在充分研究并严格履行定价决策程序的基础上理性报价，不得存在不独立、不客观、不诚信、不廉洁的行为。网下投资者应对每次报价的定价依据、定价决策过程相关材料存档备查。

第十条 同一配售对象只能使用一个证券账户参与科创板首发股票网下询价，其他关联账户不得参与。已参与网下询价的配售对象及其关联账户不得参与网上申购。根据上海证券交易所市值计算有关规则，市值合并计算的证券账户视为关联账户。

第十一条 在科创板首发股票初步询价环节，参与询价的网下投资者可以为其管理的不同配售对象账户分别填报一个报价，每个报价应当包含配售对象信息、每股价格和该价格对应的拟申购股数。同一网下投资者全部报价中的不同拟申购价格不超过3个，且最高价格与最低价格的差额不得超过最低价格的20%。

第十二条 网下投资者在科创板首发股票初步询价环节为配售对象填报拟申购数量时，应当根据实际申购意愿、资金实力、风险承受能力等情况合理确定申购数量，拟申购数量不得超过网下初始发行总量，也不得超过主承销商确定的单个配售对象申购数量上限，拟申购金额不得超过该配售对象的总资产或资金规模，并确保其申购数量和未来持股情况符合相关法律法规及监管部门的规定。

第十三条 提供有效报价的网下投资者，应按照公告要求在申购时间内进行申购。初步询价确定发行价格区间的，网下投资者应在发行价格区间内为提供有效报价的配售对象填报一个申购价格及申购数量，同一网下投资者全部报价中的不同申购价格不超过3个。配售对象填报的申购数量，不得低于初步询价时有效报价对应的拟申购数量。

第十四条 网下投资者应当根据申购金额，预留充足的申购资金，确保获配后按时足额缴付认购资金及经纪佣金。配售对象应当按照公告要求的时间、使用在协会注册有效的银行账户办理认购资金及经纪佣金划转。在缴纳新股认购资金时，应当全额缴纳新股配售经纪佣金。

配售对象用于网下申购的资金来源必须符合法律法规的要求，且获配后持股数量应符合有关法律法规及监管部门的规定。

第十五条 网下投资者及相关工作人员在参与科创板首发股票网下询价时，不得存在下列行为：

（一）使用他人账户报价；

（二）同一配售对象使用多个账户报价；

（三）投资者之间协商报价；

（四）与发行人或承销商串通报价；

（五）委托他人报价；

（六）利用内幕信息、未公开信息报价；

（七）无真实申购意图进行人情报价；

（八）故意压低或抬高价格；

（九）没有严格履行报价评估和决策程序、未能审慎报价；

（十）无定价依据、未在充分研究的基础上理性报价；

（十一）未合理确定拟申购数量，拟申购金额超过配售对象总资产或资金规模；

（十二）接受发行人、主承销商以及其他利益相关方提供的财务资助、补偿、回扣等；

（十三）其他不独立、不客观、不诚信、不廉洁的情形。

第十六条 网下投资者参与科创板首发股票网下报价后，不得存在下列行为：

（一）提供有效报价但未参与申购或未足额申购；

（二）获配后未按时足额缴付认购资金及经纪佣金；

（三）网上网下同时申购；

（四）获配后未恪守限售期等相关承诺；

（五）其他影响发行秩序的情形。

第十七条　主承销商发现网下投资者出现违反本细则情形的，应及时向协会报告。主承销商存在瞒报、欺报或应报未报等情形的，协会将根据有关规定对其采取自律措施。

第十八条　网下投资者或配售对象参与科创板首发股票网下询价和申购业务时违反本细则第十五条、第十六条规定的，协会按照以下规则采取自律措施并在协会网站公布。网下投资者相关工作人员出现本细则第十五条、第十六条情形的，视为所在机构行为。

（一）网下投资者或其管理的配售对象一个自然年度内出现本细则第十五条、第十六条规定情形一次的，协会将出现上述违规情形的配售对象列入首发股票配售对象限制名单（以下简称限制名单）六个月；出现本细则第十五条、第十六条规定情形两次（含）以上的，协会将出现上述违规情形的配售对象列入限制名单十二个月。科创板与主板、中小板、创业板的违规次数合并计算。被列入限制名单期间，配售对象不得参与科创板及主板、中小板、创业板首发股票网下询价。

（二）网下投资者或其管理的配售对象出现本细则第十五条、第十六条规定情形、情节严重的，协会将该网下投资者列入首发股票网下投资者黑名单十二个月。被列入黑名单期间，该网下投资者所管理的配售对象均不得参与科创板及主板、中小板、创业板首发股票网下询价。

因不可抗力或基金托管人、银行等第三方过失导致发生第十六条第（一）项、第（二）项情形，相关网下投资者及配售对象自身没有责任，且能提供有效证明材料的，该网下投资者可向协会申请免予处罚。

第十九条　网下投资者违反本细则第十五条、第十六条之外其他条款规定的，协会可视情节轻重，给予警示、责令整改、暂停新增配售对象注册、暂停网下投资者资格等自律措施。

第二十条　网下投资者在参与科创板首发股票网下询价和申购业务时涉嫌违反法律法规、监管规定的，协会将移交监管部门等有权机关处理。

第二十一条　本细则由协会负责解释。

第二十二条　本细则自发布之日起施行。

附录一

人民法院司法政策文件

最高人民法院关于为设立科创板并试点注册制改革提供司法保障的若干意见

（法发〔2019〕17号　2019年6月20日）

在上海证券交易所（以下简称上交所）设立科创板并试点注册制，是中央实施创新驱动发展战略、推进高质量发展的重要举措，是深化资本市场改革的重要安排。为充分发挥人民法院审判职能作用，共同促进发行、上市、信息披露、交易、退市等资本市场基础制度改革统筹推进，维护公开、公平、公正的资本市场秩序，保护投资者合法权益，现就注册制改革试点期间人民法院正确审理与科创板相关案件等问题，提出如下意见。

一、提高认识，增强为设立科创板并试点注册制改革提供司法保障的自觉性和主动性

1. 充分认识设立科创板并试点注册制的重要意义。习近平总书记在首届中国国际进口博览会开幕式上宣布在上海证券交易所设立科创板并试点注册制，充分体现了以习近平同志为核心的党中央对资本市场改革发展的高度重视和殷切希望。中央经济工作会议提出，资本市场在金融运行中具有牵一发而动全身的作用，要通过深化改革，打造一个规范、透明、开放、有活力、有韧性的资本市场。从设立科创板入手，稳步试点股票发行注册制，既是深化金融供给侧结构性改革、完善资本市场基础制度的重要体现，也有利于更好发挥资本市场对提升关键技术创新和实体经济竞争力的支持功能，更好地服务高质量发展。各级人民法院要坚持以习近平新时代中国特色社会主义思想为指导，认真落实习近平总书记关于资本市场的一系列重要指示批示精神，妥善应对涉科创板纠纷中的新情况、新问题，把保护投资者合法权益、防范化解金融风险作为证券审判的根本性任务，为加快形成融资功能完备、基础制度扎实、市场监管有效、投资者合法权益得到有效保护的多层级资本市场体系营造良好司法环境。

2. 准确把握科创板定位和注册制试点安排。科创板是资本市场的增量改革，也是资本市场基础制度改革创新的"试验田"。科创板主要服务于符合国家战略、突破关键核心技术、市场认可度高的科技创新企业，发行上市条件更加包容，不要求企业上市前必须盈利，允许"同股不同权"企业和符合创新试点规定的红筹企业上市，实行更加市场化的发行承销、交易、并购重组、退市等制度。根据全国人大常委会授权，股票发行注册制改革过程中调整适用《中华人民共和国证券法》关于股票公开发行核准制度的有关规定。本次注册制试点总体分为上交所审核和证监会注册两个环节，证监会对上交所的审核工作进行监督，建立健全以信息披露为中心的股票发行上市制度。各级人民法院要坚持稳中求进工作总基调，立足证券刑事、民事和行政审判实际，找准工作切入点，通过依法审判进一步落实中央改革部署和政策要求，推动形成市场参与各方依法履职、归位尽责及合法权益得到有效保护的良好市场生态，为投资者放心投资、科创公司大胆创新提供有力司法保障。

二、尊重资本市场发展规律，依法保障以市场机制为主导的股票发行制度改革顺利推进

3. 支持证券交易所审慎开展股票发行上市审核。根据改革安排，上交所主要通过向发行人提出审核问询、发行人回答问题方式开展审核工作。在案件审理中，发行人及其保荐人、证券服务机构在发行上市申请文件和回答问题环节所披露的信息存在虚假记载、误导性陈述或者重大遗漏的，应当判令承担虚假陈述法律责任；虚假陈述构成骗取发行审核注册的，应当判令承担欺诈发行法律责任。为保障发行制度改革顺利推进，在科创板首次公开发行股票并上市企业的证券发行纠纷、证券承销合同纠纷、证券上市保荐合同纠纷、证券上市合同纠纷和证券欺诈责任纠纷等第一审民商事案件，由上海金融法院试点集中管辖。

4. 保障证券交易所依法实施自律监管。由于科创板上市门槛具有包容性和科创公司技术迭代快、盈利周期长等特点，客观上需要加强事中事后监管。对于证券交易所经法定程序制定的科创板发行、上市、持续监管等业务规则，只要不具有违反法律法规强制性规定情形，人民法院在审理案件时可以依法参照适用。为统一裁判标准，根据《最高人民法院关于上海金融法院案件管辖的规定》（法释〔2018〕14号）第三条的规定，以上海证券交易所为被告或者第

三人与其履行职责相关的第一审金融民商事案件和行政案件，仍由上海金融法院管辖。

5. 确保以信息披露为中心的股票发行民事责任制度安排落到实处。民事责任的追究是促使信息披露义务人尽责归位的重要一环，也是法律能否"长出牙齿"的关键。在证券商事审判中，要按照本次改革要求，严格落实发行人及其相关人员的第一责任。发行人的控股股东、实际控制人指使发行人从事欺诈发行、虚假陈述的，依法判令控股股东、实际控制人直接向投资者承担民事赔偿责任。要严格落实证券服务机构保护投资者利益的核查把关责任，证券服务机构对会计、法律等各自专业相关的业务事项未履行特别注意义务，对其他业务事项未履行普通注意义务的，应当判令其承担相应法律责任。准确把握保荐人对发行人上市申请文件等信息披露资料进行全面核查验证的注意义务标准，在证券服务机构履行特别注意义务的基础上，保荐人仍应对发行人的经营情况和风险进行客观中立的实质验证，否则不能满足免责的举证标准。对于不存在违法违规行为而单纯经营失败的上市公司，严格落实证券法投资风险"买者自负"原则，引导投资者提高风险识别能力和理性投资意识。

6. 尊重科创板上市公司构建与科技创新特点相适应的公司治理结构。科创板上市公司在上市前进行差异化表决权安排的，人民法院要根据全国人大常委会对进行股票发行注册制改革的授权和公司法第一百三十一条的规定，依法认定有关股东大会决议的效力。科创板上市公司为维持创业团队及核心人员稳定而扩大股权激励对象范围的，只要不违反法律、行政法规的强制性规定，应当依法认定其效力，保护激励对象的合法权益。

7. 加强对科创板上市公司知识产权司法保护力度。依法审理涉科创板上市公司专利权、技术合同等知识产权案件，对于涉及科技创新的知识产权侵权行为，加大赔偿力度，充分体现科技成果的市场价值，对情节严重的恶意侵权行为，要依法判令其承担惩罚性赔偿责任。进一步发挥知识产权司法监督职能，积极探索在专利民事侵权诉讼中建立效力抗辩审理制度，促进知识产权行政纠纷的实质性解决，有效维护科创板上市公司知识产权合法权益。

三、维护公开公平公正市场秩序，依法提高资本市场违法违规成本

8. 严厉打击干扰注册制改革的证券犯罪和金融腐败犯罪，维护证券市场秩序。依法从严惩治申请发行、注册等环节易产生的各类欺诈和腐败犯罪。对

于发行人与中介机构合谋串通骗取发行注册，以及发行审核、注册工作人员以权谋私、收受贿赂或者接受利益输送的，依法从严追究刑事责任。压实保荐人对发行人信息的核查、验证义务，保荐人明知或者应当明知发行人虚构或者隐瞒重要信息、骗取发行注册的，依法追究刑事责任。依法从严惩治违规披露、不披露重要信息、内幕交易、利用未公开信息交易、操纵证券市场等金融犯罪分子，严格控制缓刑适用，依法加大罚金刑等经济制裁力度。对恶意骗取国家科技扶持资金或者政府纾困资金的企业和个人，依法追究刑事责任。加强与证券行政监管部门刑事信息共享机制建设，在证券案件审理中发现涉嫌有关犯罪线索的，应当及时向侦查部门反映并移送相关材料。推动完善证券刑事立法，及时制定出台相关司法解释，为促进市场健康发展提供法律保障。

9. 依法受理和审理证券欺诈责任纠纷案件，强化违法违规主体的民事赔偿责任。根据注册制试点安排，股票发行上市审核由过去监管部门对发行人资格条件进行实质判断转向以信息披露为中心，主要由投资者自行判断证券价值。在审理涉科创板上市公司虚假陈述案件时，应当审查的信息披露文件不仅包括招股说明书、年度报告、临时报告等常规信息披露文件，也包括信息披露义务人对审核问询的每一项答复和公开承诺；不仅要审查信息披露的真实性、准确性、完整性、及时性和公平性，还要结合科创板上市公司高度专业性、技术性特点，重点关注披露的内容是否简明易懂，是否便于一般投资者阅读和理解。发行人的高级管理人员和核心员工通过专项资产管理计划参与发行配售的，人民法院应当推定其对发行人虚假陈述行为实际知情，对该资产管理计划的管理人或者受益人提出的赔偿损失诉讼请求，不予支持。加强对内幕交易和操纵市场民事赔偿案件的调研和指导，积极探索违法违规主体对投资者承担民事赔偿责任的构成要件和赔偿范围。加大对涉科创板行政处罚案件和民事赔偿案件的司法执行力度，使违法违规主体及时付出违法违规代价。

10. 依法审理公司纠纷案件，增强投资者对科创板的投资信心。积极调研特别表决权在科创板上市公司中可能存在的"少数人控制""内部人控制"等公司治理问题，对于以公司自治方式突破科创板上市规则侵犯普通股东合法权利的，人民法院应当依法否定行为效力，禁止特别表决权股东滥用权利，防止制度功能的异化。案件审理中，要准确界定特别表决权股东权利边界，坚持"控制与责任相一致"原则，在"同股不同权"的同时，做到"同股不同责"。正确审理公司关联交易损害责任纠纷案件，对于通过关联交易损害公司利益的公司控股股东、实际控制人等责任主体，即使履行了法定公司决议程序也应承担民事赔偿责任；关联交易合同存在无效或者可撤销情形，符合条件的股东通过股东代表诉讼向关联交易合同相对方主张权利的，应当依法予以支持。

11. 依法界定证券公司投资者适当性管理民事责任，落实科创板投资者适当性要求。投资者适当性管理义务的制度设计，是为了防止投资者购买与自身风险承受能力不相匹配的金融产品而遭受损失。科技创新企业盈利能力具有不确定性、退市条件更为严格等特点，决定了科创板本身有一定风险。对于证券公司是否充分履行投资者适当管理义务的司法审查标准，核心是证券公司在为投资者提供科创板股票经纪服务前，是否按照一般人能够理解的客观标准和投资者能够理解的主观标准向投资者履行了告知说明义务。对于因未履行投资者适当性审查、信息披露及风险揭示义务给投资者造成的损失，人民法院应当判令证券公司承担赔偿责任。

12. 依法审理股票配资合同纠纷，明确股票违规信用交易的民事责任。股票信用交易作为证券市场的重要交易方式和证券经营机构的重要业务，依法属于国家特许经营的金融业务。对于未取得特许经营许可的互联网配资平台、民间配资公司等法人机构与投资者签订的股票配资合同，应当认定合同无效。对于配资公司或交易软件运营商利用交易软件实施的变相经纪业务，亦应认定合同无效。

四、有效保护投资者合法权益，建立健全与注册制改革相适应的证券民事诉讼制度

13. 推动完善符合我国国情的证券民事诉讼体制机制，降低投资者诉讼成本。根据立法进程和改革精神，全力配合和完善符合我国国情的证券民事诉讼体制、机制。立足于用好、用足现行代表人诉讼制度，对于共同诉讼的投资者原告人数众多的，可以由当事人推选代表人，国务院证券监督管理机构设立的证券投资者保护机构以自己的名义提起诉讼，或者接受投资者的委托指派工作人员或委托诉讼代理人参与案件审理活动的，人民法院可以指定该机构或者其代理的当事人作为代表人。支持依法成立的证券投资者保护机构开展为投资者提供专门法律服务等证券支持诉讼工作。按照共同的法律问题或者共同的事实问题等标准划分适格原告群体，并在此基础上分类推进诉讼公告、权利登记和

代表人推选。代表人应当经所代表原告的特别授权，具有变更或者放弃诉讼请求等诉讼权利，对代表人与被告签订的和解或者调解协议，人民法院应当依法进行审查，以保护被代表投资者的合法权益。推动建立投资者保护机构辅助参与生效判决执行的机制，借鉴先行赔付的做法，法院将执行款项交由投资者保护机构提存，再由投资者保护机构通过证券交易结算系统向胜诉投资者进行二次分配。积极配合相关部门和有关方面，探索行政罚款、刑事罚金优先用于民事赔偿的工作衔接和配合机制。研究探索建立证券民事、行政公益诉讼制度。

14. 加强配套程序设计，提高投资者举证能力。证券侵权案件中，投资者在取得和控制关键证据方面往往处于弱势地位。探索建立律师民事诉讼调查令制度，便利投资者代理律师行使相关调查权，提高投资者自行收集证据的能力。研究探索适当强化有关知情单位和个人对投资者获取证据的协助义务，对拒不履行协助取证义务的单位和个人要依法予以民事制裁。

15. 大力开展证券审判机制创新，依托信息化手段提高证券司法能力。推动建立开放、动态、透明的证券侵权案件专家陪审制度，从证券监管机构、证券市场经营主体、研究机构等单位遴选专家陪审员，参与证券侵权案件审理。要充分发挥专家证人在案件审理中的作用，探索专家证人的资格认定和管理办法。研究开发建设全国法院证券审判工作信息平台，通过信息化手段实现证券案件网上无纸化立案，实现群体性诉讼立案便利化，依托信息平台完善群体诉讼统一登记机制，解决适格原告权利登记、代表人推选等问题。着力解决案件审理与证券交易数据的对接问题，为损失赔偿数额计算提供支持，提高办案效率。

16. 全面推动证券期货纠纷多元化解工作，推广证券示范判决机制。坚持把非诉讼纠纷解决机制挺在前面，落实《关于全面推进证券期货纠纷多元化解机制建设的意见》，依靠市场各方力量，充分调动市场专业资源化解矛盾纠纷，推动建立发行人与投资者之间的纠纷化解和赔偿救济机制。对虚假陈述、内幕交易、操纵市场等违法行为引发的民事赔偿群体性纠纷，需要人民法院通过司法判决宣示法律规则、统一法律适用的，受诉人民法院可选取在事实认定、法律适用上具有代表性的案件作为示范案件，先行审理并及时作出判决，引导其他当事人通过证券期货纠纷多元化解机制解决纠纷，加大对涉科创板矛盾纠纷特别是群体性案件的化解力度。

17. 加强专业金融审判机构建设，提升证券审判队伍专业化水平。根据金融机构分布和金融案件数量情况，在金融案件相对集中的地区探索设立金融法庭，对证券侵权案件实行集中管辖。其他金融案件较多的人民法院，可以设立专业化的金融审判合议庭。积极适应金融供给侧结构性改革和金融风险防控对人民法院工作的新要求，在认真总结审判经验的基础上，加强对涉科创板案件的分析研判和专业知识储备，有针对性地开展证券审判专题培训，进一步充实各级人民法院的审判力量，努力建设一支政治素质高、业务能力强的过硬证券审判队伍。

上海市高级人民法院关于服务保障设立科创板
并试点注册制的若干意见

（上海市高级人民法院　2019 年 6 月 17 日）

为贯彻落实习近平总书记在首届中国国际进口博览会上的重要讲话精神、中央全面深化改革领导委员会审议通过的《在上海证券交易所设立科创板并试点注册制总体实施方案》《关于在上海证券交易所设立科创板并试点注册制的实施意见》及上海市委的相关工作部署，为设立科创板并试点注册制营造良好金融法治环境，为上海建设国际金融中心、科创中心提供优质的司法服务和保障，结合上海法院工作实际，制定本意见。

一、总体要求

（一）充分认识设立科创板并试点注册制的重大意义

1. 设立科创板并试点注册制是实施国家战略的重大举措。在上海证券交易所设立科创板并试点注册制，是中央针对当前世界经济形势，立足全国改革开放大局作出的重大战略部署，是推进我国资本市场基础制度改革、完善多层次资本市场体系、激发市场活力的重大改革举措，是补齐资本市场服务科技创新短板、增强对创新企业包容性和适应性、推动经济高质量发展的重要制度安排。设立科创板并试点注册制，对于落实金融强国、科技强国和创新驱动发展战略，具有重大而深远的意义。

2. 设立科创板并试点注册制是上海国际金融中心和科创中心建设的重大机遇。中央交给上海的三项新的重大任务是上海发展的重大机遇，将大大拓展上海的发展空间、增强上海的发展动力、重塑上海的城市格局。在上海证券交易所设立科创板并试点注册制，将有力推动上海进一步健全金融市场体系，增强金融中心吸引力和辐射力，争取国际金融市场规则话语权，更好地服务国家经济社会发展和改革开放进程，是上海加速建设国际金融中心和科创中心的重大历史机遇。

3. 设立科创板并试点注册制对上海法院服务保障大局提出了新的更高的要求。上海法院地处我国金融开放改革的前沿阵地，在营造良好金融法治环境、促进经济健康有序发展、服务保障上海国际金融中心建设过程中，承担着重要职责使命。上海法院必须以高度的责任感和使命感，充分发挥审判职能，切实回应设立科创板并试点注册制的司法需求，着力保障证券发行上市、上市公司持续监管、证券交易、强化中介机构责任、保护投资者合法权益等各项改革措施，为全面落实国家战略，服务保障上海国际金融中心和科创中心建设发挥应有的作用。

（二）服务保障设立科创板并试点注册制的总体目标

坚持以习近平新时代中国特色社会主义思想为指导，深入学习贯彻习近平总书记考察上海时的重要讲话精神，全面贯彻落实党的十九大、十九届一中、二中、三中全会、中央政法工作会议和上海市委、最高人民法院等一系列重要会议精神，牢固树立政治意识、大局意识、责任意识，以司法为民、公正司法为主线，依法履行金融审判职责，深化金融审判改革，建立健全与科创板及注册制相适应的专业化审判机制，公正高效化解涉科创板矛盾纠纷，规范引导金融创新，有效防范金融风险，为设立科创板并试点注册制营造良好法治环境，为上海国际金融中心和科创中心建设提供优质的司法服务和保障。

（三）司法服务保障设立科创板并试点注册制的基本原则

1. 坚持公开、公平、公正原则，着力保障以信息披露为中心的发行上市制度，促进资本市场公开透明，平衡保护市场参与各方合法权益。

2. 坚持市场化原则，审慎把握市场、监管与司法之间的关系，合理界定市场参与各方的权利义务，尊重监管政策、业务规则和交易惯例，确保科创板及注册制的各个环节顺畅运行。

3. 坚持专业性原则，建立健全专业审判机制，妥善处理涉科创板新类型纠纷和涉众性纠纷，充分发挥司法的定分止争与规范引领功能。

4. 坚持法治化原则，严厉打击涉科创板违法犯罪活动，依法审理涉科创板民事、行政纠纷，加大执行力度，净化资本市场环境，维护投资者合法权益，防范金融市场风险。

二、具体措施

（一）深化金融审判体制改革，建立健全与科创板及注册制司法需求相适

应的审判机制

1. 探索对涉科创板相关案件实行集中管辖。发挥上海金融法院专业审判优势，根据法律和司法解释的相关规定，对因设立科创板并试点注册制引发的金融民商事纠纷和涉金融行政纠纷，由上海金融法院集中管辖。

2. 健全涉科创板纠纷案件专业审判机制。组建专业审判团队，选派具备丰富金融审判经验和较强业务能力的法官承担涉科创板纠纷案件的审判工作，确保案件审判质量。吸纳金融监管机构、金融业界和理论界的专家学者作为陪审员参与案件审理，提升审判专业化水平。健全专家辅助人制度，由具有金融专业知识的人员对诉讼中的相关问题作出说明，帮助法官全面理解案件事实，正确适用法律。

3. 探索完善涉科创板证券纠纷案件示范判决机制。对涉科创板证券虚假陈述、内幕交易、操纵市场等行为引发的涉众性民事赔偿纠纷，选取具有代表性的案件先行审理、先行判决，发挥示范案件的引领作用，妥善化解平行案件。充分发挥投资者保护机构作用，优先选取支持诉讼案件作为示范案件。在示范案件审理中，可委托第三方专业机构对相关交易数据进行专业分析或者损失核定。示范判决生效后，引导平行案件当事人先行通过专业调解组织参照示范判决的裁判标准进行调解。

4. 充分发挥典型案例指导作用。对因设立科创板并试点注册制引发的新型、疑难、复杂案件，通过专业法官会议、专题研讨会等方式深入研究，借鉴相关理论成果和国际经验，确保司法裁判符合法律精神原则、国家金融政策和金融市场规律，促进形成交易规则。对具有规则引领和市场导向作用的涉科创板纠纷案件，通过上海法院参考性案例、上海金融审判典型案例、金融商事审判精品案例等形式予以发布，阐述法院裁判理由，展示金融司法成果，为类案审判提供参考，促进法律适用统一。积极做好典型案例的推荐申报工作，力争早入选、多入选最高人民法院的指导性案例、公报案例，为全国法院审理涉科创板纠纷案件作出"上海贡献"。

5. 推进涉科创板纠纷多元化解机制建设。全面落实《最高人民法院、中国证券监督管理委员会关于全面推进证券期货纠纷多元化解机制建设的意见》，加强与金融监管机构、金融行业组织、专业调解组织及仲裁机构的交流与合作，将调解贯穿于诉讼全过程。扩大调解组织范围，充分发挥中证中小投资者服务中心、中国证券业协会证券纠纷调解中心、上海市证券基金期货业纠纷联合人民调解委员会等专业机构作用，从源头上化解涉科创板矛盾纠纷。当事人在专业机构调解下达成调解协议后，可依法申请司法确认，赋予其强制执行力。支持调解组织开展小额速调等单边承诺调解机制、与示范判决相结合的涉众性纠纷调解机制等。

6. 运用信息化手段提升审判质效。将证券领域侵权民事赔偿案由优先纳入上海法院"民商事、行政人工智能辅助办案系统"的覆盖范围，运用智能技术实现自动识别案卷材料、自动抽取要素信息、自动生成庭审笔录及裁判文书等功能，提升审判质量和效率。充分利用上海法院"12368"诉讼服务平台、律师服务平台、网上执行和解室、电子法庭等信息化资源，为涉科创板纠纷化解提供高效便捷的网络服务。

7. 强化司法裁判与行政监管的有机衔接机制。加强与国家驻沪金融监管机构、地方金融监管部门的沟通交流，通过互访、情况通报、专题讨论会、联席会议等方式，及时了解金融监管政策和监管规则。对涉科创板案件中交易行为的定性、合法性判断等与行政监管有关的问题，充分尊重行政监管的相关认定，必要时征询行政监管机关的意见，确保司法裁判导向与行政监管目标的协调统一。加强金融风险的协同化解，强化金融案件大数据资源库和金融监管信息共享机制建设，根据实际需要，对涉科创板领域重大风险事件开展专项协调工作。

（二）依法履行审判职责，妥善处理涉科创板纠纷案件

8. 依法惩治涉科创板刑事犯罪。依法惩治涉科创板上市公司的欺诈发行股票、擅自发行股票，违规披露、不披露重要信息，内幕交易、泄露内幕信息，利用未公开信息交易，编造并传播证券交易虚假信息、诱骗投资者买卖证券合约，操纵证券市场等金融犯罪行为，净化资本市场环境。

9. 妥善处理涉科创板上市及退市纠纷。明确发行人及其董事、监事、高级管理人员、控股股东、实际控制人，以及中介机构及相关人员在信息披露方面的义务，界定不同主体对信息披露的职责边界，严格落实发行人的诚信责任、中介机构的把关责任、投资者买者自负责任、自律组织及行政机关的监管责任，推动相关主体依法尽职尽责。规范主动退市公司的决策程序，完善异议股东保护机制，保障主动退市制度的顺利运行。对上市公司因重大违法等事由被强制退市的情况，做好行政执法与司法裁判的衔接，明确相关责任主体的民事赔偿责任，保护退市公司中小投资者的合法权益。

10. 高效化解涉科创板证券纠纷。依法妥善处理涉科创板证券交易过程中因虚假陈述、内幕交易、操纵市场等证券欺诈行为引发的民事赔偿纠纷，深入研究信息重大性、因果关系、市场系统风险、损失计算等疑难法律问题，明确法律适用标准。准确把握科创板上市公司在信息披露的内容、方式、力度等方面的特殊性，适时调整相关裁判规则，切实保障以信息披露为中心的发行上市制度。依法妥善处理因红筹企业及存托凭证带来的跨境司法管辖、法律适用及司法执行等问题。

11. 妥善处理与科创板上市公司有关的纠纷。尊重科创板上市公司的表决权差异安排及上海证券交易所、中国证券登记结算有限责任公司的相关业务规则，支持科创企业建立与其特点相适应的公司治理结构，保障科创企业持续健康发展。尊重科创板上市公司的股权激励计划，维护激励对象的合法权益，支持科创企业维持稳定的创业团队和核心人员。审慎处理涉科创板上市公司控股股东、董事、监事、高管及核心技术人员股份转让与减持纠纷，注重司法裁判与监管政策的衔接，依法认定相关持股主体在限售和减持限制情形下股权转让的合法性。

12. 强化涉科创板公司知识产权保护。加强科技创新类知识产权保护力度，依法审理涉科创板上市公司专利权、技术合同等知识产权案件，准确认定知识产权合同效力和责任承担，加大惩处侵犯技术类知识产权行为的力度，有效维护科创企业知识产权合法权益和公平竞争秩序。审慎处理涉发行上市审核阶段的科创企业的知识产权纠纷，加强与上海证券交易所的沟通协调，有效防范恶意知识产权诉讼干扰科创板顺利运行。

13. 依法审理涉科创板行政纠纷。依法支持涉科创板行政监管创新，加强前瞻性研究，稳妥受理涉科创板行政案件，公正高效审理涉行政监管、信息公开、行政履职、行政许可及行政处罚等各类案件。大力推进行政争议实质性化解，实现司法审判与行政监管的有效衔接，依法保障金融监管，促进依法行政。

14. 加大涉科创板案件执行力度。健全完善与现代资本市场要求相适应的执行机制，加大执行力度，提高执行效率，依法保障债权实现。进一步强化公正执行、善意执行、文明执行的理念，依法审慎适用强制措施。根据证券类资产的价值特点，合理确定查控财物范围，依法保护金融债权，切实维护中小投资者合法权益，保障资本市场持续健康发展。

（三）发挥规范引领作用，为设立科创板并试点注册制营造良好法治环境

15. 依法保障证券交易所实施自律监管。准确界定证券交易所与拟上市公司、上市公司、会员单位、投资者之间的法律关系，细化《最高人民法院关于对与证券交易所监管职能相关的诉讼案件管辖与受理问题的规定》中直接利害关系的认定条件，统一案件受理标准。明确涉证券交易所行政纠纷与民事纠纷的边界，尊重证券交易所业务规则、证券交易所民事责任相对豁免规则。对证券交易所自律监管行为引发的纠纷，引导当事人穷尽证券交易所复核等救济程序，减少司法的直接干预。

16. 规范证券中介机构依法履责。在涉保荐人、证券服务机构纠纷案件中，明确科创板信息披露的裁判尺度，各中介机构应承担的注意义务标准、归责原则及责任范围。明确发行人作为信息披露第一责任人的法律地位，促使发行人充分披露投资者作出价值判断和投资决策所必需的信息。明确保荐人与各证券服务机构之间的责任边界，促使中介机构各尽其职、各负其责。

17. 加强投资者权益保护。严格落实投资者适当性制度，规范证券服务机构在经营过程中应当履行的投资风险揭示、风险承受能力评级等义务。充分发挥投资者保护机构作用，探索建立证券公益诉讼制度，支持其依法提起股东代表诉讼、证券支持诉讼等，切实维护投资者合法权益。通过发布司法审判白皮书、司法建议、典型案例等方式，加大法治宣传力度，提高投资者风险辨别能力，引导投资者理性投资。

18. 切实防范涉科创板金融市场风险。依法认定违反监管规定的场外配资合同无效，防止违规资金进场。妥善处理涉科创板股权质押、质押式证券回购等纠纷案件，审慎认定借款加速到期条件，防范股市剧烈波动引发连锁风险。对以金融创新为名掩盖金融风险、规避金融监管、进行制度套利的金融产品及交易模式，依法否定其法律效力。加强金融科技的司法应对，提前研判因大数据、云计算、人工智能、区块链等前沿科技与金融业相结合而产生的新型金融交易模式，防范由此产生的金融风险。充分运用上海法院金融审判"大数据"系统，强化数据采集和分析功能，准确研判涉科创板纠纷案件态势，研究解决具有普遍性、趋势性的法律适用问题，为涉科创板金融风险的防范预警提供信息支持。

（四）加强组织领导，为设立科创板并试点注册制提供强有力的保障

19. 加强组织领导。成立上海法院服务保障设立科创板并试点注册制工作

领导小组，落实领导责任，统筹组织和协调推进相关工作。市高院有关部门以及相关法院要结合各自实际，明确职责分工，加强条线业务指导，确保各项工作措施落地实效。

20. 建立沟通协调机制。严格落实信息报送机制，进一步强化法院立审执分工协作机制，加强与市地方金融监管局、公安机关等的联系沟通，妥善处理重大敏感案件和群体性事件。畅通与市金融工作局、上海证监局、上海证券交易所、中国证券登记结算有限责任公司等的沟通交流，搭建设立科创板并试点注册制法治环境建设的协作平台，掌握设立科创板并试点注册制的最新动态，对可能出现的纠纷提前预判、及时处置。

21. 加强法律问题研究。发挥中国审判理论研究会金融审判理论专业委员会、上海司法智库学会金融研究分会及中国法院金融审判国际交流（上海）基地作用，与上海证券交易所、金融研究机构、高等院校等合作开展科创板及注册制专项课题研究，总结梳理审判实践经验，深入研究前沿法律问题，促进调研成果转化，向全国人大常委会、最高人民法院提出完善相关法律和司法解释的意见建议。

上海金融法院关于服务保障设立科创板并试点注册制改革的实施意见

（上海金融法院 2019 年 7 月 23 日）

设立科创板并试点注册制是中央针对当前世界经济形势，立足全国改革开放大局作出的重大战略部署，是落实金融强国、科技强国和创新驱动发展战略、推动经济高质量发展、支持上海国际金融中心建设和科技创新中心建设的重大改革举措，是完善资本市场基础制度、激发市场活力和保护投资者合法权益的重要安排。

上海金融法院作为全国首家金融专门法院，坚持以习近平新时代中国特色社会主义思想为指导，深入学习贯彻习近平总书记考察上海时的重要讲话精神，充分认识设立科创板并试点注册制的重大意义，牢牢把握金融司法的战略定位，自觉提升司法服务保障水平，充分发挥金融审判职能作用，肩负起试点集中管辖涉科创板案件的重要职责，积极回应设立科创板并试点注册制改革过程中的司法需求，建立健全与设立科创板并试点注册制相适应的专业化金融审判工作机制，依法公正高效审理涉科创板案件，防范化解金融风险，保护投资者合法权益，为设立科创板并试点注册制改革营造优质的金融法治环境。

为全面贯彻落实中央关于在上海证券交易所设立科创板并试点注册制的决策部署，服务保障设立科创板并试点注册制改革顺利运行，根据相关法律法规和司法解释规定，结合最高人民法院《关于为设立科创板并试点注册制改革提供司法保障的若干意见》、上海市高级人民法院《关于服务保障设立科创板并试点注册制的若干意见》和上海金融法院工作实际，制定本实施意见。

1. 建立健全组织领导机构。成立上海金融法院服务保障科创板并试点注册制改革工作领导小组，统筹组织、协调推进、全面指导本院服务保障科创板并试点注册制改革工作的开展，深入研究解决相关司法审判工作中的重大问题，进一步加强与证券行政监管机构和自律监管机构的沟通协调，全力确保各项服务保障举措落地见效。

2. 试点集中管辖涉科创板案件。依法受理在科创板首次公开发行股票并上市企业的证券发行纠纷、证券承销合同纠纷、证券上市保荐合同纠纷、证券上市合同纠纷和证券欺诈责任纠纷等第一审民商事案件，以及以上海证券交易所为被告或者第三人与其履行职责相关的第一审金融民商事案件和涉金融行政案件。

3. 建立诉讼服务绿色通道。对涉科创板案件实行快立、精审、速执。完善网上无纸化立案，着力提高立案审查效率、有效缩短立案时间，灵活运用电子送达，依法拓宽涉外送达途径，提升送达效率。对于依法设立的证券投资者保护机构提起支持诉讼的民事赔偿案件，探索以多种便捷方式核实异地当事人诉讼主体资格，逐步实现诉讼事项的全流程在线办理和跨区域远程办理，切实解决异地当事人诉讼不便问题。提供中英文立案指南和咨询服务，方便中外当事人诉讼。

4. 完善专业化审判机制。充分发挥证券业案件法官专业委员会适法统一、业务指导、沟通协调的职能作用，选派政治素质高、专业功底深、办案能力强的法官跨庭组建涉科创板案件新型审判团队，承担涉科创板案件审判工作。探索建立契合涉科创板案件专业化审判需求的专家陪审机制，依法选聘金融监管机构、金融行业和科研院所的专家学者担任人民陪审员，参与案件审理。进一步推行专家辅助人制度，就案件涉及的专业问题，可依当事人申请或法院依职权指派专家辅助人出庭发表意见。在案件审理过程中，允许案件当事人之外的具有专门知识的个人或组织，就与案件直接相关的重大法律争议问题向法庭公开提交书面意见书。

5. 完善证券示范判决机制。深化证券纠纷示范判决的各项机制，高效化解涉科创板群体性民事赔偿纠纷。优先选定证券投资者保护机构提起支持诉讼的案件作为示范案件，示范判决生效后，利用诉讼费用减免的杠杆作用，引导平行案件当事人先行通过专业调解组织参照示范判决的裁判标准进行调解，有效降低投资者的维权成本。简化平行案件的庭审程序，推行表格式、要素式裁判文书样式，进一步缩短审理期限、提高诉讼效率。针对与设立科创板并试点注册制的发行、上市、承销、交易、信息披露等基础制度相关的新类型群体性纠纷，加强释法说理，注重发挥示范判决的规则宣示功能，明确司法裁判原则，规范引导市场主体。

6. 探索建立证券公益诉讼制度。进一步加大投资者合法权益的保护力度，针对损害投资者合法权益的证券欺诈民事侵权行为，探索构建由依法设立的证券投资者保护机构、法律规定的机关和有关组织提起的证券民事公益诉讼机制。因同一侵权行为受到损害的投资者自行提起私益诉讼的，若公益诉讼生效裁判对侵权行为是否成立、侵权行为与投资损失间是否存在因果关系及损失赔付原则等具有共通的事实及法律争点做出对投资者有利认定的，可直接作为投资者私益诉讼的裁判依据。

7. 完善代表人诉讼制度。适用代表人诉讼制度审理涉科创板群体性案件的，在发出公告前，应先行就适格原告范围等案件基本事实进行审查、认定。依托信息化平台，分类推进诉讼公告、权利登记和代表人推选。引导当事人自行推选代表人，当事人推选不出代表人的，法院在依法提出或指定人选时，应当考量当事人诉讼请求的典型性和利益诉求的份额等因素，确保代表人能够充分公正地表达投资者的诉讼主张。依法设立的证券投资者保护机构以自己的名义提起诉讼，或者接受投资者的委托指派工作人员或者委托诉讼代理人参与诉讼的，本院可指定该机构或者其代理的当事人作为代表人。

8. 完善多元化纠纷解决机制。进一步加强诉调对接中心建设，完善互联网在线调解平台，为涉科创板案件当事人异地参加调解提供网上通道，合理调整诉讼费用收取和分担，引导当事人采用调解方式化解矛盾。支持专业调解组织与被告就所调解的案件共同设立共管账户，及时有效赔偿适格投资者，促进涉科创板群体性证券纠纷的多元化解。与证券监管机构、专业调解组织合作推动涉科创板案件中上市公司、中介机构单方承诺调解机制，加强对专业调解组织的业务指导，依法开展涉科创板纠纷调解协议司法确认工作。

9. 提高投资者参与诉讼能力。强化民事诉讼调查令制度，提高投资者搜集证据的能力。在健全律师民事诉讼调查令制度的同时，探索扩大申请调查令的主体范围，支持依法成立的证券投资者保护机构在证券支持诉讼、公益诉讼以及代表人诉讼中向法院申请开具调查令。进一步提高调查令的强制力，对于无正当理由拒不协助持令人获取证据的单位以及直接责任人员，依法予以民事制裁。投资者确因客观原因不能自行收集的证据，法院应依职权调查取证。在涉科创板案件审理过程中，法官可通过充分释明、公开心证、合理分配举证责任等举措切实保障投资者行使诉讼权利，增强投资者参与诉讼能力。

10. 准确把握投资者保护与投资风险自担的关系。依法界定证券公司投资者适当性管理民事责任，证券公司应举证证明其根据专业投资者和普通投资者在投资经验、风险承受能力等方面的差异，分别以其可理解的合理标准履行了风险告知说明等投资者适当性管理义务，未尽到相应义务的证券公司应对投资者由此产生的损失承担赔偿责任。强化虚假陈述、内幕交易、操纵市场行为的民事赔偿责任，探索建立行政罚款、刑事罚金优先用于民事赔偿机制，落实民事赔偿优先原则，有效填补投资者实际损失。推动建立群体性证券案件先行赔付制度，以制度创新防范化解群体性纠纷风险。对于明知或应当知道证券欺诈等侵权行为存在而进行证券交易的，依法认定其损失与不法行为之间不存在因果关系。通过裁判规则公开、法治宣传引导投资者提高风险识别能力和理性投资意识。

11. 强化违反信息披露义务的民事赔偿责任。深刻理解科创板信息披露制度的特殊性，落实以信息披露为中心的股票发行交易民事责任制度，厘清不同责任主体对信息披露的责任边界，区分不同阶段信息披露的不同要求，对违反信息披露义务的行为，明确司法审查标准，规范责任主体切实履行信息披露义务。准确把握信息披露行政处罚与民事赔偿的关系，依法审查交易因果关系、损失因果关系等民事赔偿责任构成要件。案件审理过程中发现涉嫌信息披露违法违规尚未受查处的，及时将线索移送行政监管机构，涉嫌构成犯罪的，依法移送刑事侦查机关，加强民事、行政、刑事责任全方位约束机制。

12. 推动证券民事赔偿损失计算科学化精细化。研究适用契合证券市场发展的投资者损失赔偿方案，公平合理认定投资者损失赔偿金额，借助第三方专业机构在数据搜集、损失核定和专业分析上的优势，利用智能化手段，根据案件不同类型，推动形成更加精准的损失计算方法。规范第三方专业机构损失核定程序，通过损失核定人员出庭发表意见和接受询问，客观准确认定赔偿金额。

13. 准确界定中介机构民事责任。明确中介机构承担民事责任的归责原则、责任范围和免责事由。中介机构为证券发行、上市、交易等证券业务活动制作、出具的相关文件因虚假陈述等情形导致投资者损失的，应适用过错推定原则。保荐人对上市申请文件等信息披露资料履行全面核查验证义务，中介机构对本专业相关的业务事项履行特别注意义务，对其他中介机构出具相关文件中的披露事项明知或应当知道其中存在虚假陈述而未书面指明的，或者无合理理由相信其真实、准确、完整的，应认定该中介机构存在过错。探索建立中介机构及从业人员声誉约束机制，裁判文书中应当载明中介机构及其从业人员的违法违规行为，定期统计并公开发布中介机构及其从业人员涉诉、判赔、执行等司法信息，充分发挥声誉约束机制对中介行业竞争的引导作用。

14. 妥善审理上市公司收购、股份转让、增资纠纷。审慎认定科创板上市公司并购协议、对赌协议、股权代持协议、定增保底协议等合同的法律效力，关注特别表决权股份在股份转让中的特殊安排，依法审查相关持股主体在限售和减持限制情形下股份转让的合法性，在促进证券市场创新的同时保障科创型企业持续健康发展，维护证券市场正常的交易秩序。保护中小股东参与公司治理和获取回报的权利，防止因收购行为损害科创板上市公司及中小股东的合法权益。

15. 依法保障证券监管机构行使职权。准确界定证券领域行政监管权及自律监管权的范畴、边界以及责任类型。根据行政监管权、自律监管权的不同来源及不同性质，明确涉证券交易所行政纠纷与民事纠纷的边界，引导当事人先行寻求证券交易所复核、复审等救济程序。对证券交易所依照业务规则进行自律监管引发的纠纷，一般作为民事案件立案审理。审慎审理对涉科创板公司上市、交易、信息披露、减持、并购重组、公司治理、退市等不同环节的行政监管及自律监管行为提起的诉讼，尊重监管规定，依法保障监管机构有效行使监管职能，尊重证券交易所的业务规则，遵循证券交易所民事责任相对豁免原则。

16. 精心审理涉外案件。合理认定具有涉外因素的涉科创板案件，积极行使国际裁判管辖权，尊重合同领域的当事人意思自治，依法确定实体问题准据法。我国法律中对投资者保护有强制性规定的，直接适用该强制性规定。对涉及红筹企业及其分支机构的民事权利能力、民事行为能力、股权结构、股东权利义务等事项，适用登记地法律。相关法人的主营业地与登记地不一致的，可以适用主营业地法律。红筹企业在境内的发行、上市、交易和信息披露等相关纠纷，适用交易所所在地法律。通过与外国法查明机构的合作机制，进一步优化外国法查明，提升外国法查明与适用水平。依照实质互惠原则，推动涉科创板案件生效判决的跨境承认与执行，提升我国涉科创板案件司法裁判规则的国际公信力和影响力。

17. 优化涉科创板执行案件金融风险防控机制。建立涉科创板上市公司执行案件的风险研判机制，强化公正、善意、文明的执行理念，综合考量因强制执行行为可能对科创板上市公司经营产生的影响，减少其股票交易价格波动。对科创板上市公司为被执行人的案件，灵活采取强制执行措施，加强执行前督促程序、执行和解程序的运用，积极引导科创板上市公司及时主动履行生效法律文书确定的义务。完善科创板上市公司股票处置机制，审慎评估科创板上市公司股票处置的风险。在执行程序中发现被执行人同时拥有科创板上市公司股票、不动产及其他可供执行财产的，根据证券资产价值特点，合理界定查控处置财产范围，优先处置上市公司股票以外的其他财产。加强同证券交易所、证券登记结算机构等单位的沟通协调，创新建立大宗股票司法执行协作机制，充分利用证券交易所大宗股票执行协作平台进行股票处置，维护市场交易秩序。

18. 加强执行案件中投资者保护。在涉科创板证券虚假陈述、内幕交易、操纵市场等证券侵权案件的执行中，加大投资者保护力度。对投资者提供财产保全线索确有困难的，本院可运用网络查控系统，主动发现财产线索，高效开展财产保全。加大司法强制措施运用力度，积极构建涉科创板证券侵权执行案件协助执行网络，及时兑现投资者胜诉权益。探索建立与代表人诉讼制度相适应的执行机制，鼓励并推动投资者保护机构辅助参与生效判决执行，允许投资者保护机构作为申请执行人代表投资者申请执行并接受执行款项，再由投资者保护机构通过证券交易结算系统向胜诉投资者进行二次分配。

19. 加大对证券侵权案件直接责任人的执行惩戒力度。建立对涉科创板证券侵权执行案件直接责任人的先行执行工作机制，对控股股东、实际控制人等与科创板上市公司负有连带赔偿责任的证券侵权执行案件，先行执行对证券侵权行为负有直接责任的股东或个人财产，加强对控股股东、实际控制人等的司法惩戒力度，提高证券侵权行为直接责任人的违法违规成本。完善涉科创板执行案件失信被执行人联合惩戒机制，加强同市场监管、证券监管、税务等单位的沟通协调，对拒不履行生效法律文书确定的义务的科创板上市公司法定代表人、控股股东、实际控制人、大股东、董事、监事、高级管理人、有关中介机构法定代表人、执行事务合伙人以及主要负责人等个人予以失信惩戒。

20. 建立健全与证券监管等机构的沟通协调机制。建立联席会议及会商机制，定期召开专题会议，研判新情况新问题，形成共识，推动执法理念统一，形成保障合力。建立信息数据共享机制，加强与证券行政监管机构、证券交易所、证券登记结算机构等相关部门的信息互联，及时有效获取证券登记、交易、结算、托管等相关数据，并通过大数据系统的分析和应用，深入研判案件趋势，提升案件审判质效。

21. 积极拓展审判效果。进一步强化涉科创板案件司法公开，在本院官网开设涉科创板案件专栏，公开审理流程、庭审和裁判文书，及时发布具有规则创设意义的典型案例，定期发布中英文审判白皮书，充分发挥司法审判的引领作用。密切关注科创板运行情况和案件变化趋势，就案件审理过程中发现的合规风险和监管薄弱环节及时发出司法建议，帮助科创企业加强公司治理，建议行政和自律监管机构完善监管措施，督促中介机构规范经营，提醒投资者理性投资，促进科创板市场各主体归位尽责，协同配合，保障设立科创板并试点注册制改革的顺利进行。

22. 深化司法科技运用。加快群体性证券案件的大数据"智源"平台建设，深度融合人工智能、云计算和大数据等前沿技术，拓展电子卷宗深度应用，梳理、分类、整合电子卷宗内的非结构化案件裁判要素，形成证券侵权案件的全要素大数据资源库。按照上海法院"民商事、行政人工智能辅助办案系统"的建设要求，研发匹配示范判决机制下涉科创板案件的"智审"系统，实现自动识别诉讼材料、自动抽取要素信息、自动回填案件数据等功能，提升平行案件裁判文书自动生成的准确性。以大数据"智源"平台为基础，研发涉科创板案件多元化纠纷解决机制的诉讼风险提示系统，根据当事人的诉讼请求和提交的诉讼材料，精准分析诉讼风险，有效促进调解、和解的实效性。通过人脸识别和交易数据对接等技术手段，解决投资者身份验证、权利登记、代表人推选等问题，有效提升涉科创板案件的诉讼服务便捷性。

23. 提升专业化审判能力。推进专业化人才培养，与证券监管机构、科研院所联合开展专项培训和实务交流，加强对科创板相关政策法规和交易规则的学习，准确理解科创板注册制的制度背景、逻辑规律和独特设计，夯实知识储备。加强证券司法领域的国际交流与合作，立足于我国资本市场的发展阶段和特征，借鉴吸收域外行之有效的司法经验。强化涉科创板案件实务研究，在上海市法学会支持指导下设立上海金融法治研究院，深入研究涉科创板案件疑难法律问题，及时总结审判经验，促进裁判规则的形成及标准的统一。

附录二

创新企业境内发行股票或存托凭证
试点主要制度规则

国务院办公厅转发证监会
关于开展创新企业境内发行股票或
存托凭证试点若干意见的通知

（国办发〔2018〕21号　2018年3月22日）

各省、自治区、直辖市人民政府，国务院各部委、各直属机构：

证监会《关于开展创新企业境内发行股票或存托凭证试点的若干意见》已经国务院同意，现转发给你们，请认真贯彻执行。

关于开展创新企业境内发行股票或
存托凭证试点的若干意见

证监会

为进一步加大资本市场对实施创新驱动发展战略的支持力度，按照市场化、法治化原则，借鉴国际经验，开展创新企业境内发行股票或存托凭证试点，现提出以下意见。

一、指导思想

全面贯彻落实党的十九大精神，以习近平新时代中国特色社会主义思想为指导，认真落实党中央、国务院决策部署，坚持稳中求进工作总基调，牢固树立和贯彻新发展理念，按照高质量发展要求，统筹推进"五位一体"总体布局和协调推进"四个全面"战略布局，深化资本市场改革、扩大开放，支持创新企业在境内资本市场发行证券上市，助力我国高新技术产业和战略性新兴产业发展提升，推动经济发展质量变革、效率变革、动力变革。

二、试点原则

（一）服务国家战略。以服务创新驱动发展为引领，坚持创新与发展有机结合，改革与开放并行并重，助力大众创业万众创新，推动经济结构调整和产业转型升级。

（二）坚持依法合规。在法律法规框架下，做好与相关政策的衔接配合，稳妥适度开展制度创新，确保试点依法依规、高效可行。

（三）稳步有序推进。统筹谋划，循序渐进，探索通过试点解决创新企业境内上市问题，为进一步深化改革、完善制度积累经验、创造条件。

（四）切实防控风险。充分保护中小投资者合法权益，处理好试点与风险防控的关系，把防控风险放到更加重要的位置。强化监管，维护金融市场稳定，坚决守住不发生系统性风险的底线。

三、试点企业

试点企业应当是符合国家战略、掌握核心技术、市场认可度高，属于互联网、大数据、云计算、人工智能、软件和集成电路、高端装备制造、生物医药等高新技术产业和战略性新兴产业，且达到相当规模的创新企业。其中，已在境外上市的大型红筹企业，市值不低于2000亿元人民币；尚未在境外上市的创新企业（包括红筹企业和境内注册企业），最近一年营业收入不低于30亿元人民币且估值不低于200亿元人民币，或者营业收入快速增长，拥有自主研发、国际领先技术，同行业竞争中处于相对优势地位。试点企业具体标准由证监会制定。本意见所称红筹企业，是指注册地在境外、主要经营活动在境内的企业。

证监会成立科技创新产业化咨询委员会（以下简称咨询委员会），充分发挥相关行业主管部门及专家学者作用，严格甄选试点企业。咨询委员会由相关行业权威专家、知名企业家、资深投资专家等组成，按照试点企业标准，综合考虑商业模式、发展战略、研发投入、新产品产出、创新能力、技术壁垒、团队竞争力、行业地位、社会影响、行业发展趋势、企业成长性、预估市值等因素，对申请企业是否纳入试点范围作出初步判断。证监会以此为重要依据，审核决定申请企业是否列入试点，并严格按照法律法规受理审核试点企业发行上市申请。

四、试点方式

试点企业可根据相关规定和自身实际，选择申请发行股票或存托凭证上市。允许试点红筹企业按程序在境内资本市场发行存托凭证上市；具备股票发行上市条件的试点红筹企业可申请在境内发行股票上市；境内注册的试点企业可申请在境内发行股票上市。本意见所称存托凭证，是指由存托人签发、以境外证券为基础在中国境内发行、代表境外基础证券权益的证券。

试点企业在境内发行的股票或存托凭证均应在境内证券交易所上市交易，并在中国证券登记结算有限责任公司集中登记存管、结算。试点企业募集的资金可以人民币形式或购汇汇出境外，也可留存境内使用。试点企业募集资金的使用、存托凭证分红派息等应符合我国外资、外汇管理等相关规定。

证监会根据证券法等法律法规规定，依照现行股票发行核准程序，核准试点红筹企业在境内公开发行股票；原则上依照股票发行核准程序，由发行审核委员会依法审核试点红筹企业存托凭证发行申请。

试点企业在境内的股票或存托凭证相关发行、上市和交易等行为，均纳入现行证券法规范范围。证监会依据证券法和本意见及相关规定实施监管，并与试点红筹企业上市地等相关国家或地区证券监督管理机构建立监管合作机制，实施跨境监管。

五、发行条件

试点企业在境内发行股票应符合法律法规规定的股票发行条件。其中，试点红筹企业股权结构、公司治理、运行规范等事项可适用境外注册地公司法等法律法规规定，但关于投资者权益保护的安排总体上应不低于境内法律要求。对存在协议控制架构的试点企业，证监会会同有关部门区分不同情况，依法审慎处理。

试点红筹企业在境内发行以股票为基础证券的存托凭证应符合证券法关于股票发行的基本条件，同时符合下列要求：一是股权结构、公司治理、运行规范等事项可适用境外注册地公司法等法律法规规定，但关于投资者权益保护的安排总体上应不低于境内法律要求；二是存在投票权差异、协议控制架构或类似特殊安排的，应于首次公开发行时，在招股说明书等公开发行文件显要位置充分、详细披露相关情况特别是风险、公司治理等信息，以及依法落实保护投资者合法权益规定的各项措施。

六、存托凭证基础制度安排

在中国境内发行存托凭证应符合以下基础制度安排，并严格遵守相关监管规则。

（一）参与主体。

基础证券发行人在境外发行的基础证券由存托人持有，并由存托人在境内签发存托凭证。基础证券发行人应符合证券法关于股票等证券发行的基本条件，参与存托凭证发行，依法履行信息披露等义务，并按规定接受证监会及证券交易所监督管理。

存托人应按照存托协议约定，根据存托凭证持有人意愿行使境外基础证券相应权利，办理存托凭证分红、派息等业务。存托人资质应符合证监会有关规定。

存托凭证持有人依法享有存托凭证代表的境外基础证券权益，并按照存托协议约定，通过存托人行使其权利。

（二）存托协议。

基础证券发行人、存托人及存托凭证持有人通过存托协议明确存托凭证所代表权益及各方权利义务。投资者持有存托凭证即成为存托协议当事人，视为其同意并遵守存托协议约定。存托协议应约定因存托凭证发生的纠纷适用中国法律法规规定，由境内法院管辖。

（三）存托凭证基础财产。

存托凭证基础财产包括境外基础证券及其衍生权益。存托人可在境外委托金融机构担任托管人。托管人负责托管存托凭证基础财产，并负责办理与托管相关的其他业务。存托人和托管人应为存托凭证基础财产单独立户，将存托凭证基础财产与其自有财产有效隔离、分别管理、分别记账，不得将存托凭证基础财产归入其自有财产，不得违背受托义务侵占存托凭证基础财产。

（四）跨境转换。

存托凭证与基础证券之间转换的具体要求和方式由证监会规定。

七、信息披露

试点企业及其控股股东、实际控制人等相关信息披露义务人应真实、准确、完整、及时、公平地披露信息，不得有虚假记载、误导性陈述或重大遗漏。试点红筹企业原则上依照现行上市公司信息披露制度履行信息披露义务。

试点红筹企业及其控股股东、实际控制人等相关信息披露义务人在境外披露的信息应以中文在境内同步披露，披露内容应与其在境外市场披露内容一致。

试点红筹企业在境内发行证券，应按照证券法等法律法规规定披露财务信息，并在上市安排中明确会计年度期间等相关问题。试点红筹企业在境内发行证券披露的财务报告信息，可按照中国企业会计准则或经财政部认可与中国企业会计准则等效的会计准则编制，也可在按照国际财务报告准则或美国会计准则编制的同时，提供按照中国企业会计准则调整的差异调节信息。

八、投资者保护

试点企业不得有任何损害境内投资者合法权益的特殊安排和行为。发行股票的，应执行境内现行投资者保护制度；尚未盈利试点企业的控股股东、实际控制人和董事、高级管理人员在企业实现盈利前不得减持上市前持有的股票。发行存托凭证的，应确保存托凭证持有人实际享有权益与境外基础股票持有人权益相当，由存托人代表境内投资者对境外基础股票发行人行使权利。投资者合法权益受到损害时，试点企业应确保境内投资者获得与境外投资者相当的赔偿。

九、法律责任

试点企业等相关市场主体违法违规发行证券，未按规定披露信息，所披露信息存在虚假记载、误导性陈述或重大遗漏，或者存在内幕交易、操纵市场等其他违法行为的，应依照证券法等法律法规规定承担法律责任。试点企业等相关市场主体导致投资者合法权益受到损害的，应依法承担赔偿责任，投资者可依法直接要求其承担损害赔偿责任。存托人或托管人违反本意见和证监会有关规定的，证监会可依法采取监管措施，并追究其法律责任。

十、组织管理

各地区、各相关部门要高度重视，统一思想，提高认识，加大工作力度，确保试点依法有序开展。证监会要根据证券法和本意见规定，加强与各地区、各相关部门的协调配合，稳妥推动相关工作，完善相关配套制度和监管规则，加强市场监管、投资者教育和跨境监管执法合作，依法严肃查处违法违规行为，监督试点企业认真履行信息披露义务，督促中介机构诚实守信、勤勉尽责，切实保护投资者合法权益。

存托凭证发行与交易管理办法（试行）

（中国证监会令第 143 号　2018 年 6 月 6 日）

第一章　总则

第一条　为了规范存托凭证发行和交易行为，保护投资者合法权益，维护证券市场秩序，根据《中华人民共和国证券法》（以下简称《证券法》）《中华人民共和国证券投资基金法》《关于开展创新企业境内发行股票或存托凭证试点的若干意见》（以下简称《若干意见》）以及相关法律、行政法规，制定本办法。

第二条　本办法所称存托凭证是指由存托人签发、以境外证券为基础在中国境内发行、代表境外基础证券权益的证券。

存托凭证的发行和交易，适用《证券法》、《若干意见》、本办法以及中国证监会的其他规定。存托凭证的境外基础证券发行人应当参与存托凭证发行，依法履行发行人、上市公司的义务，承担相应的法律责任。

第三条　境外基础证券发行人的股权结构、公司治理、运行规范等事项适用境外注册地公司法等法律法规规定的，应当保障对中国境内投资者权益的保护总体上不低于中国法律、行政法规以及中国证监会规定的要求，并保障存托凭证持有人实际享有的权益与境外基础证券持有人的权益相当，不得存在跨境歧视。

第四条　中国证监会依照上市公司监管的相关规定，对发行存托凭证的境外基础证券发行人进行持续监督管理。法律、行政法规或者中国证监会另有规定的除外。

证券交易所依据章程、协议和业务规则，对存托凭证上市、交易活动、境外基础证券发行人及其他信息披露义务人的信息披露行为等进行自律监管。

第二章　存托凭证的发行

第五条　公开发行以股票为基础证券的存托凭证的，境外基础证券发行人应当符合下列条件：

（一）《证券法》第十三条第（一）项至第（三）项关于股票公开发行的基本条件；

（二）为依法设立且持续经营三年以上的公司，公司的主要资产不存在重大权属纠纷；

（三）最近三年内实际控制人未发生变更，且控股股东和受控股股东、实际控制人支配的股东持有的境外基础证券发行人股份不存在重大权属纠纷；

（四）境外基础证券发行人及其控股股东、实际控制人最近三年内不存在损害投资者合法权益和社会公共利益的重大违法行为；

（五）会计基础工作规范、内部控制制度健全；

（六）董事、监事和高级管理人员应当信誉良好，符合公司注册地法律规定的任职要求，近期无重大违法失信记录；

（七）中国证监会规定的其他条件。

第六条　公开发行以股票为基础证券的存托凭证的，境外基础证券发行人应当按照中国证监会规定的格式和内容，向中国证监会报送发行申请文件。

第七条　申请公开发行存托凭证的，境外基础证券发行人应当依照《证券法》《若干意见》以及中国证监会规定，报请中国证监会核准。

中国证监会发行审核委员会依照《证券法》第二十三条以及中国证监会规定，审核存托凭证发行申请。

仅面向符合适当性管理要求的合格投资者公开发行存托凭证的，可以简化核准程序，具体程序由中国证监会另行规定。

第八条　申请存托凭证公开发行并上市的，境外基础证券发行人应当依照《证券法》第十一条、第四十九条的规定，聘请具有保荐资格的机构担任保荐人。保荐人应当依照法律、行政法规以及中国证监会规定尽职履行存托凭证发行上市推荐和持续督导职责。

公开发行存托凭证的，应当依照《证券法》第二十八条至第三十六条的规定，由证券公司承销，但投资者购买以非新增证券为基础证券的存托凭证以及中国证监会规定无须由证券公司承销的其他情形除外。

第九条　存托凭证在中国境内首次公开发行并上市后，拟发行以境外基础证券发行人新增证券为基础证券的存托凭证的，适用《证券法》《若干意见》以及中国证监会关于上市公司证券发行的规定。

第三章 存托凭证的上市和交易

第十条 依法公开发行的存托凭证应当在中国境内证券交易所上市交易。境外基础证券发行人申请存托凭证上市的，应当符合证券交易所业务规则规定的上市条件，并按照证券交易所的规定提出上市申请，证券交易所审核同意后，双方签订上市协议。

证券交易所应当依据《证券法》《若干意见》以及中国证监会规定制定存托凭证上市的相关业务规则。

第十一条 存托凭证的交易应当遵守法律、行政法规、中国证监会规定以及证券交易所业务规则的规定。

存托凭证的交易可以按照有关规定采取做市商交易方式。

证券交易所应当按照《证券法》第一百一十五条规定，对存托凭证交易实行实时监控，并可以根据需要，对出现重大异常交易情况的证券账户限制交易。

第十二条 境外基础证券发行人的股东、实际控制人、董事、监事、高级管理人员和存托凭证的其他投资者在中国境内减持其持有的存托凭证的，应当遵守法律、行政法规、中国证监会规定以及证券交易所业务规则的规定。

第十三条 境外基础证券发行人的收购及相关股份权益变动活动应当遵守法律、行政法规以及中国证监会规定。

第十四条 境外基础证券发行人实施重大资产重组、发行存托凭证购买资产的，应当符合法律、行政法规以及中国证监会规定。境外基础证券发行人不得通过发行存托凭证在中国境内重组上市。

第十五条 存托凭证应当在中国证券登记结算有限责任公司集中登记、存管和结算。

中国证券登记结算有限责任公司应当依据《证券法》《若干意见》以及中国证监会规定制定存托凭证登记结算业务规则。

第四章 存托凭证的信息披露

第十六条 境外基础证券发行人及其控股股东、实际控制人等信息披露义务人应当依照《证券法》、《若干意见》、中国证监会规定以及证券交易所业务规则，及时、公平地履行信息披露义务，所披露的信息必须真实、准确、完整，不得有虚假记载、误导性陈述或者重大遗漏。

境外基础证券发行人的董事、监事、高级管理人员应当忠实、勤勉地履行职责，保证境外基础证券发行人所披露的信息真实、准确、完整。

证券交易所对境外基础证券发行人及其他信息披露义务人披露信息进行监督，督促其依法及时、准确地披露信息。

第十七条　境外基础证券发行人应当按照中国证监会、证券交易所的规定编制并披露招股说明书、上市公告书，披露存托协议、托管协议等文件。

境外基础证券发行人应当在招股说明书中，充分披露境外注册地公司法律制度及其公司章程或者章程性文件的主要规定与《中华人民共和国公司法》等法律制度的主要差异，以及该差异对存托凭证在中国境内发行、上市和对投资者保护的影响。

境外基础证券发行人具有股东投票权差异、企业协议控制架构或者类似特殊安排的，应当在招股说明书等公开发行文件显要位置充分、详细披露相关情况特别是风险、公司治理等信息，并以专章说明依法落实保护投资者合法权益规定的各项措施。

境外基础证券发行人的董事、高级管理人员应当对招股说明书签署书面确认意见。

第十八条　境外基础证券发行人应当按照《证券法》、《若干意见》、中国证监会规定以及证券交易所业务规则，按时披露定期报告，并及时就可能对基础证券、存托凭证及其衍生品种交易价格产生较大影响的重大事件披露临时报告。

第十九条　境外基础证券发行人应当按照中国证监会规定的内容和格式要求，编制并披露定期报告。

境外基础证券发行人具有股东投票权差异、企业协议控制架构或者类似特殊安排的，应当在定期报告中披露相关情形及其对中国境内投资者带来的重大影响和风险。

境外基础证券发行人的董事、高级管理人员应当对定期报告签署书面确认意见。

第二十条　发生《证券法》第六十七条以及《上市公司信息披露管理办法》第三十条规定的重大事件，投资者尚未得知时，境外基础证券发行人应当立即披露，说明事件的起因、目前的状态和可能产生的法律后果。

持有或者通过持有境内外存托凭证而间接持有境外基础证券发行人发行的

股份合计达到百分之五以上的投资者，属于《证券法》第六十七条第二款第（八）项以及《上市公司信息披露管理办法》第三十条第二款第（八）项规定的持有公司百分之五以上股份的股东。

《上市公司信息披露管理办法》第三十条第二款第（十四）项规定的任一股东所持公司百分之五以上股份，包括持有或者通过持有境内外存托凭证而间接持有境外基础证券发行人发行的股份合计达到百分之五。

《上市公司信息披露管理办法》第三十条第二款第（十五）项规定的主要资产包括境外基础证券发行人境内实体运营企业的主要资产。

第二十一条　发生以下情形之一的，境外基础证券发行人应当及时进行披露：

（一）存托人、托管人发生变化；

（二）存托的基础财产发生被质押、挪用、司法冻结或者发生其他权属变化；

（三）对存托协议作出重大修改；

（四）对托管协议作出重大修改；

（五）对股东投票权差异、企业协议控制架构或者类似特殊安排作出重大调整；

（六）中国证监会规定的其他情形。

第二十二条　境外基础证券发行人及其控股股东、实际控制人等信息披露义务人应当保证其在境外市场披露的信息同步在境内市场披露。

第二十三条　中国证监会、证券交易所对证券已在境外上市的基础证券发行人及其控股股东、实际控制人等信息披露义务人，可以根据境外上市地的监管水平以及境外基础证券发行人公司治理、信息披露等合规运作情况，对其信息披露事项作出具体规定。

除前款规定外，境外基础证券发行人及其控股股东、实际控制人等信息披露义务人有其他需要免予披露或者暂缓披露相关信息特殊情况的，可以根据中国证监会规定以及证券交易所业务规则免予披露或者暂缓披露相关信息，但应当说明原因，并聘请律师事务所就上述事项出具法律意见。

免予披露或者暂缓披露相关信息的原因和律师事务所出具的法律意见应当及时披露。

第二十四条　境外基础证券发行人或者其他信息披露义务人向中国证监

会、证券交易所提供的文件或者信息披露文件应当使用中文，文件内容应当与其在境外市场提供的文件或者所披露的文件的内容一致。上述文件内容不一致时，以中文文件为准。

第二十五条　境外基础证券发行人应当在中国境内设立证券事务机构，聘任熟悉境内信息披露规定和要求的信息披露境内代表，负责存托凭证上市期间的信息披露与监管联络事宜。

第五章　存托凭证的存托和托管

第二十六条　下列机构可以依法担任存托人：

（一）中国证券登记结算有限责任公司及其子公司；

（二）经国务院银行业监督管理机构批准的商业银行；

（三）证券公司。

担任存托人的机构应当符合下列条件：

（一）组织机构健全，内部控制规范，风险管理有效；

（二）财务状况良好，净资产或者资本净额符合规定；

（三）信誉良好，最近三年内无重大违法行为；

（四）拥有与开展存托业务相适应的从业人员、机构配置和业务设施；

（五）法律、行政法规和规章规定的其他条件。

第二十七条　存托人应当承担以下职责：

（一）与境外基础证券发行人签署存托协议，并根据存托协议约定协助完成存托凭证的发行上市；

（二）安排存放存托凭证基础财产，可以委托具有相应业务资质、能力和良好信誉的托管人管理存托凭证基础财产，并与其签订托管协议，督促其履行基础财产的托管职责，存托凭证基础财产因托管人过错受到损害的，存托人承担连带赔偿责任；

（三）建立并维护存托凭证持有人名册；

（四）办理存托凭证的签发与注销；

（五）按照中国证监会规定和存托协议约定，向存托凭证持有人发送通知等文件；

（六）按照存托协议约定，向存托凭证持有人派发红利、股息等权益，根据存托凭证持有人意愿行使表决权等权利；

（七）境外基础证券发行人股东大会审议有关存托凭证持有人权利义务的议案时，存托人应当参加股东大会并为存托凭证持有人权益行使表决权；

（八）中国证监会规定和存托协议约定的其他职责。

第二十八条 境外基础证券发行人、存托人和存托凭证持有人通过存托协议明确存托凭证所代表权益和各方权利义务。投资者持有存托凭证即成为存托协议当事人，视为其同意并遵守存托协议约定。

存托协议应当符合法律、行政法规以及中国证监会规定，并包括以下条款：

（一）境外基础证券发行人、存托人的名称、注册地、成立依据的法律和主要经营场所；

（二）基础证券的种类；

（三）发行存托凭证的数量安排；

（四）存托凭证的签发、注销等安排；

（五）基础财产的存放和托管安排；

（六）境外基础证券发行人的权利和义务；

（七）存托人的权利和义务；

（八）存托凭证持有人的权利和义务；

（九）基础证券涉及的分红权、表决权等相应权利的具体行使方式和程序；

（十）存托凭证持有人的保护机制；

（十一）存托凭证涉及收费标准、收费对象和税费处理；

（十二）约定事项的变更方式；

（十三）存托凭证终止上市的安排；

（十四）违约责任；

（十五）解决争议的方法；

（十六）存托协议适用中国法律；

（十七）诉讼管辖法院为中国境内有管辖权的人民法院；

（十八）其他重要事项。

境外基础证券发行人、存托人修改存托协议的，应当由境外基础证券发行人提前以公告形式通知存托凭证持有人。

境外基础证券发行人应当向中国证监会提交存托协议，作为其发行、上市申请文件。存托协议修改的，应当及时向中国证监会报告。

第二十九条 存托人可以委托境外金融机构担任托管人。存托人委托托管人的，应当在存托协议中明确基础财产由托管人托管。托管人应当承担下列职责：

（一）托管基础财产；

（二）按照托管协议约定，协助办理分红派息、投票等相关事项；

（三）向存托人提供基础证券的市场信息；

（四）中国证监会规定和托管协议约定的其他职责。

第三十条　存托人与托管人签订的托管协议，应当包括下列条款：

（一）协议当事人的名称、注册地和主要经营场所；

（二）基础证券种类和数量；

（三）存托人指令的发送、确认和执行的程序；

（四）基础财产不得作为托管人破产财产或者清算财产，及相关资产隔离措施；

（五）托管人的报酬计算方法与支付方式；

（六）基础财产托管及解除托管的程序；

（七）约定事项的变更方式；

（八）违约责任；

（九）解决争议的方法；

（十）其他重要事项。

境外基础证券发行人应当向中国证监会提交存托人与托管人签署的托管协议，作为其发行申请文件。托管协议修改的，存托人应当及时告知境外基础证券发行人，并由境外基础证券发行人向中国证监会报告。

第三十一条　存托人、托管人应当忠实、勤勉地履行各项职责和义务，不得损害存托凭证持有人的合法权益。

存托人行使境外基础证券相应权利，应当按照存托协议约定的方式事先征求存托凭证持有人的意愿并按其意愿办理，不得擅自行使相应权利或者处分相应存托凭证基础财产。

第三十二条　存托人应当为存托凭证基础财产单独立户，将存托凭证基础财产与其自有财产有效隔离、分别管理、分别记账，不得将存托凭证基础财产归入其自有财产，不得侵占、挪用存托凭证基础财产。

第三十三条　存托人不得买卖其签发的存托凭证，不得兼任其履行存托职责的存托凭证的保荐人。

第六章　投资者保护

第三十四条　向投资者销售存托凭证或者提供相关服务的机构，应当遵守中国证监会关于投资者适当性管理的规定。

证券交易所应当在业务规则中明确存托凭证投资者适当性管理的相关事项。

第三十五条　境外基础证券发行人应当确保存托凭证持有人实际享有的资产收益、参与重大决策、剩余财产分配等权益与境外基础证券持有人权益相当。境外基础证券发行人不得作出任何损害存托凭证持有人合法权益的行为。

法律、行政法规以及中国证监会规定对投资者保护有强制性规定的，应当适用其规定。

第三十六条　境外基础证券发行人、存托人应当按照存托协议约定，采用安全、经济、便捷的网络或者其他方式为存托凭证持有人行使权利提供便利。

第三十七条　中证中小投资者服务中心有限责任公司可以购买最小交易份额的存托凭证，依法行使存托凭证持有人的各项权利。

中证中小投资者服务中心有限责任公司可以接受存托凭证持有人的委托，代为行使存托凭证持有人的各项权利。

中证中小投资者服务中心有限责任公司可以支持受损害的存托凭证持有人依法向人民法院提起民事诉讼。

第三十八条　境外基础证券发行人与其境内实体运营企业之间的关系安排，不得损害存托凭证持有人等投资者的合法权益。

第三十九条　境外基础证券发行人具有股东投票权差异等特殊架构的，其持有特别投票权的股东应当按照所适用的法律以及公司章程行使权利，不得滥用特别投票权，不得损害存托凭证持有人等投资者的合法权益。

出现前款情形，损害存托凭证持有人等投资者合法权益的，境外基础证券发行人及特别投票权股东应当改正，并依法承担对投资者的损害赔偿责任。

第四十条　存托凭证暂停、终止上市的情形和程序，由证券交易所业务规则规定。

存托凭证出现终止上市情形的，存托人应当根据存托协议的约定，为存托凭证持有人的权利行使提供必要保障。

存托凭证终止上市的，存托人应当根据存托协议的约定卖出基础证券，并将卖出所得扣除税费后及时分配给存托凭证持有人。基础证券无法卖出的，境外基础证券发行人应当在存托协议中作出合理安排，保障存托凭证持有人的合法权益。

第四十一条　存托凭证持有人与境外基础证券发行人、存托人、证券服务机构等主体发生纠纷的，可以向中证中小投资者服务中心有限责任公司及其他依法设立的调解组织申请调解。

第四十二条　投资者通过证券投资基金投资存托凭证的，基金管理人应当制定严格的投资决策流程和风险管理制度，做好制度、业务流程、技术系统等方面准备工作。

基金管理人应当根据审慎原则合理控制基金投资存托凭证的比例，在基金合同、招募说明书中明确投资存托凭证的比例、策略等，并充分揭示风险。

基金托管人应当加强对基金投资存托凭证的监督，切实保护基金份额持有人的合法权益。

第四十三条　已经获得中国证监会核准或者准予注册的公开募集证券投资基金投资存托凭证，应当遵守以下规定：

（一）基金合同已明确约定基金可投资境内上市交易的股票的，基金管理人可以投资存托凭证；

（二）基金合同没有明确约定基金可投资境内上市交易的股票的，如果投资存托凭证，基金管理人应当召开基金份额持有人大会进行表决。

公开募集证券投资基金投资存托凭证的比例限制、估值核算、信息披露等依照境内上市交易的股票执行。

第四十四条　合格境外机构投资者和人民币合格境外机构投资者投资存托凭证的比例限制按照有关管理规定执行，计算基础为境内上市的存托凭证。

第七章　法律责任

第四十五条　中国证监会依法履行职责，对境外基础证券发行人及其控股股东、实际控制人、境内实体运营企业、存托人、托管人、保荐人、承销机构、证券服务机构及其他主体采取进行现场检查、进入涉嫌违法行为发生场所调查取证等措施的，适用《证券法》第一百八十条规定。

第四十六条　存托凭证的发行、交易等活动违反本办法规定的，中国证监会可以采取以下监管措施：

（一）责令改正；

（二）监管谈话；

（三）出具警示函；

（四）认定为不适当人选；

（五）依法可以采取的其他监管措施。

第四十七条　有下列行为的，中国证监会依据《证券法》相关规定进行行政处罚；构成犯罪的，依法追究刑事责任：

（一）未经中国证监会核准，擅自公开或者变相公开发行存托凭证；

（二）不符合发行条件的境外基础证券发行人以欺骗手段骗取存托凭证发行核准；

（三）保荐人在存托凭证发行、上市中出具有虚假记载、误导性陈述或者重大遗漏的保荐书，或者不履行其他法定职责；

（四）境外基础证券发行人或者其他信息披露义务人未按照规定披露信息、报送有关报告，或者所披露的信息、报送的报告有虚假记载、误导性陈述或者重大遗漏；

（五）内幕信息知情人和非法获取内幕信息的人利用内幕信息买卖存托凭证、泄露内幕信息、建议他人买卖存托凭证；

（六）违反《证券法》的规定操纵存托凭证市场；

（七）证券服务机构在为存托凭证的发行、交易等证券业务活动提供服务中，未勤勉尽责，所制作、出具的文件有虚假记载、误导性陈述或者重大遗漏；

（八）《证券法》规定的其他违法行为。

第四十八条　境外基础证券发行人的股东、实际控制人、董事、监事、高级管理人员和存托凭证的其他投资者违反本办法第十二条的规定，在中国境内减持其持有的存托凭证的，责令改正，给予警告，没收违法所得，并处三万元罚款。

第四十九条　法律、行政法规禁止参与股票交易的人员，直接或者以化名、借他人名义持有、买卖、接受他人赠送存托凭证的，依照《证券法》第一百九十九条的规定进行行政处罚。属于国家工作人员的，还应当依法给予行政处分。

第五十条　有下列行为的，依照《证券法》第二百零一条的规定进行行政处罚：

（一）为存托凭证的发行出具审计报告、资产评估报告或者法律意见书等文件的证券服务机构和人员，在该存托凭证承销期内和期满后六个月内，买卖该存托凭证；

（二）为境外基础证券发行人出具审计报告、资产评估报告或者法律意见书等文件的证券服务机构和人员，自接受境外基础证券发行人委托之日起至上述文件公开后五日内，买卖该存托凭证。

第五十一条　境外基础证券发行人的董事、监事、高级管理人员、通过存托凭证或者其他方式持有境外基础证券发行人发行的股份百分之五以上的投资者，将其持有的存托凭证在买入后六个月内卖出，或者在卖出后六个月内又买入的，依照《证券法》第一百九十五条的规定处罚。但是证券公司因包销购入售后剩余存托凭证对应境外基础证券发行人已发行股份达到百分之五以上的除外。

第五十二条　收购人违反本办法第十三条规定的，依照《证券法》第二百一十三条的规定处罚。

收购人或者收购人的控股股东，利用对境外基础证券发行人的收购，损害被收购境外基础证券发行人及其投资者的合法权益的，依照《证券法》第二百一十四条的规定处罚。

第五十三条　存托人、托管人违反本办法规定的，责令改正，给予警告，没收违法所得，并处三万元罚款。对直接负责的主管人员和其他直接责任人员给予警告，没收违法所得，并处三万元罚款。

经中国证监会责令改正后拒不改正或者违法违规情节严重的，中国证监会可以采取责令境外基础证券发行人更换存托人、责令存托人更换托管人、三十六个月内不受理由其担任存托人的申请文件、取消存托人资质等监管措施。

存托人中参与存托业务的人员，在任期内，直接或者以化名、借他人名义持有、买卖、接受他人赠送存托凭证的，责令改正，给予警告，没收违法所得，并处三万元罚款。

第五十四条　违反本办法情节严重的，中国证监会可以对有关责任人员采取证券市场禁入的措施。

第五十五条　境外基础证券发行人及其控股股东、实际控制人、存托人、托管人、保荐人、承销机构、证券服务机构等违反本办法规定，导致存托凭证持有人等投资者合法权益受到损害的，应当依法承担赔偿责任。

第八章　附则

第五十六条　境内企业在境外发行存托凭证适用《证券法》等法律、行政法规以及中国证监会关于境内企业到境外发行证券或者将其证券在境外上市交易的规定。境内上市公司以新增证券为基础在境外发行存托凭证的，还应当同时符合有关上市公司证券发行的规定。

第五十七条　存托凭证与基础证券之间的转换应当符合国家有关规定。

境内证券交易所与境外证券交易所之间互联互通业务中涉及的存托凭证发行、交易、信息披露和投资者保护等事宜，中国证监会或者证券交易所另有规定的，从其规定。

第五十八条　中国证监会与有关国家或者地区的证券监督管理机构加强跨境监管执法合作，依法查处存托凭证业务相关跨境违法违规行为。

第五十九条　本办法下列用语具有如下含义：

（一）基础证券，是指存托凭证代表的由境外基础证券发行人在境外发行的证券；

（二）基础财产，是指基础证券及其衍生权益；

（三）存托人，是指按照存托协议的约定持有境外基础证券，并相应签发代表境外基础证券权益的存托凭证的中国境内法人；

（四）托管人，是指受存托人委托，按照托管协议托管存托凭证所代表的基础证券的金融机构；

（五）控股股东，是指通过存托凭证或者其他方式持有境外基础证券发行人发行的股份合计达到百分之五十以上的股东，持有股份的比例虽然不足百分之五十，但依其持有的股份所享有的表决权已足以对股东大会或者董事会的决议产生重大影响的股东；

（六）实际控制人，是指虽不是境外基础证券发行人的股东，但通过投资关系、协议或者其他安排，能够实际支配境外基础证券发行人的人；

（七）董事、监事、高级管理人员，是指境外基础证券发行人的董事、监事、高级管理人员或者执行类似职权的人员，没有监事、监事会或者执行类似职权的人员或者组织安排的，不适用《证券法》和本办法有关监事、监事会的规定；

（八）境内实体运营企业，是指由注册地在境外、主要经营活动在境内的红筹企业通过协议方式实际控制的境内企业；

（九）内幕信息，是指《证券法》第七十五条和本办法第二十条、第二十一条规定的信息；

（十）内幕信息知情人，是指《证券法》第七十四条规定的人员及存托人、托管人的相关人员，其中，持有或者通过持有境内外存托凭证而间接持有境外基础证券发行人发行的股份合计达到百分之五以上的投资者，属于《证券法》第七十四条第（二）项规定的持有公司百分之五以上股份的股东。

第六十条　本办法自公布之日起施行。

试点创新企业境内发行股票或存托凭证
并上市监管工作实施办法

（中国证监会公告〔2018〕13号　2018年6月6日）

第一章　总则

第一条　为规范有序推进创新企业在境内发行股票或存托凭证试点，保护投资者的合法权益和社会公共利益，根据《中华人民共和国证券法》（以下简称《证券法》）、《中华人民共和国公司法》、《关于开展创新企业境内发行股票或存托凭证试点的若干意见》（以下简称《若干意见》）、《存托凭证发行与交易管理办法（试行）》（以下简称《存托凭证管理办法》）等法律法规及规范性文件，制定本办法。

第二条　试点创新企业（以下简称试点企业，包括纳入试点的红筹企业和境内注册企业）在中华人民共和国境内公开发行股票或存托凭证，适用本办法。

第三条　中国证券监督管理委员会（以下简称中国证监会）根据公开、公平、公正的原则选取试点企业，依法审核和核准试点企业公开发行股票或存托凭证申请。

中国证监会依照《证券法》、《若干意见》、《存托凭证管理办法》、《首次公开发行股票并上市管理办法》（以下简称《首发办法》）、《首次公开发行股票并在创业板上市管理办法》（以下简称《创业板首发办法》）等规定，对试点企业及相关主体实施监管。

第四条　投资者应自主判断试点企业的投资价值，自主作出投资决策，自行承担投资风险。

中国证监会对试点企业公开发行股票或存托凭证的核准，不表明其对试点企业的盈利能力、投资价值或者投资者的收益作出实质性判断或保证。

第五条　试点企业的控股股东、实际控制人、董事、监事、高级管理人员等责任主体应当诚实守信，全面履行公开承诺事项，不得损害境内投资者的合法权益。

第二章 试点企业的选取

第六条 试点企业应当是符合国家战略、科技创新能力突出并掌握核心技术、市场认可度高，属于互联网、大数据、云计算、人工智能、软件和集成电路、高端装备制造、生物医药等高新技术产业和战略性新兴产业，达到相当规模，社会形象良好，具有稳定的商业模式和盈利模式，对经济社会发展有突出贡献，能够引领实体经济转型升级的创新企业。

试点企业可以是已境外上市的红筹企业，或尚未境外上市的企业（包括红筹企业和境内注册企业）。

第七条 已境外上市试点红筹企业，市值应不低于2000亿元人民币。

前款所称市值，按照试点企业提交纳入试点申请日前120个交易日平均市值计算，汇率按照人民银行公布的申请日前1日中间价计算。上市不足120个交易日的，按全部交易日平均市值计算。

第八条 尚未境外上市试点企业，应符合下列标准之一：

（一）最近一年经审计的主营业务收入不低于30亿元人民币，且企业估值不低于200亿元人民币，企业估值应参考最近三轮融资估值及相应投资人、投资金额、投资股份占总股本的比例，并结合收益法、成本法、市场乘数法等估值方法综合判定。融资不足三轮的，参考全部融资估值判定。

（二）拥有自主研发、国际领先、能够引领国内重要领域发展的知识产权或专有技术，具备明显的技术优势的高新技术企业，研发人员占比超过30%，已取得与主营业务相关的发明专利100项以上，或者取得至少一项与主营业务相关的一类新药药品批件，或者拥有经有权主管部门认定具有国际领先和引领作用的核心技术；依靠科技创新与知识产权参与市场竞争，具有相对优势的竞争地位，主要产品市场占有率排名前三，最近三年营业收入复合增长率30%以上，最近一年经审计的主营业务收入不低于10亿元人民币，且最近三年研发投入合计占主营业务收入合计的比例10%以上。对国家创新驱动发展战略有重要意义，且拥有较强发展潜力和市场前景的企业除外。

第九条 中国证监会成立中国证监会科技创新咨询委员会（以下简称咨询委员会），提出咨询意见。

第三章　试点企业的发行条件及审核核准程序

第十条　试点企业申请境内发行股票应当符合《证券法若干意见》规定的条件。申请在主板（中小板）上市还应当符合《首发办法》规定的发行条件；申请在创业板上市还应当符合《创业板首发办法》规定的发行条件。

申请发行股票的试点红筹企业存在协议控制架构的，中国证监会根据企业的不同情况依法审慎处理。

第十一条　试点红筹企业发行存托凭证应当符合《证券法》《若干意见》《存托凭证管理办法》的有关规定。

对于《存托凭证管理办法》规定的"会计基础工作规范、内部控制制度健全""董事、监事和高级管理人员应当信誉良好，符合公司注册地法律规定的任职要求，近期无重大违法失信记录"具体应符合以下要求：

（一）会计基础工作规范，财务报表的编制和披露符合相关会计准则和信息披露规则的规定，在所有重大方面公允地反映了公司的财务状况、经营成果和现金流量，并由具有证券期货相关资格的会计师事务所出具无保留意见的审计报告。

（二）内部控制制度健全且被有效执行，能够合理保证公司运行效率、合法合规和财务报告的可靠性，并由具有证券期货相关资格的会计师事务所出具无保留结论的内部控制鉴证报告。

（三）公司的董事和高级管理人员应当具备注册地法律规定的要求，且最近三年内不存在因重大违规受到监管部门处罚的情形；不存在因涉嫌犯罪被司法机关立案侦查或者涉嫌违法违规被中国证监会立案调查，尚未有明确结论意见的情形。

第十二条　试点红筹企业发行存托凭证存在股东投票权差异、企业协议控制架构或类似特殊安排的，应当按照相关信息披露规定在招股说明书等公开发行文件显要位置充分、详细披露相关情况，特别是风险、公司治理等信息，以及依法落实保护投资者合法权益规定的各项措施。存在投票权差异的，相关安排应当符合拟上市证券交易所的相关规定，并应明确维持特殊投票权的前提条件，特殊投票权不得随相关股份的转让而转让，以及除境内公开发行前公司章程已有合理规定外，境内公开发行后不得通过任何方式提高特殊投票权股份的数量及其代表投票权的比例。

第十三条 试点红筹企业的股权结构、公司治理、运营规范等事项适用境外注册地公司法等法律法规规定的，其投资者权益保护水平，包括资产收益、参与重大决策、剩余财产分配等权益，总体上应不低于境内法律、行政法规以及中国证监会规定的要求，并保障境内存托凭证持有人实际享有的权益与境外基础证券持有人的权益相当。

第十四条 试点企业境内发行股票或存托凭证应当聘请具有保荐机构资格的证券公司履行保荐职责。保荐人及其保荐代表人应当按照《证券发行上市保荐业务管理办法》《保荐人尽职调查工作准则》《保荐创新企业境内发行股票或存托凭证尽职调查工作实施规定》等规定，履行保荐职责，开展尽职调查工作。

试点企业注册地在境外的，试点企业和保荐人应向试点企业境内主营业地派出机构申请办理辅导备案和辅导验收事宜。

第十五条 试点企业应聘请律师事务所及具有证券期货业务资格的会计师事务所作为审计机构履行职责。

律师事务所应按照《律师事务所从事证券法律业务管理办法》《公开发行证券公司信息披露的编报规则第12号——公开发行证券的法律意见书和律师工作报告》等规定从事证券法律业务并出具相关文件。

审计机构应按照《中国注册会计师审计准则》及其他相关规定，对公司实施审计工作，出具审计报告。

第十六条 申请纳入试点并在境内公开发行股票或存托凭证的企业，应当按照中国证监会有关规定制作证券发行申请文件，由保荐人保荐并向中国证监会报送申请文件。保荐人应就企业是否符合试点标准和发行条件发表核查意见。

第十七条 试点企业依法披露的信息，必须真实、准确、完整、及时、公平，不得有虚假记载、误导性陈述或者重大遗漏。

信息披露应当符合《证券法》《首发办法》《创业板首发办法》《公开发行证券的公司信息披露内容与格式准则第1号——招股说明书》《公开发行证券的公司信息披露内容与格式准则第28号——创业板公司招股说明书》《公开发行证券的公司信息披露编报规则第23号——试点红筹企业公开发行存托凭证招股说明书内容与格式指引》等法律法规及规范性文件有关信息披露的规定。

第十八条 中国证监会受理企业在境内公开发行股票或存托凭证申请后，

结合咨询委员会的咨询意见，判断企业是否符合试点条件。

中国证监会根据《证券法》《首发办法》《创业板首发办法》等法律法规及规范性文件，依照现行股票发行核准程序，单独安排试点企业发行审核工作；由相关职能部门初审，发行审核委员会审核，中国证监会作出核准或不予核准的决定。

第四章　发行与上市

第十九条　试点企业股票及存托凭证的发行与承销按照《存托凭证管理办法》《证券发行与承销管理办法》办理。

第二十条　试点企业发行股票的，公开发行的股份比例按照现行股票上市有关规定执行；已在境外上市的，境内外公开发行的股份可合并计算。

试点企业发行存托凭证的，相关上市要求，按照拟上市证券交易所的有关规定执行。

第二十一条　试点红筹企业发行股票或存托凭证的，境外存量股票在境内减持退出的要求如下：

（一）试点红筹企业不得在境内公开发行的同时出售存量股份，或同时出售以发行在外存量基础股票对应的存托凭证。

（二）试点红筹企业境内上市后，境内发行的存托凭证与境外发行的存量基础股票原则上暂不安排相互转换。

第二十二条　试点企业发行股票的，其股东应遵守境内法律、行政法规、中国证监会规定和拟上市证券交易所业务规则中关于股份减持的规定。

尚未盈利的试点企业发行股票的，控股股东、实际控制人、董事、高级管理人员在试点企业实现盈利前不得减持上市前持有的公司股票。

第二十三条　试点红筹企业发行存托凭证的，实际控制人应承诺境内上市后三年内不主动放弃实际控制人地位。

尚未盈利的试点红筹企业发行存托凭证的，相关减持安排需符合拟上市证券交易所的有关规定。

第五章　附则

第二十四条　本办法自公布之日起施行。

公开发行证券的公司信息披露编报规则第 23 号
——试点红筹企业公开发行存托凭证
招股说明书内容与格式指引

（中国证监会公告〔2018〕14 号　2018 年 6 月 6 日）

第一条　为规范在境内发行存托凭证的试点红筹企业（以下简称境外基础证券发行人）及相关主体的信息披露行为，保护投资者的合法权益，根据《中华人民共和国证券法》（以下简称《证券法》）、《关于开展创新企业境内发行股票或存托凭证试点的若干意见》（以下简称《若干意见》）、《存托凭证发行与交易管理办法（试行）》以及中国证监会的其他规定，制定本指引。

第二条　境外基础证券发行人为公开发行存托凭证编制招股说明书时，应遵循中国证监会有关招股说明书内容与格式准则的一般规定以及本指引的要求。

第三条　招股说明书全文文本封面应标有"×××公司公开发行存托凭证招股说明书"字样，并载明境外基础证券发行人、存托人、托管人、保荐人、主承销商的名称和住所。

第四条　招股说明书扉页应载有如下声明：

"本存托凭证系由存托人签发、以本公司境外证券为基础在中国境内发行、代表境外基础证券权益的证券。"

"存托凭证的发行、上市、交易等相关行为，适用《证券法》《若干意见》《存托凭证发行与交易管理办法（试行）》以及中国证监会的其他相关规定。本公司作为境外基础证券发行人参与存托凭证发行，依法履行发行人、上市公司的义务，接受中国证监会依照试点红筹企业监管的相关法律法规、规定，对本公司进行的监管。"

"存托人、托管人遵守中国证监会相关规定及证券交易所、证券登记结算机构业务规则，按照存托协议、托管协议的约定，签发存托凭证，履行各项职责和义务。"

第五条 境外基础证券发行人应在"本次发行概况"一节披露存托人、托管人的名称、住所、联系方式及有关经办人员的姓名。

第六条 招股说明书"本次发行概况"一节后新增一节"存托托管安排"。境外基础证券发行人应在该部分披露存托凭证的存托托管安排和相关主体的主要权利与义务，包括但不限于下列内容：

（一）每份存托凭证所代表的基础股票的类别及数量；

（二）存托凭证持有人的权利及义务；

（三）存托凭证持有人行使表决权、获得利润分配的方式和程序；

（四）与存托凭证持有人行使权利相关的通知、公告等信息传递程序；

（五）存托人的权利及义务，存托协议关于免除或限制存托人责任的具体约定；

（六）存托凭证持有人需直接或间接支付的费用（包括支付对象、金额或计算方法、服务内容、费用收取方式等）；

（七）存托凭证与基础股票之间的转换安排及限制；

（八）存托凭证的托管安排，托管人的主要职责；

（九）存托协议的修改及终止；

（十）存托协议关于因存托凭证发生的纠纷适用中国法律，由中国境内有管辖权的人民法院管辖的约定。

存托凭证、存托凭证所代表的基础证券具有面值的，境外基础证券发行人应披露面值信息。

第七条 招股说明书"存托托管安排"一节后新增一节"存托凭证持有人权益保护"。境外基础证券发行人应在该部分披露保护存托凭证持有人合法权益的具体措施，包括但不限于下列内容：

（一）境外基础证券发行人确保存托凭证持有人实际享有的资产收益、参与重大决策、剩余财产分配等权益与境外基础证券持有人权益相当的措施；

（二）境外基础证券发行人、存托人按照存托协议的约定，采用安全、经济、便捷的网络或者其他方式为存托凭证持有人行使权利提供便利的安排；

（三）关于确保存托凭证持有人在合法权益受到损害时，能够获得与境外投资者相当赔偿的保障性措施；

（四）尚未盈利的境外基础证券发行人的控股股东、实际控制人和董事、高级管理人员在企业实现盈利前的股份锁定安排；

（五）因增发基础股票导致存托凭证持有人的权益可能被摊薄时，相关事项的表决机制、信息披露方式等方面的具体安排；

（六）存托凭证持有人能否依据境内法律或境外基础证券发行人注册地法律向境外基础证券发行人及相关主体提起民事诉讼程序，以及相关民事判决、裁定的可执行性；

（七）境外基础证券发行人聘请的信息披露境内证券事务机构和信息披露境内代表；

（八）境外基础证券发行人有关对境内投资者权益的保护总体上不低于境内法律、行政法规及中国证监会要求的说明以及保荐人和律师的结论性意见。

第八条 境外基础证券发行人应在"风险因素"一节充分披露与存托凭证有关的风险因素，包括但不限于下列内容：

（一）存托凭证持有人与持有基础股票的股东在法律地位、享有权利等方面存在差异可能引发的风险；

（二）存托凭证持有人在分红派息、行使表决权等方面的特殊安排可能引发的风险；

（三）存托凭证持有人持有存托凭证即成为存托协议当事人，视为同意并遵守存托协议的约定；

（四）境外基础证券发行人由于多地上市，证券交易规则差异、基础股票价格波动等因素造成存托凭证市场价格波动的风险；

（五）增发基础证券可能导致的存托凭证持有人权益被摊薄的风险；

（六）存托凭证退市的风险及后续相关安排；

（七）已在境外上市的基础证券发行人，在持续信息披露监管方面与境内可能存在差异的风险；

（八）境内外法律制度、监管环境差异可能引发的其他风险。

第九条 境外基础证券发行人应在"风险因素"一节充分披露与投票权差异或类似安排、协议控制架构、投票协议或其他公司治理特殊安排有关的风险因素。

第十条 境外基础证券发行人应在"风险因素"一节，结合创新企业投入大、迭代快、风险高、易被颠覆等特点，披露由于重大技术、产品、政策、经营模式变化等可能导致的经营风险，充分揭示业绩下滑或亏损的风险。

尚未盈利或存在累计未弥补亏损的境外基础证券发行人，应在招股说明书显要位置充分、详细披露相关情况，特别是未来三年无法盈利、无法进行利润分配的风险，并在"存托凭证持有人权益保护"一节披露依法落实保护投资者合法权益规定的各项措施。

第十一条　境外基础证券发行人应在"境外基础证券发行人基本情况"一节合并或汇总披露本次发行前已发行的股票和存托凭证的简要情况，包括证券类别、发行时间、发行数量及占总股本的比例、融资总额。

境外基础证券发行人已在境外上市的，应披露申报前120个交易日以来证券价格和市值等境外证券交易信息变动情况。

境外基础证券发行人尚未在境外上市的，应披露符合试点企业估值条件的相关依据。

第十二条　境外基础证券发行人应在"业务和技术"一节，结合行业特点披露其商业模式、核心竞争力及市场地位，包括但不限于下列内容：

（一）所处行业在新技术、新产业、新业态、新模式等方面近三年的发展情况和未来发展趋势；境外基础证券发行人在互联网、大数据、云计算、人工智能、软件和集成电路、高端装备制造或生物医药等方面取得的科技成果与产业深度融合的具体情况。

（二）境外基础证券发行人的商业模式、经营模式及盈利模式；核心竞争力的具体体现；核心经营团队的竞争力及研发团队的研发能力；报告期内的研发投入，核心技术储备，现有及未来研发产品的应用前景；研发失败的风险及对境外基础证券发行人的影响；境外基础证券发行人未来的成长性。

（三）所处行业的基本特点、主要技术门槛和技术壁垒，衡量核心竞争力的关键指标；境外基础证券发行人在所属产业中的创新地位和引领作用，发展战略、研发能力是否符合行业发展趋势。

（四）尚未盈利或存在累计未弥补亏损的境外基础证券发行人，应结合行业特点分析该等情形的成因，充分披露尚未盈利或存在累计未弥补亏损对公司现金流、业务拓展、人才吸引、团队稳定性、研发投入、战略性投入、生产经营可持续性等方面的影响。

第十三条　境外基础证券发行人应在"公司治理"一节，充分披露注册地公司法律制度及其公司章程或章程性文件的主要规定与境内《公司法》等法律制度的主要差异，以及该差异对其在境内发行、上市和投资者保护的影响。

境外基础证券发行人公司章程及相关协议中存在反收购条款等特殊条款

或类似安排的，应披露相关安排的具体内容，以及对存托凭证持有人权益的影响。

第十四条　境外基础证券发行人存在投票权差异或类似安排的，应在"公司治理"一节充分披露相关具体安排及风险，包括但不限于下列内容：

（一）投票权差异或类似安排下的股权种类、每股所具有的投票权数量及上限；

（二）不适用投票权差异或类似安排下的表决机制的特殊事项；

（三）投票权差异或类似安排对存托凭证持有人在提名和选举公司董事、参与公司决策等方面的限制和影响；

（四）拥有特殊投票权的股东因存在利益冲突而损害公司或其他股东合法权益的风险；

（五）投票权差异结构下保护存托凭证持有人合法权益的保障性措施，例如在公司章程中限制转让具有特殊投票权的股份，出现控制权变更、创始人退休等情形时，特殊投票权股份自动转换为普通投票权股份的情形等；

（六）境外基础证券发行人关于在境内公开发行存托凭证后不通过任何方式提高特殊投票权股份比重及其所代表投票权比重的安排，境内公开发行存托凭证前公司章程已有约定的除外。

第十五条　境外基础证券发行人存在协议控制架构的，应在"公司治理"一节充分披露协议控制架构的具体安排及相关风险，包括但不限于下列内容：

（一）协议控制架构涉及的各方法律主体的基本情况、主要合同的核心条款；

（二）境内外有关协议控制架构的法律法规、政策环境发生变化可能引发的境外基础证券发行人受到处罚、需调整相关架构、协议控制无法实现或成本大幅上升的风险；

（三）境外基础证券发行人依赖协议控制架构而非通过股权直接控制经营实体可能引发的控制权风险；

（四）协议控制架构下相关主体的违约风险；

（五）境外基础证券发行人丧失对通过协议控制架构下可变经营实体获得的经营许可、业务资质及相关资产的控制的风险；

（六）协议控制架构及相关安排可能引发的税务风险。

第十六条　境外基础证券发行人应在"公司治理"一节披露近三年是否存

在违反境内及其注册地、主要经营地法律法规的行为，若存在违法违规行为，应披露违规事实和受到处罚的情况，并说明对本次发行的影响。

境外基础证券发行人已在境外上市的，应披露近三年受到境外监管机构处罚或被证券交易所采取监管措施和纪律处分的情况，并说明对境外基础证券发行人的影响；境外基础证券发行人应说明本次发行的信息披露与其在境外上市期间的信息披露内容是否存在重大实质性差异。

第十七条　境外基础证券发行人按照中国企业会计准则或经财政部认可与中国企业会计准则等效的会计准则编制财务报告的，如同时在境外上市，还应当在会计报表附注中披露境内财务信息与境外财务信息的差异调整情况。

境外基础证券发行人按照国际财务报告准则或美国会计准则编制财务报告的，应提供并披露按照中国企业会计准则调整的差异调节信息。所提供的差异调节信息，应由具有中国境内证券期货相关业务资格的会计师事务所按照中国注册会计师审计准则进行审计，并出具审计报告。境外基础证券发行人应在"管理层讨论与分析"中披露主要的差异调节事项及对主要财务指标和估值的影响；境外基础证券发行人如存在重大差异调节事项并可能对投资者决策产生重大影响的，还应当在"风险因素"中披露并进行"重大事项提示"。

第十八条　境外基础证券发行人未以公历年度作为会计年度的，应提供充足理由，并在招股说明书中对会计年度的起止期间进行"重大事项提示"，在招股说明书"财务会计信息"一节披露会计年度的确定依据和考虑因素。

第十九条　境外基础证券发行人应披露公司管理层对内部控制有效性的自我评价意见，并披露具有境内证券期货相关业务资格的会计师事务所根据《企业内部控制基本规范》及配套指引等规定出具的内部控制鉴证意见。

第二十条　境外基础证券发行人应在招股说明书"股利分配政策"中披露公司章程中与利润分配相关的条款。境外基础证券发行人为控股型公司的，应当披露主要控股子公司的章程和财务管理制度中利润分配条款内容以及能否有效保证境外基础证券发行人未来具备现金分红能力。境外基础证券发行人利润分配能力受外汇管制、注册地法规政策要求、债务合同约束、盈利水平、期末未弥补亏损等方面限制的，应充分披露相关因素对利润分配的具体影响、解决或改善措施，充分提示风险。境外基础证券发行人未来三年内没有利润分配或者现金分红计划的，应详细披露具体情况和原因，并进行"重大事项提示"。

第二十一条　境外基础证券发行人应披露每份存托凭证对应的收益、经营活动产生的现金流量、净现金流量、归属于境外基础证券发行人股东的净资产。其中，每份存托凭证对应的收益应分别按照基本和稀释后两种口径计算披露，计算方法参照中国证监会对每股收益计算有关规定执行。

第二十二条　境外基础证券发行人应披露境内存托凭证持有人所适用的税收相关规定，包括但不限于境外基础证券发行人从向存托凭证持有人的分配中扣减的税项（如有），境外基础证券发行人注册地与中国是否有税收互惠条约等。

第二十三条　对于下列事项，境外基础证券发行人可在不影响信息披露完整性的前提下，在招股说明书内容与格式准则的基础上适当调整披露方式或简化披露：

（一）境外基础证券发行人确实无法事先确定募集资金数额或投资项目的，应简要披露募集资金的投资方向、存放与使用安排、闲置募集资金管理安排、改变募集资金用途的程序以及募集资金运用对公司财务状况及经营成果的影响。募集资金投资方向应符合国家产业政策、环境保护、土地管理以及其他法律、法规和规章的规定，不得用于财务性投资及直接或间接向以买卖有价证券为主要业务公司的投资。

（二）境外基础证券发行人应按照招股说明书内容与格式准则等相关规则要求披露关联方和关联关系。对于关联方众多，且部分与境外基础证券发行人关联交易金额较小的，如有足够证据证明相关关联交易对发行人财务状况、经营成果、业务发展等不产生重大影响，且不影响投资者决策，可对该部分关联方及关联交易进行分类或汇总披露。

（三）境外基础证券发行人应按照招股说明书内容与格式准则的要求披露主要股东的相关信息，对于其他股东可以简化披露。

（四）境外基础证券发行人应按照招股说明书内容与格式准则的要求披露其控股子公司、参股子公司的简要情况。子公司众多且地域分布广泛的，可按照招股说明书内容与格式准则的要求披露重要子公司的相关信息，对其他子公司进行分类或汇总披露。重要子公司包括但不限于下列范围：

1．对境外基础证券发行人收入、利润、资产、净资产等财务指标影响较大的子公司；

2．现有经营业务、未来发展战略、持有资质或证照等对境外基础证券发行人影响较大的子公司；

3．有关信息对投资者决策影响较大的子公司。

（五）董事、监事、高级管理人员与核心技术人员的个人信息、对外投资、薪酬等事项，可按照重要性原则简化或汇总披露。

第二十四条　境外基础证券发行人及其董事、高级管理人员对招股说明书签署的书面确认意见、作出的声明或承诺，可在不改变实质内容的前提下，对相关表述作出适当调整。

已在境外上市的基础证券发行人可不适用发行人及相关主体稳定股价的承诺、填补回报措施能够得到切实履行的承诺等披露事项。

第二十五条　境外基础证券发行人应在"其他重要事项"一节披露存托协议、投票协议、协议控制架构涉及的重要协议的主要内容。

第二十六条　存托人应在招股说明书正文后声明：

本公司将忠实、勤勉地履行法律、行政法规、中国证监会的相关规定及证券交易所、证券登记结算机构业务规则的规定，以及存托协议、托管协议约定的各项职责和义务，不得有任何损害存托凭证持有人合法权益的行为。

第二十七条　境外基础证券发行人应将存托协议、托管协议作为招股说明书的备查文件。

第二十八条　符合条件的试点红筹企业为在境内首次公开发行股票编制招股说明书时，应遵守本指引的要求，但仅适用于存托凭证发行的披露事项除外。

第二十九条　本指引自公布之日起施行。

公开发行证券的公司信息披露内容与格式准则第40号
——试点红筹企业公开发行存托凭证并上市申请文件

（中国证监会公告〔2018〕15号　2018年6月6日）

第一条　为了规范试点红筹企业公开发行存托凭证并上市申请文件的格式和报送方式，根据《中华人民共和国证券法》《关于开展创新企业境内发行股票或存托凭证试点的若干意见》和《存托凭证发行与交易管理办法（试行）》的规定，制定本准则。

第二条　申请在中华人民共和国境内公开发行存托凭证并上市的公司（以下简称境外基础证券发行人）应按本准则的要求制作和报送申请文件。

第三条　本准则附录规定的申请文件目录是对发行申请文件的最低要求。根据审核需要，中国证券监督管理委员会（以下简称中国证监会）可以要求境外基础证券发行人、保荐人和相关证券服务机构补充文件。如果某些文件对境外基础证券发行人不适用，可不提供，但应向中国证监会作出书面说明。

第四条　申请文件一经受理，未经中国证监会同意，不得增加、撤回或更换。

第五条　境外基础证券发行人和相关信息披露义务人提供的所有文件和信息披露文件应当使用简体中文。

第六条　境外基础证券发行人报送申请文件，初次报送应提交一份全套申报文件原件，二份全套申报文件电子版及二份部分申报文件复印件单行本（包括招股说明书、发行保荐书、法律意见书、财务报告和审计报告）。根据审核需要，中国证监会可以要求境外基础证券发行人补充报送申请文件。

境外基础证券发行人不能提供有关文件的原件的，应由境外基础证券发行人律师提供鉴证意见，或由出文单位盖章，以保证与原件一致。如原出文单位不再存续，由承继其职权的单位或作出撤销决定的单位出文证明文件的真实性。

第七条　申请文件所有需要签名处，应载明签名字样的印刷体，并由签名人亲笔签名，不得以名章、签名章等代替。

申请文件中需要由境外基础证券发行人律师鉴证的文件，律师应在该文件首页注明"以下第××页至第××页与原件一致"，并签名和签署鉴证日期，律师事务所应在该文件首页加盖公章，并在第××页至第××页侧面以公章加盖骑缝章。

第八条　境外基础证券发行人应根据中国证监会对申请文件的反馈意见提供补充材料。保荐人和相关证券服务机构应对反馈意见相关问题进行尽职调查或补充出具专业意见。

第九条　申请文件应采用幅面为209毫米×295毫米规格的纸张（相当于标准A4纸张规格），双面印刷（需提供原件的历史文件除外）。

第十条　申请文件的封面和侧面应标明"××公司公开发行存托凭证并上市申请文件"字样。

第十一条　申请文件的扉页应标明境外基础证券发行人董事会秘书、存托人、保荐人和相关证券服务机构项目负责人的姓名、电话、传真及其他方便的联系方式。

第十二条　申请文件章与章之间、节与节之间应有明显的分隔标识。

申请文件中的页码应与目录中标识的页码相符。例如，第四章4-1的页码标注为4-1-1，4-1-2，4-1-3，……，4-1-n。

第十三条　境外基础证券发行人在每次报送书面申请文件的同时，应报送一份相应的标准电子文件（标准.doc或.rtf格式文件）。

发行结束后，境外基础证券发行人应将招股说明书的电子文件及历次报送的电子文件汇总报送中国证监会备案。

第十四条　未按本准则的要求制作和报送申请文件的，中国证监会按照有关规定不予受理。

第十五条　本准则自公布之日起施行。

附录：试点红筹企业公开发行存托凭证并上市申请文件目录

附录：

试点红筹企业公开发行存托凭证并上市申请文件目录

第一章 招股说明书与发行公告

1-1 招股说明书（申报稿）

1-2 境外基础证券发行人董事、高级管理人员对招股说明书的确认意见

1-3 发行公告（发行前提供）

第二章 关于本次发行的申请及授权文件

2-1 境外基础证券发行人关于纳入试点的申请报告

2-2 境外基础证券发行人关于本次发行的申请报告

2-3 境外基础证券发行人董事会有关本次发行的决议

2-4 境外基础证券发行人股东（大）会有关本次发行的决议（如有）

第三章 保荐人和证券服务机构文件

3-1 保荐人关于本次发行的文件

3-1-1 关于境外基础证券发行人符合试点企业选取标准的核查报告

3-1-2 发行保荐书（附：关于对境内投资者权益的保护总体上不低于境
内法律、行政法规以及中国证监会要求的结论性意见）

3-1-3 发行保荐工作报告

3-1-4 未在境外上市的基础证券发行人的估值报告

3-2 注册会计师关于本次发行的文件

3-2-1 根据中国企业会计准则编制的财务报表及审计报告（如选用）

3-2-2 根据国际财务报告准则或美国会计准则编制的财务报表及审计报
告并同时按照中国企业会计准则调整的差异调节信息及审计报告（如选用）

3-2-3 境外基础证券发行人审计报告基准日至招股说明书签署日之间的
相关财务报表及审阅报告（发行前提供）

3-2-4 盈利预测报告及审核报告（如有）

3-2-5 内部控制鉴证报告

3-2-6 经注册会计师鉴证的非经常性损益明细表

3-3 境外基础证券发行人律师关于本次发行的文件

3-3-1 关于境外基础证券发行人符合试点企业选取标准的核查报告

3-3-2　法律意见书（附：关于对境内投资者权益的保护总体上不低于境内法律、行政法规以及中国证监会要求的结论性意见）

3-3-3　律师工作报告

第四章　境外基础证券发行人的设立文件

4-1　境外基础证券发行人的公司注册文件

4-2　境外基础证券发行人公司章程

第五章　与财务会计资料相关的其他文件

5-1　境外基础证券发行人关于最近三年及一期的纳税情况的说明

5-1-1　境外基础证券发行人主要经营实体最近三年及一期所得税纳税申报表

5-1-2　对境外基础证券发行人有重大影响的税收优惠、财政补贴证明文件（如有）

5-1-3　主要税种纳税情况的说明及注册会计师出具的意见

5-1-4　境内主要经营实体主管税收征管机构出具的最近三年及一期该经营实体纳税情况的证明

5-2　公司需报送的其他财务资料

5-2-1　主要经营实体最近三年原始财务报表

5-2-2　主要经营实体原始财务报表与本次申报经审计的财务报表差异比较表

5-2-3　注册会计师对差异情况出具的意见

5-3　境外基础证券发行人设立时和最近三年及一期的资产评估报告（含土地评估报告）（如有）

5-4　境外基础证券发行人的历次验资报告（如有）

5-5　境外基础证券发行人大股东或控股股东最近一年及一期的原始财务报表及审计报告（如有）

第六章　其他文件

6-1　产权和特许经营权证书

6-1-1　境外基础证券发行人拥有或使用的对其生产经营有重大影响的商标、专利、计算机软件著作权等知识产权以及土地使用权、房屋所有权、采矿权等产权证书清单（需由境外基础证券发行人律师出具鉴证意见）

6-1-2　特许经营权证书

6-2 重要合同

6-2-1 协议控制架构等特殊安排涉及的协议

6-2-2 投票权差异、投票协议或类似特殊安排涉及的协议

6-2-3 对境外基础证券发行人有重大影响的商标、专利、专有技术等知识产权许可使用协议

6-2-4 重大关联交易协议

6-2-5 重大资产购买或出售协议

6-3 承诺和说明事项

6-3-1 境外基础证券发行人关于确保存托凭证持有人实际享有与境外基础股票持有人相当权益的承诺

6-3-2 境外基础证券发行人关于确保存托凭证持有人在合法权益受到损害时能够获得与境外投资者相当赔偿的承诺

6-3-3 有关消除或避免同业竞争的协议以及境外基础证券发行人的控股股东和实际控制人出具的相关承诺

6-3-4 境外基础证券发行人全体董事对发行申请文件真实性、准确性、完整性、及时性的承诺书

6-3-5 境外基础证券发行人关于对境内投资者权益的保护总体上不低于境内法律、行政法规以及中国证监会要求的说明

6-3-6 境外基础证券发行人相关股东关于股份锁定的承诺

6-4 特定行业（或企业）的管理部门出具的相关意见（如有）

6-5 存托协议

6-6 托管协议

6-7 保荐协议和承销协议

创新企业境内发行股票或存托凭证上市后
持续监管实施办法（试行）

（中国证监会公告〔2018〕19号　2018年6月14日）

第一章　总则

第一条　为规范试点创新企业在境内证券市场公开发行股票或者存托凭证上市后相关各方的行为，支持引导试点创新企业更好地发展，保护试点创新企业和投资者的合法权益，根据《中华人民共和国证券法》（以下简称《证券法》）、《中华人民共和国公司法》（以下简称《公司法》）、《关于开展创新企业境内发行股票或存托凭证试点的若干意见》（以下简称《若干意见》）以及相关法律法规、《存托凭证发行与交易管理办法（试行）》（以下简称《存托办法》），制定本办法。

第二条　本办法所称试点创新企业，是指按照《若干意见》规定，经中国证券监督管理委员会（以下简称中国证监会）核准公开发行股票或者存托凭证并上市的企业，包括境内注册的试点创新企业（以下简称境内企业）和注册地在境外、主要经营活动在境内的试点创新企业（以下简称红筹企业）。

红筹企业包括已在境外上市的红筹企业（以下简称境外已上市红筹企业）和尚未在境外上市的红筹企业（以下简称境外未上市红筹企业）。

第三条　境内企业及其股东、实际控制人，董事、监事、高级管理人员（以下简称董监高），收购人，内幕信息知情人等相关各方应当遵守《证券法》《公司法》等法律、行政法规和《若干意见》的相关规定，以及中国证监会关于境内上市公司及相关各方持续监管的一般规定。中国证监会依法对境内企业及相关各方持续监管另有规定的，从其规定。

红筹企业及其股东或者存托凭证持有人、实际控制人，董监高，收购人，内幕信息知情人等相关各方应当遵守《证券法》等法律、行政法规、《若干意见》和《存托办法》的相关规定，以及中国证监会关于境内上市公司及相关各方持续监管的一般规定。中国证监会依法对红筹企业及相关各方持续监管另有规定的，从其规定。

证券交易所依据其章程、协议和依法制定的业务规则，对试点创新企业及相关各方实行自律监管。

第四条　红筹企业在境内公开发行股票或者存托凭证上市后，相关各方适用中国证监会关于境内上市公司及相关各方持续监管的一般规定，可能导致其难以符合公司注册地有关规定，依法可以暂缓适用或者免于适用境内相关规定的，红筹企业及相关各方可以按规定调整适用有关规定，但应当充分说明具体情况及境外有关规则依据，并聘请律师事务所就上述事项出具法律意见。中国证监会认为依法不应调整适用的，红筹企业及相关各方应当执行境内有关规定。

第二章　公司治理

第五条　试点创新企业应当保持健全有效的公司治理结构，督促董监高忠实、勤勉地履行职责，切实保护投资者合法权益。

第六条　红筹企业股权结构、公司治理、运行规范等事项适用境外注册地公司法等法律法规，该等事项在上市后发生较大变化的，红筹企业应当及时披露，并充分说明其关于投资者权益保护的安排总体上仍不低于境内法律要求。

第七条　红筹企业召开股东大会的，应当采用安全、经济、便捷的网络或者其他方式为境内股东或者存托凭证持有人行使权利提供便利。

红筹企业应当按照公司章程、存托协议和其他公开披露的文件中载明的有关安排，履行股东大会的召集、召开和表决等程序和相关义务。

第八条　除首次申请境内公开发行股票或者存托凭证时公司章程已明确的投票权差异等特殊安排外，红筹企业上市后应当确保境内外投资者对其拥有权益的同种类股份享有同等权利，不得以修改公司章程等任何方式剥夺、限制境内股东或者存托凭证持有人权利。

红筹企业境内上市后，投票权差异的存续、调整等安排应当符合证券交易所的有关规定。

第九条　红筹企业境内上市后就相关事项进行内部决策的，按照其已披露的境外注册地公司法等法律法规和公司章程规定的权限、程序执行，法律、行政法规以及中国证监会另有规定的除外。

第十条　中国证监会的规定要求境内上市公司董事会、独立董事就相关事项发表意见或者履行特定职责的，试点创新企业的董事会、独立董事应当遵照执行。

境外注册地公司法等法律法规或者实践中普遍认同的标准对红筹企业董事会、独立董事职责有不同规定或者安排，导致董事会、独立董事无法按照前款规定发表意见或者履行职责的，红筹企业应当详细说明情况和原因，并聘请律师事务所就上述事项出具法律意见。

境外已上市红筹企业及其董监高等相关各方按照境内有关规定签署书面确认意见、作出声明或者承诺的，在不改变实质内容的前提下，可以结合境外上市地有关规则要求或者实践中普遍认同的标准，对确认意见、声明或者承诺的表述作出适当调整。

第三章 信息披露

第十一条 试点创新企业及其控股股东、实际控制人等信息披露义务人应当按照《证券法》、中国证监会和证券交易所关于信息披露的有关规定，真实、准确、完整、及时、公平地披露信息，不得有虚假记载、误导性陈述或重大遗漏。

第十二条 红筹企业及其控股股东、实际控制人等信息披露义务人在境外披露的信息，应当以中文在境内同步披露，披露内容应当与其在境外市场披露的内容一致。

第十三条 红筹企业及其控股股东、实际控制人等信息披露义务人报送和发布信息披露公告文稿及相关备查文件，按照中国证监会、证券交易所有关规定执行。

第十四条 红筹企业应当按照中国证监会关于红筹企业财务报告信息披露的规定编制、披露财务报告信息。

红筹企业首次申请境内公开发行股票或者存托凭证时已经按照中国企业会计准则编制财务报告的，境内上市后应当继续按照中国企业会计准则编制年度报告等涉及的财务报告信息。

第十五条 境外已上市红筹企业的年度报告应当包括《证券法》《上市公司信息披露管理办法》（以下简称《披露办法》）、《存托办法》《公开发行证券的公司信息披露内容与格式准则第2号——年度报告的内容与格式》（以下简称《2号准则》）和本办法要求披露的内容。

境外已上市红筹企业的中期报告应当至少包括《证券法》《披露办法》《存托办法》要求披露的内容。

境外已上市红筹企业应当在每个会计年度第3个月、第9个月结束之日起45日内披露季度报告，其中应当至少包括《披露办法》要求披露的内容。

境外已上市红筹企业已经按照境外上市地规则要求的格式披露年度报告、中期报告或者季度报告的，在确保具备本条前三款要求披露的内容、不影响信息披露完整性的前提下，可以继续按照境外原有格式编制对应的定期报告，但应当对境内外报告格式的主要差异作出必要说明和提示，以便于境内投资者阅读理解。

第十六条　境外已上市红筹企业按照境内有关规定披露定期报告，在不影响信息披露完整性的前提下，可以就下列事项适当调整披露方式或者简化披露内容：

（一）应披露的重大关联交易事项，因关联交易众多，有足够证据证明相关关联交易对公司财务状况、经营成果、业务发展等不产生重大影响，且不影响投资者决策的，可以对该部分关联交易汇总披露；

（二）应披露的主要控股参股公司情况，因子公司众多且地域分布广泛的，可以按照《2号准则》的要求披露重要子公司的相关信息，对其他子公司分类或者汇总披露；

（三）应披露的公司前10名股东持股情况，因该等股东在境外没有申报义务等原因导致红筹企业确实难以获取有关信息的，可以简化披露；

（四）应披露的公司董监高薪酬等个人信息，可以参照红筹企业首次申请境内公开发行时的披露标准，按照重要性原则简化或者汇总披露；

（五）定期报告中应披露的其他信息，在红筹企业首次申请境内公开发行时就同类信息已获准按照重要性原则简化或汇总披露的，在定期报告中可以作同等处理。

第十七条　境外已上市红筹企业的关联方和关联关系认定、重要子公司的判断等，参照红筹企业首次申请境内公开发行股票或存托凭证时的披露标准执行。

第十八条　红筹企业存在投票权差异、协议控制架构或者类似特殊安排的，应当在年度报告的公司治理内容中披露该等安排在报告期内的实施和变化情况，以及该等安排下保护境内投资者合法权益有关措施的实施情况。

红筹企业发行存托凭证的，应当在年度报告中披露存托、托管的相关安排在报告期内的实施和变化情况。

第十九条　境外上市地规则未要求披露业绩预告或者其他预测性信息的，境外已上市红筹企业可以不披露。

境外已上市红筹企业按照境外上市地规则要求或者自愿披露业绩预告、其他预测性信息的，应当在境内同步披露。

第二十条　红筹企业应当根据《证券法》《披露办法》《存托办法》的规定就重大事件及时履行信息披露义务。

前款规定的重大事件存在较大不确定性，立即披露可能会损害公司利益或者误导投资者，并且同时符合下列条件的，境外已上市红筹企业可以暂不披露，直至就该事件形成最终决议、签署最终协议或者虽未签署协议但已确定交易能够达成：

（一）拟披露的事件未泄露且能够保密；

（二）有关内幕信息知情人已书面承诺保密；

（三）公司证券及其衍生产品交易价格未发生异常波动。

第二十一条　试点创新企业应当建立健全信息披露事务管理制度，包括但不限于未公开信息的保密措施，内幕信息知情人的范围和保密责任，信息披露相关文件的编制、审议、报送、发布流程等。境外已上市红筹企业已经建立信息披露事务管理制度且符合境外上市地规则要求的，可以继续执行。

红筹企业应当在境内设立证券事务机构，聘任熟悉境内信息披露规定和要求的信息披露境内代表，负责信息披露与监管联络事宜。

第二十二条　境外已上市红筹企业应当按照中国证监会、证券交易所关于境内上市公司重大事项自查内幕信息知情人买卖股票情况的规定，自查内幕信息知情人买卖本企业境内股票或者存托凭证的情况，并按照证券交易所有关规定填写、报送内幕信息知情人档案。

相关内幕信息知情人还应当承诺不存在利用该等事项的内幕信息买卖本企业股票或者存托凭证的情形。

第四章　收购及股份权益变动

第一节　境内外合并计算的股份权益变动

第二十三条　红筹企业的境内外收购及相关股份权益变动活动中，相关各方应当遵守《证券法》《上市公司收购管理办法》（以下简称《收购办法》），以及中国证监会关于境内上市公司收购及股份权益变动的其他规定。

第二十四条　本章所称投资者在一个红筹企业中拥有权益的股份，包括登记在其名下的有表决权股份或者存托凭证对应的有表决权基础股份，以及虽未登记在其名下但该投资者可以实际支配表决权的股份。

投资者及其一致行动人涉及计算其拥有权益的股份比例时，应当将其通过境内和境外市场拥有权益的股份合并计算。

第二十五条　投资者及其一致行动人在一个红筹企业中拥有权益的股份达到或超过《证券法》《收购办法》规定的比例时，应当依法履行报告、公告和其他法定义务。

存托人因存托安排而持有一个红筹企业境外基础证券的，不适用前款规定。

第二十六条　通过境内证券交易所的证券交易，投资者及其一致行动人拥有权益的股份达到一个红筹企业已发行的有表决权股份5%时，不得在《收购办法》第十三条规定的期限内再行买卖该企业在境内证券市场已发行的股票或者存托凭证。

投资者及其一致行动人拥有权益的股份达到一个红筹企业已发行的有表决权股份5%后，通过境内证券交易所的证券交易，其拥有权益的股份占该红筹企业已发行的有表决权股份比例每增加或者减少5%（即其拥有权益的股份每达到5%的整数倍时），不得在《收购办法》第十三条规定的期限内再行买卖该企业在境内证券市场已发行的股票或者存托凭证。

第二十七条　投资者及其一致行动人在一个红筹企业中拥有权益的股份达到《证券法》规定的应当发出收购要约的比例，继续增持有表决权股份的，应当遵守《证券法》《收购办法》，以及中国证监会关于上市公司收购的其他规定。

前款规定的投资者及其一致行动人应当按规定向红筹企业境内所有股东或者存托凭证持有人发出收购要约。

第二十八条　收购期限届满，红筹企业不符合境内上市条件的，该企业境内发行的股票或者存托凭证应当由证券交易所依照有关规定终止上市交易；其余仍持有被收购公司股票的股东或者存托凭证持有人，有权向收购人以收购要约的同等条件出售其股票或者存托凭证，收购人应当收购。

第二十九条　投资者与他人根据境外上市地规则、公司注册地法律法规构成一致行动人的，在境内市场也应当视为一致行动人。

第三十条　外国投资者在境内证券市场进行红筹企业的收购及相关股份权

益变动活动的，应当遵守国家关于外资管理的相关规定。

第三十一条 红筹企业董监高持有本公司境内发行的股票或者存托凭证及其变动的，应当遵守《上市公司董事、监事和高级管理人员所持本公司股份及其变动管理规则》《上市公司股东、董监高减持股份的若干规定》以及证券交易所有关规定。

第三十二条 红筹企业控股股东、持有或通过持有境内外存托凭证而间接持有红筹企业股份合计达到5%以上的投资者减持境内股份或者存托凭证，以及相关主体减持红筹企业在境内市场非公开发行的股份或者存托凭证的，适用《上市公司股东、董监高减持股份的若干规定》。

第二节 境内股票或存托凭证的持有变动

第三十三条 通过境内证券交易所的证券交易，投资者及其一致行动人持有一个红筹企业境内已发行的股票或者存托凭证达到该企业境内发行总数的5%时，应当在该事实发生之日起2日内披露提示性公告。

投资者及其一致行动人持有一个红筹企业境内已发行的股票或者存托凭证达到该企业境内发行总数的5%后，通过境内证券交易所的证券交易，导致其持有的境内股票或者存托凭证每达到该企业境内发行总数5%的整数倍时，应当按照前款规定的时限披露提示性公告。

第三十四条 通过协议转让或者类似安排，投资者及其一致行动人持有一个红筹企业境内已发行的股票或者存托凭证拟达到或者超过该企业境内发行总数的5%时，应当在该事实发生之日起2日内披露提示性公告。

投资者及其一致行动人持有一个红筹企业境内已发行的股票或者存托凭证达到该企业境内发行总数的5%后，通过协议转让或者类似安排，导致其持有的境内股票或者存托凭证拟达到或者跨过该企业境内发行总数5%的整数倍时，应当按照前款规定的时限披露提示性公告。

第三十五条 本办法第三十三条和第三十四条规定的提示性公告的格式和内容由证券交易所规定。

第五章 重大资产重组

第三十六条 红筹企业及其控股或者控制的公司在日常经营活动之外购买、出售资产或者通过其他方式进行资产交易达到《上市公司重大资产重组管理办法》（以下简称《重组办法》）规定的有关比例时，应当依照《重组办法》和中国证监会关于境内上市公司重大资产重组的其他有关规定履行报告、公告等义务。

第三十七条　红筹企业涉及计算《重组办法》第十二条、第十三条规定的财务指标时，应当采用根据中国企业会计准则编制或调整后的财务数据。

第三十八条　红筹企业实施重大资产重组，不得导致红筹企业不符合其在境内证券市场上市的条件。

第三十九条　红筹企业实施重大资产重组、在境内市场发行股票或者存托凭证购买资产的，应当聘请律师事务所，具有相关证券业务资格的独立财务顾问、会计师事务所等境内证券服务机构就重大资产重组出具意见。

第四十条　红筹企业实施重大资产重组、在境内市场发行股份或者存托凭证购买资产，按照境外注册地公司法等法律法规和公司章程的规定无须就相关事项提交股东大会审议的，至迟应当在董事会形成最终决议或者相关各方签署最终协议后及时披露重组报告书、独立财务顾问报告、法律意见书以及重组涉及的审计报告、资产评估报告或者估值报告。

第四十一条　红筹企业在境内市场发行股份或者存托凭证购买资产的，应当遵守《重组办法》第五章关于上市公司发行股份购买资产的规定。

第四十二条　试点创新企业实施重大资产重组、在境内市场发行股份或者存托凭证购买资产的，应当符合国家产业政策，有利于促进所在行业、产业的整合升级。

试点创新企业自控制权发生变更之日起，向收购人及其关联人购买资产，不得导致《重组办法》第十三条第一款规定的任一情形。

第四十三条　红筹企业编制重大资产重组报告书、发行股份或者存托凭证购买资产报告书的，应当按照《公开发行证券的公司信息披露内容与格式准则第 26 号——上市公司重大资产重组》编制。

第六章　其他事项

第四十四条　试点创新企业境内发行的股票或存托凭证暂停上市、终止上市的有关事宜，以及红筹企业境内发行的股票或存托凭证停牌、复牌的有关事宜，由证券交易所根据《证券法》和中国证监会的有关规定制定具体规则。

第四十五条　红筹企业以其在境内证券市场发行的股票或者存托凭证为标

的实施股权激励的，应当遵守中国证监会关于境内上市公司股权激励的规定。红筹企业根据境外注册地公司法等法律法规和公司章程的规定无须由股东大会审议股权激励计划的，应当在董事会审议通过股权激励计划后，及时公告董事会决议、股权激励计划等信息披露文件。

第四十六条　红筹企业回购境内已发行股份或者存托凭证的，应当遵守《上市公司回购社会公众股份管理办法（试行）》《关于上市公司以集中竞价交易方式回购股份的补充规定》等关于境内上市公司回购股份的规定。

红筹企业根据境外注册地公司法等法律法规和公司章程的规定，无须由股东大会审议回购境内已发行股份或者存托凭证事项的，应当在董事会审议通过回购方案后及时披露董事会决议、回购报告书等信息披露文件。

第四十七条　红筹企业及其控股子公司、境内运营实体对外提供担保的，红筹企业应当按照中国证监会关于境内上市公司对外担保的相关规定以及证券交易所规则履行信息披露义务。

第四十八条　红筹企业可以按照境外注册地公司法等法律法规和公司章程的规定实施利润分配，但应当按照中国证监会关于境内上市公司现金分红的规定披露现金分红政策的制定和执行情况。

第四十九条　红筹企业在境内发行股票或者存托凭证募集资金的，应当按照募集发行有关文件披露的计划和安排，管理、使用所募集的资金。

第五十条　试点创新企业及其股东或者存托凭证持有人、实际控制人，董监高，收购人，内幕信息知情人等相关各方违反本规定的，中国证监会根据《证券法》等法律法规、《披露办法》《存托办法》和中国证监会其他相关规定进行监督管理。

第七章　附则

第五十一条　本办法下列用语的含义：

（一）董事、监事、高级管理人员、独立董事，包括试点创新企业的董事、监事、高级管理人员、独立董事或者实际执行类似职权的人员。

（二）董事会、监事会，包括试点创新企业的董事会、监事会或者执行类似职权的机构。

（三）公司章程，包括公司章程或者与章程具有同等效力的其他组织文件。

（四）内幕信息知情人，包括存托人、托管人及其有关人员。

（五）境外实践中普遍认同的标准，包括境外自律组织或协会团体等发布的并已被广泛遵循的行为准则或指引，以及境外法律法规未作明确禁止或规定但境外上市公司实践中普遍采用，且不违反中国法律、行政法规和规章强制性规定的习惯性做法。

第五十二条　本办法自公布之日起实施。

关于创新企业境内发行存托凭证试点阶段
有关税收政策的公告

（财政部　税务总局　证监会公告2019年第52号　2019年4月3日）

为支持实施创新驱动发展战略，现将创新企业境内发行存托凭证（以下称创新企业CDR）试点阶段涉及的有关税收政策公告如下：

一、个人所得税政策

1．自试点开始之日起，对个人投资者转让创新企业CDR取得的差价所得，三年（36个月，下同）内暂免征收个人所得税。

2．自试点开始之日起，对个人投资者持有创新企业CDR取得的股息红利所得，三年内实施股息红利差别化个人所得税政策，具体参照《财政部　国家税务总局　证监会关于实施上市公司股息红利差别化个人所得税政策有关问题的通知》（财税〔2012〕85号）、《财政部　国家税务总局　证监会关于上市公司股息红利差别化个人所得税政策有关问题的通知》（财税〔2015〕101号）的相关规定执行，由创新企业在其境内的存托机构代扣代缴税款，并向存托机构所在地税务机关办理全员全额明细申报。对于个人投资者取得的股息红利在境外已缴纳的税款，可按照个人所得税法以及双边税收协定（安排）的相关规定予以抵免。

二、企业所得税政策

1．对企业投资者转让创新企业CDR取得的差价所得和持有创新企业CDR取得的股息红利所得，按转让股票差价所得和持有股票的股息红利所得政策规定征免企业所得税。

2．对公募证券投资基金（封闭式证券投资基金、开放式证券投资基金）转让创新企业CDR取得的差价所得和持有创新企业CDR取得的股息红利所得，按公募证券投资基金税收政策规定暂不征收企业所得税。

3．对合格境外机构投资者（QFII）、人民币合格境外机构投资者（RQFII）转让创新企业CDR取得的差价所得和持有创新企业CDR取得的股息红利所得，视同转让或持有据以发行创新企业CDR的基础股票取得的权益性资产转让所得和股息红利所得征免企业所得税。

三、增值税政策

1．对个人投资者转让创新企业CDR取得的差价收入，暂免征收增值税。

2．对单位投资者转让创新企业CDR取得的差价收入，按金融商品转让政策规定征免增值税。

3．自试点开始之日起，对公募证券投资基金（封闭式证券投资基金、开放式证券投资基金）管理人运营基金过程中转让创新企业CDR取得的差价收入，三年内暂免征收增值税。

4．对合格境外机构投资者（QFII）、人民币合格境外机构投资者（RQFII）委托境内公司转让创新企业CDR取得的差价收入，暂免征收增值税。

四、印花税政策

自试点开始之日起三年内，在上海证券交易所、深圳证券交易所转让创新企业CDR，按照实际成交金额，由出让方按1‰的税率缴纳证券交易印花税。

五、其他相关事项

1．本公告所称创新企业CDR，是指符合《国务院办公厅转发证监会关于开展创新企业境内发行股票或存托凭证试点若干意见的通知》（国办发〔2018〕21号）规定的试点企业，以境外股票为基础证券，由存托人签发并在中国境内发行，代表境外基础证券权益的证券。

2．本公告所称试点开始之日，是指首只创新企业CDR取得国务院证券监督管理机构的发行批文之日。

特此公告。

存托凭证跨境资金管理办法
（试行）

（中国人民银行　国家外汇管理局公告〔2019〕第 8 号　2019 年 5 月 25 日）

第一章　总则

第一条　为规范存托凭证跨境资金管理，根据《中华人民共和国中国人民银行法》《中华人民共和国外汇管理条例》（中华人民共和国国务院令第 532号）、《国务院办公厅转发证监会关于开展创新企业境内发行股票或存托凭证试点若干意见的通知》（国办发〔2018〕21 号）及其他相关规定，制定本办法。

第二条　本办法所称的存托凭证，包括境外基础证券发行人（以下简称境外发行人）在中国境内发行的存托凭证（以下简称中国存托凭证），以及境内企业在境外发行的存托凭证（以下简称境外存托凭证）。

第三条　鼓励存托凭证业务使用人民币进行跨境收付，并通过人民币跨境支付系统（CIPS）完成跨境人民币资金结算。

第四条　中国人民银行及其分支机构、国家外汇管理局及其分局、外汇管理部依法对存托凭证发行、交易等涉及的账户、资金收付及汇兑等实施监督、管理和检查。

第二章　存托凭证发行资金管理

第五条　境外发行人和境内企业发行以新增证券（含首发、增发、配股等，下同）为基础的存托凭证，应按《中华人民共和国外汇管理条例》规定办理登记。

第六条　境内企业以新增证券为基础发行境外存托凭证，应按照《中国人民银行关于进一步完善人民币跨境业务政策促进贸易投资便利化的通知》（银发〔2018〕3 号）、《国家外汇管理局关于境外上市外汇管理有关问题的通知》（汇发〔2014〕54 号）等规定办理登记、账户开立与使用、资金收付及汇兑等事项。

第七条　境外发行人以新增证券为基础发行中国存托凭证，应在获得证监会核准发行后 10 个工作日内，委托其境内主承销商（或境内相关代理机构），持以下材料到其上市境内证券交易所所在地国家外汇管理局分局或外汇管理部（以下简称所在地外汇局）办理登记：

（一）《以新增证券为基础的中国存托凭证发行登记表》（见附1）；

（二）证监会核准发行中国存托凭证的证明材料；

（三）境外发行人委托境内主承销商（或境内相关代理机构）办理中国存托凭证登记的委托代理协议。

所在地外汇局审核上述材料无误后，在资本项目信息系统（以下简称系统）为境外发行人办理登记，并通过系统打印业务登记凭证，加盖业务印章后交至境内主承销商（或境内相关代理机构）。

所在地外汇局在为境外发行人首次办理登记时，应在系统中查询境外发行人是否有主体信息。没有主体信息的，应给予境外发行人特殊机构赋码并为其办理主体信息登记。

境外发行人应在中国存托凭证发行结束后10个工作日内，通过其境内主承销商（或境内相关代理机构）将更新后的《以新增证券为基础的中国存托凭证发行登记表》报送所在地外汇局。

第八条　境外发行人以新增证券为基础在境内发行中国存托凭证，应（或委托境内主承销商、境内相关代理机构）凭所在地外汇局打印并加盖业务印章的业务登记凭证，选择一家境内商业银行（以下简称开户行），以境外发行人的名义开立募集资金专用账户（人民币或/和外汇）（账户收支范围见附 2、账户信息申报规范见附 3，下同）。

第九条　境外发行人以新增证券为基础在境内发行中国存托凭证所募集的资金可以人民币或外汇汇出境外，也可留存境内使用。

已办理登记的境外发行人，如需将募集资金汇出境外，应持业务登记凭证到开户行办理相关资金汇出手续；如将募集资金留存境内使用，应符合现行直接投资、全口径跨境融资等管理规定。

第三章　存托凭证跨境转换资金管理

第十条　本办法所称的存托凭证跨境转换，指符合相关规定的跨境转换机构将基础股票转换为存托凭证（以下简称生成），以及将存托凭证转换为基础股票（以下简称兑回）。本办法所称的跨境转换机构，包括从事中国存托凭证跨境转换的境内证券经营机构（以下简称境内转换机构），以及从事境外存托凭证跨境转换的境外证券经营机构（以下简称境外转换机构）。

第十一条　跨境转换机构以非新增证券为基础生成或兑回存托凭证需进行跨境证券交易（含基础证券买卖及符合规定的以对冲风险为目的的投资品种）的，应按规定向国家外汇管理局进行跨境证券交易登记。

第十二条　符合规定的境外转换机构以非新增证券为基础生成或兑回境外存托凭证的，应委托境内一家具有相关业务资格的商业银行等作为托管人（以下简称境内托管人）负责资产托管业务，并通过境内托管人持以下材料向国家外汇管理局进行跨境证券交易登记：

（一）书面申请，详细说明购买证券的种类、规模、金额、资金来源（自有资金、投资者委托资金）、境内托管人信息、已登记跨境证券交易情况（追加登记时提供）等；

（二）境外转换机构开展跨境转换业务相关证明文件。

国家外汇管理局为境外转换机构办理登记后，境内托管人凭登记凭证可为境外转换机构开立境外存托凭证跨境转换专用账户（人民币或 /和外汇）（账户收支范围见附2），并办理相关资金收付、汇兑等业务。

境外转换机构以非新增证券为基础生成或兑回境外存托凭证的跨境证券交易累计净汇入资金不得超过经登记的规模。

第十三条　符合规定的境内转换机构以非新增证券为基础生成或兑回中国存托凭证的，应委托一家境内托管人负责资产托管业务。境内转换机构可持以下材料向国家外汇管理局进行跨境证券交易登记：

（一）书面申请，详细说明购买证券的种类、规模、金额、资金来源（自有资金、投资者委托资金）、境内托管人信息、已登记跨境证券交易情况（追加登记时提供）等；

（二）境内转换机构开展跨境转换业务相关证明文件。

国家外汇管理局为境内转换机构办理登记后，境内托管人凭登记凭证可为境内转换机构开立中国存托凭证跨境转换专用账户（人民币或 /和外汇）（账户收支范围见附2），并办理相关资金收付、汇兑等业务。

境内转换机构的境内托管人应委托境外托管人为境内转换机构开立境外托管账户，用于办理与存托凭证相关的资产托管和资金收付、汇兑业务。

境内转换机构以非新增证券为基础生成或兑回中国存托凭证进行的跨境证券交易累计净汇出资金不得超过经登记的规模。

第十四条 境内（外）转换机构需遵守监管部门关于跨境证券交易的相关规定，不得将资金用于与存托凭证无关的其他用途。

境内（外）转换机构因对冲风险需要开展的相关衍生品交易应与跨境基础证券交易具有合理的相关度。

境内（外）转换机构与存托凭证业务相关的境外（内）资产余额上限，应符合中国相关监管机构的要求。

第四章 存托凭证存托资金管理

第十五条 中国存托凭证的境内存托人应开立中国存托凭证存托业务专用账户（人民币或/和外汇）（账户收支范围见附2），用于中国存托凭证有关的分红、派息、配股等相关资金收付和汇兑。

第十六条 中国存托凭证的境内存托人可根据境外发行人的分红、派息、配股等为中国存托凭证持有人提供相应的服务，办理相关资金收付和汇兑。

境外发行人如委托境内存托人以外的其他境内机构配股，可通过其募集资金专用账户（人民币或/和外汇）办理有关的资金收付和汇兑。

第十七条 中国存托凭证退市的相关资金收付及汇兑通过境内存托人中国存托凭证存托业务专用账户（人民币或/和外汇）办理。

境外发行人（或委托境内存托人）应自退市之日起30日内持退市相关证明材料及资金处理计划等，在境内存托人中国存托凭证存托业务专用账户（人民币或/和外汇）开户行办理相关资金收付及汇兑。

第十八条 境外存托凭证的境外存托人可根据需要在一家境内托管人处开立境外存托凭证存托业务专用账户（人民币或/和外汇）（账户收支范围见附2），用于办理境内企业分红、派息、配股、退市等相关资金收付和汇兑。

第五章 统计与监督管理

第十九条 中国存托凭证的境外发行人、境内转换机构、境内存托人、境内相关开户行，境外存托凭证的境外转换机构、境外存托人、境内相关开户行，应按照中国人民银行、国家外汇管理局关于人民币银行结算账户、外汇账户管理的有关规定，办理相关账户开立、使用等事项。

中国存托凭证和境外存托凭证的境内相关开户行，应按照相关规定向人民币银行结算账户管理系统备案，并按照人民币跨境收付信息管理系统（RCPMIS）相关管理办法，及时、准确、完整地向人民币跨境收付信息管理系统报送有关账户信息和跨境收支信息。

中国存托凭证的境内转换机构、境内存托人、境内托管人、境内登记结算机构、境内相关开户行及相关涉外收付款人，境外存托凭证的境内托管人、境内相关开户行及相关涉外收付款人，应按照国家外汇管理局关于对外金融资产负债及交易统计、金融机构外汇业务数据采集、国际收支统计申报等规定，及时、准确、完整地报送相关数据。

境内（外）转换机构的境内托管人应于每月第5个工作日前向中国人民银行、国家外汇管理局报告截至上月末跨境证券交易、资产余额、跨境资金流动等情况。

境内（外）转换机构变更境内托管人的，应自变更之日起5个工作日内（或通过新托管人）向国家外汇管理局报告。

第二十条 中国存托凭证的境内存托人、境内托管人、境内转换机构、境内登记结算机构、境内相关开户行及相关涉外收付款人，境外存托凭证的境外存托人、境内托管人、境外转换机构、境内相关开户行及相关涉外收付款人等违反本办法的，中国人民银行、国家外汇管理局可依法采取相应的监管措施，并依据相关规定予以处罚。

第二十一条 境外发行人在境内发行股票所涉的登记、账户、资金收付及汇兑等，参照适用本办法。

第六章 附则

第二十二条 本办法所规定相关申请人提交的材料应为中文文本。同时具有外文文本和中文译本的，以中文译本为准。

第二十三条 本办法由中国人民银行、国家外汇管理局负责解释。

第二十四条 本办法自公布之日起实施。本办法未能规范的，按照其他相关管理规定办理。

附：1. 以新增证券为基础的中国存托凭证发行登记表

2. 存托凭证相关账户收支范围

3. 存托凭证相关信息报送规范

附 1：

以新增证券为基础的中国存托凭证发行登记表
Registration form for Issuance of Chinese Depositary Receipt

一、境外基础证券发行人基本信息（中国存托凭证核准后发行结束前填写）

I. Summary of the Issuer of the Underlying Offshore Securities（to be filled out after CSRC has granted the approval while before the completion of issuance & listing）

机构名称 Name of Issuer	中文			
	English			
机构注册地 Domicile of Incorporation	中文		特殊机构赋码 Special Institutional Code	全球法人机构识别编码（如有）Legal Entity Identifier（if have）
	English			
境外基础证券上市交易所（如有）（Listed Exchange of Underlying Offshore Securities）（if have）				
境内主承销商 Onshore Lead Underwriter	金融机构标识码 Financial Institutions Identification Code			
存托人 Depositary	金融机构标识码/组织机构代码 Financial Institutions Identification Code/ Organization Code			
境外托管人 Custodian	中文			
	English			

续表

二、中国存托凭证发行信息（发行结束后填写） II. Issuance Information of the Chinese Depositary Receipt（to be filled out when the issuance is completed）				
存托凭证名称 Name of securities investment license			批文号 Approval No.	
发行上市类型 Type of Issuance & Listing	交易所公开□ 交易所非公开□ 场外□ Publicly Issued On the Exchange□ Non-publicly Issued On the Exchange□ OTC□		用于创设的境外基础证券数量 Number of Underlying Securities	
境外发行人基础证券发行（所在）地 Issuance Place of the Underlying Offshore Securities	占发行人境外基础证券比例（%） Percentage of the Total Offshore Underlying Securities（%）		存托凭证发行上市规模（人民币/元） Offering Size of the CDR（RMB）	
每股存托凭证代表基础证券份额 Number of Underlying Shares Represented by Each CDR	每股存托凭证发行价格（人民币/元） Offering Price（per CDR）（RMB）		发行上市日期 Issuance & Listing Date（YYYY-MM-DD）	
拟留存境内金额 Proposed Amount to be Retained for Domestic Use	拟汇出境外金额 Proposed Amount to be Remitted Abroad		其中拟购汇金额 Proposed Amount to Purchase Foreign Exchange	

本机构承诺上述所填写内容及所附材料真实、准确、无虚假信息，并承诺严格按照外汇管理规定开展相关业务，接受外汇局监督、管理和检查。We declare that the information on this form and material attached is true, correct and without any false statement, we further certify that we shall strictly follow the foreign exchange regulations to carry out related business, and accept the administration, supervision and inspection by SAFE.

　　境外基础证券发行人（签章）Issuer（Authorized Signature）：

　　　　　　　　　　　　年　月　日（YYYY-MM-DD）

附 2：

存托凭证相关账户收支范围

中国存托凭证相关账户收支：

开户主体	账户	收支范围
境外基础证券发行人	募集资金专用账户（人民币/外汇）	收入：1. 发行中国存托凭证募集资金划入；2. 境外汇入相关税费、手续费的资金；3. 募集资金专用账户（人民币/外汇）结汇、购汇后相互划转的资金；4. 账户利息收入；5. 中国存托凭证持有人参与配股的资金划入；6. 中国人民银行、国家外汇管理局规定的其他收入。 支出：1. 发行中国存托凭证募集资金汇出境外；2. 募集资金符合相关规定在境内使用划转；3. 支付或结汇支付相关税费、手续费；4. 募集资金专用账户（人民币/外汇）结汇、购汇后相互划转的资金；5. 中国存托凭证持有人参与配股的资金汇出；6.中国人民银行、国家外汇管理局规定的其他支出。
中国存托凭证境内存托人	中国存托凭证存托业务专用账户（人民币/外汇）	收入：1. 股息红利资金汇入；2. 账户利息收入；3. 中国存托凭证持有人参与配股的资金划入；4. 中国存托凭证暂停或终止上市相关资金汇入；5. 中国存托凭证存托业务专用账户（人民币/外汇）结汇、购汇后相互划转的资金；6. 中国人民银行、国家外汇管理局规定的其他收入。 支出：1. 划出股息红利资金；2. 支付或结汇支付相关税费、手续费；3. 中国存托凭证持有人参与配股的资金汇出；4. 中国存托凭证暂停或终止上市相关资金划出；5. 中国存托凭证存托业务专用账户（人民币/外汇）结汇、购汇后相互划转的资金；6. 中国人民银行、国家外汇管理局规定的其他支出。
中国存托凭证境内转换机构	中国存托凭证跨境转换专用账户（人民币/外汇）	收入：1. 境内划入用于购买境外基础证券及符合规定的投资品种的资金；2. 卖出境外基础证券或衍生品的资金汇入；3. 账户利息收入；4. 中国存托凭证跨境转换专用账户（人民币/外汇）结汇、购汇后相互划转的资金；5. 股息红利资金汇入；6.中国人民银行、国家外汇管理局规定的其他收入。 支出：1. 境外基础证券交易相关资金汇出；2. 买卖符合规定的投资品种资金支出；3. 支付或结汇支付相关税费、手续费；4. 中国存托凭证跨境转换专用账户（人民币/外汇）结汇、购汇后相互划转的资金；5. 股息红利资金划出；6. 交易剩余资金划回境内相关账户；7. 中国人民银行、国家外汇管理局规定的其他支出。

★相关专用账户（人民币或/和外汇）内资金的结汇、购汇应符合现行外汇管理规定，具有真实交易背景。

境外存托凭证相关账户收支：

境外存托凭证境外转换机构	境外存托凭证跨境转换专用账户（人民币/外汇）	收入：1. 境外汇入用于购买境内基础证券及符合规定的投资品种的资金；2. 境外汇入相关税费、手续费的资金；3. 卖出境内基础证券或监管机构认可的其他投资品种的资金划入；4. 境外存托凭证跨境转换专用账户（人民币/外汇）结汇、购汇后相互划转的资金；5. 股息红利资金收入；6. 账户利息收入；7. 中国人民银行、国家外汇管理局规定的其他收入。 支出：1. 境内划出用于基础证券交易及买卖符合规定的投资品种的资金；2. 支付或结汇支付相关税费、手续费；3. 境外存托凭证跨境转换专用账户（人民币/外汇）结汇、购汇后相互划转的资金；4. 股息红利资金汇出；5. 交易剩余资金向境外相关账户汇出；6. 中国人民银行、国家外汇管理局规定的其他支出。
境外存托凭证境外存托人	境外存托凭证存托业务专用账户（人民币/外汇）	收入：1. 股息红利资金划入；2. 账户利息收入；3. 境外存托凭证持有人参与配股的资金汇入；4. 境外存托凭证暂停或终止上市相关资金划入；5. 境外存托凭证存托业务专用账户（人民币/外汇）结汇、购汇后相互划转的资金；6. 中国人民银行、国家外汇管理局规定的其他收入。 支出：1. 汇出股息红利资金；2. 支付或结汇支付相关税费、手续费；3. 境外存托凭证持有人参与配股的资金划出；4. 境外存托凭证暂停或终止上市相关资金汇出；5. 境外存托凭证存托业务专用账户（外汇/人民币）结汇、购汇后相互划转的资金；6. 中国人民银行、国家外汇管理局规定的其他支出。

★相关专用账户（外汇或/和人民币）内资金的结汇、购汇应符合现行外汇管理规定，具有真实交易背景。

附 3：

存托凭证相关信息报送规范

账户信息报送规范：

开户主体	账户	应选择的账户性质代码与名称	账户开户、销户信息中"外汇局批件号/备案表号/业务编号"栏位填报内容
境外基础证券发行人	募集资金专用账户（外汇/人民币）	3400/境外机构/个人境内账户	业务编号
境内基础证券发行人	境外上市专用账户	2404/境外上市首发/增发境内专户	27（首发）或28（增发）开头的业务编号
中国存托凭证境内存托人	中国存托凭证存托业务专用账户（外汇/人民币）	2499/资本项目—其他资本项目专用外汇账户	N/A
境外存托凭证境外存托人	境外存托凭证存托业务专用账户（外汇/人民币）	3400/境外机构/个人境内账户	N/A
中国存托凭证境内转换机构	中国存托凭证跨境转换专用账户（外汇/人民币）	2418/资本项目—非银行金融机构自有资金账户	67开头的业务编号
境外存托凭证境外转换机构	境外存托凭证跨境转换专用账户（外汇/人民币）	3400/境外机构/个人境内账户	68开头的业务编号

跨境收支/境内划转/账户内结售汇信息报送规范：

业务名称	业务内容	报送数据类型	相关凭证中"外汇局批件号/备案表号/业务编号"栏位填报内容	业务编号前两位
以新增证券为基础发行中国存托凭证	募集资金（含配股）进入募集资金专用账户	跨境收支	N/A	
	从募集资金专用账户（购汇）汇出（含配股）	跨境收支	业务编号	66
以新增证券为基础发行境外存托凭证	募集资金（含配股）进入境外上市专用账户	跨境收支	业务编号	27（首发）或28（增发）开头的业务编号
	从境外上市专用账户结汇	账户内结售汇	业务编号	27（首发）或28（增发）开头的业务编号
境内转换机构买卖境外发行人基础证券	从中国存托凭证跨境转换专用账户汇出	跨境收支	业务编号	67
	境外汇入中国存托凭证跨境转换专用账户	跨境收支	业务编号	67
	从中国存托凭证跨境转换专用账户结汇	账户内结售汇	业务编号	67
	购汇进入中国存托凭证跨境转换专用账户	账户内结售汇	业务编号	67
境外转换机构买卖境内发行人基础证券	境外汇入境外存托凭证跨境转换专用账户	跨境收支	业务编号	68
	从境外存托凭证跨境转换专用账户汇出	跨境收支	业务编号	68
	从境外存托凭证跨境转换专用账户结汇	账户内结售汇	业务编号	68
	购汇进入境外存托凭证跨境转换专用账户	账户内结售汇	业务编号	68

续表

业务名称	业务内容	报送数据类型	相关凭证中"外汇局批件号/备案表号/业务编号"栏位填报内容	业务编号前两位
中国存托凭证分红、派息、配股	境外汇入中国存托凭证存托业务专用账户	跨境收支	N/A	
	从中国存托凭证存托业务专用账户汇出境外	跨境收支	N/A	
	从中国存托凭证存托业务专用账户结汇	账户内结售汇	N/A	

后　记

本书收录了与设立科创板并试点注册制改革有关的主要制度规则，包括全国人大常委会、最高人民法院、中国证监会、上交所等方面出台的决定、实施意见、规章、业务规则、工作指引。

本书由中国证监会设立科创板改革领导小组办公室主任李继尊同志牵头编写，办公室成员李钢、韩卓、张望军、皮六一、吴孝勇、曹勇、刘辅华、范中超、焦晓宁、李海军、黄明、刘铁斌、徐毅林、范宇同志参加编写。王利、任少雄、王旭祥、郭青柏同志具体负责编写。中国金融出版社亓霞、贾真、任娟参加了编辑出版工作。

在此，向本书的编写人员及为编辑出版付出辛勤劳动的各位同志表示衷心感谢！

2019年9月